Hermann Schreiber

Attila und die Hunnen

Hermann Schreiber

Attila und die Hunnen

Albatros

Titel der Originalausgabe: *Die Hunnen – Attila probt den Weltuntergang*

Bildnachweis:
Archiv des Autors: XVIII, XIX, XX · Archiv für Kunst und Geschichte, Berlin: V u., XV, XVI · Bildarchiv Preußischer Kulturbesitz, Berlin: VII ob., VIII, XIII, XXI, XXII u., XXIII · Foto Marburg: II, III · Historia-Photo, Bad Sachsa: V ob., VII u. · Kunsthistorisches Museum, Wien: IX–XII · Scala Istituto Fotografico, Antella (Firenze): XIV · Sowjetunion heute, Köln: I, XVII, XXIV · ullstein bild, Berlin: VI, XXII ob.
Karten und Skizzen von Jürgen Erlebach

Bibliographische Information der Deutschen Bibliothek

Die Deutsche Bibliothek verzeichnet diese Publikation in der Deutschen Nationalbibliographie; detaillierte bibliographische Daten sind im Internet über http://dnb.ddb.de abrufbar.

Ausgabe 2006 Patmos Verlag GmbH & Co. KG
Albatros Verlag, Düsseldorf
Umschlaggestaltung: butenschoendesign.de
Umschlagmotiv: Die Hunnen im Kampf gegen die Alanen, kolorierter Holzstich nach einem Gemälde von P. J. N. Geiger, 19. Jht.
Printed in Germany
ISBN 3-491-96165-3
www.patmos.de

Die Geschichte ist ein Märchen im Anfang,
auf ihm schwimmt ein Faktum wie auf dem Wasser,
bis das Wasser verschwindet.
GOETHE
zu Riemer, Juni 1811

Höchst reizvoll ist für den Geschichtsforscher der Punkt,
wo Geschichte und Sage zusammengrenzen.
Er ist meistens der schönste der ganzen Überlieferung.
GOETHE
Geschichte der Farbenlehre

Das Leben nomadischer Völker,
das, sozusagen in der Wüste mobilisiert,
einer beständigen Ebbe und Flut des Glücks unterworfen ist,
hat etwas Unvorhersehbares,
vergleichbar den Abenteuern des individuellen Lebens.
Ihre Geschichte ist oft ein Roman.
THIERRY
Die Söhne und Nachfolger Attilas

INHALT

VORWORT — 9

I. BUCH: DER GROSSE SCHRECKEN — 11
1. »Umherschweifende Scharen von unbändiger Wildheit« — 13
2. Die gottgeweihten Jungfrauen — 18
3. Wenn das Ende der Welt da ist — 26
4. Wenn Königinnen beten — 38

II. BUCH: NIEMAND WUSSTE, WOHER SIE KAMEN — 47
1. »Eine gräßliche Nachkommenschaft« — 49
2. Todesstrafe für schlechte Schützen — 59
3. Motun und die Kaiserin — 67
4. Der weite Weg durch die Zeit — 75

III. BUCH: ATTILAS VOLK — 83
1. Folgen eines Gewitters — 85
2. Adler, Schwerter und Schamanen — 91
3. Die Schätze der Alten Welt — 102
4. Keine Welt für Frauen — 112

IV. BUCH: ATTILA – LEBEN UND HERRSCHAFT 127
1. Väterchen — 129
2. Der Gegenspieler — 138
3. Wie oft stirbt ein Volk? — 148
4. Das Attentat — 167

V. BUCH: ATTILA – TOD UND VERKLÄRUNG 193
1. König Attilas Tafelrunde 195
2. Die Champagne hat sie verschlungen 219
3. Tod in der Hochzeitsnacht 270
4. Europa webt die Attila-Legende 297

NAMEN- UND SACHREGISTER 329

Vorwort

Nomadenvölker strapazieren nicht nur ihre Zeitgenossen, sondern auch die Autoren, die sich mit ihnen in späteren Jahrhunderten beschäftigten. Statt der Überfülle des Materials, wie sie bei früheren Büchern mitunter auf mich zugekommen war, sah ich eine ausgedehnte Steppe mit einigen wenigen Oasen vor mir, und statt der eindrucksvollen Ruinen versunkener Städte öffneten sich nur einige wenige, zudem längst beraubte Gräber. Die Fundstätten verteilten sich über den ganzen eurasischen Raum, die literarischen Quellen flossen dürftig genug, und die Fachforschung drückte sich zum Teil in so schwierigen Sprachen wie dem Russischen und dem Ungarischen aus.

In dieser Lage half mir eine kleine Gruppe kundiger und erprobter Freunde, der ich darum hier einen besonders herzlichen Dank aussprechen möchte: Universitätsprofessor Dr. Wolfgang Leppmann, Ordinarius an der University of Oregon, Eugene/USA; Dr. B. Uwe Weller, Lehrbeauftragter an der Universität Freiburg/Breisgau, und schließlich Gert Woerner, München, der mit seiner verblüffenden Bibliotheksroutine ein wichtiges Problem löste, vor dem selbst Harvard kapituliert hatte. Ich möchte aber auch betonen, daß die kleine, sehr aktive Gruppe der französischen Lokalforscher im Raum der Katalaunischen Felder mir uneigennützig und eifrig behilflich war, und dass ich bei Museen wie Archiven der Champagne das freundlichste Entgegenkommen gefunden habe.

Dr. Hermann Schreiber

I. BUCH

DER GROSSE SCHRECKEN

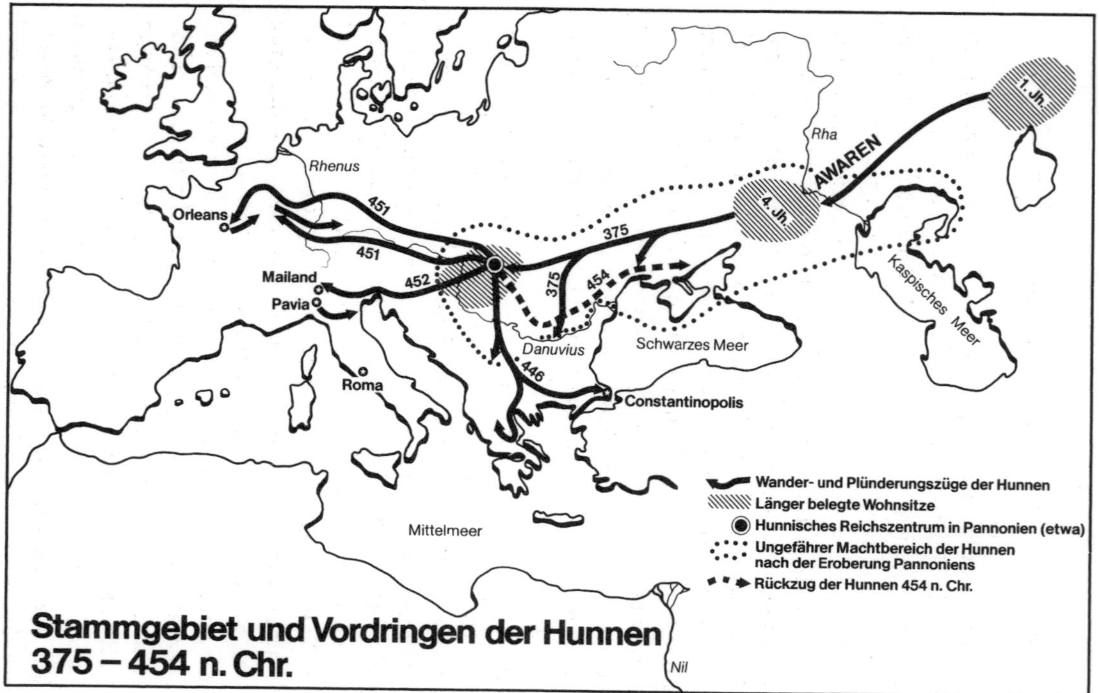

Stammgebiet und Vordringen der Hunnen 375 – 454 n. Chr.

1. »Umherschweifende Scharen von unbändiger Wildheit«

Sie kamen von überall her, lautlos und kaum sichtbar. Im Nebel, der die Donauniederung erfüllte, waren sie zunächst nur vereinzelte schwarze Punkte, aber als der Nebel sich hob, als die Sonne auf den Helmen und Waffen der Legionäre blitzte, da schien die weite Ebene vor dem römischen Grenzwall plötzlich von diesen unheimlichen Angreifern zu wimmeln. So niedrig duckten sie sich auf ihre Pferde, daß Tier und Mensch kaum zu unterscheiden waren, weder in der Gestalt noch in der Bewegung. Auf kleinen, struppigen Pferden sprengten sie heran, teilten sich vor den Hindernissen im Vorfeld, schwärmten aus und preschten durch das Gras, so schnell, daß ihnen das Auge kaum zu folgen vermochte.
Längst war die Garnison alarmiert. Hunderte von Augenpaaren starrten über die breite Fläche des hier nur träge strömenden Flusses. Der Ister, wie die Donau damals hieß, hatte jahrhundertelang das Reich geschützt, und an seinem Südufer standen die Besatzungstruppen Roms. Aber die Beklemmung wich nicht, auch wenn sie sich dies immer wieder vorsagten, und als drüben, am nördlichen Ufer, die zahllosen Pferdmenschen, die grauen, geduckten Kentauren, sich in breiter Front ins Wasser warfen, da kam eine Ahnung großen Unheils aus dem dumpfen Murmeln des Flusses, eines Unheils, das ganz nahe war und nicht mehr aufzuhalten.
»Eine neue Plage sind umherschweifende Scharen von unbändiger Wildheit, furchtbar, raubgierig, gewalttätig und selbst unter den Barbarenvölkern als barbarisch geltend«, schreibt in der Rückschau auf dieses erste Auftreten der Hunnen am Unterlauf der Donau der Bischof von Clermont, ein gelehrter Poet und Briefschreiber namens Sollius Apollinaris Modestus Sidonius, von welcher Namensfülle ihm nur der zweite und

der vierte geblieben ist. Er war dreiundzwanzig Jahre alt, als der große Schrecken der Hunnen in seinem Lande, auf den Katalaunischen Feldern, ein Ende nahm. Aber seine Jugend hatte unter dem Zeichen dieses Schreckens gestanden, einer Bedrohung, wie sie das seit Jahrhunderten friedliche Europa gar nicht zu begreifen imstande war.

»Grauenhaft sind sogar die Gesichter ihrer Neugeborenen«, sagt Sidonius Apollinaris von den Hunnen, »eine unförmige, runde Masse, die aufragt, ist der Kopf. Unter der Stirn zwei Höhlen ohne Glanz, das sind ihre Augen. Kaum dringt das Tageslicht, das die Stirn trifft, bis zu den zurückliegenden Pupillen vor, auch wenn sie nicht geschlossen sind. Trotz der engen Augenhöhle können sie weite Räume überschauen, und für die niemals großen Augensterne entschädigen die scharfsichtigen Punkte, die in den tiefen Schächten liegen. Der Nase Doppelröhre darf aber nicht über die Gesichtsfläche hinauswachsen; die zarten Nasenlöcher werden mit einer Binde umwickelt, damit sie unter das Helmvisier passen. In dieser Weise entstellt mütterliche Liebe nur um des Kriegshandwerks willen die eigenen Söhne, denn die Gesichtsfläche wird breiter, wenn sie nicht durch eine vorspringende Nase unterbrochen wird.«

Wäre ein Dutzend von ihnen in friedlicher Absicht gekommen, als Gesandtschaft etwa, gewiß hätte ihr Aussehen weder Abscheu noch Entsetzen erregt, allenfalls Staunen und ein kleines Lachen bei den schönen Römerinnen, die andere Profile gewöhnt waren. So aber verband sich die Fremdheit des Aussehens mit dem Schrecken, den die hunnischen Reiterscharen verbreiteten. Ja Jordanes, der große Geschichtsschreiber der Goten, glaubt sogar, eine Absicht hinter diesem Aussehen erkennen zu müssen, eine Absicht, die über die Legende hinausging, daß Hunnenmütter ihren Söhnen die Nasen plattdrückten, damit die Helme besser säßen:

»Diejenigen Völkerstämme, denen die Hunnen nicht im Kampf überlegen waren, versetzten sie durch ihr bloßes Äußeres in Schrecken und jagten sie durch ihren gräßlichen Anblick in die Flucht. Die Hunnen hatten nämlich eine unheimlich dunkle Hautfarbe; ihr Gesicht war, wenn man so sagen darf, nicht eigentlich ein Gesicht, sondern eine formlose Masse mit stechenden Punkten statt der Augen. Ihr entstelltes Äußeres spiegelt nur ihre Wesensart wider. Gegen ihre eigenen Kinder erzeigen sie sich bereits grausam, wenn diese geboren werden: Sie verletzen die Wangen der neugeborenen Knaben mit dem Schwert, so daß diese, noch ehe sie Milch zu kosten bekommen, schon Wunden ertragen müssen. So wachsen die Jünglinge ohne jeden Bartschmuck auf, denn ein von Schwerthieben zerfurchtes Gesicht verdirbt die natürliche Anmut des Bartwuchses . . .«

Narbengesichter, winzige Augen, platte Nasen, dazu ein Blick von stechender Schärfe und die tierische Wildheit aller Bewegungen – waren das überhaupt noch Menschen? Der erste, der sich diese Frage vorlegte, hatte zweifellos keine Zeit mehr, sie zu beantworten, denn die Hunnen brachen, aus der Tiefebene nördlich des Schwarzen Meeres kommend, in die Pforte ein, die zwischen Donau und Karpaten den Weg nach Europa öffnet. Der Donaustrom war zu überwinden oder eine doppelte römische Befestigungsanlage, die Mauer des Caracalla, die sich in ziemlich genau nördlicher Richtung von der Donau in der Nähe der heutigen Stadt Switoscht bis in den Raum von Pitescht am Südabfall der Karpaten zieht, und dahinter, also westlich, der Limes des Hadrian am Flüßchen Alt, das beim heutigen Nikopol mündet.

Wann und wo die einzelnen Hunnendurchbrüche gelangen, weiß niemand genau zu sagen. Die Augenzeugen haben es nicht überlebt, die an den Grenzen siedelnde Bevölkerung floh in panischem Schrecken, die Berichte, die Rom erreichten,

klangen verworren und widersprüchlich, sprach doch einer sogar von schönen Menschen.
Einer der ersten urteilsfähigen Zeugen war ein Grieche namens Ammianus Marcellinus, aus einer vornehmen Familie der kleinasiatischen Stadt Antiochia stammend, gebildeter Begleiter und Freund mächtiger Römer und als solcher Teilnehmer an Belagerungen und Feldzügen, ein Mann, der nicht mehr so leicht zu erschüttern war, als er, etwa fünfundvierzig Jahre alt, die ersten Hunnen erblickte.
Er erkennt, daß die scheußlichen Gesichter absichtlich entstellt sind, und zwar durch Messerschnitte – der spätere Jordanes macht die dramatischeren Schwertstiche daraus. Aber die Narben, die den Bartwuchs verhindern und Ammianus darum sogar einen Vergleich mit den ebenfalls bartlosen Eunuchen aufdrängen, sie können den Griechen nicht über die männliche Kraft und den kämpferischen Schwung dieser seltsamen Reiter hinwegtäuschen:
»Sie sind fest und kräftig gebaut, haben feiste Nacken und sind abstoßend häßlich und widerwärtig wie zweibeinige wilde Tiere oder wie jene roh behauenen Figuren, die rechts und links auf Brücken angebracht sind. Obwohl sie nun wie Menschen (wenn auch wenig anziehende) aussehen, so sind sie doch so abgehärtet, daß sie weder von gekochten noch gewürzten Speisen leben, sondern sich von den Wurzeln wilder Kräuter nähren und von halbrohem Tierfleisch, das sie zwischen ihre Schenkel und die Rücken ihrer Pferde legen und es so kurz anwärmen . . . Wie angenagelt bleiben sie stets auf ihren abgehärteten, häßlichen Pferden. Oft sitzen sie auf ihnen wie die Frauen, nämlich seitwärts, und vollführen dann ihre gewohnten Reiterstücke. Tag und Nacht verbringen sie so auf den Pferden, kaufen und verkaufen, essen und trinken und sinken, über den schmalen Tierhals gebeugt, in tiefen, von bunten Träumen bewegten Schlaf . . .«

Soviel wußte man schon vor dem Jahr 400 von den Hunnen, denn länger hat Ammianus vermutlich nicht gelebt. Eine Welt, die in den Jahrhunderten der *Pax Romana* zwar den Kampf nicht verlernt, aber den Krieg vergessen hatte, erlebte einen Schock, den wir uns nur vergegenwärtigen können, wenn wir uns eine Invasion aus dem Weltall vorstellen: das Versagen der Abwehrwaffen, denen wir vertraut haben, das namenlose Entsetzen im Angesicht eines Angreifers, der kaum menschlich zu nennen ist, der aus einer anderen Welt kommt, mit dem eine Verständigung unmöglich ist.

Von den Grenzen des großen Reiches pflanzte sich das Gerücht bis in die Metropole fort. Am Tiber, wo man Barbaren aller Art längst kannte und als Hilfstruppen einsetzte, wo Sklaven aus allen Teilen des Reiches durch die Straßen liefen und Sklavinnen von exotischer Schönheit die Gastmähler würzten, begann man zu begreifen, daß diese Invasion etwas anderes sei als das dumpf-hilflose Anbranden hungriger Wandervölker, die man erst besiegte, um sie dann als Bauern und Soldaten dienstbar zu machen.

Diese fremden Menschen pflügten nicht und kannten kein Dach über dem Kopf. Wie also sollte man sie seßhaft machen? Sie hatten keine Bedürfnisse und keinen Besitz, womit sollte man sie versuchen? Sie besaßen keine Sprache, sondern stießen kurze, rauhe Laute aus wie Tiere auf der Flucht. Was also vermochte gegen sie die wohlgeschliffene Sprache der römischen Diplomatie?

Niemand wußte, woher sie kamen, und sie selbst wußten es am allerwenigsten. Mit einemmal aber waren sie überall, und es schien keine Dämme zu geben gegen diese Flut in tausend blutigen Rinnsalen.

2.
Die gottgeweihten Jungfrauen

Die Welt, in welche die Hunnen einbrachen, befand sich in einem Übergang. Die alten Götter hatten sich aufgemacht, sie zu verlassen, denn wenn sie auch noch in den Tempeln verehrt wurden, wenn das offizielle Rom auch noch zu Jupiter und Artemis stand, zu dem Schmied Vulkan und dem Kriegsgott Mars, so gehörten die Herzen doch längst anderen Kulten als dieser Religion der alten großen Zeit des Römerreiches.
Die Soldaten, die im Osten standen, hatten den Kult des Lichtgottes Mithras nach Westen gebracht, und sie verehrten die unbesiegbare Sonne, wo immer sie in Garnison lagen. Dadurch verbreitete sich der Glaube an Mithras durch das ganze Reich, und sogar Kaiser hingen ihm an. Und aus der kleinen Kolonie am Jordan, wo ein römischer Statthalter über ein Häuflein unruhiger Juden herrschte, hatte sich eine seltsame Religion bis nach Rom und sogar nach Gallien hin verbreitet, die unter den kleinen Leuten der Großstadt, unter heimatlosem Volk und schließlich auch unter den Soldaten Anhänger fand.
Daß die Hunnen, die über die Grenzen des Reiches hereingebrochen waren, eine Strafe des Himmels waren, das stand für alle fest, die von ihnen hörten. Dieser Schrecken war aus dem Diesseits allein nicht zu erklären. Aber der Himmel strafte unterschiedslos. Gute und Böse fielen unter den Hufen der Hunnenpferde, Heiden und Christen, Mithrasgläubige und Juden, Kinder und Alte.
Eine junge Witwe aus einer vornehmen Familie Roms hatte sich dem Christentum zugewandt und wünschte, die heiligen Stätten der Bibel zu sehen. Das war nichts Ungewöhnliches. Man reiste viel im Römischen Reich, in dem *eine* Sprache alle Türen öffnete und eine Währung überall galt; in dem die Rö-

mer und die Römerinnen die Elite bildeten und der größten Rücksicht sicher sein durften, ob sie sich in Spanien bewegten oder an den Ufern des Schwarzen Meeres.

Die junge Witwe hieß Paula, und das eine ihrer fünf Kinder, das sie auf die weite Reise mit sich nahm, war ihre Tochter Eustochium. Begleitet wurde sie von einem angesehenen christlichen Lehrer, der zwar nicht älter war als sie, aber schon ungleich mehr erlebt hatte: Von wohlhabenden christlichen Eltern geboren, hatte Hieronymus in Rom studieren können, hatte sich auf einer Reise nach Trier, der Römerstadt an der Mosel, für das mönchische Leben entschieden, hatte Kleinasien bereist, als Einsiedler gelebt und war schließlich in Antiochia, der Stadt des Ammianus Marcellinus, zum Priester geweiht worden. Sie waren zugleich in der Stadt, der Grieche Ammianus und der Dalmatiner Hieronymus aus Stridon, und sie erlebten den gleichen großen Schrecken, als die Erde unter den Hufen der Hunnenpferde erdröhnte.

»Als ich nun auf der Suche nach einem Aufenthaltsort war, der einer solchen Frau würdig gewesen wäre, kamen plötzlich von überall her Boten. Ja, der ganze Osten erzitterte bei ihrem Nahen, denn sie brachten die Nachricht, daß von dem fernen Mäotischen Land, dem Ostzipfel des Schwarzen Meeres und vom Flusse Dnjestr her, Schwärme von Hunnen eingebrochen seien. Bisher hatten die Befestigungen, die Alexander der Große dort, an der Pforte Asiens, angelegt hatte, das Abendland vor diesen Raubscharen geschützt, und die kaukasischen Felsenhöhen hatten ein übriges getan. Nun aber jagten die Hunnen auf ihren gefahrbringenden Pferden nach allen Seiten und verbreiteten überall das Grauen ihrer Mordtaten, denn das römische Heer war zu jener Zeit durch Bürgerkriege in Italien selbst festgehalten.«

Der große Kirchenlehrer, der Gelehrte unter den Heiligen des vierten Jahrhunderts, er glaubte an die Kraft sechshundert

Jahre alter Festungen. Er glaubte unverrückbar an die Übermacht der mittelmeerischen Kultur, an die Unsterblichkeit all dessen, was er selbst gelernt hatte, was seine berühmte Bibliothek füllte, was er lehrte und niederschrieb. Er ist ein Zeuge des Nichtbegreifens, ein Kronzeuge jener Fassungslosigkeit, die das Entsetzen ins Unmeßbare steigert:
»Möge Jesus diese Bestien vom Römischen Reich fernhalten. Sie tauchten auf, wo man sie am wenigsten erwartete. Durch ihre Schnelligkeit eilten sie jedem Gerücht voraus. Religionen galten ihnen nicht als heilig, denn sie hatten keine. Sie verschonten keinen Stand und kein Alter, noch fühlen sie Mitleid mit hilflosen Kindern. Säuglinge, die noch kaum zu leben begonnen hatten, zwangen sie zu sterben. Und die Kleinen, nicht ahnend, welch furchtbares Los ihnen drohte, lächelten noch, während ihre Mörder schon nach ihnen griffen und das Schwert zückten.
Es hieß allgemein, daß ihr eigentliches Ziel Jerusalem wäre; in diese Stadt lockte die Hunnen ihre unersättliche Goldgier. Darum befestigte man in größter Eile die Mauern der Stadt, die in der sorglosen Friedenszeit vernachlässigt worden waren. Antiochia wurde von den Hunnen belagert. Tyrus versuchte sich neuerlich vom Festland zu lösen und Zuflucht auf der Insel zu finden wie in früheren Jahrhunderten, als der Feind noch Alexander hieß.
Wir erlebten dies alles in Tyrus mit und mußten wie die Menschen dieser Stadt uns bereit halten, auf die Schiffe zu gehen, die vor der Küste vertäut lagen und in See stechen konnten, wenn die Feinde herannahten. Und obgleich stürmische Winde tobten, hatten wir vor einem Schiffbruch weit weniger Angst als vor den Barbaren, nicht so sehr, weil wir um unsere Sicherheit besorgt gewesen wären, sondern wegen der Keuschheit der Jungfrauen.«
Unsere Augenzeugen, die Chronisten des großen Schreckens,

kommen sehr deutlich aus einer gespaltenen Welt. Die einen stehen noch auf dem Boden der heidnischen Antike. Sie schildern die Hunnen äußerlich, sie sind von der Häßlichkeit beeindruckt, von der Kampfkraft, der fremdartigen Bewaffnung, der Schnelligkeit der Pferde. Die anderen sind Christen. Für sie werden die Hunnen zu einer Inkarnation des Bösen, und das Ziel des Hunnenangriffs sind die Sündenlosen, die Reinen, die Jungfrauen – wenn der welterfahrene Hieronymus auch einräumt, daß die mächtigste Verlockung das Gold ist.

Wenn sie sich wenigstens damit begnügen wollten! Die irdischen Güter haben den Asketen und Priester ohnedies nie sonderlich interessiert, und vielleicht gönnt er dieser ganzen gleißenden Welt des hinabgehenden Heidentums sogar den Warnruf des Todes, der eine Mahnung zur Einkehr sein müßte. Aber die Berichte über die Hunnengreuel in den vielen überrannten Orten sprechen viel häufiger von den Frauen und Mädchen als vom Gold. Denn wo ist schon Gold? Frauen aber sind überall, und seit die Christen da und dort Klöster gegründet haben, finden die Hunnen, staunend, als habe man ihnen zu Ehren gerade das gesammelt, woran ihnen besonders liegt, hinter niedrigen Mauern, unverteidigt, ja preisgegeben, ganze Gemeinschaften von Frauen und Mädchen, die noch nie mit einem Mann zu tun gehabt hatten. An sie denkt Hieronymus, der eifrigste Vorkämpfer von Sitte und Keuschheit, wenn er in einem Brief, der einen Bischof über die Zeiten hinwegtrösten soll, von den Hunnen und ihren Verbündeten schreibt:

»Mich schaudert in der Seele, wenn ich an den Niedergang unserer Zeit denke. Zwanzig und mehr Jahre sind es nun her, seit von Konstantinopel bis zu den Julischen Alpen täglich römisches Blut vergossen wird. Das Skythenland *(in Südrußland)*, Thrakien, Makedonien, Thessalien, Epirus und ganz Pannonien haben Goten, Sarmaten, Quaden, Alanen, Hunnen, Vandalen und Markomannen überrannt, geplündert und verwüstet. Wie viele ehrbare Frauen, wie viele gottgeweihte Jungfrauen und erlesene und adelige Leben sind in diesen Kriegen geschändet worden! Bischöfe wurden gefangen, Priester und andere geistliche Würdenträger hingemordet. Kirchen sind zerstört oder in Pferdeställe verwandelt und Märtyrerreliquien verstreut worden.«

Und dann kommt diesem Mann doch eine Hilfe, eine Stütze von dorther, wo er es vielleicht nicht erwartet hätte: aus der reichen römischen, griechischen, jüdischen Bildung, die er in sich aufgenommen hatte, aus dem alten Heidentum und aus den jüdischen Schriften, die er, der in vielen Sprachen Gewandte, alle lesen kann und mit denen er so souverän umgeht, daß er schließlich die Vulgata schaffen wird, die lateinische Bibel:

»Grausamer Jammer nur überall, Schrecken und Tod in vieler Gestalt, sagt Vergil in der *Aeneis*. Das Römische Weltreich stürzt, und doch bleiben wir unerschüttert. Wie, glaubst du, mag den Korinthern, Athenern, Lakedaimoniern, Arkadiern, wie mag ganz Griechenland zumute sein, über das heute die Barbaren herrschen? Wie viele Klöster sind eingenommen worden! Wie viele Flüsse haben sich mit Menschenblut gefärbt! Antiochia sogar wurde eingenommen. Wie sagt es Vergil? Nicht vermöchte ich alles mit meinem Gesange zu schildern / Selbst wenn ich hundert Zungen hätte und hundert Kehlen / und eine eherne Stimme . . .«

Es ist ergreifend und dennoch von einer tragischen Komik, diese Flucht zu den gekrönten Dichtern, zu den Lorbeerkränzen der Vergangenheit, zu der Scheinwirklichkeit der Verse und dem ehernen Gang der Hexameter, als ahnte Hieronymus, daß dies als einziges bleiben würde neben ein paar Kubiktonnen behauenen Steins, neben ein paar Städten, unter dem Lavaschutt geschützt, und dem Netz der Römerstraßen, das zu ausgedehnt war, um von Hunnen oder Goten oder Awaren vernichtet zu werden.

Nur das Diesseits wird dem Hunnensturm erliegen, so viel ahnt der große Kirchenlehrer schon, und vielleicht wäre diese Welt auch an sich selbst zugrunde gegangen. Was fallen will, wird später ein großer Abtrünniger des Christentums sagen, soll man stoßen. Dieser Stoß ist gekommen. Er ist aus dem Osten gekommen, wo auch das Heil herkam und das Licht, das Heil der Christen, das Licht der Mithrasjünger.

Antiochia, die glanzvolle Stadt am Endpunkt der Karawanenstraßen, hat mit all ihrem Reichtum und ihrer Lebensfreude den Hunnen nicht widerstehen können. Ein Tor zur mittelmeerischen Antike fiel diesen Menschen in die Hände, die gar nicht wußten, was ein Tor ist, weil sie Mauern und Häuser und Wege nicht kannten.

Die Stadt, in der Christentum und Mithraskult, Ost und West, Rom und Asien einander begegneten, hatte neue Herren bekommen gleichsam über Nacht. Die reichsten Kaufleute waren rechtzeitig geflohen, denn sie hatten die hochbeinigen Eilkamele zur Verfügung, und in die Wüste folgten ihnen die Hunnen nicht, so genügsam ihre kleinen Pferde auch waren. Vor allem aber: Wer verfolgte, konnte nicht plündern, und wer nicht am ersten Tag plünderte, der kam zu spät.

In der Residenz der römischen Statthalter von Syrien, in der Stadt, die Seleukos Nikator gegründet hatte, herrschte nach der Freude der Schrecken. In der breiten Hauptstraße, die sechsunddreißig Stadien lang von Säulenhallen flankiert war, jagten die Hunnen ihre Pferde über die Marmorplatten, um den Fliehenden den Weg abzuschneiden.

Petrus war sieben Jahre hier Bischof gewesen, und zehn Kirchenversammlungen haben hier stattgefunden, aber weder der Glanz des heidnischen Antiochia noch seine Heiligkeit im

Zeichen des jungen Christentums haben die viergeteilte, vierfach befestigte Stadt retten können.
»Sie waren unter uns, ohne daß wir wußten, woher sie kamen«, sagt ein zerbrochenes Täfelchen, das einer beschrieb, der diese Botschaft vielleicht nur um Stunden überlebte. »In den Brunnen der Götter tränkten sie ihre Pferde. Auf den Stufen der Tempel nahmen sie unsere Frauen. An den Säulen unserer Stadt zerschmetterten sie die Häupter unserer Kinder. Nackt über die Hälse der Pferde geworfen, so verließen unsere Töchter Antiochia. Wir werden sie nie mehr wiedersehn.«
Es war, als sei dieses neue Ideal der Keuschheit in die Welt gekommen, um das Grauen jenes vierten Jahrhunderts nur noch tiefer und schmerzlicher zu machen. Die Antike hatte wohl von den Vestalinnen Keuschheit verlangt, von Priesterinnen, die im Herzen des Weltreichs, inmitten der Millionenstadt Rom, ihrem frommen Dienst nachgingen. Das junge Christentum hingegen war eine Religion der Kolonien, aus dem Osten gekommen, in der Verlassenheit ferner Garnisonen gediehen, und die Christinnen hatten sich den Forderungen ihrer Kirchenlehrer gebeugt, weil sie von der Sittenverderbnis in der Metropole wußten, von den Ausschweifungen der Kaiser, von dem ganzen prächtigen Hof, der in Rom so gut wie in Antiochia seinem Vergnügen lebte.
Und eben diese Christinnen wurden nun, kaum den Verfolgungen eines Diokletian entronnen, in einem Augenblick Opfer der Barbaren, da sich das ganze Reich schon merklich der neuen Religion zugewandt hatte und das Licht eines milderen Gottes über dem Abendland aufgegangen war. Es kostete die Priester und Kirchenlehrer jener frühen Jahrhunderte manche Mühe, ihren Schäflein dies alles zu erklären, ihnen darzulegen, warum der eine und allmächtige Gott dies alles zuließ.
»Du sagst, gute und eifrige Mönche seien durch das Schwert

der Barbaren umgekommen«, schreibt der Bischof von Hippo im Jahr 409 an einen Priester namens Viktorian. »Was liegt aber daran, ob es nun ein Fieber war, das sie vom Leibe trennte, oder ein Schwert? Nicht darauf sieht Gott bei seinen Dienern, durch welche Veranlassung, sondern in welcher Verfassung sie aus dem Leben scheiden und zu ihm kommen.«

Dieser Bischof von Hippo ist kein anderer als der Numidier Aurelius Augustinus, 354, also zwanzig Jahre vor den ersten Hunneneinfällen, geboren und 430, zwanzig Jahre vor der Katalaunischen Schlacht, gestorben, ein in Karthago gebildeter Mann, den Bischof Ambrosius von Mailand zum Christentum geführt hatte und der seit dem Jahr 396 als Bischof der Stadt Hippo Regius im römischen Nordafrika wirkte. Der Untergang der antiken Welt in den Wirren der Völkerwanderung wird ihn zu seinem berühmten Werk *De civitate dei* – vom unverlierbaren Staat Gottes – anregen. Seine Briefe aber brachten in den Wirren, die einen Weltuntergang vorwegzunehmen schienen, zumindest den Gläubigen einen gewissen Trost. Daß es nicht leicht war, Gründe für Gottes Duldsamkeit zu finden und Erklärungen für die namenlosen Leiden Unschuldiger zu geben, zeigen die uns mitunter ein wenig gewunden anmutenden Ausführungen des Augustinus, wenn er sich mit den Schicksalen gefangener Christinnen beschäftigt: »Wie können wir wissen, welche Wunder der allmächtige und barmherzige Gott durch diese gefangenen Frauen selbst im Barbarenlande wirken will?« fragt Bischof Augustinus und erzählt eine Geschichte von einem Christenmädchen, das gefangen fortgeschleppt wurde und als Sklavin bei Heiden lebte. Die Familie, der sie dienen mußte, erkrankte, und das Mädchen betete in seiner Frömmigkeit für sie alle. Das aus einer reinen Seele kommende Gebet wurde erhört, die ganze Familie gesundete und bekehrte sich, nach diesem Beweis für die

Macht des Christengottes, zu der Religion der Sklavin, die aus Dankbarkeit freigelassen wurde und zu ihren Angehörigen zurückkehren durfte.
Man möge also für die gefangenen Frauen und Mädchen beten, sich nach ihren Schicksalen erkundigen (!), und im übrigen werde ihnen, wenn sie nur im Glauben fest blieben, Gott beistehen, daß »entweder das böse Gelüste der Feinde sich an ihrem keuschen Leib nicht vergreifen darf, oder, wenn er es zulassen sollte, wird es allein die Schuld des Verführers sein, was sein Opfer ohne eigene Wollust weder beging noch erlaubte; denn wenn ihre Seele durch keine schmähliche Einwilligung befleckt wird, bewahrt sie auch das Fleisch vor Schuld« (Corpus scriptorum ecclesiasticorum Latinorum, Wien 1866, 34/II/656).

3.
Wenn das Ende der Welt da ist

Die Hunnen waren nicht die ersten jener Völker, die von den Römern unterschiedslos, aber zutreffend Barbaren genannt wurden. Schon vor Christi Geburt waren vereinzelte Wanderstämme von Norden her in das Römische Reich eingedrungen, und nach einem oft grausamen, stets aber erfolgreichen Katz-und-Maus-Spiel waren dann die überlegenen und besser bewaffneten römischen Truppen, straff geführt und der Gegend kundig, über die mit Wagen, Frauen und Kindern dahinziehenden und von ihnen behinderten meist germanischen Stämme hergefallen und hatten sie vernichtet. Wenn der Vorname Marius noch heute in Marseille so häufig ist, dann kommt das von der Erinnerung an jenen Feldherrn, der in der Ebene bei Aix Zehntausende von Germanen mit ihren Familien abschlachten ließ, obwohl sie für das ferne Rom gewiß keine Gefahr gebildet hatten.

Nun aber, ein Halbjahrtausend später, war alles anders. Die Völker, die gegen Rom vordrangen, jagten und drängten einander. Sie konnten nicht zurück, sie mußten Flüsse und Befestigungen überwinden, weil hinter den römischen Linien, im großen Reich, noch Sicherheit war, noch offenes Land lag, während hinter ihnen Schwärme grausamer Verfolger aus dem südrussischen Raum herandrängten. Und dieses Grauen, das ihnen im Nacken saß, das gaben sie an die Römer weiter – an Römer, die längst nicht mehr das Volk eines Marius und Sulla oder auch eines Cäsar waren.

Die großen Denker der Zeit, die Weisen, zu denen man aufblickte, waren zum größten Teil Christen. Die höhere Ein-Gott-Religion des Christentums vertrug sich mit ihrer Bildung besser als die kindliche, anekdotisch zerflatternde Götterwelt des antiken Rom. Es unterlag für diese Männer auch keinem Zweifel, daß jenes große Reich sich überlebt hatte, ganz einfach weil es keine tragende Religion mehr hatte und damit keinen Herrschaftsauftrag. Welche Idee sollte es den unterworfenen, zum Teil seit beinahe tausend Jahren unterdrückten Völkern bringen?

Die große Erwartung der Kirchenlehrer und Kirchenväter, der Bischöfe in Kleinasien, Nordafrika und Gallien ging darum in Richtung eines Römischen Reiches christlicher Beseelung, in der Weise etwa, daß der mächtige alte Schuppenpanzer mit einem neuen Gedanken und mit der Idee der Mission erfüllt werde unter Beibehaltung der Ordnung, der Kultur, der Bildung und der Gesellschaft, unter dem neuen Vorzeichen jenes Kreuzes, an dem Christus gestorben war.

In diese fromme und vielleicht ein wenig naive Erwartung stießen Fremdvölker ehrfurchtslos und ohne jemanden zu schonen, und jene, die sie trieben, die alles auslösten, die wahren Teufel in christlicher Sicht waren die Hunnen. In einer allgemeinen Herrschaft des Schreckens schien sich das Reich,

das als großes Erbe so erwünscht gewesen wäre, nun in seine Teile aufzulösen und doch lieber in den heidnischen Hades hinabzugleiten, ehe es sich dem Christengott fügte.
»Es gibt Kriege, Hungersnöte und Stätten der Verwüstung«, schreibt Augustinus. »Ein Reich geht über das andere. Erdbeben treten auf, es mehren sich die Unglücksfälle, Ärgernisse nehmen überhand, die Liebe erkaltet, die Bosheit wächst ...«
Und dann kommt die überraschende neue Wendung, die eine Abwendung von dieser Welt ist, die man zu erobern gedachte: »Wenn das Ende der Welt da ist, muß man aus der Welt fortwandern, darf man nicht sein Herz an sie hängen ... Je näher das Ende der Welt herankommt, desto mehr nehmen die Irrtümer zu, nimmt die Ungerechtigkeit zu, nimmt der Unglaube zu ...«
Das Vorgehen der Hunnen gegen die Dörfer und Städte der römisch-christlichen Welt hat etwas Endgültiges. Sie dringen nicht ein, um es sich bequem zu machen, sie beziehen nicht die Häuser, um in ihnen zu wohnen, sie errichten keine Herrschaft in dem Sinne, wie man sie gewöhnt war: Sie sind die Vollstrecker. Da sie zwischen gut und böse, hoch und niedrig, alt und jung nicht unterscheiden, erscheinen sie als Strafgericht, und man hat ihren berühmtesten König Attila schließlich auch die Gottesgeißel genannt, also im allgemeinen Bewußtsein zum Werkzeug des Allmächtigen gestempelt.
Was vorzeiten die Sintflut war, das war nun die Völkerflut mit den Reiterscharen der Hunnen in ihrem bewegenden Kern, und die Betroffenen dachten nicht anders, als sei diese Vernichtung des Menschengeschlechts Strafe für allzu viele Sünden. Sünden der heidnischen Römer, wie man sie nach vierhundert Jahren Kaiserzeit nun allzugut kannte, Sünden aber auch der Bekehrten, die dem neuen Gott noch nicht alles zu geben willens waren, weil die heidnischen Körper in ihrer sinnlichen Trägheit den großen Entschluß, das sündenfreie

Leben, zu einem schwer erreichbaren Ideal machten. Die Racheengel auf ihren kleinen Pferden, mit den Bogen und Wurfschlingen, sahen so recht aus wie Wesen aus einer anderen Welt, aus einer Unterwelt.

»Ein Feind ist es, der überall in schweifenden Stämmen wütet, und es ist kein Wunder, wenn jene besiegt werden, welche die Angst schon vor dem Kampfe zu Boden warf«, sagt ein geistlicher Dichter, der sich Paulinus nennt, in einem vermutlich in Südfrankreich um 400 entstandenen Lehrgedicht und spielt damit auf die abergläubische Furcht an, die den Hunnen vorangeht und jeden Widerstandswillen lähmt, eine Furcht, die in ihnen keine Menschen sieht, sondern Dämonen. »Wenn wir gebessert würden und vernünftig dächten, wenn unser Sinn von düstern Nebeln befreit wäre und für Christus offenstünde; wenn wir die Beulen der alten Laster ausschneiden wollten, dann könnte keine Gewalt gegen die Diener Christi bestehen, und der Bogen der Reitervölker aus dem äußersten Osten würde uns nicht niederstrecken.«

Deutlicher kann man es nicht sagen, und uns Späteren wird daraus klar, wie überlegen die Hunnen waren. Denn einen Gegner, mit dem man sich auf eine Stufe stellt, wird man nie als Strafgericht, als Schicksal, als den Vollstrecker eines göttlichen Urteils ansehen. Und ist man ihm schließlich doch unterlegen, weil das Schlachtenglück eben wechselt, so wird man nicht, wie jener Paulinus, resignierend schreiben:

»Nichts vermochte das Schwert, nichts bittere Hungersnöte, nichts schließlich die Seuchen. Die wir waren, sind wir auch jetzt noch immer; wir bleiben unter der Knechtschaft derselben Laster, und unsere Schuld nimmt kein Ende.«

Das ist die Zerknirschung des gläubigen Menschen. Aber nicht alle glaubten, und viele haderten mit dem neuen Gott. Ihnen gibt ein unbekannter Dichter seine Stimme in einem *Lied von der göttlichen Vorsehung* aus dem Jahr 415, ein Titel von grausamer Ironie, bei dem wir unwillkürlich an Brecht denken, denn eben jene Vorsehung, auf die sich später noch so mancher andere berufen hat, war damals gewiß sehr schwer zu verstehen.

»Was konnten die unschuldigen Kinder dafür? Was verbrachen die Mädchen, denen die Kürze ihres Lebens noch keine Gelegenheit zu schlimmen Werken geboten hatte? Warum durfte das Feuer die Tempel Gottes verwüsten? Warum durften die Gefäße für den heiligen Dienst geschändet werden? Nicht schützte die Achtung vor dem Gelöbnis die Jungfräulichkeit der Unverheirateten, nicht die liebende Hingabe an Gott die Witwen. Selbst die Einsiedler, die in entlegenen Höhlen ihr Leben zu führen pflegten, Tag und Nacht mit dem Lobe Gottes beschäftigt, starben den gleichen gewaltsamen Tod wie ein Ungeweihter. Derselbe Sturm raffte die Guten und die Bösen hinweg. Von harten Streichen getroffen, vom Feuer verbrannt, mit gefesselten Händen erheben wir solche Klage . . .«

Das waren einige wenige Zeugnisse aus einem weltweiten Aufschrei des Entsetzens, denn die Welt, das war das Römische Reich, und was dagegen anrannte, das kam aus dem rätselhaften und unheimlichen Dunkel einer unergründeten Ferne. Darum ist die andere Seite auch stumm. Es gibt nicht jenes Hin und Her der Siegesmeldungen und der Dementis, der Berichte, Widerlegungen und Beschönigungen, die das immer grauenhafte Geschehen eines Krieges in unserer Zeit in die Ebene unserer Tageswirklichkeit herunterholen. Niemand versteht, niemand begreift. Die Weisen sagen sibyllinisch: »Die Welt sinkt bereits dahin und hat sich dem Greisenalter zugeneigt« (Augustinus); für sie, die Starken im Geiste, die Unerschütterlichen im Glauben, ist das Jenseits so real wie das Diesseits, ja vielleicht sogar die stärkere Wirklichkeit. Das kleine Volk aber, ja das Volk überhaupt, zittert in der unbezwingbaren Angst, wie sie der Anhauch des Todes gegen unseren Willen auslöst. Das Blut stockt buchstäblich, und die Haare richten sich auf, und nur die Lippen murmeln noch die Trostworte: »Die Leiden dieser Zeit sind nicht zu vergleichen mit der zukünftigen Herrlichkeit, die an uns offenbar werden wird« (Augustinus).

Das Wort vom Ende mit Schrecken, das besser sei als ein Schrecken ohne Ende, ist nicht sonderlich alt. Der Draufgänger Schill, preußischer Major und Freikorpskämpfer, soll es 1809 in Arneburg an der Elbe seiner Freischar zugerufen haben, ehe er wieder einmal gegen die Franzosen ritt. Damit wäre also ein eminent germanischer Spätzeuge für einen der rätselhaftesten Entschlüsse gefunden, mit denen Geschichtsforscher sich je zu beschäftigen hatten: für den Selbstmord des greisen Gotenkönigs Ermanrich im Angesicht der Hunnenscharen.

Die alten Quellen fließen auffällig karg zu diesem Ereignis, das wie ein Signal gewirkt haben muß, und Ammianus Marcellinus ist wiederum der sicherste Gewährsmann, der Offizier, der zweifellos selbst gegen die Hunnen gekämpft und in den höchsten Stäben auch Zugang zu allen Informationen über sie gehabt hat:

»Als die Hunnen das Gebiet der Alanen, der Grenznachbarn der Ostgoten, durchzogen und eine ganze Anzahl von ihnen niedergemacht hatten, beschlossen die übrigen, sich durch ein Bündnis mit den Siegern zu retten. Mit ihrem Beistand brachen die Hunnen nun um so zuversichtlicher und in jähem Ungestüm in die sich weit und offen ausbreitenden Gaue Ermanrichs ein, dieses hervorragend kriegerischen Königs, der durch zahlreiche tapfere Taten den benachbarten Völkerschaften furchtbar geworden war. Längere Zeit versuchte Ermanrich, dem vereinten Ansturm der Hunnen und Alanen standzuhalten. Aber erschüttert von der Gewalt dieses plötzlich hereinbrechenden Unwetters, machte er, da das vorauseilende Gerücht das Grausige der kommenden Verhängnisse noch vergrößerte, durch einen freiwilligen Tod der Furcht vor dem drohenden Unheil ein Ende.«

Soweit Ammianus in einer etwas merkwürdig stilisierten Mitteilung, die klingt, als sei ihm das, was er zu berichten habe, selbst unverständlich: ein kriegerischer König, der nach einem langen Leben ruhm- und erfolgreicher Kämpfe diesen letzten Waffengang nicht mehr wagen sollte, in dem er sein Leben doch durch jenen Tod krönen konnte, der den germanischen Stämmen als besonders verdienstlich galt und als die sichere Anwartschaft auf eine herrliche Existenz im Jenseits mit Met, Walküren und in Gesellschaft der Helden früherer Zeit.

Um das Unbehagen des klugen Griechen zu verstehen, müssen wir das wenige heranziehen, was man von Ermanrich weiß. Er entstammte dem gotischen Königsgeschlecht der Amaler, das sich in einer legendären Genealogie bis in mythische Frühzeiten zurückführt, dem aber mit Gewißheit einige der größten Königsgestalten der Völkerwanderungszeit angehören: außer Ermanrich noch Theoderich der Große, Vinitharius und viele andere.

Die Amaler, später Amelungen genannt, herrschten mit Ermanrich mindestens in der zehnten Generation über die Ostrogoten, die vereinfachend Ostgoten genannt werden, obwohl das *Ostro* mit der Himmelsrichtung vermutlich sowenig zu tun hat wie das *Wisi* der Westgoten. Keiner unter diesen Herrschern, weder Gaut noch Hulmul, Hisarna oder wie sie alle hießen, hatte es jedoch zuwege gebracht, die Stämme, über die er gebot, zu einem wirklichen Reich zusammenzufassen. Diese ungeheure Leistung, die in einer so bewegten Frühzeit geradezu übermenschlich genannt werden muß, blieb Ermanrich vorbehalten. Er unterwarf sich zu-

Das Königshaus der Amaler (vereinfacht)

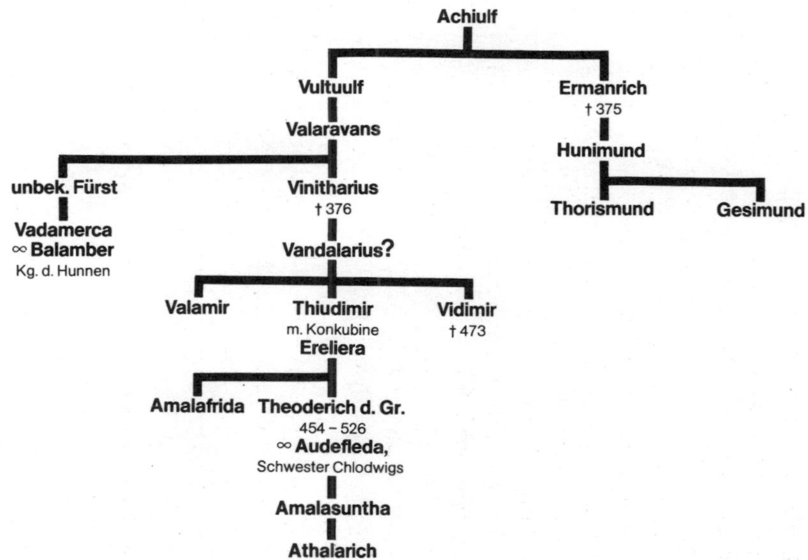

nächst jene Ostgotenstämme und Nachbarn, die noch nicht zu seinem engsten Herrschaftsbereich gehörten, dann aber auch slawische, finnische und ugrische, ja sogar baltische Völkerschaften und gebot um die Mitte des vierten nachchristlichen Jahrhunderts über ein Reich wie kein anderer Germane. Seine Herrschaft erstreckte sich vom Finnischen Meerbusen bis ans Schwarze Meer. Der größte Teil des heutigen europäischen Rußland war unterworfen.

Ein Germanenreich vom Baltikum bis zur Krim, das war etwa der sechzehnhundert Jahre später proklamierte Lebensraum des deutschen Volkes, das ersehnte Tausendjährige Reich Hitlers, unter dem sagenumwobenen Ermanrich ohne Panzer und ohne Stukas verwirklicht, wenn auch nur für einige Jahrzehnte. Ermanrich selbst war darüber nahezu hundert Jahre alt geworden, nach einer Quelle sogar einhundertzehn, was man nicht unbedingt glauben muß.

Die Vitalität dieses Greises muß allerdings beträchtlich gewesen sein, und sie spielt denn auch eine besondere Rolle in der germanischen Erklärung dieser rätselhaften Flucht in das Jenseits, an die naturgemäß niemand glauben konnte, der von Ermanrichs Taten wußte. Ein Herrscher und Heerführer, der in Kriegen groß geworden war, ja durch Kriege erst sein Reich geschaffen hatte, der sollte sich in sein Schwert stürzen, noch ehe er es in eine Hunnenbrust stoßen konnte? Er sollte nach tapferer Gegenwehr auf einmal zu kämpfen aufhören, auf ein »Gerücht über das Grausige« hin, das er als Gegner der Hunnen doch ohnedies kennen mußte? Es ist die am weitesten gehende Nachricht über den Hunnenschrecken und die entsetzlichen Auswirkungen dieses Terrors auf die Zeitgenossen, und darum wurde gerade sie nicht geglaubt. Der Tod ihres großen Königs mußte für die Germanen andere Ursachen haben.

Erklärungen, die das Volk sich zurechtmacht, ohne daß es schlüssige Beweise für sie gibt, nennen die Historiker Legen-

den oder Sagen. Legenden wie Sagen schließen eine Lücke, decken einen Bedarf. Aber eben um diese Aufgabe erfüllen zu können, dürfen sie nicht völlig aus der Luft gegriffen sein; Märchen kann sich schließlich jeder erzählen. Was seinen Zweck erfüllen soll, muß glaubhaft sein und zumindest mit einigen bekannten Fakten harmonieren.
Darum ist die Legendenbildung um die überragende Gestalt des Gewaltherrschers Ermanrich auch für die Betrachtung der Hunnen von großer Bedeutung. Aus einer geschichtslosen Phase des kriegerischen Geschehens, aus dem ersten Zusammentreffen der Hunnen und der Goten, besitzen wir nur lakonische Nachrichten bei den antiken Autoren. Die germanische Heldendichtung jedoch hat die gewaltigen Geschehnisse des vierten Jahrhunderts nicht vergessen: Die Ermanrichdichtung, uns nur in Nacherzählungen erhalten und in der nordischen Fassung, weiß von einer jungen, schönen Frau am Hof des Ermanrich, die Sunilda heißt und aus dem unterworfenen Volk der Rosomonen stammt. Ihr Mann ist eine Art ständiger Gesandter dieses Volkes am Hof des Gotenkönigs, ein Befehlsempfänger, den Ermanrich mit Vorliebe zu den Rosomonen entsendet, weil die schöne Sunilda dann ohne Schutz am Hof weilt und ohne Scheu sein Schlafgemach betreten kann. Denn Ermanrich hält es mit den Frauen wie mit den Völkern: Er ist der Herr, er nimmt sich, wo er nehmen will; ja es gibt Fassungen jener Sage und Deutungen der Sunilda-Schwanhild-Geschichte, in denen erzählt wird, daß Ermanrich sogar eine eigene Tochter nicht verschonte, weil sie ein Kind *ex concubina* gewesen sei, also von einer Mätresse geboren.
Sunilda aber, deren Namen auch in Svanhild verändert wird, ist nicht nur schön, sondern auch klug oder, wenn man will, verschlagen. Sie nützt die Nähe des Königs, die Einsamkeit zärtlicher Stunden, um ihn zu belauern. Sie prägt sich ein, was sie aus Gesprächen mit seinen Räten erlauscht, sie gewinnt

Einblicke und nützt sie für ihr Volk, das auf diese Weise einen günstigen Augenblick für die schon lange geplante Erhebung erfährt.
Die Revolte der Rosomonen wird jedoch niedergeschlagen wie so viele andere in dem großen Reich des Ermanrich, und der nicht nur als Herrscher, sondern auch als Mann tief verletzte Gotenkönig ersinnt eine besonders grausame Hinrichtung für die schöne Sunilda, die sich ihm nur hingab, um ihn auszuforschen und zu betrügen: Die junge Frau wird vor dem versammelten Hof entkleidet und nackt an die Sattelknäufe von vier feurigen Hengsten gebunden. Dann treffen Peitschen die Pferde, sie sprengen davon und zerfetzen die Unglückliche vor den Augen Ermanrichs und seines Hofstaats.
Das klingt wie ein Märchen, aber gerade die Hinrichtungsart ist einer der Hinweise auf den geschichtlichen, also wahren Kern der Erzählung, denn Jordanes, der Historiker, dem wir diese aus anderen Sagenfassungen ergänzte Inhaltsangabe verdanken, kann gar nicht wissen, daß noch bei den Merowingern Frauen auf diese Weise den Tod finden werden, vor allem hochgeborene Verräterinnen wie Königin Brunehaut. Von den Franken wanderte die grausame Hinrichtungsart zu den Bourbonen, die noch im achtzehnten Jahrhundert einen armen Teufel namens Damiens auf diese Weise qualvoll ins Jenseits beförderten, weil er Ludwig XV., den Vielgeliebten, mit einem Dolch leicht verwundet hatte.
Sunilda-Svanhild starb also auf eine damals gewiß aufsehenerregende, bei den Goten aber nicht ungebräuchliche Weise; sie starb den Tod der Verräterinnen aus dem engsten Kreis, aus der Familie, und durch die Pferde, die den Germanen heilig waren. Die Rosomonen aber beschlossen, diesen Tod zu rächen. Waren sie schon aufs neue unterworfen, so wollten sie doch nicht ehrlos sein. Sunildas Brüder Sarus und Ammius machten sich auf zu Ermanrich, von einem dritten Mann be-

gleitet, der vermutlich der Gatte der Sunilda war. Unterwegs muß er ihnen wohl entschleiert haben, daß er Sunildas Ehebruch mit Ermanrich geduldet, ja vielleicht sogar begünstigt hatte, und die beiden erbosten Brüder bringen den schwachen Witwer um, seiner Unehre wegen, wohl aber auch, weil von ihm doch nur abermals Verrat kommen kann.
Dann gelangen sie an den Hof, verbergen sich oder nähern sich Ermanrich als Gesandte (darüber gehen die Fassungen auseinander) und erhalten tatsächlich Gelegenheit, so nahe an Ermanrich heranzukommen, daß sie ihn mit verborgenen Waffen schwer verwunden können. Der König, nach Jordanes im 110. Jahr seines Lebens, sieht sich als Krüppel, unfähig, die Waffen zu führen und seinem Volk voranzureiten, der Hunnengefahr gegenüber und gibt sich darum den Tod, um den Weg für einen neuen König, einen jungen und mutigen Heerführer aus dem Geschlecht der Amaler freizumachen.
Gewiß, wir haben seit Herodot viele Geschichten und Legenden, Sagen und Mären gelesen, unterhaltsam, phantastisch, bunt, aber eben doch unwahrscheinlich oder unwahr. Die Erzählung von der schweren Verletzung König Ermanrichs am Vorabend des Hunnenkampfes hat jedoch viel für sich, ob sie nun unmittelbar auf die Sunilda-Episode seines Lebens zurückgeht oder andere Ursachen hat. Einem alten und großen König, einem Gewaltherrscher über viele Völker lauern auch viele Mörder auf. Das Unerklärliche dieser Flucht in das Jenseits wäre damit erklärt, der Hunnenschrecken wäre aus seiner mythischen Größe auf ein Maß zurückgeführt, das wohl Völker, Bürger, Priester, Gelehrte verstören kann, nicht aber einen großen, kampferprobten König.
Hermann Schneider qualifiziert die Ermanrichdichtung in seiner germanischen Altertumskunde als sehr alt und billigt ihr ein hohes Maß an »volksmäßigem Geschehen« zu: »Da steht Ermanrichs Großreich und der gescheiterte Empö-

rungsversuch eines unterdrückten Stammes vor unseren Augen. Die Streiche der rächenden Brüder trafen in Ermanrich zugleich auch den politischen Feind. Diesen volkhaften Hintergrund werden wir für alt halten. Das düstere Bild des großen Gotenkönigs, das alle germanische Ermanrichdichtung beherrscht, ist die Zeichnung eines politischen Feindes aus der Zeit gotischer Oberhoheit über fremde Germanenstämme. Es ist nicht von den Goten selber entworfen.«

4.
Wenn Königinnen beten

Wir haben es in der Mitte unseres Jahrhunderts erlebt, wie eine von Finnland bis zum Schwarzen Meer reichende Front zerbrach. Mit Recht wurde festgestellt, daß sie zerbrechen mußte: 1942/43 wegen der starken sowjetischen Angriffe, aber fünf oder sechs Jahre später wäre sie auch ohne nennenswerte Angriffshandlungen zerbrochen, ganz einfach weil sie zu lang war und weil sie durch klimatisch zu ungünstige Landschaften führte.

Solch eine Front von Finnland bis zum Schwarzen Meer hatte Ermanrich gehalten. Nicht lückenlos wie die deutschen Truppen, die sechzehnhundert Jahre nach ihm kamen, sondern punktweise, inselartig, auf unterworfene Völkerschaften gestützt. Und als Ermanrich alt war, uralt, wie manche behaupten, da erwachte der schlafende Riese der Steppen, und die Hunnen, die jahrelang jenseits des Donez ihre Herden geweidet hatten, brachen mit einemmal los.

Es gab kein Warnsystem, es gab nur Gerüchte, und im Fall der Hunnen war der Schrecken zu Pferd schneller als das leichtfüßige Gerücht, als die von Händler zu Händler springende Nachricht. Und der Grund für diese Schnelligkeit lag ganz einfach in der Tatsache, daß die Hunnen Hunger hatten.

Der Winter von 374 auf 375 war besonders streng gewesen und hatte die Steppe bis tief in den Frühling hinein nicht tauen lassen. Der Boden war gefroren, die Herden fanden keine Nahrung, die neugeborenen Tiere gingen zugrunde, und die Menschen lebten nur noch, weil sie das vor Hunger gefallene Vieh aßen.

Diese wichtige und einleuchtende Erklärung gibt uns der griechische Historiker Zosimos in seiner *Nea Historia,* einem sechsbändigen Werk, das mit Augustus beginnt und mit dem Fall von Rom im Jahr 410 endet und das den Untergang des großen Römerreiches aus seiner Abkehr von den heidnischen Göttern erklärt. Den Hunnensturm aber erklärt Zosimos ganz natürlich mit dem Hunger in der Steppe, den man sich ohne sonderliche Mühe als eine ausweglose Situation vorstellen kann. Noch heute machen sich hungrige Nomadenstämme auf, um dorthin zu ziehen, wo zumindest Wasser ist, und in Dürreperioden wandern sogar die seßhaften Bauern des brasilianischen Nordostens in andere Gegenden ab und haben im vergangenen Jahrhundert den dortigen glücklicheren Landbesitzern dann blutige Schlachten geliefert.

Die Hunnen hatten also keine Wahl, und sie hatten auch keine Zeit zu verlieren. Das erklärt die Plötzlichkeit ihres Angriffs und die Entschlossenheit, mit der sie ihn unternahmen, denn in ihrem Rücken war nichts als die eisige Steppe ohne Nahrung, die sie nur zu gerne zurückließen.

»Zu jener Zeit«, schreibt Zosimos, »fielen Barbaren über die jenseits des Ister (der Donau) lebenden Skythen her. Ein bisher völlig unbekannter Stamm tauchte ganz plötzlich auf. Er wurde Hunnen genannt. Es ist ungewiß, ob dieser Name sich von einem skythischen Königsgeschlecht herleitet oder mit jenem affenartig aussehenden und besonders kriegslustigen Volk identisch ist, von dem schon Herodot sagt, daß es östlich der Donau wohne.

Vielleicht sind diese Hunnen damals schon von Asien nach Europa gekommen und haben sich seither jenseits der Maiotischen Sümpfe (des Asowschen Meeres) ruhig verhalten. Nun aber, sagt man, sei durch die Ablagerungen, die der Strom Tanais (der Donez) mit sich gebracht habe, eine Landbrücke über jenen sumpfigen Winkel entstanden (die heutige Landbrücke von Kertsch) und habe den Hunnen somit den Übergang nach Europa ermöglicht.

Jedenfalls kamen sie mit Pferden, Frauen und Kindern und all ihrer fahrenden Habe und überfielen die am Ister wohnenden Skythen (die Ostgoten). Sie lieferten ihnen aber nicht etwa eine Feldschlacht, denn dazu wären sie nicht in der Lage gewesen, setzten sie doch ihre Füße niemals auf den festen Boden. Sie blieben vielmehr auf dem Rücken ihrer Pferde, auf denen sie auch schlafen, und machten im Kampf geschickte Ausfälle. Den Stößen der Skythen (Goten) wichen sie stets geschickt aus, überschütteten aber aus ihrer Flankenposition den Feind mit wahren Wolken von Pfeilen, so daß sie ein unermeßliches Blutbad anrichteten. Das wiederholten sie mehrere Male und setzten den Skythen dadurch so zu, daß die Überlebenden das von ihnen bewohnte Gebiet aufgaben und es den Hunnen überließen.«

Daß die germanischen Ostgoten als Skythen bezeichnet werden, braucht uns angesichts der bekannten Großzügigkeit antiker Historiker nicht zu verwundern. Sie lernten erst dann unter den Barbaren zu unterscheiden, als das Leben davon abhing. Im übrigen enthält der Vergleich nichts Schimpfliches, galten auch den alten Griechen die südrussischen Skythen als nicht besonders intelligent, weswegen sie bald in Athen und anderen Griechenstädten die Polizei stellten. Inzwischen hat sich jedoch dieses Pauschalurteil wie alle seiner Art als falsch erwiesen. Die Kunst der Skythen, die wir aus Gebrauchs- und Schmuckgegenständen, Grabbeigaben und Handelswaren kennen, gehört stilistisch zum Reizvollsten und Originellsten, was Alteuropa zu bieten hat, weswegen auch die sowjetische Bodenforschung sich um Skythenfunde besonders bemüht hat. Gegraben wurde vor allem nördlich des Schwarzen Meers, im fruchtbaren Schwarzerdegebiet, der Kornkammer der Griechen; hier ging es um das erste Rußland – und heute kann man sagen, daß die Forschungseinsätze und Grabungskampagnen sich gelohnt haben.

Quer durch diese griechisch-skythische Kulturlandschaft stießen die lange Zeit so friedlichen Hunnen nach Westen. Die Ostgoten waren zunächst ins Bergland südlich des Kuban ausgewichen, aber auch ins Taurische Gebirge auf der Krim selbst, wo die Forschung ihre Spuren noch Jahrhunderte später feststellen konnte. Ein anderer Teil der Ostgoten setzte aber die Widerstandskämpfe auch nach Ermanrichs Tod hartnäckig fort, und zwar unter einem König namens Vinitharius oder Vithimiris, der ein Amaler war, nicht aber ein Sohn Ermanrichs (wenn man der Amaler-Stammtafel des Jordanes Glauben schenken will: eine andere besitzen wir nicht).

Es waren Kämpfe von einer auch den Goten ungewohnten Wildheit. Die Hunnen benahmen sich ganz anders als die Gegner, an die man sich inzwischen gewöhnt hatte. Sie machten zum Beispiel keine Gefangenen, obwohl Gefangene doch Lösegeld oder Sklavenerlöse bedeuten. Sie schonten weder Frauen noch Kinder, sondern führten einen ausgesprochenen Vernichtungskampf, der die Goten um so mehr erschreckte, als sie ihn sich nicht erklären konnten. Ihnen hatte ja niemand gesagt, daß die Hunnen mit leerem Magen kämpften, daß sie sich Land erobern mußten und daß es ihnen völlig gleichgültig war, ob sie im Kampf fielen oder verhungerten: der Kampf bot den Hunnen wenigstens noch eine Chance – eine Chance auf das Land, das dem kundigen Nomadenblick sehr gut gefallen hatte.

In jenen Kämpfen alten Stils standen die Könige noch mitten im Geschehen, im dichtesten Getümmel, wie sollte es auch anders sein. Befehlsübermittlung gab es nur auf Sicht. War der König vorne, so stand die Sache gut, war er unsichtbar, mußte man ihn heraushauen, wandte er sich zur Flucht, dann war es geraten, noch ein wenig schneller zu laufen als er.
Vinitharius, ein Amaler, floh nicht. Er nahm den Kampf gegen die Hunnen auf, und diese, für die es ebenfalls um alles ging, hatten ihm ihren König entgegengestellt. Das ist die Gelegenheit, bei der wir den ersten Königsnamen aus diesem rätselhaften Volk erfahren, er lautet Balamber, klingt kriegerisch, hart, wie Trommelschlag.
Balambers Waffen sind jenen des Goten überlegen. Er hat den Vorteil des Bogens, der Pfeil fliegt weiter als jeder Speer, und Balambers königlicher Pfeil trifft den Kopf des Vinitharius, der vom Pferd stürzt und stirbt.
Vor einem berittenen Feind in die Steppe hinaus zu fliehen bedeutet den sicheren Untergang. Also ziehen die Ostgoten und auch schon einige Westgotenstämme, die sich als die nächsten Hunnenopfer erkennen, in Richtung auf die Berge des Balkans, in das alte Thrakien. Dazu müssen sie den jahrzehntelang gut funktionierenden Vertrag mit den Römern brechen und die Donau überschreiten, aber die Römer erklären sich nach einigem Zaudern einverstanden. Sie ahnen wohl, daß das eigentliche Übel erst hinter den Goten heranbraust, und daß Rom noch um jeden waffenfähigen Goten froh sein wird, wenn es gilt, die Hunnen abzuwehren.
Und tatsächlich ruhen die Hunnen nicht. Sie haben eine Menge Gotenland in ihren Besitz genommen; zwischen der Halbinsel Krim und Siebenbürgen liegt Land für viele Hunderttausende von Nomaden, gutes Land, in dem niemand zu hungern brauchte. Aber die Nomaden haben Blut geleckt. Sie haben an den Goten Dinge gesehen, die ihre Gier geweckt ha-

ben. Sie haben erfahren, wie es ist, in wehrlos-entblößte Dörfer hineinzupreschen, die Wohnungen zu plündern, die Frauen und Mädchen zu nehmen, einmal, immer wieder, sie mitzuschleppen und dann irgendwo zurückzulassen oder auch umzubringen. Sie sind die Herren der Erde. Sie sehen andere Völker untergehen. Sie ahnen, daß da noch viel mehr vor ihnen liegt, mehr Städte, mehr Gold, mehr Frauen.

Balamber heiratet eine Enkelin des Ermanrich; sie ist nicht seine erste Frau gewesen und wird nicht seine letzte sein, aber sie ist eine Gotenprinzessin aus dem Königshaus der Amaler, und so viel hat der treffsichere Balamber inzwischen erkannt: daß diese kämpfenden und fliehenden Völker in manchem ganz ähnlich sind, daß sie Königen und Königssippen anhängen, und daß es darum wichtig ist, sich diesen Sippen zu verbinden. Er heiratet und macht dem Gotenmädchen mit der Schnelligkeit des großen Reiters auch gleich einen Sohn, der den gotischen Namen Hunimund erhält – ein Name, der alles sagt.

Es folgen Zeiten der Raubzüge, weil das Reiten und Rauben eben so schön ist. Ziele sind Syrien und Palästina, wo es alte Städte und reiche Händler gibt, aber die Hunnen setzen sich nicht fest. Man darf annehmen, daß mit ihnen nun ein paar Gotensippen reiten, jene, die sich unter einem Hunimund noch immer wohler fühlen als in der Sklaverei oder gar im Grab.

Die Hunnen haben nun Platz; sie schweifen in Europa umher, als wäre es eine Steppenlandschaft, und sie fühlen sich am wohlsten in Pannonien, im Flachland nördlich der Donau, wo die Landschaft ein wenig jener am Schwarzen Meer oder am Donez ähnelt.

Und so kann es nicht ausbleiben, daß schließlich das schwächere der beiden römischen Reiche, nämlich Ostrom, die hunnischen Begierden weckt und die Hunnen in Thrakien einfallen, also ins südliche Bulgarien mit Stoßrichtung auf die Meerengen.

Der erste Hunnenkönig, der diese Kämpfe aufnimmt und wenig Glück mit dem Krieg im Bergland hat, heißt Uldin, der zweite Rugila. Sie sind jetzt den griechischen Chronisten Ostroms schon einigermaßen vertraut, man verhandelt über Tribute, man tauscht Gefangene aus, man stellt einander Geiseln. Rugila ist kräftiger und geschickter als Uldin. Er erkennt Pannonien als ein hervorragendes Sprungbrett für Offensiven nach Südosten, Südwesten und Westen. Nur dort, wo er zu kämpfen beginnt, im gleißenden Südosten mit der so mächtig lockenden Kaiserstadt Byzanz, da hat auch Rugila kein Glück.

»Nachdem der Hunnenkönig Rugila beschlossen hatte, gegen einige Völkerstämme Krieg zu führen, die am Ister lebten und sich des römischen Schutzes erfreuten, sandte er einen Mann namens Esla zu den Römern. Dieser Esla hatte gewöhnlich die Zwistigkeiten zwischen Römern und Hunnen geschlichtet; nun aber sollte er Rugilas Drohung überbringen, er werde sich an den Friedensvertrag nicht halten, wenn die Römer ihm nicht alle übergelaufenen Flüchtlinge auslieferten. Daraufhin beschlossen die Römer, eine Gesandtschaft zu den Hunnen zu schicken.«

Man schreibt das Jahr 425 oder 426, und bereits damals wurde eine durchaus modern anmutende Beschwichtigungsdiplomatie praktiziert. Gerne wüßte man mehr von jenem Esla, der es offenbar verstand, mit einem Hunnenfürsten zu reden, und der sein Vertrauen in einem so hohen Maße besaß, daß er Warnungen Rugilas überbringen durfte, Instruktionen, Drohungen.

Aber auch für Wunderdiplomaten gibt es chancenlose Situationen. Esla hatte offenbar nicht den gewünschten Erfolg, die Flüchtlinge wurden nur zum Teil und nur zögernd ausgeliefert (wer tut dies schon gern, wo man doch weiß, wie die Überläufer in aller Welt behandelt werden). Kurz: Rugila marschiert, ohne auf Esla zu hören, und da Esla nicht mehr helfen konnte, mußte Gottvater sich höchstselbst einmischen.

Kaiser Theodosius II. war kein sehr starker Herrscher; zuerst hat ein Hauptmann seiner Prätorianer das Regiment geführt, dann seine Schwester Pulcheria und schließlich seine Gemahlin Eudokia. Diese Eudokia erkannte nun auch rechtzeitig, daß ihr Theodosius gegen einen Rugila wenig Siegesaussichten habe, und darum warf sie sich, eine Kaiserin, dem Allerhöchsten zu Füßen und bat um die Rettung ihres Landes.

»Als Rugila, ein Fürst der nomadischen Skythen, mit einem riesigen Heer den Ister (die Donau) überschritt und Thrakien verheerte und plünderte, bestand Gefahr für die Hauptstadt Byzanz. Er schien sie in raschem Anlauf einzunehmen und plündern zu wollen, aber noch ehe es soweit kommen konnte, sandte Gott vom Himmel Donner und Blitze, streckte Rugila nieder und vernichtete sein ganzes Heer.«

Man muß den Bericht aus der Kirchengeschichte nicht wörtlich nehmen, aber bei dem ungemein starken Hang der Hunnen zum Aberglauben und zu Vorzeichen (worin noch Dschingis-Khan mit ihnen wetteiferte) ist es durchaus möglich, daß ein starkes Gewitter, ein spektakulärer Blitzschlag etwa in Rugilas Zelt oder ein anderer Unfall sie zur Umkehr veranlaßte, ja vielleicht sogar in Panik versprengte. Rugila jedenfalls starb 434, ohne Byzanz erobert zu haben, und auch von seinen Brüdern Oktar und Mundzuch hat man seither nichts mehr gehört. Nur ein junger Vetter Rugilas, ein Sohn des Fürsten Mundzuch, sollte bald von sich reden machen. Er hieß Attila.

II. BUCH

NIEMAND WUSSTE, WOHER SIE KAMEN

1. »Eine gräßliche Nachkommenschaft«

Erst bei der näheren Beschäftigung mit der Frage nach Name und Art der Hunnen begann ich zu begreifen, warum etwa ein Dutzend hochbegabter Forscher vor allem diesem Problem ein Leben angestrengter Arbeit widmeten – und warum es bis heute nicht gelöst ist. Die Hunnen, vielleicht international das bekannteste Volk der Erde, weil jeder irgendwann von ihnen gehört hat, sind in Wahrheit das unbekannteste aller Völker, weil offensichtlich sie selbst kaum wußten, wer sie waren, wessen Sprache sie sprachen, nach welchen Sitten sie ihre Toten begraben ließen und schon gar nicht, woher sie kamen. Selbst der einzelne Hunne wußte wegen der Wanderfreudigkeit seiner Mutter nicht, wo er das Licht der Welt erblickt hatte, und seine Kinder hatten keine Chance, das Grab des Vaters zu finden . . .

Beginnen wir mit der sogenannten literarischen Evidenz, also den schriftlichen Zeugnissen, so schockt uns der römisch gebildete gotische Geschichtsschreiber Jordanes mit der folgenden Geschichte:

»Über den Ursprung der Hunnen berichtet eine alte Überlieferung: König Filimer, der fünfte Herrscher der Goten nach ihrem Wegzug von der Insel Skandinavia, war mit seinem Volk in das Skythenland gelangt. Dort entdeckte er unter seinen Untertanen einige zauberkundige Weiber, *haljarunae* genannt. Da er fürchtete, daß sie ihm und den Seinen Schaden zufügen könnten, ließ er sie vertreiben und zwang sie, sich weit von seinem Heer zu entfernen, so daß sie also in der Einsamkeit eines fremden Landes umherirrten. Es konnte nicht ausbleiben, daß die bösen Geister dieser in der Wildnis herumschweifenden Weiber ansichtig wurden. Sie gesellten sich ihnen zu und zeugten mit ihnen eine gräßliche Nachkommenschaft, die zunächst im Sumpfland lebte. Es war ein untersetztes, häßliches und armseliges Geschlecht, das, kaum noch menschenähnlich, eine Sprache redete, die nur noch entfernt an menschliche Laute erinnerte.

Von diesen Wesen stammen die Hunnen ab, die an der Grenze des gotischen Gebietes auftauchten. Wie der Geschichtsschreiber Priskus berichtet, hauste der solchermaßen entstandene Hunnenstamm am Rande der mäotischen Sümpfe (am Ufer des Asowschen Meeres), und zwar am jenseitigen, östlichen Gestade. Dort widmeten sie sich, da sie an keine Arbeit gewöhnt waren, durch einige Zeit der Jagd; nachdem sie jedoch zu einem selbständigen Volk angewachsen waren, begannen sie, die benachbarten Völker und Stämme durch ihre Raubüberfälle zu beunruhigen.

Als nun einst einige hunnische Jäger wie gewöhnlich am äußersten Rand des mäotischen Sumpfes der Jagd oblagen, sahen sie plötzlich eine Hirschkuh vor sich, die das Sumpfgelände betrat, einige Schritte nach vorwärts eilte und dann wieder stehenblieb, gleichsam, als wolle sie die Hunnen verlocken, ihr zu folgen. Die Jäger taten dies tatsächlich und überquerten auf diese Weise den mäotischen Sumpf, den sie für unpassierbar gehalten hatten und für so unüberwindlich wie das Meer. Sobald dann das ihnen unbekannte skythische Land (Südrußland) vor ihnen auftauchte, verschwand die Hirschkuh.«

Das hübscheste an dieser Stelle ist das Zitat des gotischen Wortes *haljaruna* für Zauberin, Hexe, weil wir darin unschwer die *Alraune* erkennen, die von Kaiser Rudolf II. bis zu Hanns Heinz Ewers eine so große Rolle in den nächtigen Phantasien unseres Volkes gespielt hat. Jordanes will aber auch erklären, warum sich die Hunnen vor allem auf die Goten geworfen und diese unterjocht hatten: weil eben ein Gotenkönig die Hexen gekränkt und vertrieben hatte.

»Ich glaube«, fährt Jordanes fort, »daß die Hirschkuh nur von jenen bösen Geistern, den Ahnen der Hunnen, gegen die Skythen (= Alanen, die ersten Opfer und baldigen Verbündeten der Hunnen) gesandt worden war.«
So waren die Jäger unversehens zu Kundschaftern geworden, und auf ihren Bericht hin hatte sich das ganze Hunnenvolk dann aufgemacht, um die Sümpfe zu durchqueren und das weite Skythenland, also das alte Kornland der Griechen am Nordrand des Schwarzen Meeres, in Besitz zu nehmen. Die Völkerwanderung habe also nach Priskus und Jordanes ihren Ursprung in der Abneigung eines Gotenkönigs gegen zauberkundige Frauen gehabt, und die Hunnen seien eigentlich keine Menschen, sondern dämonische Sumpfblüten aus höchst widerwärtigen Kopulationen.
Sollte sich nun jemand fragen, warum so unwissenschaftlicher Unsinn hier zitiert wird, so muß ich erwidern, daß Priskus, Jordanes und eine ganze Reihe anderer antiker Autoren nun einmal die Hauptquellen über die Hunnen sind. Höchst ernst zu nehmende Gelehrte zitieren sie nicht nur, sondern wägen jedes ihrer Worte, drehen die Sätze hin und her, lassen die Formen schillern und erörtern ausführlich die Bedeutungen einzelner Worte in diesem oder jenem Zusammenhang. Natürlich erzählen die antiken Historiker gerne Anekdoten, und hätten sie das nicht getan, so wäre die Weltliteratur um eine große Anzahl wirkungsvoller Stoffe ärmer. Aber es geht einfach nicht an, sie nur dann ernst zu nehmen, wenn ihre Aussage die eigene Theorie stützt, und sie als Phantasten oder Märchenerzähler abzutun, wenn sie etwas behaupten, was einem nicht in die eigene Konzeption paßt. Alle diese alten Quellen sind, historisch gesehen, bunte Mischungen aus Dichtung und Wahrheit; sie *müssen* Irrtümer enthalten, weil es nach Lage der Dinge gar nicht anders möglich ist, sind doch mündliche Berichte von Kaufleuten, Offizieren, Schreibern

und Reisenden die Hauptquelle auch der ernstesten Geschichtsdarstellungen im Altertum; und sie *müssen* dennoch herangezogen und beachtet werden, ganz einfach weil wir keine anderen Quellen haben. Schon die Auffindung einer einzigen neuen Geschichtsdarstellung aus alter Zeit, etwa der leider verlorenen *Skythika* des Atheners Dexippos, würde vermutlich unser Bild und unsere Kenntnis der Zeit unmittelbar vor den Hunneneinfällen tiefgreifend verändern, aber wir besitzen sie eben nicht, besitzen sie ebensowenig wie das *Buch vom Weltmeer*, in dem Pytheas von seiner Umsegelung Englands berichtet, und viele andere unschätzbare Werke alter Wissenschaft.

Der Grund, auf dem wir stehen, ist also durchaus schwankend und unsicher, was nicht sehr viel ausmacht, wenn man sich dessen bewußt bleibt, was aber sehr gefährlich ist, wenn man das als bare Münze nimmt, was man gerne hören oder lesen möchte. Nicht so sehr die Unsicherheit der Quellenlage als dieser Hang, zu apodiktischen Aussagen zu gelangen, ist verantwortlich für die tiefen Widersprüche, die heute die Hunnenforschung beherrschen und die Herkunftsfrage im besonderen zu einem Schlachtfeld der Gelehrten gemacht haben.

»Auf jeden Fall steht die mongolische Abkunft der Hunnen fest« (Homeyer).

». . . Hunnen, deren türkische Sprache und türkisches Volkstum außer Zweifel steht« (Altheim I,22).

»*Hunnen,* Verband von Nomadenstämmen mongolisch-türkischen Ursprungs aus dem Osten, in China schon den letzten vorchristlichen Jahrhunderten bekannt« (Filip).

»At any rate, until the experts reach some agreement, the student of the later Roman Empire is best advised to say nothing about the Hsiung-no« (Thompson).*

»Attila with his vast host of Mongols and subject Germans invaded central Gaul . . .« (Gordon).**

»Der gefährlichste äußere Gegner des Han-Reiches waren stets die ostasiatischen Hunnen (Hsiung-nu). Es ist noch äußerst umstritten, inwieweit und ob überhaupt sie mit den in Europa auftretenden Attila-Hunnen des vierten nachchristlichen Jahrhunderts identisch waren. Auch ist noch nicht sicher, zu welcher Sprachfamilie die Hsiung-nu zu rechnen sind. Die neuesten Forschungen anhand der in den chinesischen Berichten überlieferten Hsiung-nu-Wörter haben – im Gegensatz zu früheren Annahmen – nicht eine Verwandtschaft mit den Turksprachen ergeben, sondern deuten eher auf Beziehungen zu sibirischen Sprachen (Keto, Samojedisch). Die Tatsache, daß die Hsiung-nu Hirten- und Reiternomaden waren, kann für die Identifikationsfrage nicht herangezogen werden. Die steppennomadische Wirtschaftsweise ist nicht an bestimmte Volksgruppen gebunden gewesen . . . Schließlich ist allen in der eurasiatischen Geschichte auftauchenden Steppenreichen ein völkisch gemischter Charakter zu eigen gewesen. Die in der Steppe entstandenen Föderationen umfaßten vielerlei Völker, genau so wie sich im Gefolge und unter der Herrschaft der Attila-Hunnen so unbezweifelbare Germanen wie die Goten befanden« (Franke/Trauzettel).

* »Solange die Experten sich nicht einigen, ist der Student, der sich mit der Spätzeit des Römischen Reiches beschäftigt, am besten beraten, wenn er über die Hsiung-no überhaupt nichts sagt.«

** »Attila fiel mit einer großen Armee aus Mongolen und unterworfenen Germanen ins mittlere Gallien ein.«

Diese Widersprüche komplizieren sich noch dadurch, daß einige der eindrucksvollsten Autoritäten im Lauf ihres Forscherlebens die Einstellung zu dieser Frage – zur Abkunft von den mongolischen Hiung-nu – geändert haben, was stets ein besonderes Zeichen für wissenschaftliche Aufrichtigkeit und kompromißlose Wahrheitssuche ist. Zu ihnen gehört J. B. Bury mit seiner grundlegenden *History of the Later Roman Empire*, in der er zur Frage der Hunnen-Herkunft sagt: »It is a mortal leap from the kingdom of the northern Zenghi to the steppes of Russia, and he who takes it is supported on the wings of fancy, not on the ground of fact.«*

Da wir uns aber auf weite Strecken der Hunnengeschichte dieser *wings of fancy*, der Flügel der Phantasie, zum Weiterkommen bedienen müssen, weil es andere Mittel des Fortkommens nicht gibt, ist nicht einzusehen, warum einer einzigen Hypothese hier der Vorrang gegeben werden soll. Bury selbst neigte zwar gegen Ende seines Lebens der Verwandtschaft mit den Hiung-nu zu, aber es ergaben sich etwa gleichzeitig durch die Altheim zu dankende Ausweitung der Forschung auf das Gebiet der sogenannten Weißen Hunnen wichtige neue Aspekte auch für die Herkunftsfrage. Wir werden aus ihnen ebensowenig eine zufriedenstellende Lösung gewinnen wie die Fachforschung, aber mit Sicherheit eine Reihe von Aufschlüssen auf den hunnischen Volkscharakter.

Es gibt über die Hunnen der vorchristlichen Zeit, also über die asiatische Phase ihrer Existenz, eine wunderbare Quellenzusammenstellung von dem deutschen Sinologen J. J. M. de Groot, die so sympathisch ist, weil sie von sich aus in die Hunnen- und Hiung-nu-Diskussion überhaupt nicht eingreift mit der ein wenig ironisch klingenden Begründung: »In

* »Es ist ein tödlicher Sprung ins Ungewisse vom Königreich der nördlichen Zenghi hinaus in die russische Steppe, und wer ihn unternimmt, wird dabei eher von den Flügeln der Phantasie getragen als von Fakten gestützt.«

der Regel hat der Verfasser davon Abstand genommen, das wenige, das hier und dort im Zusammenhang mit dem Hunnenvolk und den hierselbst bearbeiteten (d. h. also den chinesischen) Quellen geschrieben worden ist, zu erwähnen oder zu besprechen. Dadurch ladet er zwar den Verdacht auf sich, die Literatur über den Gegenstand nicht zu beherrschen: aber dieser Verdacht ist ihm leichter zu ertragen als der Gewissensbiß, sogenannter deutscher Gründlichkeit zuliebe mitgewirkt zu haben an der Daseinsverlängerung irgendwann einmal ausgesprochener Meinungen, die ihm ungereimt und unbegründet erscheinen. Besonders in der Wissenschaft ist es wünschenswert, daß viel Geschriebenes möglichst rasch der Vergessenheit preisgegeben werde.«

Diese kauzige Selbstbescheidung hindert de Groot allerdings nicht, uns aufgrund der chinesischen Aussprachegrundsätze klarzumachen, daß jenes Volk, das in den chinesischen Quellen Hung-no genannt ist (in anderen Transkriptionen Hiung-nu, Hsiung-nu etc.), in Wirklichkeit Hungnor, Hunoch oder Hunor geheißen habe. Die Chinesen, die weder r noch ch sprechen und dafür auch keine Schriftzeichen haben, mußten aber Hung-no schreiben. Gelegentlich sagen sie auch kurz und abfällig *Hu*, womit sie allgemein die Barbaren des Nordens bezeichnen, die Himmelsrichtung natürlich vom Reich der Mitte aus verstanden.

Die erste Nachricht aus diesem überraschend leicht lesbaren Schatz von dreihundert Quartseiten führt tief hinab in das zweite vorchristliche Jahrtausend und lautet: »Die Hung-no. Ihr erster Stammvater war ein Nachkomme des Fürstenhauses von Hia und hieß Schun ui.«

Diese Version klingt, so alt sie ist, schon weit weniger phantastisch als die grausliche Hexenvergewaltigung in den Sümpfen östlich des Asowschen Meeres. Die Hia sind eine der vielen chinesischen Dynastien. Sie soll um 2250 vor Christus an die

Herrschaft gelangt und bis 1850 vor Christus an der Macht geblieben sein. Einer der Prinzen, das schwarze Schaf einer kaiserlichen Familie, verließ also den Hof und machte sich zu den Barbaren auf, bei denen er mit seinem höheren Wissen zum Begründer vielleicht noch nicht eines Reiches, aber doch wohl einer gewissen Zentralmacht wurde. Aus chinesischen Kommentaren erfahren wir sogar, welches Verbrechen dieser Prinz, der sich dann Schu-nui nannte, auf sich geladen hatte: Sein Vater Kie war der letzte Hia-Kaiser. Als er starb, nahm jener Prinz sich die Frauen des kaiserlichen Harems und wurde daraufhin von der Familie verstoßen, weil das bei den Chinesen als fluchwürdiges Verbrechen galt. Bei den Hung-no wurde es zu einer Gepflogenheit ...

Als letzter Hia lebte Schu-nui um 1800 vor Christus. Das chinesische Schriftzeichen für die Hung-no ähnelte damals teilweise noch stark der Bezeichnung für drei oder vier andere Barbarenvölker des Nordens. Der allen diesen schriftlichen Bezeichnungen gemeinsame Teil war das Zeichen *hun*.

Über die hinabgegangene Herrscherdynastie Hia nun gleichermaßen mit den Hunnen verwandt, begannen die Chinesen, sich für sie zu interessieren; ja sie wurden dazu auch ziemlich unsanft genötigt, denn die Hu- oder Hun-Barbaren verübten immer wieder Überfälle auf die Grenzländer des Reichs der Mitte und auf die Handelsstraßen. Die ersten chinesischen Informationen über die Hung-no besagen:

»Ihr Viehbestand setzt sich größtenteils aus Pferden, Rindern und Schafen zusammen. Seltenere Haustiere sind *tokto* (Sackkamele?), Esel und Maulesel (folgen noch drei unerklärliche Haustiere). Wasser und Pflanzen suchend, wandern sie hin und her. Sie haben keine ummauerten Städte oder festen Wohnorte, noch treiben sie Ackerbau; dennoch besitzt jeder einen Teil des Bodens.

Eine Schrift besitzen sie nicht *(hélas!)*, Vereinbarungen werden mündlich getroffen. Die Kinder verstehen es, Hammel oder Schafe zu reiten, den Bogen zu spannen und auf Vögel zu schießen, aber auch auf Wiesel und Ratten. Die Größeren unter ihnen jagen Füchse und Hasen, die zur Ernährung dienen.

Die Kraft der Krieger liegt in ihrer Gewandtheit im Spannen der Bogen. Sie sind alle gepanzerte Reiter. Und was die Sitten und Bräuche anbetrifft, so wandert man in ruhigen Zeiten mit dem Vieh herum, erschießt dabei Vögel und Vierfüßler und findet so den Lebensunterhalt. Sobald Gefahren drohen, üben sich die Männer für den Krieg. Mit stürmender Hand Einfälle machen und angreifen, das liegt in ihrer Natur. Ihre langen (d.h. weittragenden) Waffen sind Bogen und Pfeile, ihre kurzen Waffen Schwerter und Speere. Wo sie im Vorteil sind, da stoßen sie vor; sind sie aber im Nachteil, dann ziehen sie sich zurück und scheuen sogar nicht, einen fluchtartigen Rückzug anzutreten, und zwar dorthin, wo sich eine günstige Stellung (für den weiteren Kampf) gewinnen läßt.

Von Lebensregeln und (Anstands-)Pflichten wissen sie nichts. Sowohl die Fürsten und Prinzen als auch die Untertanen essen das Fleisch der Haustiere und kleiden sich in die Häute, über die sie noch eine Pelzjacke anziehen. Die jungen Männer essen die fetten und guten Speisen, während die alten nur die Überreste bekommen; daraus ergibt sich, daß die jungen und kräftigen wertgeschätzt werden, die alten und schwachen hingegen für minderwertig gelten. Wenn ein Vater stirbt, dann heiraten die Söhne ihre Mütter (gemeint ist: die Frauen), welche er nach ihrer eigenen Mutter geheiratet hatte; stirbt ein Bruder, dann nehmen seine Brüder die Frauen des Verstorbenen in Besitz und heiraten sie. Das gemeine Volk trägt Personennamen, aber diese werden nicht (wie in China) aus höflicher Ehrfurcht verschwiegen. Geschlechtsnamen und zweite Namen gibt es nicht.«

Diese zweiten Namen führten die Chinesen von dem Augenblick an, da sie sich eine Frau nahmen – ein Vorgang, den die nomadischen Hunnen als so selbstverständlich, wenn nicht gar alltäglich ansahen, daß er ihnen keine Veränderung des männlichen Namens wert zu sein schien.
Immerhin sind diese ersten und sehr frühen Berichte, zu denen sich andere gesellen, die wir aus Raumgründen nicht zitieren, erstaunlich detailliert und, was noch mehr verwundern muß, auch durchaus zutreffend. Vergleichen wir die Nachrichten, die chinesische Kaiser über die Barbaren des Nordens erhalten, mit den Informationen, die ein so berühmter Historiker wie Herodot tausend Jahre später über die Völker der antiken Randkulturen in seinem Geschichtsbuch niederlegte, dann müssen wir sagen, daß die Chinesen zweifellos den höher entwickelten Tatsachensinn haben und ihrer Phantasie weit weniger vertrauen. Modern gesprochen geht daraus hervor, daß das große Reich der Mitte zu seinem Schutz und zur rechtzeitigen Abwehr von Raubüberfällen einen ausgezeichneten Nachrichtendienst organisiert hatte, der die Nachbarn, auch wenn sie auf den ersten Blick friedliche Herdenzüchter waren, ständig beobachtete und über diese Beobachtungen in zweckmäßiger Manier berichtete.
Daß diese Berichte uns erhalten blieben, daß wir sie heute als unschätzbare Quellen zur Verfügung haben, das allerdings ist ein ausgesprochener Glücksfall. Der große Khungfutse, selbst Abkömmling einer vornehmen chinesischen Familie, die ihren Stammbaum bis ins Jahr 1121 vor Christus zurückführen konnte, war nicht nur ein Philosoph und Religionsstifter, sondern auch besonders stark an der geschichtlichen Erscheinungsform seines Volkes interessiert, dessen erster und bedeutendster Lehrer er wurde. Um 500 vor Christus begann er mit der Sammlung von amtlichen Schriftstücken und Dokumenten aus vergangener Zeit, und die Auswahl, die er aus die-

sen alten Schriften und Berichten zusammenstellte, ist bis heute die wertvollste geschichtliche Quelle über Chinas Frühzeit geblieben.
Neben den ersten Mitteilungen über die Lebensweise der Hunnen enthält sie auch die wichtigen Ortsbestimmungen, wenn auch – wie bei Nomaden nicht anders zu erwarten – ohne feste Grenzen eines Hung-no-Reiches angeben zu können. Nach den ältesten Quellen reichte das Weide- und Aktionsgebiet der unter dem Sammelbegriff Hung-no zusammengefaßten Barbarenstämme vom Ili-Fluß im sogenannten Siebenstromland bis tief hinein in die Mongolei, an den Orchon-Fluß. Dieser wird in den Berichten von militärischen Maßnahmen gegen die Hung-no bei weitem am häufigsten genannt, und auch Urga, etwa an der Stelle der heutigen Hauptstadt Ulan-Bator gelegen, ist oft umkämpft worden.

2.
Todesstrafe für schlechte Schützen

Das Gebiet, das uns die chinesischen Quellen als Hunnenland umreißen, ist selbst für Nomaden außerordentlich groß. Es mißt von der Chinesischen Mauer bei Sutschau – dem Nordwestpunkt der Befestigung – bis nach Semipalatinsk etwa 1800 Kilometer, vom Siebenstromland am Balkasch-See bis zum Orchon-Fluß annähernd 3000. Dennoch kann an diesen Angaben nicht gezweifelt werden, denn so vage auch die Völkernamen sind, weil die Chinesen sie nicht selten nach ihrem Belieben gaben, ohne den Namen zu berücksichtigen, den das betreffende Volk führte, sind die Orts- und Flußnamen verhältnismäßig leicht nachprüfbar und durch ergänzende Angaben erhärtet.
Die kriegerischen oder vielmehr räuberischen Nomadenstämme des Nordens zogen sich also in einem weiten Bogen

um jene Gebiete des Chinesischen Reiches, die einen gewissen Ausgang nach Westen hatten, um eben jene offene Flanke, die den natürlichen Schutz der Hochgebirge entbehren mußte. Das Orchon-Tal war die östlichste Einfallspforte nach China; zwischen Abakan und Kysyl öffnete sich schon die nächste Möglichkeit, das Gebirge zu passieren, und die Dsungarei öffnete sich gar in zwei breiten Tälern nach Westen, nämlich längs des Schwarzen Irtysch, an dem die heutige Industriestadt Semipalatinsk liegt, und in der eigentlichen Dsungarischen Pforte zwischen dem Alak-Kul- und dem Ebi-Nor-See. Auch durch das Ili-Tal, in dem heute das betriebsame Industrie- und Bergbauzentrum Alma Ata liegt, ließ sich die innere Dsungarei ohne sonderliche Schwierigkeiten über einen niedrigen Paß gewinnen.
Das Reich der Mitte hatte also einen ausgesprochen wilden Westen, den es als Norden bezeichnete, weil für die weit gegen die Nomaden vorgeschobenen Grenzgarnisonen der Feind tatsächlich oft aus dem Norden kam. Nur die höchsten und am besten unterrichteten Beamten hatten schon früh erkannt, daß diese Barbaren des sogenannten Nordens den Weg in die Westländer verlegten, den Weg, auf dem das kaiserliche China und das kaiserliche Rom hätten Verbindung aufnehmen können.
Daß dies dennoch gelang, ist beinahe ein Wunder, und daß es nur wenige Jahrzehnte lang funktionierte, ist Schuld der Hung-no und später der Hunnen, die – ob nun als blutsmäßige Nachkommen oder nur als Nachfolger – gegenüber dem reichen China die gleiche Haltung unversöhnlicher und stets kampfbereiter Eindringlinge einnahmen und das Reich der Mitte zu ungeheuren Anstrengungen nötigten. Die bekannteste von ihnen wurde die Große Mauer, ausschließlich gegen die Nomadeneinfälle erbaut. Wäre Europa so einig gewesen wie China, hätte es einem einzigen Herrn gehorcht, vielleicht

wäre auch im Osten Europas die Abwehr der Hunnen-Invasion und damit der Völkerwanderung durch eine gut verteidigte, lange Befestigungsanlage möglich geworden . . .
Man hat Bauten wie die Chinesische Mauer nicht ohne Grund zum Beweis dafür genommen, daß Befestigungen nur noch eine Illusion der Sicherheit vermitteln, vor allem, wenn sie 2500 Kilometer lang sind und darum eine Riesenarmee nötig machen, wenn sie von Verteidigern besetzt und damit erst wirksam sein sollen. Aber wir Deutschen, die seit vielen Jahren mit einer Mauer mitten durch unsere alte Hauptstadt leben, wissen auch, daß eine Mauer sehr viel mehr sein kann als eine Illusion: nämlich ein Symbol. Für die abergläubischen Nomaden in den weiten Steppen war die gigantische Befestigungsanlage, die hier im dritten vorchristlichen Jahrhundert entstand, schon darum eine Sensation, weil sie Mauern, Häuser, Bauwerke ja überhaupt nicht kannten. Und sie sagte ihnen auch, daß hinter der Mauer eine andere Welt beginne, eine feindliche und überlegene Welt, und damit war die fröhliche Unbefangenheit, mit der die Reiterkrieger bis dahin Krieg geführt hatten, weitgehend entschwunden.
Um diesen entscheidenden Anstoß zu einer Neuorientierung zu verstehen, der schließlich zum Hunnenmarsch nach Westen führte, müssen wir uns den Charakter der Landschaft vergegenwärtigen, in der sich die mongolischen oder türkischen Nomadenvölker bewegten. Sie hat sich auch bis heute kaum verändert, obwohl das alte Hunnengebiet heute teils der Sowjetunion, teils der Mongolischen Volksrepublik, teils China zugehört und damit unter Verwaltungen steht, die auch vor großangelegten Veränderungen der Natur nicht zurückschrecken. Ein Stausee, eine Straße, ein Schienenstrang aber ändern wenig, wenn es um Millionen von Quadratkilometern geht:
»Gleich hinter Kalgan führt die Straße durch einen engen Paß

zwischen Hügeln hindurch«, lesen wir in einem Bericht über die Mongolei-Durchquerung des Schotten Alexander Michie vor etwa hundert Jahren. »Das Land steigt auf einer Strecke von etwa sechs Stunden wohl zweitausend Fuß an; weiterhin gelangt man auf die Hochebene, welche fünftausend Fuß über dem Meer liegt. Die Chinesen haben sich bis an den Rand der Wüste vorgeschoben und betreiben mit unermüdlichem Fleiß den Ackerbau selbst in Gegenden, die sehr undankbar sind. Auf regelmäßige Witterungsverhältnisse darf man hier nicht mehr zählen; häufig tritt Dürre ein, Sandstürme, Orkane und gewaltige Regengüsse richten großen Schaden an. Mißwachs entsteht und bringt in seinem Gefolge meist eine Hungersnot. Die Mongolen sehen das Vordringen der Chinesen sehr ungern.«

Die Gegensätze sind also geblieben, nur die Stoßrichtung hat sich in diesen 2000 Jahren verändert durch den ungeheuren Bevölkerungsdruck, der von China ausgeht.

»Obwohl die Sonne den ganzen Tag über herabbrannte, waren Michies Hände, als er am Abend das Zelt aufschlug, doch so erstarrt, daß er kaum noch den Hammer halten konnte, um die Zeltpflöcke einzuschlagen. Es geschah dies am 26. August und unter dem 41. Grad nördlicher Breite . . . Auf dem grünen, mit Blumen besäten Wiesenteppich weideten große Pferde- und Rindviehherden, welche von herumgaloppierenden mongolischen Hirten zusammengehalten wurden. Ihr Geschrei drang weit in die frische Luft hinaus. Michie war nun ganz im Lande der Zelte und abgeschnitten von aller Kultur. Ein mongolischer Tempel war für lange Zeit das letzte Gebäude aus Stein und Mörtel, welches er sah. Er befand sich im Lande der Gräser.«

Das erste Bauwerk in diesem Land der Gräser war die Große Chinesische Mauer gewesen. Michies Reisegefährte fährt fort:

»Der Teil der Mongolei, welchen Michie jetzt durchzog, bildet eine Reihenfolge von Ebenen und sanftgewellten Flächen; dann und wann wird der Boden auch rauh und hügelig, und im allgemeinen ruft die Steppe hier den Eindruck eines Meeres hervor. Kein Baum oder sonstiger Gegenstand ist auf ihr zu entdecken; das Auge findet keinen andern Ruhepunkt als Herden oder Zelte. Aufgang und Untergang der Sonne erhöhen noch die Täuschung, und der Ausdruck ›Schiff der Wüste‹ scheint hier für das Kamel ungemein passend gewählt . . . Allmählich verschwand der Graswuchs, und das Land wurde wüster, kaum daß die armen Pferde und Kamele ein dürftiges Futter fanden. Pferde- und Rinderherden waren nirgends mehr zu erblicken . . . Die Leichtigkeit, mit welcher sich die Mongolen in der Wüste zurechtfanden, erregte oft Michies Bewunderung. Nach einer nächtlichen Reise wußten sie am anderen Morgen stets genau, wo sie sich befanden. Sie bedurften auch keiner Landmarken, um die wenigen und weit verstreuten Brunnen aufzufinden. Ihr nomadischer Instinkt leitet sie ganz richtig.«

Diesem nomadischen Instinkt setzte ein großer chinesischer Kaiser in den letzten Jahren des dritten vorchristlichen Jahrhunderts durch die Große Mauer eine Grenze, die bis dahin nur aus einigen wenigen Befestigungen in besonders gefährdeten Gegenden bestanden hatte und daher leicht zu umgehen gewesen war. Und vielleicht war es dieses unerwartete Hindernis, das nun auch die Hunnen zu einer besonderen Anstrengung nötigte und nicht nur ihre Stoßkraft steigerte, sondern auch ihren Zusammenhalt.

Dafür spricht, daß der erste Herrscher, den wir mit Sicherheit den Hunnen und nicht ihren Vorgängern vom Volk der Hung-no zuschreiben können, etwa gleichzeitig mit dem Mauerbau regierte, ja vielleicht angesichts der neuen Lage überhaupt erst sein Volk zu straffer Organisation zu bringen vermochte. Er hieß Tumun, und die chinesischen Chroniken geben ihm den Ehrentitel Shan-yu, was man schon beinahe mit König übersetzen kann.

Nach der Königsliste, die Rahula Sankrityayana in seiner *History of Central Asia* gibt, war Tumun um 250 vor Christus geboren worden. Er nahm sich im hohen Alter noch eine junge Frau, die er sehr liebte, und entwarf – um den Sohn aus dieser späten Verbindung zum Thronfolger zu machen – einen bösen Plan: Sein Ältester, Prinz Motun, mußte zum Nomadenstamm der Goatsi als Geisel gehen – das blieb Hunnenbrauch bis in Attilas Zeiten –, und als Motun am Hof der Goatsi eingetroffen war, griff sein Vater Tumun die Goatsi an, in der sicheren Annahme, nun würden diese ihn von seinem Erstgeborenen und Thronfolger befreien.

Aber diese Geiseln haben öfter, als man glaubt, das Schicksal gewendet; Aetius wird es ganz Europa zeigen, und Attila selbst soll auch einst Geisel gewesen sein. Vielleicht wußte er aus der Stammestradition, wie Motun sich in dieser tödlichen Gefahr verhalten hatte? Motun griff sich das beste Pferd der Goatsi, entfloh und ritt bis vor das Zelt seines Vaters, der ihm gerührt in die Arme sank: Solch einen prächtigen Sohn hatte er töten wollen!

Motun hatte bewiesen, wozu er fähig war, übernahm das Oberkommando und begann damit, die Truppen auszubilden – mit beträchtlicher Härte, wenn man den chinesischen Quellen glauben will:

»Nun verfertigte Motun pfeifende Pfeile und erließ beim Drillen seiner berittenen Bogenschützen den Befehl, daß alle zusammen auf denjenigen Gegenstand schießen sollten, nach dem er solch einen Pfeil senden würde; wer das nicht tue, dem werde er den Kopf vor die Füße legen. Wenn nun auf der Jagd einer nicht dorthin schoß, wohin sich der pfeifende Pfeil bewegte, dann wurde ihm unverzüglich der Kopf abgeschlagen.

Einmal schoß Motun selbst einem seiner Prachtrosse einen pfeifenden Pfeil in den Leib und enthauptete augenblicklich diejenigen seiner Gefolgschaft, die nicht gewagt hatten, mitzuschießen. Nicht lange danach erschoß er selbst seine geliebte Gattin mit solch einem Pfeile, und auch diesmal standen in seinem Gefolge einige starr und hatten zum Schießen nicht den Mut: auch sie wurden von Motun geköpft. Als dann kurz darauf Motun auf der Jagd mit einem pfeifenden Pfeile das Prachtpferd seines Vaters erschoß und seine Gefolgschaft ausnahmslos mitgeschossen hatte, da wußte er, daß er sich auf diese Truppe vollständig verlassen konnte.
Als es soweit war, ging er mit seinem Vater auf die Jagd, schoß einen pfeifenden Pfeil auf ihn ab, und sein ganzes Gefolge zielte in derselben Richtung und brachte auf diese Weise den Shan-yu um. Daraufhin tötete er seine zweite Mutter (d. h. die jüngere Frau des Königs) und seinen jüngeren Bruder sowie alle Minister, die ihm den Gehorsam verweigerten, und machte sich selbst zum Shan-yu.«
Das liest sich wie eine der schaurigen altchinesischen Novellen, ist aber Historie, in der nur die Einzelheiten unsicher sind, weil man zum Beispiel über das, was ein pfeifender Pfeil war, verschiedener Ansicht sein kann. Ein paar Federchen, ein Pfeifchen am Pfeilende genügten vermutlich, um die Aufmerksamkeit der Truppe auf diesen Pfeilschuß zu lenken. Der Drill begann, ein Drill zum schnellen und genauen Schießen vom Pferd aus, das den Hunnen die Überlegenheit noch über die gotischen Heere brachte – ein Drill aber auch zum bedingungslosen und hemmungslosen Morden, das man ihnen ebenfalls nachsagt: wir haben es bei so vielen antiken Zeugen gelesen, daß ein Zweifel daran ausgeschlossen erscheint.
Motuns Name wird sehr verschieden geschrieben, je nach der Quelle, je nach der Nationalität des Übersetzers aus dem Chinesischen. Der Inder Sankrityayana zum Beispiel nennt ihn

Maudun, die Chinesen haben ihn vermutlich Bordur (!) aussprechen gehört und lediglich transkribiert, weil sie die Hunnenlaute nicht nachformen konnten; und William Montgomery McGovern, der in seinem dicken Buch über *The Early Empires of Central Asia* die originellsten Schreibweisen bringt, macht aus Motun sogar einen Mao der Frühzeit, indem er ihn Maodun nennt.

Wir befinden uns nun im zweiten vorchristlichen Jahrhundert. Rom ist bereits ein großes Reich, aber die Weltherrschaft ist noch nicht gesichert. Ägypten ist als Erbe des griechisch-asiatischen Alexanderreiches zu einer Art Pforte zwischen Ost und West geworden, und in den Rotmeerhäfen, aber auch in Alexandria sitzen die Händler und Schiffer, die beide Teile der Welt kennen, den Mittelmeerraum und den Indischen Ozean. Und im Herzen Asiens, im Reich der Mitte, das so lange glaubte, mit der ganzen Welt identisch zu sein, beginnt die Erkenntnis zu dämmern, daß die Völker des Nordens und des Westens vielleicht doch nicht alle Barbaren seien.

Die Art und Weise, wie dieser Motun sich zunächst eine Leibgarde verschworener Bogenmörder heranzog und dann nicht nur den königlichen Vater, sondern auch seine ganze Familie ausrottete, um allein und konkurrenzlos zu herrschen, das war zwar noch ziemlich barbarisch, aber es hatte etwas von jener zielstrebigen Wildheit, in der kommende Größe sich ankündigt.

»Maudun (= Motun) can in fact be considered as great as conqueror as Cyrus, Darius and Alexander«, schreibt Sankrityayana in seinem 1964 in Kalkutta erschienenen Buch. Motun sei als Eroberer neben Cyrus, Darius und Alexander zu stellen, und in einem Brief an den Chinesenkaiser Venti, der also zwischen 169 und 156 vor Christus geschrieben worden sein muß, sagt Motun selbst: »Ich habe alle Tatarenstämme geeinigt und ein großes Königreich der Viehzüchter geschaffen, und sechsundzwanzig weitere Länder, die uns umgeben, sind unter meiner Oberhoheit und mir tributpflichtig. Wenn du nicht willst, daß meine Leute deine Große Mauer durchbrechen, so verbiete deinen Chinesen, von ihrer Seite her der Mauer zu nahe zu kommen.«

3.
Motun und die Kaiserin

Wir sind über den großen Motun, diese erstaunliche Herrschergestalt aus einem Reich der Zelte und Herden, so gut wie ausschließlich durch seine Gegner informiert worden, durch die Chinesen. Dennoch wird klar, daß die Vergleiche des indischen Historikers Rahula Sankrityayana kaum zu hoch gegriffen sind. Cyrus, den er als ersten nennt, war der Begründer der persischen Weltmacht; Darius ist die glanzvollste Verkörperung altorientalischen Großkönigtums; Alexander besticht uns zwar, wann immer wir uns mit ihm beschäftigen, durch den genialen Wagemut und seinen Ideenflug, aber es ist offensichtlich, daß der Barbar Motun an Härte und Umsicht ihm einiges voraus hatte – und daß er ein Geschöpf dieses ungeheuren Erdteils Asien war, den es zu erobern galt.
Das größte Reich, das es in Asien je gegeben hat, entstammte dem gleichen Kernraum, dem gleichen Aktionszentrum wie das Reich Motuns. Kublai-Khan gebot im dreizehnten Jahrhundert, eineinhalb Jahrtausende nach Motun, über die Völker und Stämme von der Wolga bis zum Chinesischen Meer und von Sibirien bis Sumatra. Marco Polo, der venezianische Kaufmann und jüngere Freund des Großkhans, erhielt dafür den Beweis, als er, mit der goldenen Geleittafel des Herrschers ausgestattet, um die halbe Welt zurück nach Europa reiste.
Motun läßt sich mit dem weisen, religiös und philosophisch interessierten Kublai-Khan gewiß nicht vergleichen. Auch

war er vermutlich kein Mongole mehr, wie die frühen Hungno, sondern hatte wohl Blut von einem Turkstamm, was bei der Vielweiberei dieser Nomadenfürsten keineswegs verwunderlich ist. Liest man in verläßlichen Berichten, wie in allen Einflußgebieten nach hübschen Mädchen für die Fürsten gesucht wurde, wie bei schwersten Strafen die ganze weibliche Beute zuerst dem Landesherrn vorgeführt werden mußte, so versteht man sehr schnell, daß die rassischen Erwägungen in Zentralasiens Herrschersippen nicht viel Gewicht haben können. Man macht dabei stets die Rechnung ohne die Frau. Durch ihre russischen Frauen sind die Waräger zu Russen geworden, die chinesischen Prinzessinnen haben den wildesten Turknomaden sanftere Lebensart beigebracht und nachdenkliche Söhne geboren, und umgekehrt konnte ein einziges schönes Haremsmädchen aus dem Iran oder vom Kaukasus einem Großherdenbesitzer den Sohn gebären, der uraltes Kulturerbe in den Adern fühlte und darum ganz neue, ganz unerwartete Ansprüche an sein Leben stellte.

Motun-Bordur kann daher nur nach seinen Taten beurteilt werden, nach einem Katalog der Gewalttaten und Siege, wie ihn nach ihm noch einige der großen Hunnenführer aufweisen werden: Es ist die gleiche Rücksichtslosigkeit, die gleiche Verschlagenheit, der gleiche unbändige Nomadenstolz, für den die Mauern dasselbe sind, was rote Tücher für den Stier bedeuten: eine unablässige Herausforderung. Die auffälligste Parallele zu Attila, die geradezu verblüffende Übereinstimmung der Schicksalsknoten im Leben Motuns und seines großen Nachfahren, stellen aber die Bemühungen dar, zwischen der Gewaltherrschaft auf schwankendem Nomadengrund und der etablierten kaiserlichen Macht alter Reiche eine tragfähige Dauerbindung zu schaffen. Wie Attila zürnen, drohen und schließlich Hunderttausende in Bewegung setzen wird (vgl. S. 208), um Grata Iusta Honoria, die Schwester Kaiser

Valentinians III., zu erlangen, so führte Motun verlustreiche und letztlich sinnlose Kriege gegen das große chinesische Reich, weil die Kaiserin Kao aus dem Stamme Lü seine Bewerbung abgewiesen hatte.

Beide Dynastien standen in ihrer Frühphase und hatten starken Aufwind, die Hunnenherrscher des Hung-no-Reiches ebenso wie die chinesischen Kaiser aus der glorreichen, auf einen Reitergeneral zurückgehenden Han-Dynastie, die noch vierhundert Jahre lang über China herrschen sollte. Und Kaiserin Kao-Lü war ganz offensichtlich aus dem gleichen Holz geschnitzt wie Motun, wenn sie auch als Chinesin mit mehr Raffinement zu Werke ging. Als ihr Mann starb, war der Thronfolger Hiao Hui erst siebzehn Jahre alt, Kao-Lü herrschte also für ihn. »Dazu berechtigte sie das klassische, also heilige Prinzip, daß das Besitztum des Kindes das Eigentum seines Vaters oder seiner verwitweten Mutter ist und daß das Reich, selbst die ganze Erde, ein persönliches Eigentum des *Sohnes des Himmels* ist« (de Groot). Sieben Jahre nach Vater Kao starb aber auch schon der Sohn Hiao Hui, und damit war die Herrschaft, die Kaiserin Kao-Lü ausübte, bedenklich gefährdet.

Aber die energische Frau wußte sich zu helfen und hatte wohl auch kundige Berater. Der verstorbene alte Kaiser hatte neben Kao-Lü natürlich noch andere Frauen gehabt. Dieser leidige Umstand wurde nun zu Kao-Lüs Rettung: Sie forschte nach einem der letztgeborenen Prinzen, setzte den etwa zehnjährigen Sohn einer kaiserlichen Nebenfrau auf den Thron und hatte ihre eigene Herrschaft damit gesichert, »dazu berechtigt, weil der klassische Grundsatz sagt, daß das Kind einer Nebenfrau mit allem, was es besitzt, das Eigentum der Hauptfrau ist« (de Groot).

Solchermaßen abgesichert, konnte Kao-Lü ruhig warten, bis ihr Enkel, ein Sohn des Hiao Hui, so weit herangewachsen war, daß man ihn krönen konnte. Natürlich mußte sie zuvor jenen Sohn der Nebenfrau, den sie nur als Platzhalter gebraucht hatte, umbringen, was sie höchstselbst tat. Man sieht, die Sitten waren am kaiserlichen Hof der Chinesen nicht sehr viel anders als unter den Nomadenzelten der Hung-no, wie sie sich ja auch ein Halbjahrtausend später der Substanz nach nicht sonderlich unterschieden, ob man nun Byzanz, Rom oder Attilas Lager näher betrachtet.

Dieses hochgeborene Ungeheuer wollte Motun also in sein Bett ziehen, vielleicht nicht ahnend, daß dies gefährlicher werden könnte als seine riskantesten Feldzüge. Sein Brief an Kao-Lü strotzt von Ironie und maskuliner Selbstsicherheit:

»Ich, ein einsamer Fürst, zum Alleinleben nicht geschaffen, zwischen Flüssen und Seen geboren, groß geworden in weiten Ebenen inmitten von Rindern und Pferden, befand mich schon oftmals in den Grenzlanden mit dem Wunsch, auch einmal eine Reise ins Reich der Mitte zu unternehmen. Deine Majestät steht dortselbst als Witwe einsam da, während auch ich Vereinsamter auf eigenen Füßen nicht stehen kann und ganz allein wohne. Du in deinem alten Palast und ich hier, wir beiden Herrscher führen also kein erfreuliches Dasein: Nichts ist da, was uns wirklich Vergnügen macht. Ich möchte also das, was du besitzest, vertauschen gegen das, was dir fehlt.«

Wie anmaßend, ja beinahe unflätig dieser Brief war, läßt sich natürlich nur ermessen, wenn man ihn mit den blumigen Unterwürfigkeitsformeln vergleicht, an die chinesische Kaiser von Kindesbeinen an gewöhnt waren, und auch der diplomatische Stil Asiens, von den Chinesen und im alten Indien entwickelt, hebt sich von so direkten Aussagen, wie sie hier Motun machte, naturgemäß sehr deutlich ab. Die chinesischen Annalen berichteten darum auch, daß die Kaiserin Kao-Lü zunächst so aufgebracht war, daß sie die allgemeine Mobilmachung gegen Motun und seine Barbaren anordnen wollte:

»Sie berief den Reichsverwalter Tsen Ping zusammen mit Fan Kuai und noch anderen zu sich, um zu entscheiden, ob man nicht kurzerhand den Gesandten, der solch einen Brief überbrachte, enthaupten solle, danach aber die Männer unter die Waffen rufen und die Hung-no-Hunnen angreifen. Fan Kuai äußerte sich als erster und sagte: ›Ich hoffe, mit einer Armee von 100000 Mann das Zentralgebiet der Hung-no zu durchqueren.‹ Danach fragte die Kaiserin Ki Pu um seine Meinung. Der sprach: ›Der Fan Kuai sollte enthauptet werden! Als er kürzlich mit 320000 Mann eine Rebellion in Tai niederschlug, nützten die Hung-no die Lage und schlossen unseren Kaiser Kao in seiner Hauptstadt Pingtsing ein. Fan Kuai war trotz seiner Übermacht nicht imstande, den Belagerungsring zu sprengen und den Kaiser zu befreien. In der ganzen Welt wurde darüber ein Lied gesungen:

Bei Pingtsing herrscht große Not
Sieben Tage sind's schon ohne Brot.
Fan Kuai aber zieht von dannen
Ohne auch nur einen Bogen zu spannen.

Die Töne dieses Liedes sind noch nicht verhallt, die Verwundeten noch kaum genesen und von ihren Lagern aufgestanden: und dennoch will Fan Kuai das Reich schon wieder in Unruhe und Bewegung bringen mit der sinnlosen Behauptung, er werde mit nur 100000 Mann das Reich der Hung-no durchqueren. Das, Majestät, ist der reine Betrug vor deinem Angesicht. Diese Hu-Barbaren betrachte man als Tiere, das heißt, man sollte sich über freundliche Worte, die von ihnen kommen, ebensowenig freuen, wie man sich über ihre bösen oder ungeschliffenen Reden ärgern sollte.‹
Diese Worte gefielen der Kaiserin. Sie rief ›Bravo!‹ und befahl dem Ober-Gastempfänger, den Brief zu beantworten:

»Der Shan-yu *(Titel Motuns)* hat meine verfallene Residenz nicht vergessen, sondern sie mit einem Brief bedacht. Meine verfallene Residenz ist nun von Angst und Furcht ergriffen! In diesen Lebenstagen des Rückgangs meiner Kräfte beschäftigen mich allerlei Gedanken; ich stehe in hohem Alter und bin kurzatmig geworden. Haare und Zähne fallen mir aus, meine Schritte haben ihre Regelmäßigkeit verloren. Sollte der Shan-yu mich infolgedessen irgendwie falsch verstehen, so ist das seines Ärgers nicht wert, und meine verfallene Residenz hat auch keine Schuld daran; ihr werde also seine Vergebung zuteil. Ich bin als Witwe deiner unwürdig, aber ich besitze zwei kaiserliche Wagen mit zwei Viergespannen, und wenn es wirklich so ist, daß du auf eigenen Füßen nicht stehen kannst, so biete ich dir diese Wagen an, damit du stets darin fahren kannst.«

Ich habe die zweifellos zutreffende Übersetzung des hervorragenden Sinologen de Groot zitiert, und er wiederum hat, um sich zu legitimieren, sowohl den Brief Motuns als auch die Antwort der Kaiserin vollständig auch in den chinesischen Lettern der Quellen wiedergegeben. Nicht weniger als drei historische Dokumentensammlungen der Chinesen berichten diese Anekdote, und in einer Biographie des Würdenträgers Ki Pu erscheint sie ebenfalls. Der Sache nach sind Zweifel also wohl unangebracht, lediglich der Wortlaut der Briefe kann in den Ausschmückungen spätere Zutaten enthalten.

Motun, verschlagen wie er war, schluckte zunächst die Abfuhr, ja er entschuldigte sich in einem kurzen Brief dafür, daß er die chinesischen Umgangsformen bisher noch nicht habe erlernen können. Er erbat Verzeihung und schickte Pferde als Geschenk, wonach der Frieden wiederhergestellt schien. Kao-Lü entsandte sogar eine ihrer Enkelinnen als Gemahlin zu Motun, allerdings ein Kind, das ihr Sohn mit einer Nebenfrau gezeugt hatte und das noch schnell vor der Abreise zu den

Hung-no zur Prinzessin erhoben wurde, um den Wert des Geschenks zu erhöhen.

Dann aber schlugen die Hunnen los, zunächst in zwei Raubzügen gegen chinesische Randprovinzen, in denen in erster Linie Menschen weggeschleppt wurden, danach aber in den großen Unterwerfungskriegen in Mittel- und Zentralasien, die Motun tatsächlich als einen Eroberer von weltgeschichtlichem Format ausweisen und eine asiatische Völkerwanderung auslösten, die in ihren Ausmaßen hinter der ebenfalls von den Hunnen bewirkten europäischen Völkerwanderung nicht zurücksteht.

Sind genauere Bestimmungen von Völkerschaften schon in Friedenszeiten schwierig genug, sofern es sich um so entlegene Gebiete und so frühe Zeiträume handelt, so werden sie vollends unsicher, wenn sich die Völker in Bewegung setzen oder kriegerisch durchdringen, wenn die einen kommen und die anderen gehen.

Die Zeit des Motun ist kulturgeschichtlich eine der reizvollsten Phasen asiatischer Geschichte. Zwischen Mesopotamien und dem Ganges ist überall noch die Erinnerung an die makedonische Invasion wach; griechisch sprechende und schreibende Fürsten sitzen auf den Thronen, griechische Inschriften prangen neben einheimischen Schriftzeichen auf den Münzen, und die Kunst ist unter der Sammelbezeichnung der Gandhara-Epoche zu einem Begriff geworden.

Aber die Völker, die sie trugen und deren Schicksale und Bewegungen auch auf Europa wirkten, kennen wir nur sehr dürftig und in erster Linie aus chinesischen Quellen. Wir wissen, daß Motun sich auf ein Volk warf, das die Chinesen Yüe-tschi nennen, aber welches Volk unserer Kenntnis unter diesem Namen verborgen ist, steht bis heute nicht eindeutig fest. René Grousset sieht in ihnen einen Zweig jener Indoeuropäer, die im letzten vorchristlichen Jahrtausend sehr weit nach Osten vorgedrungen waren. Aus dem Tarimbecken, in dessen Oasen sie lange Zeit saßen, seien sie durch die Kämpfe zwischen Chinesen und Hung-no abgedrängt worden, und da, nach schweren Schlägen, die sie von Motun hinnehmen mußten, bereitete ihnen der Sohn und Nachfolger des großen Eroberers ein noch grausameres Schicksal: Lao Schang, wie dieser Sproß hieß, den Motun vielleicht mit der chinesischen Pseudoprinzessin gezeugt hatte, erschlug den König der Yüe-tschi und ließ sich aus dem Kopf des toten Gegners einen Becher machen (!). Das Volk wurde gezwungen, seine Oasenheimat vollständig aufzugeben und nach Westen zu fliehen, in den Raum des heutigen Afghanistan, den allerdings nicht alle Yüe-tschi-Stämme erreichten.

Jener Nordrand Afghanistans mit dem Griechenreich Baktrien und der uralten Handelsstadt Ferghana war aber Kulturland, dicht besiedelt, oft besucht, keine Steppe, kein Niemandsland. Eine Bewegung löste die andere aus. Die Hung-no-Hunnen oder Hu-Barbaren, wie immer man sie nennen will, brachten alles in Fluß. Die letzten Griechenreiche und das Partherreich mußten schwere Schläge hinnehmen, und ehe die antike Welt in Europa tödlich getroffen wurde, erzitterte das hellenisierte Vorfeld bis hin zum Khyberpaß, ja zum Indus.

»So wird es sein während des ganzen Verlaufs der Geschichte, die uns beschäftigt: Die geringste Erschütterung an einer der äußersten Grenzen der Steppe wird stets die unvorhergesehensten Konsequenzen an den vier Enden dieser riesigen Wanderungszone nach sich ziehen« (René Grousset).

Die »unvorhergesehensten Konsequenzen«, das ist ein Superlativ, wie er einem Schreiber der Han-Kaiser niemals aus dem Tuschepinsel geflossen wäre; nicht Grousset ist für ihn verantwortlich, sondern der Übersetzer, der bei dem 900-Seiten-Buch ja auch einmal erlahmen konnte. In der Sache aber ist diese Doktrin unerschütterlich und unbarmherzig, und Europa, diese Halbinsel des asiatischen Kontinents, dieser Handschuh-Fortsatz an einem übermächtigen Rumpf, wird als äußerstes und letztes Ziel der Wanderungen die Entscheidungen ertragen müssen, denn wer aus den Weiten der Gobi und der Steppen nach Europa hineinwandert, der muß in der Enge unserer Gebirge, Halbinseln und Meeresbuchten entweder siegen oder sterben, ein Drittes gibt es nicht.

4. Der weite Weg durch die Zeit

Mit Lao-Schang, wie die Chinesen den Sohn Motuns nennen, sind wir Europa selbst zwar noch nicht viel näher gekommen, aber seiner großen Zeit. Während Lao-Schang, von seinem Volk Kuyuk genannt, seine Gegner noch wie Jagdtrophäen behandelt, hat das Römische Reich bereits seine erste Krise und seine erste Reform unter den Gracchen; während Lao-Schang stürmisch weitersiegt, fällt Judas Makkabäus im erfolgreichen Befreiungskampf der Juden gegen die Seleukidenherrschaft in Palästina; und während der römische Komödiendichter Terenz sein Publikum mit einem Schwank zum Lachen bringt, der den eindeutigen Titel *Der Eunuche* führt, hat Lao-Schang, der von allem etwas haben muß, sich nicht nur eine zarte Prinzessin aus China kommen lassen, sondern, damit sie unverdächtige Gesellschaft habe, auch einen fetten Eunuchen.

Dieser Mensch, mit dem Lao-Schang sich nicht auseinandersetzen kann, weil er Männer zu befehligen gewöhnt ist, erlangt nach und nach Einfluß am Hunnenhof, aber er öffnet Lao-Schang auch die Augen über die Schwächen seines starken Volkes, Schwächen, die bei armen Soldaten immer wieder auftreten werden, quer durch die Jahrtausende, quer durch die

Erdteile. »Du bist ein großer Fürst«, sagt jener Eunuche etwa zu Lao-Schang, »aber China ist einfach zu reich für dich. Mit einem Fünftel der chinesischen Schätze könnte man deine ganze Armee kaufen, und dann wärst du machtlos.«
Er hält nicht viel von Kriegern, dieser Mann, der keiner mehr ist, aber die Jahrhunderte werden erweisen, daß er recht hat. Die Hunnen werden, schwer mit Beute beladen, manche Schlacht verlieren, die sie sonst gewonnen hätten; die Araber werden bei Poitiers schlecht kämpfen und Europa verlieren, weil sie ihre Zelte zu schützen versuchen, in denen alle Beute liegt; die Spanier werden unter Cortez sich gegen wütende Azteken aus dem eingeschlossenen Mexiko herauskämpfen und elend in der Lagune ertrinken, weil sie die Taschen voll Gold haben; und die deutsche Frühjahrsoffensive vom März 1918, vorgetragen von klapperdürren Schützengrabensoldaten mit Papieruniformen, wird in den Vorratslagern der Briten und Amerikaner hängenbleiben, statt die alliierte Front aufzurollen ...
Mehr als tausend Jahre haben die Reichen und Armen in Zentralasien nebeneinander gelebt, durch Oasen und Flußtäler mehr miteinander verbunden als voneinander getrennt, und die Chinesen haben getreulich berichtet, wie absonderlich arm die Hunnen trotz dieser Nähe geblieben sind und daß sie eben deswegen immer gute Krieger waren, so wie man tüchtige Jagdhunde beileibe nicht überfüttern soll.
»Das Volk der Hung-no ißt das Fleisch seines Viehs, trinkt die daraus bereitete Brühe und kleidet sich mit den Fellen. Da das Vieh von Kräutern und Wasser lebt, wandert das Volk hin und her, wie die Jahreszeiten es erfordern, und folglich besteht es, sobald Gefahr droht, aus geübten Reitern und Bogenschützen; aber sobald die Gefahren überstanden sind, erfreut es sich wieder eines sorglosen Daseins. Also sind die Verpflichtungen, die ihm auferlegt sind, nicht schwer, sondern sogar leicht

zu erfüllen, und somit geht auch der Verkehr des Fürsten mit seinen Ministern einfach und geläufig vonstatten, und es gibt unter diesen Beratern wenig Wechsel.
Die Organisation des ganzen Reiches ist wie die eines einheitlichen Körpers. Stirbt der Vater, ein Sohn oder der Bruder, dann eignen sich die überlebenden Männer die Frauen an und heiraten sie, und zwar, weil jeder Verlust, den der Stamm erleiden würde, ihnen zuwider ist. Hieraus erklärt sich, daß trotz aller Wirren, welche die Hung-no heimsuchen, immer wieder Stämme gebildet werden (d.h. sich Kraftzentren neu bilden).
Im Reich der Mitte heiratet man die Witwen des Vaters oder der älteren Brüder nicht, und die Zerrissenheit und das Zerstrittensein unter den Verwandten sind außerordentlich groß und geben sogar zu Mordtaten Anlaß und zum Übertritt in andere Stämme. Der Verfall der Lebensregeln (d.h. der Sitten) bei den Chinesen ist derart, daß Obrigkeit und Untertanen sich gegenseitig mit Haß und Feindschaft anblicken. Die Kräfte der Lebenden werden in China im höchsten Grade für den Bau von Wohnungen in Anspruch genommen; überdies müssen dort die Menschen ihre Kräfte dem Ackerbau und der Seidenzucht geben (gemeint ist natürlich die Zucht der Seidenraupen), damit man sich kleide und ernähre; außerdem muß man Mauern und Städte bauen zur Verteidigung. Folglich findet man in China bei drohender Gefahr das Volk nie für Kampf und Streit geübt und in Friedenszeiten stets so erschöpft, daß es sich seinen Berufstätigkeiten nur mit halber Kraft widmen kann.«
Dieser beinahe taciteische Spiegel, der den verweichlichten Chinesen vorgehalten wird, geht auf niemand anderen zurück als jenen Eunuchen, den Kaiser Hiao-Wen zusammen mit der obligaten Prinzessin dem mächtigen Hunnenfürsten Lao-Schang schon bald nach dessen Thronbesteigung zuschickte.

Während die Prinzessin das Schicksal, als Opfer ausersehen zu sein, mit der gleichen Würde ertrug wie zahllose abendländische Prinzessinnen, die man idiotischen, syphilitischen oder impotenten Monarchen aus Gründen der Staatsräson ins Bett legte, haderte Tsung-Hang-Jüe, der Eunuch, gegen diese Verbannung und versprach dem Kaiser böse, er werde als Berater des mächtigen Hunnenfürsten den Chinesen schaden, soviel er nur könne.

Darum ist seine Kritik an den Chinesen vielleicht übertrieben und hart, aber sie hat einiges für sich, so wie ja auch Cornelius Tacitus in seiner *Germania* seinen verweichlichten und dem Genuß ergebenen Mitbürgern zeigen wollte, worin und warum die germanischen Barbaren ihnen überlegen seien und sie dereinst auch besiegen würden. Wir zitieren sie – wie überhaupt alle Fakten dieser Vorgeschichte –, weil das Gesagte weitgehend auch für die Begegnung der späteren Hunnen mit Europa gilt und weil die Parallele zwischen dem chinesischen und dem römischen Kaiserreich ja offensichtlich ist. Die nomadische Lebensweise, die ständige Kampfbereitschaft und die Anspruchslosigkeit gaben den Hunnen eine Überlegenheit, die sich auch dann noch auswirkte, wenn die angegriffenen Staaten gut ausgerüstete und klug geleitete Truppen in den Kampf führen konnten.

Nach sehr schweren Zeiten, in denen die Hunnen immer wieder tief nach China hineinstießen und sich ungehindert zwischen den Städten bewegten, erstand den Han-Kaisern endlich ein Berater, der das Unheil abwendete, das Unheil, das Tsung-Hang-Jüe, der verbannte Eunuche, in seinem Renegatenhaß über das Reich der Mitte gebracht hatte. Dieser Mann hieß Tsao-Tso und wird in den Annalen als »der hohe Vorstand der kronprinzlichen Familie« bezeichnet; zugleich führte er einen Beinamen, der etwa »Sack voll Wissen« bedeutete. Dieser Eierkopf war jedoch alles andere als ein Theoretiker und legte den Finger ungescheut auf offene Wunden. Er stellte fest, daß die Unterlegenheit der Chinesen schon bei ihren Pferden beginne, die vor allem in schlechtem Terrain und bei kargem Futter den zähen Hunnenpferdchen weit unterlegen seien, keinen Paß überschreiten könnten und viel zu schnell erlahmten.

Die chinesischen Soldaten waren weit weniger als die Hunnen befähigt, Hunger und Durst, Kälte und Hitze, Sand- oder Schneestürme zu ertragen. Trotz ihrer besseren Ausrüstung mit Wattepanzern, längeren Lanzen und weiter tragenden Bogen seien die Chinesen zu militärischen Erfolgen nur gekommen, wenn sie im offenen Gelände über etwa zehnfache Übermacht verfügten und außer der Reiterei auch noch leichte Streitwagen und Fußvolk einsetzen konnten, das in Reih und Glied mit Schwert und Lanze zu kämpfen verstand.

»Es ist jetzt höchste Zeit«, schloß der »Sack voll Wissen« sein Memorandum, »die nach Tausenden zählenden Barbaren, die vor den Hung-no-Hunnen in unser Reich geflohen sind, für uns kämpfen zu lassen. Sie sind von Haus aus im Besitz der hervorragenden kriegerischen Eigenschaften der Hunnen; wir geben ihnen dazu noch die ausgezeichneten chinesischen Waffen und die wattierten Wämser gegen den Pfeilbeschuß; wir rüsten sie mit weittragenden Bogen aus und mit Harnischen und stellen sie unter den Befehl der tüchtigsten chinesischen Offiziere, soweit diese aus den Grenzmarken stammen, und geben diesen Adjutanten aus den Reihen der Barbaren bei, die mit ihren Sitten und Kampfgewohnheiten vertraut sind.«

Weiter empfahl Tsao-Tso, der Sack voll Wissen, die Besiedlung der Hunnengrenze mit Wehrbauern, ein Mittel, das seither die Zaren, aber auch die Habsburger in ähnlichen Lagen mit ebenso durchschlagendem Erfolg angewendet haben:

»Nicht länger sollen dorthin Sträflinge, gekaufte Sklaven und anderes Gesindel geschickt werden, wie es bereits zur Zeit der

Tsin-Dynastie (vor 300 v. Chr.) üblich war, denn von diesen Menschen ist nur aufrührerische Gesinnung zu erwarten, und statt zuverlässiger Mitwirkung bei Abwehrkämpfen vergrößern sie nur die Unsicherheit an der Grenze. Auch die Unterhaltung kostspieliger, weil abzulösender Garnisonstruppen ist keine Lösung, sondern lediglich die Ansiedlung von Freiwilligen, die dafür von Abgaben und Frondiensten befreit werden und eben dieser Vergünstigungen wegen dann Verwandte und Freunde nachholen, so daß sich abwehrtüchtige, treue Bauern-Klans bilden, die mit ihrem eigenen Ackerland das Reich der Mitte verteidigen.«

Die Folgen dieser außerordentlich klugen Maßnahmen waren beinahe weltgeschichtlich. Die chinesischen Wehrbauern, wie wir gelesen haben, vertriebene Barbaren, unternahmen zwar zunächst Versuche, mit den neuen Waffen und Panzern nun den Hunnen einiges von dem wieder abzujagen, was sie hatten zurücklassen müssen – hätten sie das unterlassen, so wären sie vermutlich für die ihnen zugedachte Aufgabe durchaus ungeeignet gewesen. Das gab kurze Spannungen, die Hunnen donnerten, und der Chinesenkaiser schrieb einen köstlichen Brief an den Hunnenkönig, in dem das ganze alte China noch einmal aufglänzt, höflich, verschlagen, klug, aber auch weise und begütigend, so wie ein erfahrener Herrscher zu einem Newcomer eben spricht.

»Wir beide«, schreibt der Chinese, »schaffen also die ehemaligen Reibereien aus dem Wege. Ich liefere das von dir entflohene und bei mir abgefangene Volk aus, und du redest mir nicht mehr über Tsang-ni und Genossen. Ich habe gelernt, daß die Verträge der Kaiser der alten Zeit klar und deutlich abgefaßt waren und daß sie ihr gegebenes Wort nicht wiederum verschluckten (d. h. zurücknahmen). Weil es also der Wille des Hunnenfürsten ist, daß unter dem Himmel allgemeiner Frieden herrsche, so wird, nachdem zwischen uns ein friedliches

Verhältnis zustande gekommen ist, der Han-Kaiser nicht der erste sein, der dagegen verstößt!«
Die Hunnen siegten weiter, wenn auch an anderen Fronten, und begnügten sich bei den Chinesen mit Tributen an Reis, Seide, Malz und Brokat. Daß sie auf die Auslieferung von Überläufern größten Wert legten, wird uns noch Attilas Schriftwechsel mit Rom und Byzanz bestätigen. Darin hat sich in fünfhundert Jahren so ganz und gar nichts geändert, daß man schon darum mit den Hung-no oder Hiung-nu beginnen mußte, ob sie nun tatsächlich die Großväter waren oder nur die Lehrmeister.
Die Han-Kaiser aber nützten die Ruhe auf den Karawanenstraßen durch das Tarimbecken zu einer einzigartigen Schöpfung: sie erfanden den Weltverkehr, den es zur See wohl schon gab, nun auch zu Lande, und die Schiffe der Wüste, die Kamele, bewältigten die ungeheure Strecke vom Jadetor der Chinesischen Mauer bis zum Euphrat und zu den syrischen Mittelmeerhäfen. China erfuhr von Europa, Europa erfuhr von China. Die Han-Kaiser erhielten sehr ausführliche und eingehende Berichte über die Westvölker, und die syrischen Kaufleute erfuhren so viel über das Land der Seide und den Weg dorthin, daß sie einem Hobbygeographen namens Marinus von Tyrus eine Unmenge wissenswerter Einzelheiten und Wegbeschreibungen geben konnten – Materialien, die in das berühmteste geographische Werk aller Zeiten eingingen, in die *Geographie* des Claudius Ptolemaeus.
Um 115 vor Christus entsandte Wu-Ti, einer der größten Herrscher Chinas überhaupt, einen Kundschafter von hoher Bildung nach Westen. Er hieß Tschang-Kien und verfaßte ein umfangreiches – uns leider nur in allerdings ausführlichen Zitaten erhaltenes – Werk über die Westländer: Es berichtet vor allem über das an China angrenzende, heute afghanische und persische Gebiet, aber auch über die Steppen zwischen Bal-

kasch-, Aral- und Kaspischem See. Die Völker werden verzeichnet, ihre Zahl geschätzt und ihre wirtschaftlichen Möglichkeiten mit geradezu modernem Ökonomenblick angeführt. Mit reichen Informationen beladen und einer ganzen Reihe von Handelsverträgen kehrte Tschang-Kien zu Kaiser Wu-Ti zurück.

Jahrzehntelang floß fortan, von den Hunnen nicht nennenswert behelligt, der Karawanenhandel von China ins Elefantenland (nach Indien) und in die Westländer, also über Persien an den Euphrat. Es war eine Zäsur von so einzigartiger Bedeutung, daß zum Beispiel Friedrich Hirth, der große Sinologe, die Geschichte des Reiches der Mitte bei eben jenem Jahr 115 vor Christus teilen wollte, weil vorher China von der ganzen übrigen Welt abgeschnitten war und weil es seither ihr angehört.

Um 25 vor Christus, also nach etwa drei Generationen, kehrten die alten, unsicheren Verhältnisse wieder; schwache Kaiser vermochten die Hunnen und andere Nomaden von der Oasenstraße nicht mehr fernzuhalten, und die weiter südlich gelegene sichere Wüstenstraße erwies sich als zu beschwerlich für Handelskarawanen. Immerhin war für einige Menschenalter ein Fenster offen gewesen oder eine Brücke geschlagen worden, wie sie erst mehr als tausend Jahre später unter den mongolischen Großkhanen mit ihrer perfekten Organisation der Poststraßen wieder zustande kam. Die Hunnen hatten einen Meister gefunden, einen Gegner, der es verstand, den Teufel mit Beelzebub auszutreiben. In Europa freilich sollte die Suche nach solch einem Beelzebub vergeblich bleiben.

III. BUCH

ATTILAS VOLK

Hypothetische Übersicht über das Hunnische Königshaus

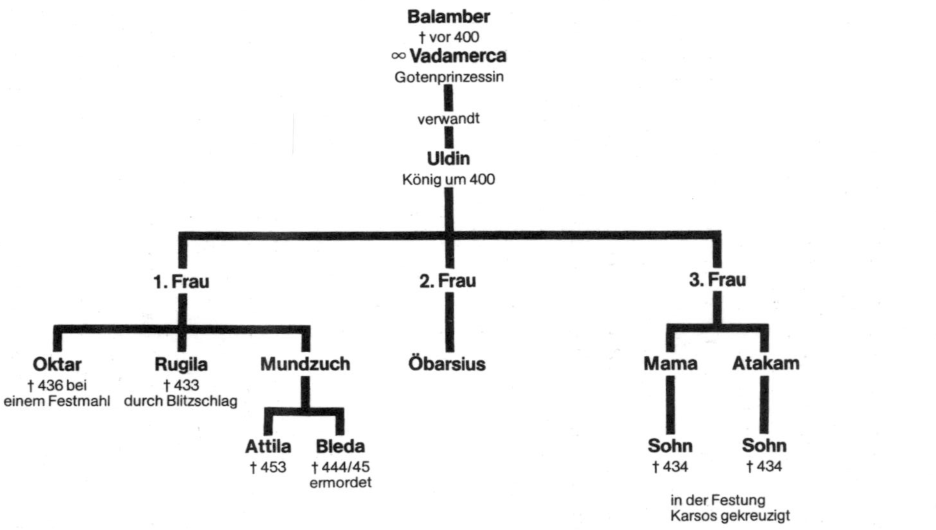

1.
Folgen eines Gewitters

Wir verließen die in Europa kämpfenden Hunnen um 434 nach Christus. Kaiserin Eudokia hatte eben einen Blitzschlag herbeigebetet, und der Hunnenkönig Rugila war in die Hölle gefahren, ehe er der Stadt Byzanz hätte gefährlich werden können. Die Hauptstadt Ostroms, die Stadt, in der vermutlich mehr betrogen, gehurt, denunziert und unterschlagen wurde als in irgendeiner anderen des ganzen Abendlandes, durfte dies alles weitere tausend Jahre treiben, bis mit den Osmanen, sehr weitläufigen Verwandten der Hunnen, im Jahr 1453 dann endgültig Schluß war und Byzanz den Herrn wechselte.
Rugila hatte die letzten Jahre seines Lebens als Alleinherrscher über die Hunnen geboten, denn sein mitregierender Bruder Oktar war wenige Jahre vorher gestorben. Da nach diesen beiden abermals zwei Brüder an die Macht kamen, nämlich Bleda und Attila, liegt die Vermutung nahe, daß bei den Hunnen ein Zweikönigsystem üblich gewesen sei, eine sehr interessante Herrschaftsform, wie sie zeitweise in Ägypten von Bruder und Schwester ausgeübt wurde und wie sie zum Beispiel heute noch in San Marino anzutreffen ist, wo zwei *capitani reggenti* sich in die Macht über das kleine schöne Ländchen mit seinen Weinbergen teilen.
Es hat sich aber in den alten chinesischen Herrscherlisten der Hunnenreiche kein Anhaltspunkt für solch ein Doppelkönigtum gefunden, wenn auch einmal um 127 vor Christus ein König namens Ichise die Herrschaft von seinem Bruder, nicht von seinem Vater übernahm. Angesichts der Vielweiberei waren ganz sicher direkte männliche Nachkommen vorhanden, die also zugunsten eines Königsbruders übergangen wurden.
Das Bild verwirrt sich weiter, wenn wir erfahren, daß Oktar und Rugila, die beiden verstorbenen Hunnenfürsten, noch

zwei weitere Brüder hatten, nämlich Mundzuch und Oebarsius, von denen zumindest Oebarsius noch am Leben war, als Rugila starb (man kennt sein Todesjahr: 448). Hier also wurden Prinzen einem Herrscherbruder vorgezogen, vielleicht sogar zweien, falls auch Mundzuch noch lebte.

Die einzige mögliche Erklärung für diesen Wirrwarr muß in der eiskalten Zweckmäßigkeit erblickt werden, mit der Entscheidungen von so großer Wichtigkeit bei den Hunnen stets getroffen wurden. Bleda und Attila waren keine Jünglinge mehr, als ihr Onkel starb und die Herrschaft vakant wurde. Beide hatten zweifellos schon Dutzende von Schlachten geschlagen und waren dem ganzen Volk bekannt. Darum bestand keine Ursache, ihnen einen Onkel vorzuziehen, der in diesem Augenblick vielleicht schon nahe den Sechzig war.

Attila, vermutlich neununddreißig, und Bleda, ein wenig älter, traten also die Herrschaft an und teilten sie wie schon Oktar und Rugila nicht etwa nach den Aufgaben, sondern wiederum völlig zweckmäßig nach dem geographischen Raum. Nur bei einem echten und traditionellen Doppelkönigtum wäre es denkbar gewesen, daß zum Beispiel Attila der Heerführer und Bleda der oberste Priester geworden wäre oder daß der eine im Krieg, der andere aber im Frieden das Volk geführt hätte, was bei einzelnen Germanenstämmen der Fall gewesen zu sein scheint. Aber das war alles zu *sophisticated* für die Hunnen, und vor allem: sie hatten inzwischen viel zuviel erobert. Nichts lag näher, als diese großen und nicht mehr so ganz leicht zu überblickenden Eroberungen zu teilen.

Alle antiken Quellen stimmen darin überein, daß Attila wie Bleda einer Sippe entstammten, die seit Generationen die Hunnenherrscher stellte, eine Familie, in der offenbar alle Männer grundsätzlich den gleichen Anspruch hatten. Tatsächlich kamen aber nur die besten und stärksten oder, wenn man will, rücksichtslosesten Persönlichkeiten an die Macht.

Überzählige Brüder und Neffen, Kinder von Kebsweibern oder andere unliebsame Prätendenten wurden ja nicht nur bei den Hunnen sehr schnell zum Tode befördert; das hatte man schon im alten Ägypten praktiziert, und das sollte im britischen Königshaus noch weltliterarische Stoffe liefern.

Attila wie Bleda wußten das, aber Bleda, der uns als sanft, höflich und lebenslustig geschildert wird, bedeutete für Attila keine Gefahr. Bleda konnte sich vielleicht auch nicht vorstellen, daß man gerade ihn, den Harmlosen, aus dem Weg räumen würde. Aber wenn Bleda auch als Person harmlos war, so konnte er doch jederzeit einer Hunnenpartei, die den energischen Attila loswerden wollte, als Galionsfigur dienen, und darum, nicht weil er selbst gefährlich gewesen wäre, mußte Bleda sterben.

Justinians Kanzler Marcellinus Comes, ein illyrischer Schriftsteller, führte eine Chronik der Ereignisse im Oströmischen Reich und sammelte in ihr alle wichtigen Daten von 379 bis 534 mit erstaunlicher Genauigkeit. Sein Datum für die Ermordung Bledas ist das Frühjahr 445, und es stimmt mit allen Überlegungen überein, die man aufgrund anderer Indizien wie Kriegszüge, Gesandtschaftsberichte und so weiter herangezogen hat. Wenn Attila tatsächlich, der allgemeinen Annahme entsprechend, 395 irgendwo im östlichen Europa das Licht der Welt erblickt hat, dann war er also fünfzig Jahre alt, als er Alleinherrscher über alle Hunnen wurde. Bis dahin hatte er wie vor ihm Oktar über die westlichen Eroberungen geherrscht, Bleda wie Rugila über die östlichen. Das Beispiel Rugilas, der zum Schluß Alleinherrscher gewesen war, muß Attila das Verlangen eingegeben haben, so wie sein Onkel, an dessen Seite er so lange gekämpft hatte, über alle Hunnen zu herrschen und damit dereinst über ganz Europa. Denn als Rugila starb, gab es trotz des Rückschlages, den dieser Tod bedeutete, keine Macht in Europa, die auf sich allein gestellt den

Hunnen überlegen gewesen wäre. Es kam also nur darauf an, daß die Gegner sich nicht zusammenschlossen oder, anders gesagt, daß auch die Hunnen stets Verbündete besaßen, und zwar die richtigen.

Mundzuch, wenn er noch lebte, und Onkel Oebarsius rührten offensichtlich keinen Finger, um den Aufstieg dieses so unbändig und rücksichtslos nach der Alleinherrschaft und der vollen Macht strebenden Fürsten zu hemmen, und zumindest Oebarsius verdankt dieser wohlwollenden Neutralität zweifellos sein Leben, sein für einen hunnischen Krieger beträchtliches Alter von einigen sechzig Jahren. Von Mundzuch hört man seit 434 nichts mehr.

Präsentiert sich uns Attila nach alldem als ein Fürst von jener Unbedenklichkeit, die schon dem großen Motun an die Macht half, so zeigt sich zugleich, daß die Gesellschaftsformen des hunnischen Lebens nicht mehr so primitiv waren wie in der friedlich-nomadischen Existenz zwischen Orchon und Siebenstromland.

Der Kreis der Onkel und Neffen, die im ganzen reibungslosen Herrschaftsübergänge von jenem Balamber, den wir als ersten kennenlernten, zu Uldin, zu den wenig bekannten Königen Donatus und Charaton und die Rückkehr der Macht in die direkte Linie, an Uldins Söhne Oktar und Rugila – das alles zeigt, daß die hunnische Aristokratie fest etabliert war und daß in ihrem Zentrum wieder ein Klan der Herrschenden die Macht von einer Generation an die nächste weitergab. Outsider hatten hier keine Chance, Usurpatoren hätten sich an der geschlossenen Phalanx der Herrschersippe den Kopf eingerannt, denn gegen Ansprüche von außen standen die Väter, Söhne und Brüder Uldins eisern zusammen – selbst wenn es nachher dann Brudermord oder sogar Vatermord gab.

Diese Aristokratie umfaßte keineswegs nur die Männer, wie man vielleicht meinen könnte, wenn man das Krieger- und

Plündererleben betrachtet, das die Hunnen zumindest in ihrer europäischen Zeit führten. Wir besitzen einen antiken Bericht des Inhalts, daß Bleda einem Mann namens Zerco ein Mädchen zum Weib gab, das aus einer der »wohlgeborenen« Familien der Hunnen stammte; sie war zuvor Hofdame (!) der Königin, also von Bledas Hauptfrau, gewesen, hatte dann aber wegen eines kleinen Vergehens den Hof verlassen müssen. Für Zerco war dies zweifellos ein Gunstbeweis, für das Mädchen vielleicht eine Strafe, denn Zerco war der ein wenig trottelige Hofnarr Bledas.

Die Verhältnisse, die man aus den Berichten antiker Gesandtschaften kennenlernt, entsprechen nicht mehr dem Bild der ihre Herden weidenden und in pastoraler Schlichtheit dahinlebenden asiatischen Hunnen. Wie aber ist die Hunnengesellschaft zur Zeit Attilas einzustufen? Wieweit sind sie noch Barbaren? Sind sie den anderen Völkern, die damals Barbaren genannt wurden, schon ebenbürtig oder gar überlegen?

Bis vor wenigen Jahrzehnten gab es darüber nur eine einzige Meinung, die so bekannt ist, daß man sie kaum anzuführen brauchte. Die asiatischen Horden galten keineswegs nur der nationalsozialistischen, sondern auch der wilhelminischen Geschichtsschreibung unterschiedslos als reine Zerstörer, die eigene Ordnungen nicht aufgebaut hatten und Werte irgendwelcher Art nicht anerkannten. Es war ein Pauschalurteil wie jenes Axiom, das zum Beispiel den Slawen die Fähigkeit der Staats- oder Städtegründung absprach: Überall, wo dann doch Staatswesen der Slawen zur Kenntnis genommen werden mußten, führte man sie auf germanische Gründereliten zurück. Und die blühenden Slawenstädte, in denen im frühen Mittelalter internationaler Handel betrieben wurde, degradierte die gleiche verbohrte Zunft zu simplen Märkten, die erst dann Städte werden durften, wenn irgendein deutscher Fürst seine Hand darauf gelegt hatte.

Die Opposition gegen diese Art von Geschichtsschreibung schoß aber beinahe ebensoweit über das Ziel hinaus, wenn wir bei Friedrich Engels lesen, daß die Hunnen die letzte und oberste Stufe barbarischer Existenz erklommen hätten und damit etwa den Griechen der heroischen Zeit, also den Belagerern Trojas, entsprächen. Der Kriegskönig, ein oberster Rat und die Volksversammlung bildeten in beiden Fällen die Charakteristika einer militärischen Demokratie – militärisch, weil der Krieg und seine Vorbereitung die gewöhnlichen, alltäglichen und so gut wie ausschließlichen Beschäftigungen des Volkes bildeten. Der Reichtum der Nachbarn, fährt Engels fort, erwecke die Begierde, die dann in Form von Raubkriegen befriedigt werde, so daß schließlich der Raub dem ganzen Volk als vollkommen natürlich und vor allem als weitaus einfachste Lebensform erscheine. Die ursprüngliche Existenz, bei den Hunnen nomadisch, bei den Griechen agrarisch, gerate dadurch in Vergessenheit.

Natürlich hat Engels nicht von den Hunnen gesprochen, er hat sie nur geschildert, um die Griechen der odysseischen Zeiten als Hunnen zu charakterisieren. Die sowjetischen Kommentatoren in ihrer beflissenen Gründlichkeit haben dann die Parallele zwischen Agamemnon und Attila gezogen und die Hunnen solchermaßen aufgewertet, wohl weil sie zumindest räumlich zu den Vorfahren heutiger Sowjetvölker zu rechnen sind.

Die neuere historische Forschung der Sowjetunion, die sich vor allem um die archäologische Determinierung hunnischer Verhältnisse große Verdienste erworben hat, fand dann auch den dialektischen Ausweg aus dieser Klemme: Die Hunnen hätten zwar nicht auf einer Stufe mit der altgriechischen Raubkönigs-Gesellschaft gestanden, bedeuteten aber trotzdem einen Fortschritt über das antike Griechentum hinaus, weil sie zum Verschwinden der Sklavenhaltergesellschaften des Mit-

telmeerraums den entscheidenden geschichtlichen Anstoß gaben.
Der Werkzeuge kennt die Geschichte natürlich viele, und daß die Hunnen mit der Vernichtung einer Gesellschaftsform einer anderen, neuen, späteren ans Licht halfen, entspricht dem Lauf der Dinge. Man wird A. N. Bernshtam diesen Dreh um so weniger verübeln, als dieser Wissenschaftler vielleicht kein Held der Sowjetunion wurde, gewiß aber der Held der Hunnenforschung, der er, bereits todkrank, bis zum letzten Augenblick in anstrengendster Feldforschung diente.
Und wenn auch Engels nicht recht hat, Marx kann man doch nicht widerlegen, wenn er den kaum stillbaren Hunnenhunger nach Beute und Geldtributen aus ihrem Nomadenerbe erklärt und im ersten Band des *Kapitals* schreibt: »Nomadenvölker entwickeln zuerst die Geldform, weil all ihr Hab und Gut sich in beweglicher, daher unmittelbar veräußerlicher Form befindet und weil ihre Lebensweise sie beständig mit fremden Gemeinwesen in Kontakt bringt, daher zum Produktenaustausch sollizitiert. Die Menschen haben oft den Menschen selbst in der Gestalt des Sklaven zum ursprünglichen Geldmaterial gemacht, aber niemals den Grund und Boden.«
Was sollten die Hunnen, solchermaßen zum Geld verurteilt, also anderes tun, als möglichst viele Kontakte suchen? Attila war »zum Produktenaustausch sollizitiert«; Agamemnon hingegen hätte ruhig zu Hause bleiben können, denn für Helena hätte sich gewiß Ersatz gefunden.

2.
Adler, Schwerter und Schamanen

Wenn Odysseus jahrelang durch das Mittelmeer irrte und mit seinen Männern nicht nach Hause finden konnte, so war daran nicht etwa der Umstand schuld, daß er noch keinen Kompaß besaß, sondern daß sich die Götter über sein Schicksal nicht einig werden konnten und ihren Zwist auf seinem Rücken austrugen.

Wenn die Hunnen tatsächlich etwa auf der gleichen Kulturstufe standen wie die Troja-Eroberer, so hatten sie doch zweifellos kein so eindrucksvolles Götterforum zusammengestellt und begnügten sich mit einer vergleichsweise schäbigen Reihe großer und kleiner Dämonen. Abergläubisch aber waren sie ganz zweifellos, und ob es nun Götter oder Dämonen waren, denen sie so bestimmenden Einfluß auf ihr Leben zuschrieben, hat darum nicht sehr viel zu sagen. Jeder Sandsturm, der die Milliarden Sandkörner zum Singen brachte, jeder Sturm in den Bergen, der in einem Paßweg pfiff, wurde zur Stimme der Erd- oder Luftdämonen, und wenn sie – wie antike Schriftsteller rügten – ihre Wäsche nicht wuschen, so hatte das seinen tiefsten Grund darin, daß sie die Wasserdämonen nicht beleidigen wollten.

Rugilas Tod durch einen Blitzschlag war ein übles Vorzeichen gewesen und als solches verstanden worden; das Ereignis hatte darum durchaus zugereicht, die Umkehr zu veranlassen, den Abbruch eines Feldzuges zu bewirken, für den lange gerüstet worden war. Als im Jahr 1241 der Großkhan Ügedei eines vorwiegend aus mongolischen Stämmen bestehenden Reiterheeres plötzlich starb, genügte das, um die ganze Armee zur Umkehr zu veranlassen, obwohl sie kurz vorher bei Liegnitz über das deutsch-polnische Ritterheer gesiegt hatte. Und Dschingis-Khan hatte ein Orakel erfunden, das seine Priester zu geradezu equilibristischen Stockkunststücken nötigte, weil diese Stöcke für die ganze Armee gut sichtbar waren, so daß alle Streiter vor der Schlacht verfolgen konnten, daß die Götter ihnen den Sieg versprachen.

Es war daher nicht nur für die Rugila-Nachfolger Bleda und Attila selbst, sondern für das Selbstvertrauen des ganzen

Hunnenvolkes wichtig, daß bald nach jenem Blitzschlag etwas geschehe, das den Reitern das Vertrauen in die Gunst der Götter zurückgab. Und darum ereignete sich der Zwischenfall mit dem Schwert des Kriegsgottes, den Jordanes so erzählt:
»Attila war von untersetzter Statur und breitschultrig, sein Kopf groß, seine Augen klein, sein mit weißen Fäden durchzogener Bart spärlich, seine Nase eingedrückt, seine Hautfarbe dunkel – in allem verriet sich seine Herkunft. Sein angeborenes großes Selbstvertrauen wuchs noch nach der Auffindung des dem Kriegsgott Mars geweihten Schwertes. Dieses Schwert ist von den Skythen (hier = Hunnen) von jeher heilig gehalten worden.
Als einst ein Hirt eine Färse aus seiner Herde hinken sah und sich die Ursache einer so großen Verletzung nicht erklären konnte, ging er sorgfältig den Blutspuren nach und fand schließlich ein Schwert, auf das die Färse beim Grasen ahnungslos getreten war; er grub das Schwert aus und überbrachte es sogleich Attila. Dieser war hoch erfreut über das Geschenk und sah, ehrgeizig wie er war, in der Auffindung des Mars-Schwertes eine Bestätigung dafür, daß er zum Weltherrscher und zum Sieger in allen Kriegen berufen sei.«
Bei Priskus, dem byzantinischen Gesandten, der wochenlang in Attilas unmittelbarer Nähe weilte, findet sich dazu ein Ergänzungstext, den er im Anschluß an die Verleihung eines römischen Ehrentitels an den Hunnenfürsten niederschrieb. Dieser Titel war der eines *Magister Militum*, wie ihn auch Alarich erhalten hatte. Er war mit hohen und regelmäßigen Geldzuwendungen verbunden und gestattete den Römern daher, Attila einen Tribut zu bezahlen, der doch nicht als solcher galt, sondern ganz einfach als ein Offiziersgehalt. Priskus nun berichtet, daß Attila diesen Titel unzureichend fand. Er werde »die Stellung, mit der die Römer ihn zu ehren glaubten, abschütteln und sie zwingen, ihn statt Magister Militum später

Kaiser zu nennen. Schon jetzt sage Attila, des (römischen) Kaisers Heerführer seien nur kaiserliche Untergebene; ihm selber kämen darum nur die römischen Kaiser im Range gleich. Es werde wohl nicht mehr lange dauern, bis er seine Macht weiter ausdehnen würde. Der (Kriegs-)Gott selbst habe das vorausgesagt, indem er das Schwert des Ares habe auftauchen lassen; diese von den Skythenkönigen heiliggehaltene, verehrte und dem Kriegsgott geweihte Waffe sei lange Zeit verschwunden gewesen, kürzlich aber von einem Hirten wieder aufgefunden worden.«

Priskus war klug genug, die Geschichte nicht anzuzweifeln. Die Bedeutung, die ihr Attila beimaß, läßt erkennen, wie sehr König und Volk an Vorzeichen dieser Art glaubten und in ihrer Kampfesmoral von ihnen abhängig waren. Das ist nur erklärlich bei Feldzügen, die im Grunde noch immer Raubkriege waren. Denn die Hunnen wurden ja von keiner Seite angegriffen; sie hatten keinen geschlossenen, angestammten Volksraum zu verteidigen und lebten seit dem Aufbruch in Zentralasien nur noch von diesen Kriegen. So wie Piraten eines Tages plötzlich die Lust verlieren und die Segel in Richtung auf eine einsame Insel setzen, wo sie den Rest ihrer Tage in Frieden zubringen können, so war es durchaus denkbar, daß Rückschläge und ungünstige Orakel den ganzen Eroberungszug nach Westen, den ungeheuren Vorstoß eines ganzen Volkes über Tausende von Kilometern, in einen allgemeinen Rückzug verwandelten.

Die Priester hatten darum eine außerordentlich große Verantwortung und naturgemäß auch eine Machtposition, die mitunter der des Königs gefährlich werden konnte. Nach allen Berichten waren die Hunnenpriester den Vornehmen, also dem aristokratischen Kreis um den Herrscher, gleichgestellt und wurden mit größter Achtung behandelt. Ihre Orakel waren für das schlichte Volk unbegreiflich, denn sie weissagten aus den Linien, die sich auf ins Feuer geworfenen Schulterknochen von Rindern zeigten. Gelegentlich wurde aus Eingeweiden und Knochen auch geweissagt, ohne daß sie vorher gereinigt und erhitzt wurden. Das war natürlich eine Geheimwissenschaft, die alles ergeben konnte, was der Augenblick verlangte, und der Herrscher hatte gegen ein negatives Orakel nur das eine Argument, den Priester als gekauft oder unfähig zu bezeichnen, töten zu lassen und durch einen willfährigen Propheten zu ersetzen.

Daß bei den Nomaden das Tier eine so große Bedeutung gewinnt und mit seinen Knochen gleichsam das Lesebuch der Zukunft liefert, darf nicht verwundern. Vom Vieh lebten die Hunnen ja gemeinhin und in ihrer ständigen Existenz; der Krieg, wenn auch vertraute Nebenbeschäftigung, war letztlich doch ein Ausnahmezustand. Die Bräuche und Riten aber entstanden in Jahrhunderten auf den angestammten Weideplätzen.

Wilde Tiere, die nicht zum ständigen Lebenskreis der Hunnen gehörten, vermengten sich mit den Dämonen oder liehen ihnen doch ihre Erscheinungsform, und auch die harmlosen Wildtiere, wie zum Beispiel Hirsche oder Steinböcke, wirkten in den hunnischen Volksglauben hinein, weil die hilfreichen Geister sich mit Vorliebe die Gestalt dieser zwar freien, aber ungefährlichen Tiere aneigneten.

Sowenig die Bodenfunde, also die archäologischen Zeugnisse, bisher zur Kenntnis des religiösen Lebens der Hunnen beitragen konnten, so haben sich doch – über ihren ganzen Marschweg verstreut – Tierfiguren aus Bronze und anderen Metallen gefunden, die man als Utensilien der Schamanen deutet. Sie, die kleinen, aber metallisch-unvergänglichen Abbilder der Totemtiere, zwangen bei Orakeln und anderen Beschwörungshandlungen die Hilfe der guten Geister herbei und hielten auf diese Weise die Dämonen fern, wehrten vielleicht auch den Schadenzauber ab und wurden darum wie Amulette mitgeführt.

Besondere Bedeutung erlangt offensichtlich im Zusammenhang mit dem Aufstieg Attilas der Adler als Totem- und Symboltier. (Das Adlermotiv) »hat dieselbe weite Verbreitung wie die hier untersuchten reiternomadischen Elemente und begegnet sowohl in Männer- als auch in Frauengräbern der sozial führenden Schicht des hunnischen Machtgebildes. Meist ist es der Raubvogelkopf als pars pro toto, nur ausnahmsweise gibt es ein Abbild des ganzen Vogels . . . Ein solcher Befund läßt sich nur mit der überragenden Bedeutung des Adlers für das magische Weltbild jener führenden Schicht erklären, deren fürstliche Bestattungen sich mit so gleichartigem Inventar von Kasachstan bis zum Wiener Becken finden« (Joachim Werner).

Das eindrucksvollste an dieser Mitteilung des bedeutenden Münchner Gelehrten ist der Raum, über den sich diese Funde erstrecken. Kasachstan, das ist die Landschaft vor der Dsungarischen Pforte, das Land um den Baikalsee, mit dem die ungeheure Steppe beginnt, und im Wiener Becken, an den Bergen des lieblichen Wienerwaldes, endet sie. So weit die Steppe reicht, so weit erstreckte sich auch die Herrschaft dieses mit scheinbar unerschöpflichen Energien ausgestatteten Volkes. So weit die Steppe reicht, fühlte es sich unterstützt von seinen Göttern und nur ihnen unterworfen.

Joachim Werner beschäftigt sich darüber hinaus auch mit Funden, die außerhalb dieses Raumes zwischen Oder und Weichsel liegen und beweisen, daß sich die Hunnenherrschaft bis an die Ostsee erstreckte: mit Grabbeigaben aus den rheinischen Gegenden, die ihre geschichtliche Voraussetzung in den Kämpfen der Hunnen gegen die Burgunder und in ihrem Zug an die Loire haben mögen. Kern des Reiches aber blieb die Steppe, und der Totemvogel der Führungsschicht blieb – wo immer sie waren und wann immer sie kämpften – seltsamerweise der uns als Raubvogel der Hochgebirge bekannte Adler.

Wie fünfzehnhundert Jahre später der Adler zum Symbol der Weltherrschafts-Phantasien nationalsozialistischer Ideologen wurde, so fühlten sich offensichtlich schon die Reiterführer der hunnischen Nomaden aus den gleichen Gründen von diesem Tier angezogen. Es verkörperte einen selbstherrlichen Anspruch, eine gewissermaßen königliche Gier, ein amoralisches Besitzstreben, das sich lediglich aus dem Adel, aus der Überlegenheit rechtfertigte.

Ammianus Marcellinus spricht von diesen Adlern nicht, aber er ahnt Raubgier und Rücksichtslosigkeit als Wesenszüge einer Politik, die ganz deutlich nicht religiös gehemmt, sondern abergläubisch beflügelt ist. Der Adler wird offensichtlich verehrt, aber er darf nicht allem und jedem dienstbar gemacht werden. Er findet sich vor allem auf den Waffen und dem Leibgurt, aber auch auf dem Pferdegeschirr – denn die Hunnen wußten ganz genau, was sie an ihren Pferden hatten und wie wichtig sie für die weitausgreifenden Eroberungszüge waren.

Merkwürdig ist bei alldem, daß Adlermotive so deutlich alle anderen überwiegen. Im heimatlichen Zentralasien, wo die Hunnen mit Turkvölkern und Mongolen verschiedenster Prägungen zusammen oder in Nachbarschaft lebten, dominierte der Adler keineswegs. In den Märchen, Sagen und Geschichten dieser Völker stoßen wir auf Raben und Füchse, auf Hasen, Tiger und Schlangen wesentlich häufiger als auf den Adler. Daraus möchte ich schließen, daß der Adler zum Leittier der hunnischen Oberschicht und zu ihrem Lieblingssymbol erst wurde, als die Hunnen nach Westen zu ihren großen Eroberungen aufbrachen. In den altorientalischen Kulturen und im Römischen Weltreich hatte der Adler als König der

Vögel bereits den Charakter eines Herrschersymbols angenommen. Er ist das den höchsten Göttern zugeordnete Tier, das zu Zeus und Jupiter ebenso gehört wie zu den indischen Göttern Indra und Wischnu oder den Göttergestalten altpersischer Religionen, vor allem Ahura Mazdas selbst. Ja er ist auch das Lieblingstier des Feuergottes Agni aus der indo-arischen Götterwelt der vedischen Mythen.

Eine besondere Beziehung schien der Adler den alten Völkern zu Donner und Blitz zu haben. Er trägt Blitz und Donner wie ein Waffenbündel in seinen Fängen, wird selbst aber nie vom Blitz getroffen, und sogar durch die dichtesten und dunkelsten Gewitterwolken sieht man, dem alten Volksglauben nach, die Adlerschnäbel noch blinken. Die Hunnen als ein Volk der ungeschützten Steppe, das in seinen Zelten ohnmächtig dem Wüten der Gewitter ausgesetzt war, sie mußten den Gewittervogel und Blitzeschleuderer als ein Tier besonderer Art, eben als einen Göttervogel ansehen. Und als sie schließlich in sich die Kraft fühlten, wie ein Gewitter über die leere Steppe gegen die Städte des dichtbesiedelten Europa loszubrechen, da traten ihnen die römischen Legionen entgegen und trugen als Feldzeichen ebenfalls ihre Adler in die Schlacht.

Wenn also Attila sich den Kaisern gleichstellte und von dem Augenblick träumte, da man auch ihm diesen Titel nicht mehr würde verwehren können, ging es nicht nur um dieses kaiserliche Dasein, sondern auch um die Adler als die Vögel, die immer nur dem Stärksten dienen.

»Die Ausschließlichkeit, mit der der Adler im attilazeitlichen Fundstoff als Bildmotiv Verwendung fand, ist wohl der stärkste Hinweis auf die Existenz einer Vorstellungswelt, in der dieser königliche Vogel die höchste Gottheit und den Schöpfer des Weltalls versinnbildlichte« (Werner).

Wenn die Adler nun aber ausgesprochene Herrschaftszeichen waren, wenn nur die Oberschicht, die Fürsten und Anführer,

sich mit diesem Glücks- und Siegbringer schmücken lassen durften und von ihm schließlich ins Jenseits geleitet wurden, mit welchen Symbolen und Amuletten lebte dann das einfache Volk? Daß der Hunne »im Glied«, der schlichte Reitersmann, sich um Weltall, Weltschöpfung und Göttersysteme nicht allzu viele Gedanken machte, wird im allgemeinen zutreffen. Aber er war genauso wie seine Fürsten in das große Hasardspiel der Welteroberung hineingeraten. Er stand in der Fremde, in einer Welt, die ihm täglich den Tod bringen konnte. Welche Sicherheit hatte er mit sich genommen aus der Heimat oder von seinen Eltern mitbekommen, wenn er schon der zweiten Generation angehörte, wenn er schon während der großen Wanderung zur Welt gekommen war?
Die Antwort ist nicht leicht, und die Archäologie des Attilareiches, bei der wir im allgemeinen auf einem so sympathisch festen Boden stehen (zumindest, wenn man die Ergebnisse mit den Wortklaubereien und Buchstabenpuzzles aus den Schriftquellen vergleicht), diese vereinten archäologischen Bemühungen der Ungarn und der Sowjetarchäologen haben – was die allgemeine Religionsausübung bei den Hunnen betrifft – noch nicht viele Aufschlüsse erbracht.
Immerhin hat sich eine bestimmte und sehr auffällige Gruppe von Funden ergeben: kleine Perlen und Steinkügelchen, die an den Waffen, vor allem an Schwertern oder Dolchen, hingen und ganz offensichtlich keinerlei praktische Bedeutung für die Führung oder auch die Aufbewahrung der Waffe hatten. Sie werden von der Forschung als magische Schwertanhänger gedeutet. Daß das Schwert seine besondere Bedeutung nicht etwa nur für Siegfried und die germanische Heldensage hatte, haben wir aus der Geschichte vom Schwertfund auf der Weide erfahren (S. 93). Die Hunnen brauchten ihr Schwert, Pferd und Schwert waren mit Pfeil und Bogen die Utensilien ihres Lebens und Kämpfens, bildeten gleichsam die Existenzbasis ei-

nes ganzen Volkes, das von Krieg und Raub zu leben entschlossen war.

Eine ganze Anzahl von Materialien erwies sich als für die magischen Schwertanhänger besonders geeignet. Sie können aus schlichtem grauem Stein sein, der vielleicht aus den heimatlichen Bergen Zentralasiens stammte; aber sie schienen ihren Zweck auch zu erfüllen, wenn sie nicht uralt, sondern Glasperlen sind, also Menschenwerk. Das entscheidende muß also eine Weihe dieser Anhänger gewesen sein, irgendeine faktische oder symbolische Behandlung, der sie durch den Priester unterzogen wurden, ehe sie für tauglich befunden wurden, den Schwertträger zu schützen oder irgendeine positive Wirkung auf das Schwert selbst und die Kämpfe auszuüben.

Man hat diese Schwertanhänger überall gefunden, wo andere Hinweise auf die Hunnen auftauchten, z. B. die von den antiken Autoren schon berichtete Schädeldeformation und die charakteristischen Metallspiegel, die auch dann noch nicht zerbrachen, wenn man sie im Sattel um die halbe Erde trug. Die Funde verteilen sich über einen Zeitraum von achthundert Jahren, reichen also bis in die Epoche Motuns und seiner weiten Eroberungszüge zurück und tauchen räumlich im sowjetischen Verwaltungsbezirk Orenburg ebenso auf wie in Szentes-Kistöke in Ungarn. Bei Magnitogorsk im südlichen Ural wurde eine magische Schwertperle aus Chalzedon gefunden, die zu einem Langschwert gehörte; im Bezirk Astrachan eine Glasperle bei einem Bogen; in Alt-Weimar eine dunkelgrüne Steinperle bei einem 115 cm langen Langschwert mit Chalzedonknauf. Auch Kasachstan, der nördliche Kaukasus, die Krim, Krakau, Breslau, Ungarn, Wien, Niederösterreich, Rheinhessen, Ost- und Nordfrankreich tauchen in den Fundberichten auf.

Ein Volk kämpft sich durch die ganze Welt, geschützt und unterstützt von winzigen Amuletten, geführt von den Fürsten,

die an ihren Adlergott glauben. Es ist gewiß kein Volk ohne Religion, wie Ammianus Marcellinus glaubte oder sich erzählen ließ; aber es ist ein Volk, dessen Religion der Krieg war, dessen Glaube Kampf bedeutete und das die Erfüllung seines Daseins ganz gewiß im Sieg und in der Beute erblickte.
Eben dazu aber brauchte es Waffen, und es ist nicht anzunehmen, daß all die kunstvollen Schwerter, die sich inzwischen gefunden haben und die zweifellos von Hunnenkriegern geführt wurden, bereits in Kasachstan geschmiedet wurden. Gewiß, in den chinesischen Quellen ist immer wieder von Schwertern die Rede, aber auch davon, daß die chinesischen Waffen und Rüstungen weit besser waren als die der Hunnen. Die ausgezeichnete Bewaffnung, mit der die Hunnen in Europa einbrachen, die Schwerter, die sie so sehr liebten, daß sie ihnen Amulette und andere Glücksbringer an den Knauf hingen: diese heiliggehaltenen wertvollen Schwerter müssen in Vorderasien hergestellt worden sein, in den altiranischen Waffenschmieden mit ihrer uralten Erfahrung.
In der Armut und Primitivität des nomadischen Lebens war solch ein Schwert ein Wertgegenstand besonderer Art, weil er nicht nur an sich wertvoll war, sondern seinen Besitzer auch befähigte, Siege zu erringen und Beute zu erlangen. Das Schwert begann, in das nomadische Kriegerleben zu strahlen wie ein heiliger Gegenstand, mochte es auch eine sinistre, ja blutige Bestimmung haben.
Im Abendland ist das alte germanische Schwert und später dann das Richtschwert des Henkers zu besonderen sakralen Ehren gekommen. Man hat ihm ein Eigenleben zugesprochen und mit ihm den Herstellungsvorgang, aber auch den Schmied selbst zu besonderer Bedeutung erhoben. Noch in der spätmittelalterlichen Volksgemeinschaft auf Island war der Schmied eine natürliche Führerpersönlichkeit, eine Art heidnischen Gegenbilds zum Bischof.

Für die Hunnen verschmolzen daher ganz folgerichtig das Schwert, das Feuer und der Schmied zu einer religiösen Werteinheit von besonderer Kraft, und da sie eine andere Autorität als ihren König nicht anerkennen konnten, ja vielleicht gar nicht sich vorzustellen imstande waren, wurden zumindest in der Religion, wenn auch nicht in der Wirklichkeit, die obersten Anführer im Krieg auch die Geheimnisträger der Metallkunst, die beinahe übermenschlichen Schöpfer dieser tötenden Stähle. Natürlich glaubte kein Hunne, daß etwa Attila selbst ein Schwert herstelle; aber sie waren überzeugt, daß die Könige die Hüter dieses Schwertwissens waren und ein besonderes Verhältnis zu dieser geheimnisvollen Waffe hatten, mit der die Hunnen groß und furchtbar geworden waren.

3.
Die Schätze der Alten Welt

Die Hunnen brachen in eine Welt ein, die in ihrem Kern jahrhundertelang Frieden gehabt hatte. Erst in der Hunnenzeit selbst, im Jahr 410, hatten die Germanen Rom erobert. Erst als Attila schon lebte, hatten sich an den Grenzen des Römischen Reiches die tiefer greifenden Veränderungen ergeben. Und erst die Hunnen hatten den ganzen europäischen Raum als siegreiche Eroberer durchmessen, von Osten nach Westen und auch nach Südosten und Süden vorstoßend.

Die Hunnen und ihre germanischen Verbündeten mußten also nach Plünderungen von unvorstellbarem Ausmaß die Reichtümer des Römischen Weltreichs an sich gebracht haben, denn vor ihnen hatte es nur einen einzigen Weg gegeben, auf dem das Gold – allerdings regelmäßig – abgeflossen war und Rom verlassen hatte: den Weg nach Osten, auf die Halbinsel Arabien. *Arabia felix*, wie das immer reicher werdende Arabien von den Römern genannt wurde, exportierte damals zwar noch kein Erdöl, aber es hortete dennoch ungeheure Summen, weil die römische Kosmetikindustrie auf die Spezereien und Duftstoffe aus Südarabien nicht verzichten konnte. Auf der Weihrauchstraße kamen alljährlich, und zwar durch mindestens sechs Jahrhunderte, Kamelladungen mit kostbaren Harzen und Ölen, aber auch Gewürzen und anderen Zutaten aus dem südlichsten Arabien über die Händlerstadt Petra ans Mittelmeer, und die römischen Damen, aber auch die Reichen der römischen Provinzen bezahlten Unsummen für Salben, Wässerchen, Mixturen und Räuchermaterialien, die teils in Syrien, teils in Ägypten, oft aber auch erst in Rom selbst verarbeitet wurden.

Diesem ständigen Goldabstrom in den Orient stand kein nennenswerter arabischer Warenimport gegenüber. Die Situation entsprach also in auffälliger Weise der heutigen, und auch damals hätten die Scheichs aus Hadramaut mit ihren gehorteten Zechinen ohne weiteres römische Landgüter, ja Paläste in den schönsten Gegenden des Mittelmeers erwerben können. Sie taten es nur nicht, und so kamen die Römer eines Tages auf den Gedanken, sich dieses Gold, mit dem die Araber offenbar nichts anzufangen wußten, mit Gewalt wiederzuholen. Es war der verunglückte Raubzug eines Generals namens Aelius Gallus: Die Römer verirrten sich in der Wüste, brachten nur einen Bruchteil ihrer Armee heil zurück, und seither hat eigentlich niemand mehr versucht, Arabien seine Reichtümer mit Gewalt abzujagen.

Abgesehen von diesem allerdings beträchtlichen Verlust an Reichtum müßte aber der größte Teil der gehorteten Schätze dieser großen Kolonialmacht den Hunnen in die Hände gefallen sein, vor allem jener private Besitz, den man im allgemeinen nicht mehr veräußert, also der Familienschmuck, die wertvollen Gegenstände des Hausrats, die Kunstschätze, mit denen sich kultivierte Römer zu Hause und in den Provinzen

gerne umgaben. Wie es die Hunnenscharen mit der Verteilung dieser Beute hielten, ist nicht klar, und es ist auch kaum anzunehmen, daß es darüber allgemein feststehende Regeln gab. Nur ein Grundsatz scheint so lückenlos eingehalten worden zu sein, daß man annehmen darf, auf seine Verletzung hätte schwere Strafe gestanden: Alles, was aus Gold war, Goldgegenstände wie Goldmünzen, mußte an den Hunnenadel abgeliefert werden. Es gibt nämlich nicht ein einziges einfaches Hunnengrab mit goldenen Grabbeigaben oder auch nur winzigen Schmuckstücken aus diesem Metall, während sich die sogenannten Fürstengräber der Hunnen durch außerordentlichen Reichtum an Gold und edlen Steinen auszeichnen. In ihnen sind natürlich nicht durchwegs, ja vielleicht nicht einmal überwiegend Fürsten beigesetzt; aber die archäologische Forschung hat nun einmal das Gold als Kriterium für die Unterscheidung von den Kriegergräbern gewählt und im übrigen damit begründet, daß bei den Kriegern höchstens einmal ein Bronzespiegelchen oder ein wenig Silbergerät gefunden werde.
Gold zu besitzen war demnach ein Vorzug und ein Unterscheidungsmerkmal. Das Gold war zweifellos mehr als nur Beute, es war – wie ja auch bei anderen Völkern – jenes edelste aller Metalle, in dem die Sonne festgefroren zu sein schien, das unvergänglich war und seinen Besitzern jenes Gefühl eines besonderen Schatzes gab, der sie für alle Mühen und Gefahren der Kämpfe immer wieder entschädigte.
Es steht fest, daß die Hunnen in der kurzen Zeit ihrer Herrschaft in Europa viel mehr Gold aus dem Römischen Reich erhielten als alle Germanenvölker zusammengenommen. Das hing mit der zielbewußten Goldgier der Hunnen zusammen, die in der Geschichte nur noch von den spanischen Eroberern der Neuen Welt übertroffen wird und jenen traurigen Lemuren in SS-Uniform, die den Leichnamen der Vergasten die

Goldzähne ausbrachen. Verglichen mit diesen allerchristlichsten Streitern für Ferdinand und Isabella und mit den Goldjägern von Auschwitz oder Belsen hatten die Hunnen sich ein beinahe elegantes Verfahren zurechtgelegt. Sie ließen sich von Rom nicht nur hohe Tribute dafür bezahlen, daß sie Frieden hielten, sie verlangten auch festgesetzte Lösegelder in Gold für jeden Gefangenen, den sie in seine Heimat zurückkehren ließen.

Die Tribute kennen wir ganz genau, und zwar aus erster Hand, weil Priskus, der die Ziffern gibt, ja selbst Unterhändler zwischen Byzanz und Attila war. Danach sah schon der erste Tributvertrag, den Ostrom 430 mit Rugila abschloß, eine Jahreszahlung von etwa 120 kg Gold vor. Im Jahr 435 hatten Bleda und Attila nichts Eiligeres zu tun, als diesen Tribut zu verdoppeln. Acht Jahre später unterlagen die Römer den Hunnen in der Schlacht am Chersonnes, der Halbinsel, deren moderner Name Gallipoli im Ersten Weltkrieg monatelang Schlagzeilen machte. Dort, wo Churchill die Deutschen besiegen sollte, unterlagen die Römer den Hunnen und mußten fortan 700 kg Gold jährlich entrichten und für unterbliebene Zahlungen nach hunnischer Berechnung noch einmal zweitausend Kilogramm!

Allein aus diesen offiziellen Tributen flossen also an Attila, Bleda und ihren Klan zwischen 430 und 450 mehr als 9000 kg Gold, wozu noch die Geschenke der Gesandtschaften und die Bestechungsgelder kamen.

Das Lösegeld für den einfachen Soldaten wurde im gleichen Zeitraum von einem Solidus pro Kopf (4,48 Gramm Feingold) auf 12 Solidi erhöht. Die Hunnen waren eben die Stärkeren, sie setzten ihre Lösegelder für die Gefangenen so willkürlich fest, wie jeder es tut, der ein Monopol ausübt und keine Gegenwehr zu fürchten braucht. Von besonderer Wildheit oder Primitivität ist bei alldem nichts zu merken; eher erwiesen sich die Hunnen als ausgezeichnete Rechner. Ja gelegentlich, wenn sie selbst ganz und gar keine Lust hatten, einen risikoreichen Krieg zu führen, pokerten sie einfach, und das Wunder geschah: Die Krieger aus Zentralasien, die Viehzüchter und Lassowerfer, waren den mit allen Wassern gewaschenen levantinischen Diplomaten auch beim Pokern überlegen.

Dann aber, als das Gold im Besitz der Hunnen war, ereignete sich etwas höchst Seltsames, etwas, das doch einen beinahe kindlichen Zug offenbart: Die Hunnen erhielten die Tribute und Lösegelder in gemünztem Gold, aber sie dachten gar nicht daran, dieses Kapital nun arbeiten zu lassen. Athen, Rom, Byzanz, Alexandria und andere Städte hatten seit einem halben Jahrtausend gut funktionierende Geldinstitute; es gab Warenbörsen, Schiffsversicherungen, einen wohlorganisierten Welthandel. Die Hunnen aber schmolzen die sauber geprägten römischen Goldmünzen ein. Sie machten die klingenden Scheibchen mit den Bildnissen der römischen Kaiser zu weichen Klumpen des heiligen Metalls und ließen sich daraus Schmuckgegenstände verfertigen. Nicht etwa von Römern und im klassischen Stil der Mittelmeerkunst, sondern nach den Traditionen hunnischen Schönheitsgefühls, nach den Gewohnheiten ihres Lebens, ihrer Kleidung, ihrer persönlichen Umwelt.

Die großen Kinder mit den blutigen Händen ließen ihren Frauen schwere Diademe schmieden oder schwergoldene Ohrringe, und wenn dann immer noch Gold übrigblieb, dann erhielt das treue Schlachtroß eine goldene Brustplatte, oder ein Gürtel wurde mit einer klobigen Schnalle versehen, die ein Dutzend dicker Goldkugeln aufwies.

Es ist daher nicht sehr verwunderlich, daß der 1791 aufgefundene Schatz von Nagyszentmyklos, einem ungarischen Ort südlich des Flusses Maros und nördlich der von den Hunnen besetzten Stadt Viminacium gelegen, bis heute als der Schatz

Attilas gilt, wenngleich die Fachforschung mit dieser Zuschreibung nicht sehr glücklich ist. Aber dreiundzwanzig Gefäße aus purem Gold, in deren Bildmotiven der Adler eindeutig vorherrscht – wer sonst als Attila sollte sich derlei anfertigen lassen, wer hätte es – vom Gold einmal abgesehen – überhaupt wagen dürfen, sich mit dieser Fülle von Herrschersymbolik zu umgeben, wie sie uns auf den heute im Kunsthistorischen Museum zu Wien verwahrten kunstvoll gearbeiteten Gefäßen entgegentreten?

Gewiß, der künstlerische Wert der Ritzungen, Reliefs und Ornamente ist ganz erstaunlich, und die griechischen Inschriften ergeben keinen eindeutigen Bezug auf Attila und seine Zeit; die ebenfalls an den Goldgefäßen festzustellenden Runeninschriften aber hat Franz Altheim in einer Arbeit aus dem Jahr 1948 als hunnisch charakterisiert. Gyula Laszlo wiederum hat dargelegt, daß es sich bei dem vielbesprochenen Goldschatz von Nagyszentmyklos nicht um gesammeltes Beutegut, sondern um Auftragsarbeit handelt, und zwar um zwei komplette Tischgarnituren, von denen die eine – und zwar vermutlich die Gefäße mit den Runen – für den Herrscher selbst bestimmt gewesen sein mochte, die andere aber für seine Gemahlin.

Ich weiß nicht, ob es möglich ist, einem goldenen Krug das Geheimnis abzuluchsen, welche Schicksale das Gold, aus dem er besteht, schon gehabt hat. Aber wenn es einmal gelingen sollte, mit einer ingeniösen chemischen oder radiographischen Prüfung den goldenen Sonnenadlern von Nagyszentmyklos auf den Leib zu rücken, ich möchte wetten, es kommt solides römisches Münzgold darunter zum Vorschein.

Aber selbstverständlich war nicht Attila allein, auch nicht sein engster Klan, Zielhafen aller Tribute, Lösegelder und Beutestücke aus dem begehrten Gold. In allen sogenannten Fürstengräbern ist es gegenwärtig und gleißt es uns entgegen, und die Männer, die es verarbeitet haben, sind nicht Griechen, sondern Goldschmiede aus dem Gefolge der Hunnenarmee. Sie haben die südrussischen Goldschmiedetechniken nach Ungarn verpflanzt und über die Völkerwanderungszeit hinaus bewahrt, was es oft nicht leicht macht, bulgarische oder ungarische Arbeiten mittelalterlicher Kunst von der eigens für die Heerführer des großen Eroberungszuges geschaffenen Masse der Kunst- und Gebrauchsgegenstände eindeutig zu unterscheiden.

In einem fürstlichen Brandgrab bei Szeged-Nagyszedsos an der unteren Theiß fand sich zum Beispiel eine herrliche goldene Schale, deren Durchbruchstellen ursprünglich mit anderen Materialien, vielleicht nur Glas, vielleicht aber auch Halbedelsteinen, ausgefüllt waren wie bei berühmten vorderasiatischen Vorbildern. Die hunnischen Goldschmiede liebten Steinintarsien nämlich besonders.

Diese und andere der sogenannten Fürstengräber beweisen, daß die Reiterführer der Attilazeit ihre Habe im wesentlichen mit sich trugen, und es war darum relativ sinnvoll, diesen Besitz und vor allem das Gold dort unterzubringen, wo ein Verlust erst mit dem Verlust des Lebens selbst anzunehmen war: in den Schwertern, Dolchen und anderen Waffen. »Nicht nur das Griffstück stellt an den Langschwertern der Attilazeit eine Neuerung dar«, schreibt Joachim Werner, »auch die häufige Verwendung von Gold und Halbedelsteinen zur Ausschmükkung von Griff und Scheide waren in diesem Ausmaß vorher unbekannt.«

Ihrer Kostbarkeit wegen haben darum auch vereinzelte Schwertfunde Sensation gemacht und sind zur Zierde der Museen geworden, aber auch zu einem weiteren Thema für die ohnedies allzu häufigen Polemiken innerhalb der Hunnenforschung. Auch eine gute Klinge verrostet im feuchten Boden, und die technischen Möglichkeiten, solch eine zerfallene

Klinge wiederherzustellen, sind allerjüngsten Datums; es ist daher ein besonderer Glücksfall, daß in dem Dorf Altlußheim am rechten Rheinufer »eine der prachtvollsten im Original erhaltenen Waffen dieser Periode« (Werner) aufgefunden werden konnte. Im Dezember 1932 hatten Arbeiter rein zufällig das Langschwert entdeckt, in einer der dichtest besiedelten deutschen Landschaften. Dort, wo heute auf dem Hockenheimring die Motoren dröhnten, hatten in einem Fürstengrab der Hunnenzeit Schwert, Schmuckstücke, Ausrüstungsgegenstände und Kleiderreste stumm auf die Entdeckung gewartet, fünfzehnhundert Jahre lang. Eine kunstvolle Arbeit kam zutage, bei der an Gold und Edelsteinen nicht gespart wurde und die ihr Träger auch im Tod nicht von seiner Seite lassen wollte.

Die dreiundzwanzig Goldgefäße des sogenannten Attila-Schatzes von Nagyszentmiklos, das Prunkschwert von Altlußheim im Ausflugsbereich von Mainz, Speyer und Mannheim und viele andere Bodenfunde in unserem so oft von Truppen durchzogenen kleinen Erdteil lassen die Schatzsucher und Schatzgräber, die auch heute noch immer wieder von sich reden machen, in einem anderen Licht erscheinen. Lange Zeit als abergläubische Halbnarren belächelt, ziehen die helleren Köpfe unter ihnen doch nur die Konsequenz aus einer ganzen Anzahl unleugbarer, wenn auch wenig bekannter Tatsachen:

Die erste ist, daß kaum eines der Fürstengräber, die man aufgefunden hat, unberaubt war. Es gab also stets Menschen, die ihre Informationen gut zu verwerten verstanden und kühn genug waren, den Schamanenzauber zu durchbrechen, um sich die mit Sicherheit zu erwartenden Goldfunde anzueignen.

Die zweite ist, daß so gut wie alle Gräber einfacher Hunnenstreiter oder an ihrer Seite kämpfender Krieger im Zug systematischer Grabungskampagnen freigelegt wurden, das heißt: man wußte, wo man graben sollte; man grub mit Methode und hatte Erfolg.

Und die dritte schließlich dürfen wir in dem Umstand erblikken, daß heute keineswegs nur Gold als wertvoller Grabfund oder Bodenfund anzusehen ist. Die vielen Museen und öffentlichen Sammlungen, die an Beständen gerade aus der geschichtlich so wirren Völkerwanderungszeit interessiert sind, bezahlen gute Preise auch für alle anderen gefundenen Gegenstände, für alle Grabbeigaben. Mitunter sind erhaltene Textilien oder lederne Teile, etwa des Pferdegeschirrs, für die Forschung sogar aufschlußreicher als die Metallgegenstände, deren weiter Weg sich oft nicht rekonstruieren läßt, während Textilien dem mit modernem Rüstzeug arbeitenden Archäologen wertvolle Hinweise zu geben vermögen.

Es ist daher nicht verwunderlich, daß ein historisch interessierter Autor wie Robert Charroux außerordentlichen Erfolg hatte, als er in den fünfziger Jahren seine Hörergemeinde vom Französischen Rundfunk zu gemeinsamen Exkursionen in schatzverdächtigen Gegenden einlud. Herren und Damen beeilten sich, hinter ihm her durch die Hoffnungsgebiete zu stolpern; diese liegen in einem Land wie Frankreich besonders dicht beisammen, und da das französische Publikum geschichtlich auch viel besser vorgebildet und stärker interessiert ist als das deutsche Rundfunkvölkchen, machte es dem Charroux-Gefolge wenig aus, daß die großen Sensationen ausblieben. Es war schaurig-schön genug, in alten Burgen auf Knöchelchen zu stoßen, verrostete Lampenteller zu finden oder ein paar Nägel und Schrauben, die von einem alten Harnisch stammen konnten. Und vermochte man sie auch keinem Museum in die Vitrinen zu schleusen, so nahmen sich diese selbstgefundenen Kostbarkeiten im häuslichen Glasschrank doch recht gut aus.

Man sucht, man lächelt über sich selbst und andere, und man hoffte, ein Finder zu sein und das große Erlebnis tatsächlich aus einem Acker, einem Waldstück zu heben; denn Tatsache bleibt, Attila war da, seine Männer trieben ihre Pferde durch die deutschen Flußtäler in Richtung Westen, und sie kehrten auch wieder zurück nach Osten. In Ungarn, das beinahe zur Gänze Steppenland ist, Steppe mit vergleichsweise dürftiger Besiedelung, haben sich schon viele Dutzende reicher Fundstellen ergeben, Einzelgräber, Friedhöfe, Hortfunde. In Deutschland ist die Erde seit vielen Generationen durchgewühlt und immer wieder aufgegraben worden, und die Völkerwanderungszeit ist seit vielen, vielen Generationen Vergangenheit. Aber Gold rostet nicht, und die Edelsteine vergehen nicht unter den Autobahnen und Schienensträngen. Die Sagen von den Schätzen verstummen nicht seit jenem Nibelungenhort, der recht wohl auch ein Hunnenschatz gewesen sein kann, und jeder Augenblick kann die große Überraschung bringen. Leider aber hatten in den vergangenen Jahrzehnten und Jahrhunderten nur wenige der glücklichen Schatzfinder so viel Sinn für Geschichte und Wissenschaft, daß sie das Grab oder den Hort unberührt ließen und den nächsten Kundigen benachrichtigten. Bei zahlreichen Hunnengräbern beklagt die Wissenschaft heute das Fehlen aller Hinweise auf die näheren Fundumstände, ganz zu schweigen davon, daß die wertvollsten Einzelgegenstände besonders schnell ihre meist recht eigennützigen Liebhaber finden.

Der modernen Forschung, den raffiniert ausgestatteten Sonden, der Infrarotfotografie und anderen Hilfsmitteln ist heute möglich, was noch vor einem Menschenalter als Utopie gelten mußte. Die Archäologie liegt mit diesen Helfern in einem atemlosen Wettrennen gegen die schnelle Veränderung der Landschaft, der Erdoberfläche, der Siedlungszonen. Was dem Spatengräber auffiel, das bemerkt der Baggerführer oft gar nicht. Darum werden wir wohl nie dieses geheimnisvolle Diagramm der Botschaften zur Gänze kennenlernen, das sich unter dem Boden Europas ausbreitet. Die Steppe ist unendlich groß und stumm. Über sie trugen Hunnen und Awaren die kunstvollen vorderasiatischen Waffen heran; über die Berge der Alpen und des Balkans fand das Gold der Welt, das so lange in Rom gelegen hatte, seinen Weg auf den Tisch hunnischer Fürsten und in die Waffen, Schmuckgehänge und Gebrauchsgegenstände der Eroberersippen.

»Wenn man bedenkt«, schreibt Joachim Werner, »wie zufällig der Ausschnitt ist, den wir diesen unsystematisch geborgenen Grabfunden verdanken, daß vor allem die Textilien wie Seide usw. nicht erhalten sind, dann ist das Bild, das die Fürstengräber vom Aufwand und Besitz der Führungsschicht im Attila-Reich vermitteln, nur ein Abglanz der tatsächlichen Verhältnisse.«

4. Keine Welt für Frauen

Alle Informationen, die wir über die Hunnen besitzen, lassen erkennen, daß sie in einer von den Männern geprägten Welt lebten. Der Bruder hatte wesentlich größere Rechte als die Frau oder die Witwe. Die Nebenfrauen hatten ein Los, das dem der Sklavinnen beinahe glich, und nur die Hauptfrau selbst, die Mutter des zur Herrschaft ausersehenen Sohnes, genoß eine Position, die sich etwa mit der Rolle vergleichen läßt, die wir für die Frau im Abendland gewohnheitsmäßig in Anspruch nehmen.

Die Wurzeln für diese soziale Bedeutungslosigkeit der Frau liegen sehr tief, denn es handelt sich nicht um eine religiös oder rechtlich begründete Zurücksetzung, sondern um die natürliche Verknappung weiblichen Lebensraums, wie das nomadische Leben sie mit sich bringt. Da die Hunnen keine Häuser und keine Stallungen kannten, da die Herden frei weideten und nach Wildwestmanier mit dem Lasso gefangen oder mit Stöcken getrieben wurden, hatten Frauen und Mädchen nur Zelt und Wagen als Lebenskreis. Wir erleben es allabendlich in den Wildwestserien des Fernsehens, welche Kunstgriffe die Drehbuchautoren sich einfallen lassen müssen, um doch hin und wieder eine Frau ins Spiel zu bringen, ein Mädchen in diese Welt der Pferde, Waffen und Männer einzuschleusen. Bei den Hunnen waren selbst die traditionellen Bereiche der Frau rigoros reduziert: Gekocht wurde in jenen Riesenkesseln, von denen Dutzende auf uns gekommen sind, so daß man weiß: Die Herren Europas begnügten sich mit einfachster Gemeinschaftsverpflegung auch dann noch, als sie französischen Boden betraten. Und die Kinder waren ebenso Gemeinschaftsschicksal, weswegen sich die absurd klingende Tatsache ergab, daß Attila zwar seinen Vater kannte, nicht aber seine Mutter, und daß er nicht zu sagen wußte, wann und wo er das Licht der Welt erblickt hatte. Vielleicht war er der Geburt nach ein Europäer und von der Mutter mit kaukasischem Blut aus einer der uralten grusinischen Familien veredelt; vielleicht entstammte er aber von mütterlicher Seite her einer mongolischen Sippe. Wir wissen es nicht! Seinen Vater aber und dessen Brüder kennen wir namentlich; seinen Bruder kennen wir, und von Attilas Söhnen gibt es ebenfalls Nachrichten in Fülle . . .

Das Verhältnis zwischen den Geschlechtern gehört zu den verläßlichsten Konstanten einer Gesellschaft, denn derlei ändert sich nicht von einer Generation zur andern, ja nicht einmal mit dem Wechsel des Lebensraumes von Asien nach Europa. Erinnern wir uns an Motun, diesen Vorläufer Attilas, einen Hung-no-Herrscher von weltgeschichtlichem Format, der zugleich aber auch ein abscheuliches Monstrum war, zumindest in seinem Verhältnis zu den Frauen. Als er die Regierung antrat, stand das ebenfalls sehr kriegerische Nomadenvolk der Tung-hu auf dem Gipfel seiner Macht und gedachte, dem jungen König den Schneid abzukaufen. Sie schickten zunächst Gesandte und erbaten als Geschenk ein besonders tüchtiges Pferd, das sich durch seine Schnelligkeit und Ausdauer einen besonderen Ruf weit über die Hung-no-Grenzen hinaus erworben hatte. Motuns Minister waren entsetzt und schlugen die Ablehnung vor, aber Motun antwortete: »Wie, ich soll ein Pferd höher einschätzen als einen Nachbarstaat und den Frieden mit ihm? Schickt ihnen das Pferd!«

Um den Erfolg ihrer Provokation gebracht, schickten die Tung-hu-Nomaden eine neue Forderung: sie begehrten eine der Gemahlinnen Motuns.

»Jetzt«, sagten die Minister, »gibt es keine andere Lösung mehr, jetzt *müssen* wir Krieg führen!«

»Wie?« entrüstete sich Motun, »soll ich einer Frau wegen Krieg mit dem Nachbarland führen? Haben sie das Pferd bekommen, so können sie auch eine meiner Frauen haben . . .« – und der Friede blieb erhalten.

Bei der Anekdotenfreude der chinesischen Chronisten ist nicht anzunehmen, daß sich die Sache genauso abgespielt hat; aber da die Chinesen die Hung-no genugsam kannten, werden sie wohl eher einen typischen Zug ihrer Dauergegner verulkt haben als etwas, das den Hung-no ferngelegen hätte.

Eine gewisse Wandlung trat ein, als die Chinesen eine Prinzessin ihres Kaiserhauses an die Hung-no-Herrscher verheirateten. Das geschah naturgemäß aus Staatsräson, und die kleinen, feinen Damen, die fortan das Leben eines Nomadenfürsten teilen mußten, waren gewiß nicht zu beneiden. Alles, was das Leben in China reizvoll machte, die Lektüre, der Umgang mit Gelehrten und Dichtern, die Gesellschaft am Hofe, das mußten die Unglücklichen entbehren, wenn man auch an-

nehmen darf, daß einige Dienerinnen sie begleiteten, ja daß vielleicht sogar eine Freundin freiwillig das Exil teilte. Seltsamerweise zeigten sich auch die wildesten Barbaren ihren zarten und gebildeten Frauen aus dem Reich der Mitte gegenüber meist sehr rücksichtsvoll, wie überhaupt – trotz aller Gegnerschaft – in Reden und Briefen der Hung-no-Fürsten immer wieder ein Bedauern darüber anklingt, daß man das *Tao* nicht habe, die wahre Lebensweisheit und die feinen Umgangsformen.
Da saßen sie dann in den Jurten, von einer vielgestaltigen Nachkommenschaft umgeben, von den Nebenfrauen ehrfürchtig betrachtet, in einer Einsamkeit, in der diesen Prinzessinnen nur die Flucht in die Phantasie und in die Dichtung blieb. Und das, gottlob, das hatten sie gelernt. Erschütternde Zeugnisse dieses hingeopferten Daseins haben sich bis heute erhalten, aber sie sind doch nur schwache Stimmchen unter Hunderttausenden chinesischer Gedichte:

»Bange lenkte ich die Schritte
durch das Jadetor im Westen
in die fremde Welt hinaus.
Heute blick ich in die Ferne,
blick zurück ich zu der Heimat
hinter hohen, blauen Bergen.
Hoch der Himmel und kein Ende,
nicht der Zeit und nicht der Trauer.
Ströme, tief und ohne Brücke,
und die weite, weite Ebene
trennen mich von meinem Vater,
trennen mich vom Lande Tsin.«

Im allgemeinen sind die Namen dieser jungen Damen in den Weiten der Baikalsee-Steppe verweht, ihre zarten Leiber in der Erde Turkestans oder Kasachstans für immer verloren. Nur einige wenige sind in den Chroniken namentlich festgehalten, immer dann, wenn China ihnen besonders viel zu danken hatte, wie jener Wang-Tsao-Kiün, die einen Beinamen führte, der alles sagte: »Die Gemahlin, welche den Hu-Barbaren die Ruhe brachte«. Sie also hatte auf den Herrscher, dem sie aufs Fellager gelegt worden war, jenen sittigenden Einfluß, den man im allgemeinen den Frauen zuschreibt und der doch so oft eine Legende ist.

Bei dieser Gelegenheit erfahren wir übrigens auch interessante Abstufungen innerhalb des hunnischen Harems. Es gab da die sogenannte Tsuan-ku-Gemahlin (wie die Chinesen sie nennen), die war des Herrschers liebste Frau, somit die Favoritin. Sie war aber nicht die Großgemahlin, also die Hauptfrau. Diese Hauptfrau konnte durchaus jünger sein als die Favoritin, ja in einem Fall war sie sogar deren jüngere Schwester. Offenbar stand die Rangordnung im Harem weitgehend im Belieben des Herrschers selbst, und ganz genauso verhielt es sich mit den Söhnen. Der Älteste mußte nicht der Lieblingssohn, nicht der erkorene Nachfolger sein – aber sehr oft wurde das, was der Herrscher kraft seiner Position bestimmte, schon kurz nach seinem Tod umgestoßen:

»Die Tsuan-ku-Gemahlin war seine meistgeschätzte, und Tsu-Bok-Ku war sein meistgeliebter Sohn; somit verlangte Ho-Han-Sa, als er erkrankte und im Sterben lag, daß Tsu-Bok-Ku regieren sollte. Aber dessen Mutter, die Tsuan-ku-Gemahlin, sprach: Mehr als zehn Jahre lang ist das Reich der Hung-no von Wirren heimgesucht worden, die fortwährend wieder wuchsen wie die Haare auf unserem Kopf. Und jetzt wird das Volk, noch ehe der Friede lang geherrscht hat, wieder in Kampf und Streit geraten, falls diese Fürstenregierung zustande kommt. Der Tsu-Bok-Ku ist noch zu jung, als daß das Volk ihm anhänglich sein könnte, und das Reich wird dadurch von neuem gefährdet werden. Ich und die Großgemahlin gehören doch einer und derselben Familie an, und ihre Söhne sind damit auch die meinigen. Es ist also besser, daß der *(schon erwachsene)* Tiao-To-Bok-Ko den Thron besteigt.«

Nach einigem Hin und Her zwischen den Schwestern, der Großgemahlin und der Favoritin, gelangte man schließlich zu einer salomonischen Lösung: Tiao-To-Bok-Ko wurde der erste Nachfolger, mußte sich aber verpflichten, das Reich dereinst seinem jüngeren (Halb-)Bruder Tsu-Bok-Ku zu übertragen. Ein kurioses Fratriarchat also, eine Herrschaft der Brüder, in der die Frauen zuvor die Weichen gestellt hatten.

Gegenüber diesen Verhältnissen aus der Frühzeit und dem nomadischen Leben zwischen stets denselben Weideplätzen brachten die Eroberungszüge nur äußerliche Wandlungen. An die Stelle der Routinereisen von den Sommerweiden zu den Überwinterungsplätzen war nun die große Westverschiebung getreten. Die Hunnen hatten jenes Vorderasien, aus dem schon so lange künstlerische und kulturelle Einflüsse in die Steppen hinausdrangen, nun selbst kennengelernt und in blutigen Kriegszügen durchmessen. Ein Zweig der Hunnen hatte sich im alten Kulturland Persien zu einem Herrschervolk par excellence entwickelt, zu den Hephtaliten oder Weißen Hunnen, die noch Jahrhunderte über Attila hinaus an der Macht blieben.

Der andere Zweig aber hatte, durch die Steppen weiterstürmend, dieses seltsam kleine und enge Wunderland Europa erreicht, wo die Gesandten der Gegner besser rochen als die Frauen der heimischen Fürsten und wo man in Behausungen lebte, die so groß waren, daß man zu ihrer Pflege Diener und Dienerinnen kaufen mußte.

Daß Reichtum sinnlich macht, ist zwar gewiß kein altes hunnisches Sprichwort, aber es ist zweifellos eine Erfahrung, die alle Nomadenvölker auf ihren Eroberungszügen in wohlhabende Gegenden gemacht haben. Die Gegenwehr beschränkte sich auf vereinzelte Scharmützel oder die eine oder andere große Schlacht; jenen hinhaltenden Dauerwiderstand, wie man ihn heute Guerillataktik nennen würde, hat gegen die Hunnen keines der unterlegenen Völker gewagt. Der hunnische Krieger bewegte sich daher, was die Frauen anlangt, immer wieder und für längere Zeit in einem riesigen Harem, in dem er nur zu nehmen brauchte, was ihn lockte. Und wenn sich eines der Opfer tatsächlich sträubte, dann erhöhte das nur den Reiz.

Diese Gewohnheiten aus den Eroberungskriegen machten die Hunnen und andere Nomaden naturgemäß anspruchsvoll, und sie begehrten die gewohnten Rationen an weiblichem Fleisch auch in den Ruhestellungen und in den neuen Heimatländern. Wir erfahren nur selten und zufallsweise, was die Fürsten taten, um ihre Mannen in dieser Hinsicht zu versorgen. Von Chosroes I. mit dem Beinamen Anuscharwan wird berichtet, daß er es für geraten hielt, »nach seinem Sieg über die Hephtaliten den in Chorasan verbliebenen Awaren zweitausend christliche Jungfrauen als Beuteteil zuzusenden, um diese Gesellen bei guter Laune zu halten« (Altheim II, 272).

Es werden nicht immer Jungfrauen gewesen sein, und ob die Hunnen auf Christinnen besonderen Wert legten, ist auch nicht erwiesen. Immerhin war damit eine sinnvolle Verwendung für einen Teil der Kriegsbeute gefunden – für die erbeuteten Menschen. Die Männer konnte man gegen Gold wieder an die Römer und Byzantiner verkaufen. Männliche Gefangene mitzuführen war zu gefährlich; sie waren im nomadischen Dasein auch schwer zu beschäftigen und hätten bei der freizügigen Lebensweise der Hunnen auch zu leicht eine Möglichkeit zur Flucht gefunden. Da war es schon besser, sie nach kurzer, strenger Haft mit Gewinn loszuschlagen. Die

Frauen und Mädchen dagegen fanden als Sklavinnen – vornehm ausgedrückt – mannigfache Verwendungen. Schon die Kirchenväter berichteten schaudernd darüber, aber auch die byzantinischen Gesandten zeigten sich beeindruckt:
Einer dieser Gesandten war der Rhetor Priskus, die Hauptquelle über Attila und seinen Hof, Verfasser des reizvollsten und zuverlässigsten, auf eigenem Augenschein beruhenden Berichtes über das Leben, das der König der Hunnen in Friedenszeiten führte. Wir zitieren aus dem wohl um das Jahr 472 entstandenen Werk zunächst eine bezeichnende Episode, die sich im Jahr 448 zutrug, als Priskus und andere Diplomaten im Gefolge Attilas durch dessen Herrschaftsbereich reisten, um Gelegenheit zu wiederholten Gesprächen mit ihm zu erhalten:
»Wir waren erst ein kurzes Stück mit den Barbaren gezogen, als wir auf Befehl unserer skythischen (= hunnischen) Führer einen anderen Weg einschlagen mußten. Attila machte inzwischen in einem Dorfe halt, wo er eine Tochter Eskams *(eines Priesters)* zur Frau nehmen wollte, obgleich er nach hunnischer Sitte schon viele Frauen hatte.
Von dort zogen wir auf einem bequemen Weg (!) durch die Ebene weiter und überquerten viele schiffbare Flüsse; die größten waren nach der Donau Drekon, Tigas und Tiphisas. Zur Überfahrt über diese drei benützten wir hölzerne Einbäume, wie sie die am Flusse wohnhaften Stämme verwenden; die übrigen überquerten wir auf Flößen, welche die Barbaren auf Wagen laden und so durch das Sumpfland fortschaffen. Unsere Verpflegung bezogen wir aus den Dörfern; statt Getreide gab es eine Art Gerste, statt Wein den landesüblichen Met. Überdies beschafften unsere Diener uns eine Hirseart, daraus die Barbaren ein Getränk bereiten, das sie Kamon nennen.
Nachdem wir weit gezogen waren und die Dämmerung her-

einbrach, schlugen wir unsere Zelte am Rande eines großen Teiches auf, aus dem sich die Bewohner des nahen Dorfes ihr Trinkwasser zu holen pflegten. Da erhob sich plötzlich ein Sturm, und ein Unwetter brach los, das unter Donner, häufigen Blitzen und Regengüssen unser Zelt umwarf und alle unsere Habseligkeiten in den nahen Teich trieb.
Uns fuhr der Schreck über das Gewitter und die Verheerungen, die es anrichtete, in alle Glieder. Wir verließen die unheilvolle Stätte, verloren einander aus den Augen und irrten, nach dem rechten Weg suchend, in der Finsternis und im Regen umher ... Durch diesen Lärm wurden auch die Skythen aufgeschreckt (d.h. die hunnische Begleitmannschaft Attilas). Unsere Begleiter erklärten ihnen, daß uns der Sturm verschlagen habe. Da nahmen sie uns gastfreundlich auf und zündeten ein großes Feuer aus trockenem Schilf an. Herrin im Dorf war eine von Bledas Frauen; die schickte uns, als sie von unserer Ankunft erfuhr, sogleich Speisen und schöne Mädchen, mit denen wir der Liebe pflegen sollten. Auf diese Weise nämlich ehren die Skythen ihre Gäste.«
Priskus, der gebildete Rhetor und Jünger Herodots, hätte die uralte Sitte eigentlich kennen müssen, die mit dem häßlichen Wort Gastprostitution nur unzureichend bezeichnet ist. Bei den Hunnen war der Vorgang eigentlich harmlos und natürlich: sie schickten Sklavinnen, deren sie ja genug zur Verfügung hatten, Mädchen aus dem Dorf, das ohnedies in der Hand der Eroberer war. Marco Polo wird auf seiner Reise durch Zentralasien die Gastprostitution im engeren Sinn bei den Hunnennachfolgern, bei den Daheimgebliebenen des großen Stammesverbandes, kennenlernen: Dort liegen die Ehefrauen für die Fremden bereit, und ihre Gunst abzulehnen wäre eine schwere Kränkung. Im alten Irland, also bei einem Volk völlig anderer Art, Herkunft und Lebensweise, endeten die ritterlichen Wettkämpfe im Bett: Der Kämpe mußte auch

dort zeigen, und zwar der Frau des Gegners, wieweit er seinen Mann stellen könne, und erst das christliche Mittelalter wird diesen uralten Brauch zu dem Bad abschwächen, das dem Gast von den Mägden oder den Töchtern oder gar der Hausfrau selbst bereitet wird und in dem freundliche Frauen sich zärtlich des Fremden annehmen. Wolfram von Eschenbachs *Parzifal* ist dafür ein literarisches Zeugnis, die Kärntner Erlebnisse des päpstlichen Legaten Paolo Santonino sind ein dokumentarischer Beweis.

Priskus, von nächtlichen Irrfahrten ermattet und von Gerste und Hirse nicht eben zu ausschweifenden Nächten angestachelt, dankt mit seinen Gefährten für die übersandten Lebensmittel, verabschiedet die Mädchen jedoch, ohne ihre Künste zu erkunden:

»Wir verbrachten den ganzen Tag in jenem Dorf damit, unsere Zelte und unser Gepäck zu trocknen; der Sturm hatte sich gelegt, und die Sonne stand hell am Himmel. Darauf versorgten wir unsere Pferde und Lasttiere und gingen dann zur Königin (d.h. *zu jener Frau des Attila-Bruders Bleda)*, um sie zu begrüßen. Wir vergalten ihr ihre Gastfreundschaft durch Geschenke: drei silberne Schalen, rotgefärbtes Leder, indischen Pfeffer, Datteln aus Phönikien und verschiedene Näschereien, die bei den Barbaren so gut wie unbekannt und daher sehr begehrt sind. Wir bedankten uns noch einmal für die gastliche Aufnahme, wünschten ihr alles Gute und schieden von jenem Dorf.«

Leider schildert uns Priskus, der schon die Dorfmädchen verschmäht hatte, nun auch die Frau Bledas nicht, die nach dem wenigen, was wir von ihr hören, offenbar eine Dame von besten Umgangsformen und natürlicher Höflichkeit war. Immerhin aber können wir aus dieser Episode erkennen, daß Attila wie sein Bruder Bleda mehrere Frauen hatte, ja Attila sogar viele, und daß unter ihnen Frauen waren, die von den

Römern beziehungsweise Byzantinern als Königinnen angesehen und behandelt wurden und es auf dem Hintergrund ihrer barbarischen Umwelt offenbar auch verdienten.

Je länger wir Priskus zuhören, desto deutlicher wird uns Attilas Vorliebe für Mädchen in möglichst großer Menge – vor allem überall dort, wo er sich für längere Zeit aufhält. In einem Dorf, wo er ein stattliches Haus bewohnt, also häufig residiert, läßt er sich von einem Mädchenreigen »in zarten weißen Schleiern« empfangen, was ihm, dem angeblichen Barbaren, nur der verübeln wird, der nicht weiß, daß bei deutschen Kaisern und französischen Königen bei solchen Gelegenheiten meist sogar die zartesten Schleier fehlten. Nach diesem Empfang näherte sich Attila dem Haus des Onegesius (eine Bezeichnung, die man heute meist als Amt oder Würde und nicht, wie früher, als Eigennamen jenes Mannes auffaßt). Der Onegesius war einer der intimsten Berater Attilas und zweifellos sein Vertrauter.

»Der Weg zum Hause Attilas«, erzählt Priskus, »führte an dem des Onegesius vorbei. Als Attila sich näherte, trat die Frau des Onegesius mit einer großen Schar von Dienerinnen daraus hervor, die Speisen und Wein trugen, was bei den Skythen als die höchste Ehrung für die Gäste gilt. Sie begrüßte Attila und bat ihn, von den Speisen zu kosten, die sie ihm als freundlichen Willkomm darbot. Der König wollte sich der Frau seines Vertrauten huldvoll erzeigen und kostete im Sattel (!) von den Speisen, während die Barbaren seines Gefolges dazu einen silbernen Tisch hochhielten. Dann trank Attila aus dem dargereichten Kelch und zog sich danach in seine Residenz zurück.«

Nun, das liest sich recht abendländisch, wenn auch ein wenig ländlich; wenn mich nicht alles täuscht, so wurde auch Hitler auf den Stufen von Karinhall in dieser Weise willkommen geheißen, natürlich ohne Silbertischchen, da er ja aus dem Mer-

cedes stieg. Attila blieb eisern im Sattel wie bei Verhandlungen, Audienzen und vielen anderen Gelegenheiten.
Die Frauen hatten also durchaus Positionen, die sich sehen lassen konnten; sie empfingen Gesandte, sie durften den König willkommen heißen, wenn er in eine Residenz einritt, sie hatten das Vorrecht, ihm Speisen und Wein persönlich zu kredenzen, ohne Vorkoster, ohne Zeremonienmeister. Das Bild, wie Priskus es schildert, ist undenkbar in einer Gesellschaft, die das Eheweib verachtet oder versteckt; solche Gesten wären zum Beispiel im islamischen Orient unmöglich, im maurischen Spanien aber in den Patio verlegt worden. Die Frau auf den Stufen des Hauses, im vollen Tageslicht, im Angesicht des Herrschers – diese Frau ist keine Dienerin, sondern die Herrin des Hauses in jenem Bezirk, dem sie auch heute noch vorsteht, während der Mann eben die äußeren Beziehungen wahrnimmt, die Geschäfte, die Reisen, den Krieg.
Man darf gespannt sein, ob Attila bei seinen vielen Frauen es ebenso halten wird wie Bleda und wie der vertraute Onegesius. Priskus läßt uns nicht lange im unklaren:
»Tags darauf ging ich in den umfriedeten Wohnbezirk Attilas und brachte seiner Frau Kreka Geschenke. Von ihr hatte Attila drei Söhne, deren Ältester über die Akatziren und die übrigen Schwarzmeerstämme herrschte. Innerhalb der Umfriedung standen zahlreiche Gebäude; die einen aus geschnitzten und vertäfelten, die anderen aus geglätteten, in Abständen nebeneinandergestellten Balken, welche hölzerne Bogen krönten. Diese Bogen erhoben sich zu ansehnlicher Höhe. Dort wohnte Attilas Frau. Die Barbaren, die dort als Türhüter amtierten, ließen mich ein.
Ich traf Kreka auf einem weichen Lager ruhend; der Boden war mit wollenen Teppichen bedeckt, über die man schreiten mußte. Zahlreiche Dienerinnen umstanden Kreka im Kreis und andere hockten ringsum auf dem Boden und schmückten

Leinwandstreifen mit bunter Stickerei, die dann zur Zierde auf die Kleider der Barbaren aufgenäht werden. Ich begrüßte Kreka, überreichte ihr die Geschenke und entfernte mich wieder, um vor den Gebäuden der Residenz auf die Rückkehr des Onegesius zu warten, der sich bereits zu Attila begeben hatte.«

Zweimal also weilte Priskus bei Kreka. Nach einer Reise von wochenlanger Dauer verbringt er geraume Zeit in der nächsten Umgebung des Hunnenherrschers, darf sich innerhalb der Residenz, wie man sieht, frei bewegen, weil alle Wachen ihn schon kennen, und findet dennoch nicht zu einem einzigen beschreibenden Wort.

Der elegante und gebildete Byzantiner, ein Mann griechischer Kultur, aber vom Balkan stammend, war vielleicht ein sogenannter Homoerotiker und hatte mit der griechischen Bildung auch gewisse altgriechische Untugenden angenommen; Byzanz war dafür zweifellos ein sehr geeigneter Boden. Vielleicht aber war er als Diplomat auch nur zu diskret. Er schrieb seinen Bericht ein Vierteljahrhundert nach den geschilderten Ereignissen nieder, und er war, als er Attila aufsuchte, ein für die hohe Würde vergleichsweise jugendlicher Mann von noch nicht vierzig Jahren, für den die Mutter großer und bereits selbst herrschender Söhne eine ehrfurchtgebietende Erscheinung sein mußte und gewiß kein Objekt erotischer Neugierde. Man war auch höflicher damals und hatte mehr Stil und hätte von einer Königin niemals in dem Sinn gesprochen, wie es heute die schöne Madame Soekarno oder die anziehende Königin von Thailand täglich in den Illustrierten der Welt lesen müssen.

Dennoch ist es wohl gestattet, diese Zurückhaltung eines Byzantiners an einem barbarischen Hof zu bedauern. Zu gerne hätte man ein wenig mehr von Kreka erfahren, von ihrem Aussehen, ihrer Redeweise – in welcher Sprache unterhielten sich Königin und Gesandter? – und ihrer Umgebung. Waren die Bortenstickerinnen einfache Sklavinnen oder waren sie junge Mädchen aus dem hunnischen Adel, die in der Umgebung der ersten Frau des Staates ein wenig vom Anhauch der großen Welt mitbekommen sollten? Wir möchten der zweiten Annahme den Vorzug geben und die traulich-traditionelle Atmosphäre dieses Herrscherhaushalts bewundern, in dem die alte Kunst der Nomaden gepflegt, in dem gestickt und genäht wurde wie seit tausend Jahren, während es nebenan, zwischen Attila, Priskus und den zugleich anwesenden weströmischen Diplomaten, um Tod und Leben ging, um den Frieden eines Erdteils oder um Krieg und Elend für Millionen.

IV. BUCH

ATTILA – LEBEN UND HERRSCHAFT

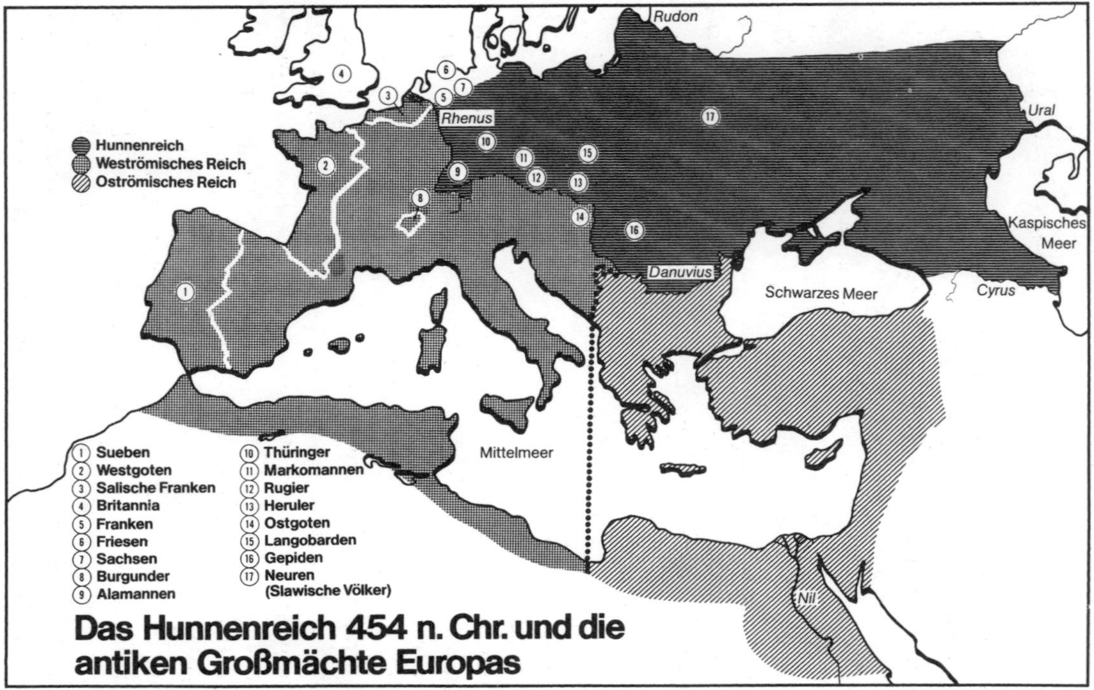

Das Hunnenreich 454 n. Chr. und die antiken Großmächte Europas

1.
Väterchen

Von den ersten vier Lebensjahrzehnten Attilas wissen wir so gut wie nichts. Als er aus dem Dunkel tritt, ist er schon ein gereifter Mann, hat Frauen und Kinder, ist ein Vater. Aber besitzt er auch schon die Qualitäten der überragenden Herrschergestalt, der die Goten die Bezeichnung *attila* gaben, von ihrem Wort *atta* = Vater abgeleitet?
Der Diminutiv für etwas Großes, die Verniedlichung des Gefürchteten, das ist nicht widersinnig, sondern jenen fernen und allem denkbaren Aberglauben unterworfenen Zeiten nur natürlich. Noch heute sprechen wir manches ungern oder gar nicht aus, bekreuzen wir uns oder klopfen wir auf Holz, weil der bloße Name eben schon ein Unglück herbeirufen kann, wie man unwillkürlich annimmt. Attila bedeutete jenes Unglück für ganze Völker, das man nicht erst herbeirufen mußte, es war von selbst gekommen und gleichsam über Nacht. Es war Godegisel, die Gottesgeißel, oder *flagellum dei* für Arianen wie Katholiken, und niemand hatte unter ihm schwerer zu leiden gehabt als die Goten: daher die scheu-ehrfürchtige, zur Güte beschwörende Bezeichnung *attila,* Väterchen.
Väterchen und Brüderchen haben mehr als ein Jahrzehnt Seite an Seite geherrscht, was man oft vergißt, wenn die Rede auf Bledas Ermordung kommt. Attila ließ sich Zeit, vermutlich, weil er von der Harmlosigkeit Bledas überzeugt war, der sich allerlei Vergnügungen hingab, stundenlang einem öden Hofnarren zusehen konnte und im übrigen ein liebenswürdiges Weib hatte, das von einer großen Schar bereitwilliger Dienerinnen umgeben war, wie Priskus uns berichtete.
Vor allem aber waren vorher noch andere Mitbewerber um die Macht aus dem Feld zu schlagen, Verwandte, die weitaus gefährlicher waren als Bleda und die auch wußten, daß Attila die

Gefahr in ihnen sah. Ohne daß wir es belegen könnten, ergibt doch eine einfache Überlegung, daß Attila den verschiedenen Hunnenstämmen bereits ein Begriff gewesen sein mußte, als er zur Macht gelangte. Unter Oktar und Rugila noch einigermaßen lose, aber um so friedlicher miteinander verbunden, fühlen die einzelnen Stämme nach Rugilas Tod sehr bald die harte Hand des neuen Herrn. Einige weichen über die Grenze des Römerreiches nach Süden aus, was nicht schwierig ist, denn Hunnen sind als Söldner willkommen, sie sind treuer und härter als die Germanen, sie kennen nichts als den Krieg.
Als Attila und Bleda ihren ersten Sieg errungen haben und ihren ersten Frieden schließen – es ist der Friede von Margus im Jahr 435 –, da muß sich das Oströmische Reich nicht nur zu einer Verdoppelung der Tribute verpflichten, sondern vor allem zur Auslieferung der Überläufer. Wir erinnern uns an dieses Verlangen schon aus den chinesischen Annalen, aber es ist noch viel älter: es findet sich schon im Friedensvertrag zwischen Ramses II. von Ägypten und den Hethitern. Überläufer sind Emigranten; sie bilden Inseln des Widerstandes, die unangreifbar bleiben, weil sie im Ausland liegen, und die somit eine ständige Bedrohung bedeuten.
Im Frieden von Margus, wie die Stadt Pozarevac früher mit einem viel schöneren Namen hieß, ging es um hunnische Oppositionelle, die sich auch schon ein paar Prinzen als Unterpfand künftiger Herrschaftsansprüche gesichert hatten, zwei Knaben aus Attilas eigener Familie. Sie waren die Söhne der Fürsten Mama und Atakam und wurden in Erkenntnis ihres Wertes in einer Festung in der Dobrudscha von den Byzantinern so lange gefangengehalten, bis die Einigung mit Attila und Bleda erzielt war. Dann aber hatte für die beiden Prinzen mit der Stunde der Heimkehr auch die des Todes geschlagen: Obwohl sie zweifellos nicht selbst entschieden hatten, mit wem und wohin sie gegangen waren, erschienen sie Attila und

Bleda als die größte Gefahr und wurden daher dem *summum supplicium* unterzogen, der allerschlimmsten Strafe: sie wurden gekreuzigt.
Obwohl wir nicht allzuviel vom hunnischen Volksglauben und von den religiösen Vorstellungen Attilas wissen, so fällt doch auf, daß die beiden nicht wie andere Verräter gepfählt wurden, auch geköpft wurden sie nicht, obwohl man gerne Köpfe herumzeigte, um die Parteigänger der Hingerichteten abzuschrecken. Der Tod am Kreuz war ein Tod, an dem Menschen nicht mitwirkten. Welcher Hunne hätte es auch wagen dürfen, an ein Mitglied der Königsfamilie Hand anzulegen? Nur die Sonne durfte die göttergleichen Prinzen töten, das gewaltige Tagesgestirn, das gnadenlos über den Häuptern der beiden Jünglinge stand.
Diese Kreuzigung, aber auch der Umstand, daß Attila offensichtlich göttliche Verehrung genoß, weisen auf Herkunftssagen hin, die das Königsgeschlecht der Hunnen auf einen übermenschlichen Ursprung zurückführen. Ein königlicher Vogel, ein wunderbarer Adler, soll der ferne Ahnherr der mächtigen Herrschersippe gewesen sein, und über dem Adler steht ja tatsächlich nur noch die Sonne ...
All diese und viele andere Einzelheiten deuten darauf hin, daß der Klan der Königshunnen, der mächtigen Herrschersippe, nur mit Konkurrenz aus den eigenen Reihen zu rechnen brauchte. Kein anderer Usurpator konnte sich auf den Wundervogel berufen, und kein Hunne wäre einem simplen Menschen in den Kampf gegen ein Mitglied der Königsfamilie gefolgt.
Die jungen Männer dieser Sippe genossen also von Anfang an prinzliche Sonderrechte und wußten, daß sie dereinst herrschen würden, wenn auch nicht über das ganze Reich, so doch über einzelne Stämme und Landschaften. Es war das uralte und verpönte und doch so naheliegende Prinzip des Nepotis-

mus, nach dem noch die Mongolenherrscher aus der Familie des Dschingis-Khan das große Reich zwischen Dnjepr und Korea auf eine Reihe von Brüdern und Vettern verteilten und nicht wenige Päpste das ungleich kleinere Gebiet des Kirchenstaates unter ihre Neffen.

Die Nachteile der hohen Geburt lagen darin, daß solch ein großes Reich zwar nie zu viele einfache Soldaten hat, gelegentlich aber zu viele Prinzen. Vielleicht entging Attila solch einem Prinzenmord dadurch, daß man ihn zehn-, zwölf- oder vierzehnjährig als Geisel nach Rom schickte. Vielleicht hoffte der ihn zu diesem Zweck auswählende Onkel oder Großonkel auch, daß der verschlossene und unangenehm intelligente junge Prinz gelegentlich eines ausbrechenden Konflikts in Rom getötet oder vergiftet werden würde.

Aber es kam wie im Falle jenes Motun, der sich als eine so erstaunliche Vorform Attilas präsentierte: Gerade das Geiseldasein in Rom (dessen wir allerdings nicht ganz sicher sein dürfen) scheint dem späteren Attila entscheidende Impulse gegeben zu haben. Vielleicht hieß er Adil oder Ottla, trug irgendeinen jener schwierigen Namen, die sich die unterworfenen Fremdvölker dann gerne mundgerecht machen, indem sie ein verwandtes eigenes Wort darüberlegen. Für uns muß er Attila bleiben, weil der *nom de guerre* den ursprünglichen Namen verdrängt und in die Vergessenheit gedrückt hat und weil es hunnische Genealogien nicht gibt.

Das Rom, in das Attila kommt, steht im ersten Jahrzehnt seines letzten Jahrhunderts. Nur wenige Jahre trennen die Stadt von der Eroberung durch Alarich im Jahr 410, ein Ereignis von epochemachender Kraft, das Attila vielleicht an Ort und Stelle miterlebte, das dem Jüngling vielleicht den unbändigen Drang zur Herrschaft, zum Beherrschen der Soldaten, der Städte, der Mauern und Festungen erst tief in die Seele gebrannt hat.

Vielleicht aber beeindruckten ihn Glanz und Elend eines zu Ende gehenden Zeitalters noch mehr als die angeblich durch Verrat geglückte Eroberung der Stadt, faszinierten ihn Glanz und Elend, weil die römische Kultur noch blühte. Die Verwaltung, das Recht, die Institutionen waren noch vorhanden und funktionierten, weil sie altrömischer Geist noch erfüllte, so wie viele vornehme alte Familien der Kaiserstadt aus ihren eigenen Vermögen die heidnischen Tempel weiter unterhielten, seit Kaiser Konstantin mit dem Edikt von Mailand die große Zeit der alten Götter für beendet erklärt hatte.

Aber dem wachen Sinn eines jungen Barbaren konnte auch nicht verborgen bleiben, daß hinter dem erhabenen Geist, der in allen römischen Einrichtungen unsterblich gegenwärtig schien, keine Kraft mehr stand. Zweifellos hatte man ihn mit den wichtigsten Ereignissen der politischen Entwicklung vertraut gemacht: 395, vielleicht Attilas Geburtsjahr, war das Todesjahr jenes Theodosius gewesen, unter dem es noch einmal für kurze Zeit ein einiges Römisches Reich gegeben hat, Ost- und Westrom in einer Hand.

401 hatte Stilicho, römischer Feldherr germanischen Blutes, den Westgotenkönig Alarich noch einmal schlagen können, wobei ihm hunnische Söldner gute Dienste geleistet haben sollen. 408 war dieser Stilicho von dem römischen Kaiser Honorius ermordet worden, obwohl die hunnische Leibgarde Stilicho todesmutig verteidigt hatte.

Es war eine erstaunliche Welt, diese große Stadt mit den vielen Häusern, den Straßen voll Menschen und Wagen und einem Leben, bei dem man den Himmel nicht über sich hatte, sondern nur hin und wieder gewahrte. Es war alles ganz anders als an der Donau, wo er, Attila, als Knabe sein Pferd getummelt hatte, und es war kein Leben, nach dem man sich sehnen konnte. Vielleicht würde die Welt schöner, würden alle Menschen glücklicher, wenn es gar keine Städte mehr gäbe . . .

Die Römer also konnten das große Vorbild nicht sein für den Fürstensohn, der sich zur Herrschaft berufen fühlte, ja mehr: der sich zur Herrschaft berufen *wußte.* Also blieb nur Alarich. Er war der große Eroberer dieser Zeit, er war der Schrecken Roms in Attilas Jugend, er war jener Name in aller Munde, den Attila später durch den Schrecken ablösen sollte, den seine Truppen verbreiteten.

Der Hunnenprinz muß es miterlebt oder eindrucksvoll erfahren haben, wie Alarich seine Streitmacht geschickt um Rom herum verteilte, die zwölf Tore der Stadt blockierte, die eineinviertel Millionen Einwohner einschloß. Attila muß den Entrüstungsschrei der stolzen und reichen Römer vernommen haben, nicht etwa darüber, daß Rom eingeschlossen worden war, sondern daß ein Barbar gewagt hatte, solches zu tun. Und da sie Alarich nichts anhaben konnten, warfen sich die Römer in ihrer Wut auf ein wehrloses Opfer und ermordeten nach Stilicho, dem Feldherrn, noch dessen Witwe.

Dann brach der Hunger über die üppigste Stadt der Welt herein, und die Reichen zeigten ihr wahres Gesicht; die Armen aber verhungerten. Der Handel mit den Leichen blühte, und wer früher Krammetsvögel gegessen und Pfaueneier geschlürft hatte, kaute nun hingebungsvoll am dürren Oberschenkel einer erdolchten Sklavin.

Entsatz kam nicht, und auch die Götter schickten kein Zeichen, also war die Milde des Siegers die einzige Hoffnung, und die Verhandlungen mit Alarich begannen. Attila mag insgeheim auf der Seite des Goten gewesen sein, kannte er doch die zeitweilige Waffenbrüderschaft der Hunnen und der Goten, kannte er doch nun und nur zu gut seinen künftigen Feind Rom.

Alarich empfing die Gesandtschaft, aber es war zu erkennen, daß er sich die Früchte seines Sieges nicht würde abschwätzen lassen. Er forderte nicht weniger als alles Gold und alles Silber innerhalb der Mauern Roms, gleichgültig, ob es dem Staat, dem Volk oder Tempeln und Kirchen gehörte, ferner alle Kostbarkeiten, sofern sie beweglich waren, und alle Sklaven barbarischer Herkunft.

Und als die Gesandten des Senats daraufhin zerknirscht fragten, was bei solchen Forderungen den Römern denn überhaupt noch verbleiben würde, antwortete Alarich kalt: »Das Leben«, woraus sie sahen, wie sehr sie in seiner Hand waren.

Wenn es einen Jünglingstraum gab in diesem Hunnenprinzen, dann konnte es nur der Traum sein, dereinst so vor Rom zu stehen wie dieser Alarich, und so mit Römern zu sprechen, wie der Gotenkönig es getan hatte. Und dann, vielleicht, würde auch er, Attila, seine Forderungen gnädig ermäßigen, wie Alarich es schließlich tat, und statt allen Goldes, das man ja doch erst zusammensuchen müßte, fünftausend Pfund Gold verlangen, dreißigtausend Pfund Silber, viertausend seidene Gewänder und tausend Stück feinsten Scharlachtuches ...

Aber der sicher hinter den Sümpfen Ravennas sitzende Kaiser täuschte Alarich, es gab Scharmützel, Treubrüche und dann im August 410 jenen Tag der Eroberung Roms durch die gotisch-hunnischen Sturmtruppen, der vielleicht der letzte Tag von Attilas Geiseldasein war und der erste seiner fürstlichen Existenz.

Eine zwiespältige Welt tat sich vor ihm auf, vor dem Prinzen und Truppenführer, dem Hunnen und Freund der Goten. Denn die Goten waren Christen, und wenn sie auch nicht dem Papst anhingen, so verehrten sie doch den ersten Papst, den Apostel Petrus, und trugen die heiligen Gefäße der frühesten christlichen Gemeinden, von ihren Waffen beschirmt, quer durch ganz Rom vom Fundort, wo man sie versteckt hatte, bis in den Vatikan, wo sie fortan sicher sein sollten, obwohl sie aus Gold und Silber waren.

Die andere Seite, das war zunächst der wütende Aufstand von

dreißig- oder vierzigtausend Sklaven gegen ihre Herren und Herrinnen, die nun keine Macht mehr hatten, und gegen die Wut und den Rachedurst dieser Diener, die jeden Winkel des Hauses kannten, waren Goten wie Hunnen harmlose Gäste. Die Frauen und Mädchen schützte das Christentum der Goten nicht, und wenn die Sklaven sich an den harten, stolzen Herrinnen und den Töchtern des Hauses gerächt hatten, dann kamen von draußen die Eroberer. Immerhin wird von einem staunenswerten Beispiel gotischer Rücksichtnahme berichtet, es ist mehr als eine Anekdote, es ist eine der zaghaften Legenden, wie sie auf dem Hintergrund blutiger Ereignisse hin und wieder gedeihen: Eine schöne junge Frau hatte sich einem gotischen Hauptmann standhaft widersetzt, und zwar auch dann noch, als er ihr in seinem Zorn eine Wunde am Nacken beigebracht hatte. Da brachte er sie, nun ihre Tugend mit dem gezückten Schwert schützend, zur nächsten Kirche, gab dem Priester sechs Silberstücke aus der Beute und befahl ihm, die Frau sicher ihrem Gemahl zu übergeben, sobald dieser heimkehre.

»Solche Beispiele von Mut und Edelsinn waren jedoch nicht sehr häufig«, schreibt Eduard Gibbon, der unübertroffene Historiker dieses großen Niederganges, »die viehischen Krieger befriedigten ihre sinnlichen Begierden, ohne sich um die Neigung oder gar die Pflichten ihrer weiblichen Gefangenen zu kümmern, und später wurde allen Ernstes die kasuistische Frage erörtert: Ob diese zarten Opfer, die ihre Einwilligung zur Schändung, die sie erlitten, unbeugsam verweigert hatten, durch ihr Unglück die glorreiche Jungfrauenkrone verloren hätten? Es gab jedoch andere Verluste von wesentlicherer Art und allgemeinerer Beschaffenheit. Man kann nicht annehmen, daß alle Barbaren zu allen Zeiten fähig waren, solche Liebesgewalttaten zu begehen, und Mangel an Jugend, Schönheit oder Keuschheit schützte den größeren Teil der römischen

Frauen vor der Schändung. Die Habsucht aber ist eine unersättliche und allgemeine Leidenschaft ... Bei der Plünderung Roms wurde mit Recht Gold und Edelsteinen der Vorzug gegeben.«
An diese nicht sehr galanten Zeilen schließt Gibbon noch die Feststellung, daß die Deutschen und Spanier, die unter Karl V. die Heilige Stadt einnahmen (1527), ungleich schlimmer gehaust hätten als die Goten und Hunnen gemeinsam, allerdings auch, weil die Kaiserlichen neun Monate lang in Rom blieben; »und jede Stunde wurde durch irgendeine gräßliche Tat der Grausamkeit, Wollust oder Habsucht befleckt«.
Wenn Prinz Attila – oder wie er damals hieß – noch Illusionen gehabt hatte, so schwanden sie in jener letzten Augustwoche des Jahres 410 dahin und machten der Erkenntnis Platz, daß Menschen sich wie Tiere benehmen könnten und daß dann der Herrscher der einzige sei, der Mensch bleibe. Woraus man folgern könnte, daß diese Männer, die das ererbte Schicksal ihrer Sippe über Stämme und Völker, über Landstriche und ganze Länder gesetzt hatte, im Grunde mehr sein mußten als die anderen Menschen und gefeit gegen das Allzumenschliche. Und um den roten Faden dieser Erkenntnis brandete die Erinnerung an die sechs Tage der Plünderung Roms, an den großen Rausch einer Eroberung, die nach elfhundert Jahren römischer Herrschaft zwar nicht den Hunnen gelungen war, aber doch einem König, der in seinen Reihen nicht wenige Hunnen kämpfen ließ.
Es ist gleichgültig, ob Attila in Rom weilte oder vor den Mauern der Stadt; ja selbst wenn ihm ein Vetter oder Onkel oder Lehrer das Ereignis des Jahrhunderts nur erzählte, konnte es die Phantasie eines Prinzen hinreichend beflügeln, um ein Ziel zu geben und einen Weg zu weisen in dieser Zeit, da die Eindrücke am leichtesten in die Seele fallen und sich wie mit Widerhaken in ihr festsetzen. Denn Attila war im Jahr 410 zwi-

schen vierzehn und achtzehn Jahre alt, höchstens zwanzig, und vierundzwanzig Jahre, vierundzwanzig lange Jahre zahlloser Kämpfe, trennten ihn noch von der Herrschaft.

2.
Der Gegenspieler

Etwa ebenso alt wie Attila, vielleicht um ein geringes älter, war Flavius Aetius, »der letzte Held und Hort des verfallenden Weströmischen Reiches«, wie ihn Pauly-Wissowas berühmte Realenzyklopädie der Klassischen Altertumskunde mit einer in Nachschlagewerken nicht alltäglichen Rührung nennt. Er trug alle Kennzeichen dieser Spätzeit voll abendlichen Glanzes, denn er war kein Römer mehr, sondern in Illyrien geboren, in der Stadt Silistria an der Donau, an der Nordgrenze des heutigen Bulgarien. Er war auch nicht von Adel oder aus einer der senatorischen Familien, sondern Sohn des Gaudentius, Bürgers von Silistria, der allerdings eine reiche und vornehme Dame aus dem italischen Stammland geheiratet hatte.
Gaudentius begann seine Laufbahn, die ihn zu hohen Offiziers- und Beamtenstellen führen sollte, als Leibwächterführer in den Provinzen und tat sich im Jahr 399 bei der Niederreißung heidnischer Tempel in Afrika hervor. Um 420 – das genaue Datum ist nicht bekannt – fand Gaudentius bei einer Militärrevolte in Gallien den Tod.
Es ist keine glanzvolle, aber ehrenhafte Laufbahn. Der Name des Gaudentius wäre auch ohne den berühmten Sohn historisch festgehalten in Chroniken und Annalen, und dennoch muß der schnelle Aufstieg des jungen Aetius aus der Provinz zu den großen Ehren und höchsten Verantwortungspositionen des Reiches verwundern, denn zweifellos waren Hunderte in der gleichen Situation, wuchsen Hunderte tüchtiger Söhne nach solchen Vätern in den Provinzen heran, wenn

schon die Stadt Rom selbst nicht mehr das war, was sie einst und so lange gewesen.

Was zunächst an dem jungen Mann von der Donaugrenze auffiel, war seine außerordentliche Gewandtheit mit Waffen und Pferden, und daß man derlei rühmte und bekanntmachte, das deutet doch vielleicht darauf hin, daß die Römer von den Barbaren schon allerlei gelernt hatten. Bei Goten und Hunnen nämlich waren die Anführer gleichsam verpflichtet, auch besser zu reiten und zu zielen als ihre Untergebenen, sie mußten sie in immerwährenden Kämpfen davon überzeugen, daß sie tatsächlich die Besten waren, und schon darum war der Verschleiß an Prinzen nicht gering.

Aetius konnte mit diesen im Römischen Reich inzwischen ein wenig in Vergessenheit geratenen barbarischen Anforderungen durchaus Schritt halten. Er war ein Grenzer, er war auf Vorposten aufgewachsen, und die verwöhnende Sicherheit der Tiberstadt hatte er gar nicht erst kennengelernt. Aber die Würden des Vaters und die Herkunft der Mutter hatten ihm auch nahegelegt, neben diesen kriegerischen Künsten die Bildung des Römers aus guter Familie zu erwerben. Und danach beginnen erstaunliche Parallelen, einerseits zu Stilicho, andererseits zu Attila, also zu zwei anderen Schlüsselfiguren der Epoche.

Stilicho war der Sohn eines im römischen Heer dienenden Vandalen gewesen, also ein Germane, war aber römisch gebildet und durch seine Tüchtigkeit, Tatkraft und Treue zum Feldherrn Kaiser Theodosius I. aufgestiegen. Ja, der Kaiser gab Stilicho seine eigene Nichte und Pflegetochter zur Frau, machte ihn zum Vormund seines Sohnes Honorius und setzte also einen Germanen über das Römische Reich. Dieser Stilicho war es, der gegen Alarich immer wieder siegte, der bei dem heutigen Fiesole die große und vielleicht unnötig grausame Vernichtungsschlacht gegen einen ganzen germanischen

Stamm unter Radagaisus schlug und der erst durch seinen Tod für Alarich den Weg nach Rom frei machte.
Rom also hatte die besten Erfahrungen mit Männern, die teils aus fremdem Volkstum kamen, teils aus den römischen Provinzen, die aber die Bildung des alten Reiches genossen hatten und in die Zucht der großen Armee hineingewachsen waren. Und da das Reich weiterhin in Schwierigkeiten steckte, und zwar bis zum Hals, bot sich den Tüchtigsten immer wieder die Möglichkeit schnellen Aufstiegs.
Aetius, der Held dieses Kapitels, der große Gegenspieler Attilas, begann seine Laufbahn wie Stilicho als kaiserlicher Sekretär im Offiziersrang und stieg zum Rang eines *comes domesticorum et cura palatii* auf, den auch Stilicho bekleidet hatte. Zunächst aber geriet der junge Aetius zwischen die Mahlsteine der großen Politik: Stilicho selbst wählte ihn und einige andere vielversprechende junge Offiziere aus, als im Jahr 407 dem Gotenkönig Alarich römische Geiseln gestellt werden mußten.
Der Begriff der Geisel bedarf eines erklärenden Wortes, weil er heute täglich in Zeitungen und Meldungen auftaucht und die heutige Rolle der Geiseln mit der, die sie zwischen den Reichen der Vergangenheit spielten, im allgemeinen nicht zu vergleichen ist.
Zunächst wurden Geiseln ebensooft unter Verbündeten gestellt wie unter Gegnern, und vor allem: sie wurden meist nicht einseitig gegeben, sondern sie wurden ausgetauscht. Vornehme junge Leute, die am Hof des Verbündeten oder auch eines möglichen Gegners aufwuchsen, sollten die beiden Staaten miteinander verklammern, den Frieden sichern, die Einhaltung eines Bündnisses garantieren. Sie waren nicht reine Objekte der Willkür wie die armen Opfer heutiger Banküberfälle oder Flugzeugentführungen, sondern wurden in der Regel so gut gehalten wie die Prinzen oder Höflinge

des eigenen Lagers. Es war erwünscht, daß sie sich Sprache, Kultur und Gewohnheiten des anderen Landes soweit aneigneten, daß sie dereinst als Verbindungsleute dienen konnten, als Unterhändler ode Gesandte und damit abermals als Boten des Friedens, als Mittler einer erwünschten Verständigung.

Hätte es diesen Geiselaustausch der Alten Welt nicht gegeben, man wäre im wesentlichen auf Kaufleute als Unterhändler angewiesen gewesen oder auf das Dolmetschen, das immer eine unsichere Sache bleibt (weswegen in früheren Zeiten mancher Dolmetscher eines sehr unsanften Todes gestorben ist). Die Geisel im höchsten Sinn des Begriffes war Vorbote einer gemeinsamen Zukunft verschiedener Völker, die natürlich auch ausbleiben konnte.

Im Falle des Aetius blieb sie aus, denn Stilicho, der Feldherr, der ihn als Geisel ausgewählt und zu Alarich geschickt hatte, wurde ermordet. Es kam nicht zu dem großen Bündnis des Weströmischen Reiches mit den Goten zur Eroberung Ostroms, und Honorius, der klägliche Zögling des großen Stilicho, brach seine Zusagen und Verträge mit solcher Selbstverständlichkeit, daß Aetius gewiß erschlagen worden wäre, hätte er dem Gotenkönig nur als eine Geisel im heutigen Sinn gedient. Aetius blieb drei Jahre, also etwa 407–410, bei Alarich, und obwohl die Goten in dieser Zeit Honorius bekriegten, Italien verheerten und Rom plünderten, wurde dem edlen jungen Römer im Gefolge des Alarich kein Haar gekrümmt.

Allerdings trat er auch noch nicht sonderlich hervor. Sicher ist nur, daß er im darauffolgenden Jahrzehnt abermals als Geisel diente, nun aber nicht mehr bei den Goten, sondern bei den Hunnen. Der Vorgang als solcher kann nur vermutet werden: Hunnen kämpften inzwischen in verschiedenen, noch nicht sehr großen Verbänden als Söldner auf römischer Seite gegen Aufstände in den Provinzen und gegen andere Barbaren-

stämme. Vielleicht, daß Aetius eine der Sicherheiten für die Bezahlung dieser Hilfstruppen war oder auch ein Unterpfand dafür, daß diese Hunnen nicht gegen die hunnische Hauptmacht eingesetzt oder von den Legionären vernichtet würden.
Bei Alarich, in der ersten Geiselrolle, muß Aetius noch sehr jung gewesen sein, eher Knappe als Offizier im heutigen Sinn. Bei den Hunnen war er hingegen bereits erwachsen, und darum wurden die Jahre, die er unter ihnen zubrachte, zu den entscheidenden seines Lebens, ja mehr als das: sie wurden entscheidend für die Wendungen und Entwicklungen der europäischen Politik im nächsten Vierteljahrhundert.
Im Jahr 423 stirbt Kaiser Honorius, der Mörder Stilichos, einer der schwächsten Kaiser Roms, der in gewissem Sinn sein Leben lang unmündig geblieben war. Seine bemerkenswerteste Handlung, die einzige, die eine gewisse Selbständigkeit erkennen läßt, war seine erotische Beziehung zu seiner Schwester Galla Placidia.
Aetius ist nun etwa dreißig Jahre alt, und der Nachfolger des Honorius, ein Kaiser mit dem unrömischen Namen Johannes, ernennt ihn zu seinem Haushofmeister und zum Führer der Leibwache. Grund für diese schnelle Beförderung scheinen die hunnischen Beziehungen des Aetius gewesen zu sein, aber auch seine Sprachkenntnisse, denn dieser Johannes mußte mit oströmischen Ansprüchen auf den Thron rechnen, den er eben bestiegen hatte, und welche Macht wäre Westrom gewachsen gewesen, wenn es die Hunnen als Verbündete besäße!
Aetius reist mit sehr viel Gold zu den Hunnen und hat auch Erfolg. Sie haben hier und dort gekämpft, warum sollen sie für so guten Lohn nicht an der Seite jenes Aetius kämpfen, den sie kennen und der ihre Sprache spricht?
Aber in einer Zeit, da die besten Diplomaten noch genauso langsam reisen müssen wie der kleinste Kaufmann, lassen sich

jene friedenstiftenden Wunder, die wir heute gelegentlich mitzuerleben meinen, eben doch noch nicht vollbringen. Als Aetius mit seinen Hunnen in der Residenz Ravenna eintrifft, hat Ostrom bereits gesiegt, und der oströmische Feldherr Aspar hat dem jungen Kaiser bereits den Kopf vor die Füße gelegt – ganze drei Tage, ehe Aetius eintraf.

Nun klirren und dröhnen die Waffen in Ravenna. Aetius will den getöteten Kaiser rächen, schließlich aber siegt die Vernunft, und die beiden Feldherren schließen Frieden; vielleicht ist es dem erfahrenen Aspar gelungen, Aetius klarzumachen, daß von allem Heldenmut dem toten Johannes der Kopf doch nicht mehr an den Rumpf wächst.

Kaiser wird ein Knabe namens Placidus Valentinianus, die Herrschaft übt jedoch seine Mutter Galla Placidia aus, die Hunnen erhalten für ihren Einsatz – und weil die große Beute ausblieb – die Provinz Savia in Pannonien. Aetius bleibt Haushofmeister und Kommandeur der Leibwache, der Mann in der Schlüsselstellung, die zugleich eine Abwarteposition ersten Ranges ist.

Um sich die Verbindung zu den Hunnen und ihre Sympathie zu sichern, gibt Aetius ihnen seinen Sohn Carpilio als Geisel mit.

Es ist leicht zu erkennen, wie schwer die Entscheidungen wiegen, die in diesem Jahr 425 getroffen worden sind. Savia, das ist natürlich das Land zwischen Save und Donau, das ist das Land mit den Städten Sirmium (Mitrovica) und Singidunum (Belgrad), das in den kommenden Auseinandersetzungen zwischen den Hunnen und dem Oströmischen Reich eine so wichtige Rolle spielen wird. Denn die Hunnen sitzen hier an der großen Wasserstraße, sie kontrollieren hier die bedeutendsten Märkte zwischen dem Südosten und dem Kernraum Europas. Aetius hat ihnen den Weg zur Legalität eröffnet, er hat ihnen zu eigen gegeben, was sie sich bis dahin nur in Raub-

zügen angeeignet hatten; Attilas künftiges Reich hat seinen Mittelpunkt erhalten.
Der eigentliche weströmische Geniestreich ist diese Abtretung aber, weil Savia die nordöstlichste Provinz des Westreiches ist. Wer dort herrscht, der blickt nicht nach Rom, sondern nach Byzanz. Mit der Fixierung der Hunnen an der mittleren und unteren Donau ist ihnen die Expansionsrichtung gewiesen, und sie folgen auch diesem Wink. Denn während in den folgenden Jahren mit Westrom praktisch ein Waffenbündnis besteht und die Hunnen ganze Berge von Kastanien für Ravenna aus dem Feuer holen, ist das Ostreich immer wieder das Ziel wütender Hunnenangriffe zunächst durch Rugila, dann durch Bleda und Attila und schließlich durch Attila allein. Seine erste politische Großszene ist der harte Scheinfriede mit Ostrom, der in der Stadt Margus geschlossen wird, seine letzte, neunzehn Jahre später, der Feldzug gegen den oströmischen Kaiser Markianos in Attilas Todesjahr 453.
Aner soweit sind wir noch nicht, dieser kurze Ausblick ist nur eine Skizze, als Anmerkung gleichsam zum Ländchen Savia, mit dem die Hunnen weströmischen Dank empfangen, aber auch eine Art Danaergeschenk. Und da sie die Ablenkung nicht ahnen, da sie vielleicht gar nicht nach Rom wollen, wo der mächtige Priester sitzt, der dem Alarich die Todesengel schickte, darum bleiben die Hunnen dem römischen Feldherrn Aetius durchaus gewogen. Sie kämpfen an seiner Seite oder unter seinem Adlatus Litorius mit einem Schwung und einer Tapferkeit, die sie im Urteil der Zeitgenossen zur besten Armee des Jahrhunderts machen. Prosper, Hydatius, Sidonius und andere Chronisten rühmen die hunnischen Reiter des Litorius und zeigen uns die Hunnen als die führende Militärmacht der Zeit, Jahre bevor sie unter Attila in einem Großreich wirklich geeint sind. Keiner dieser Kommentatoren behauptet, daß die militärischen Erfolge der Hunnen auf ihre

große Zahl zurückzuführen seien. Sie sind Söldnertruppen, also nicht eigentlich ein Volksheer; sie kämpfen unter Römern, und zwar gegen Germanen; und sie kämpfen überall, wo sie gebraucht werden, vor Narbonne, vor Toulouse, am Rhein, im Herzen Frankreichs, ja in der fernen Bretagne. Damit fallen nun beinahe alle Argumente weg, mit denen in so vielen geschichtlichen Darstellungen die reinen Kampfleistungen der Hunnen relativiert worden sind. In der Bretagne haben sie keine Steppe, um sich zu entfalten, und am Rhein ebensowenig; ihre Anführer stacheln sie nicht zu bedingungsloser Grausamkeit auf oder bedrohen sie mit dem Tod, wenn sie zurückweichen. Sie nehmen Sold und schlagen sich an allen Fronten als echte Professionals, so wie die Deutschen und Schweizer in der frühen Neuzeit, die Hessen in Amerika, die Fremdenlegionäre in Indochina. Im untergehenden Römischen Reich ist gegen solche Männer kein Kraut gewachsen; wer sie kommandiert, der kommandiert das Reich, und darum wird Aetius nach so vielen Siegen mit Hunnenmut und Hunnenkraft im Jahr 429 Heermeister.

Es ist die höchste Offiziersposition, die Westrom zu vergeben hat. In Byzanz, wo man auch den Offizieren schon mißtraut und überhaupt gewitzter ist, hat man diese Stellung bereits aufgespalten in einen *Magister peditum* und einen *Magister equitum*, also einen General der Fußtruppen und einen der Reiter. In Ravenna aber meint man, derlei Winkelzüge gegen die verdientesten Generale nicht nötig zu haben, und so erhält Aetius die ganze Macht. Einen Konsul, der ihm noch im Weg steht, läßt er in einem geschwind angezettelten Aufstand töten (430), wird selbst im Jahr 432 Konsul und – hat sich mit diesem rasend schnellen Aufstieg als so gefährlich erwiesen, daß Kaiserin Galla Placidia eilends einen harten Afrika-General zu Hilfe ruft und Aetius entläßt.

Kein Geringerer als der große Mommsen hat zu diesen Geschehnissen angemerkt, »man meint, ein Ritterbuch zu lesen«, und es klingt tatsächlich wie ein heroisches Märchen, wenn der abgesetzte Heermeister dem Konkurrenten aus Afrika, einem General namens Bonifacius, vor der Stadt Ravenna einen Kampf liefert, ja sich mit ihm geradezu duelliert und ihn dabei tödlich verwundet. Sterbend empfiehlt Bonifacius seiner Frau Pelagia, im Falle einer Neuvermählung nur dem Aetius – also dem Mann, der ihren Gatten erschlagen – die Hand zu reichen. Aetius enteilt, und der Schwiegersohn des Bonifacius wird der neue Heermeister.

Aus dem klassischen Rom scheint ein romantisches geworden zu sein, Disziplin wird klein geschrieben, aber Mut und Eigensinn sind ebenfalls männliche Tugenden. Darum bleibt Aetius auch nach seiner Entlassung ein großer Mann, wenn auch nicht in Ravenna oder Rom, wo er gedungenen Mördern kaum entgehen könnte, sondern bei seinen Freunden, den Hunnen, die in diesen Jahren noch von Rugila geführt werden. In dieser Zeit müssen Aetius und Attila einander begegnet sein, einander gesprochen haben. Und Rugila ist es auch, der Aetius die Truppen stellt, die dieser für sein Comeback braucht: Gestützt auf die Hunnen, nötigt er Galla Placidia, ihn zum Patrizier zu machen (soweit das möglich war), und erhält für das Jahr 437 das Konsulat. Der gestürzte Heermeister, Schwiegersohn des Bonifacius, flieht nach Byzanz.

Die tragische Figur dieser Ereignisse ist jedoch nicht dieser Flüchtling, dem es in Byzanz nicht schlechter gehen wird als in Ravenna, sondern die Kaiserin oder Kaisermutter Galla Placidia, die zum dritten Mal einen Diktator erdulden muß und inzwischen zu alt geworden ist, um ihn einfach in ihr Bett zu ziehen, wie sie es vorher mit tüchtigen Generalen tat, wonach der Friede dann wiederhergestellt war. Ihre Kinder hatte man ihr gleich halbdutzendweise ermordet und nur die Schwächlinge am Leben gelassen, mit denen sie nicht endende

Sorgen hatte. Wie eine Niobe hielt sie, im Schreck erstarrt und in ihrem Schmerz böse geworden, den Thron von Ravenna für den Sohn aus zweiter Ehe, der nicht besser war als Honorius, ihr Bruder und Geliebter. Vielleicht glaubte sie, für diese Sünde der unentrinnbaren Bruderliebe büßen zu müssen mit einem Leben, das sie, die Kaiserin, immer wieder erniedrigte.
Aetius war nun wieder an der Macht, aber nicht die Römer kämpften für ihn, sondern die Hunnen. Er schickte sie wie früher hierhin und dorthin, und darum ist er, nicht Attila und nicht Bleda, schuld am Untergang der Burgunder, auf die Aetius im Jahr 435 die Hunnen hetzte. Und nach einer langen Reihe weiterer Hunnensiege unter römischer Flagge wurde Aetius im Jahr 446 zum dritten Male Konsul, »eine sonst unerhörte Auszeichnung« (Mommsen).
Aetius jedenfalls hätte seinem Freund Rugila ein langes Leben gegönnt, und der Blitz, den Kaiserin Eudokia auf Rugila herabgefleht hatte, war für das römische Westreich schlimmer und an düsteren Folgen reicher als für die Hunnen, die doch gestraft werden sollten. Denn Rugilas Nachfolger waren zwei Brüder, von denen zumindest der jüngere, Attila, keine Lust hatte, weiterhin römische Söldnertruppen zu kommandieren, und höheren Ehrgeiz hatte, als Siege für Ravenna, für Galla Placidia und für Aetius zu erringen. Auch muß der Burgunderkampf am Rhein ein harter Waffengang gewesen sein, und die Hunnen mochten erkannt haben, daß sich ein Untergang für fremde Interessen noch weniger lohnte als ein Scheitern an den eigenen Zielen.
Und seltsamerweise scheint Aetius von dem Augenblick an, da die hunnischen Scharen nicht mehr für ihn reiten und für die Erhöhung seines Ruhmes den Bogen spannen, des Nimbus entkleidet, der seinen unaufhaltsamen Aufstieg bis dahin umgibt. Der heldisch-rücksichtslose Sieger ist auf einmal zur Intrige genötigt, weil er neue Verbündete braucht; der große

Freund der Völker enthüllt sich auf einmal als ein glatter Makler im römischen Interesse. »Aetius ... durch vier Dezennien der faktische Regent des Westreichs, erscheint bei näherer Betrachtung ... in minder günstigem Lichte« (Mommsen). Das große Licht, der volle Glanz der Weltgeschichte liegt fortan auf der anderen Geisel, auf Attila.

3.
Wie oft stirbt ein Volk?

Eines hatten die Römer den Barbaren immer noch voraus: sie begriffen offensichtlich viel schneller. Als Rugila vom Blitz getroffen worden war und sich das Brüderpaar Bleda und Attila an die Spitze der Hunnen setzte, scheint man südlich der Donau schon genau gewußt zu haben, daß Europa damit einen neuen Herren hatte.

Wie es dazu kam, meldet keiner der alten Schriftsteller. Auch die Aktivitäten Bledas und Attilas innerhalb des großen Hunnenreiches werden nur hin und wieder mit einem Wort gestreift. Aber man erkennt immerhin so viel, daß der Mann, der nun mit dem römischen Ostreich anstelle Rugilas verhandelte, in großen Perspektiven dachte. Vorbei war die Zeit, da hier und dort kassiert wurde, da Raubzüge, Plünderungen und Überfälle den wesentlichen Inhalt der hunnischen Politik bildeten. Während Bleda, offenbar eines der östlichen Hunnengebiete regierend, kaum in Erscheinung tritt, kündigt Attila unverhohlen eine neue Ära an, zunächst nur dem Gegner im römischen Ostreich, aber Ravenna ist mitgemeint.

Die Verhandlungen hatten schon begonnen, als Rugila noch lebte. Er hatte einen Mann nach Byzanz geschickt, »der im Schlichten der zwischen Rhomäern (= Byzantinern) und Hunnen schwebenden Streitfragen erfahren war«, wie Priskus sich ausdrückt. Dieser Mann hieß Esla, ein Name, der uns über ihn nur sagt, daß er kein Römer und kein Germane war, und wir registrieren mit einigem Amüsement, daß es offenbar zu allen Zeiten Männer gab, die mit den seltsamsten Völkerschaften umzugehen verstanden. Noch zu Zeiten Peters des Großen entsandten die europäischen Mächte nur besonders trinkfeste Herren als Botschafter nach Petersburg, und noch über das Zustandekommen des Österreichischen Staatsvertrags raunte man, daß eine weniger trinkfeste Delegation als die von dem Weinland Österreich im April 1955 nach Moskau entsandte Gruppe kaum einen so vollen Erfolg errungen hätte.

Esla also war einer der Wunderdiplomaten, die zwischen den eigensinnig auf ihre Stärke pochenden Barbaren und den intriganten Hofschranzen von Byzanz hin- und herreisten, und offenbar mit Erfolg. Aber es gab auch andere, denn es schien etwas einzubringen, wenn man sich mit den Hunnen gut stellte. Ravenna und Konstantinopel waren am Ende; der neue Herr Europas saß irgendwo in Pannonien, nördlich der Donau, und es war an der Zeit, sich ihm zu empfehlen:

»Die Byzantiner entschlossen sich, eine Gesandtschaft zu den Hunnen zu schicken. Als Gesandte trugen sich zwei Heerführer an, der Thraker Plinthas und der Skythe (= Hunne) Dionysios. Sie mußten jedoch mit der Abreise zu den Hunnen warten, da Esla noch unterwegs war. Um diese Zeitspanne zu überbrücken, sandte Plinthas einen Vertrauten zu Rugila, der dem Hunnenkönig nahelegen sollte, nur mit ihm, Plinthas, zu verhandeln . . .«

Damit haben wir schon das ganze Byzanz, die Essenz der oströmischen Diplomatie. Zwei Bewerber um den Gesandtenposten warten, um nicht zugleich mit dem hunnischen Geschäftsträger einzutreffen. Der eine, den Priskus einen Skythen nennt, ist also offenbar Hunne und hält sich an die Abmachung. Der andere, ein Grieche vom Festland, wartet zwar auch, er ist ja noch nicht ernannt, aber sein Agent ist bereits unterwegs, um – zweifellos durch ein reiches Geschenk – bei den Hunnen den Boden für diesen Plinthas zu bereiten. Die kostspielige Vorsorge erweist sich als überflüssig: Rugila stirbt, der neue Herr heißt Attila, und ein abtrünniger Hunne hat keine Chance, sein Gehör zu finden. Plinthas erhält den Gesandtenposten und angesichts der neuen und heiklen Situation auch noch Verstärkung in Gestalt des Epigenes, eines hochangesehenen Eierkopfs, dessen scharfem Verstand auch ein Attila nicht gewachsen sein konnte.

»Nun endlich brach die Gesandtschaft auf und traf zunächst in Margus ein, einer Stadt im illyrischen Mysien an der Donau, gegenüber der Festung Konstantia, die am anderen Ufer liegt (Margus lag in der Nähe des heutigen Pozarevac oder Passarowitz). Dorthin kam auch die Abordnung des skythischen Königs. Sie trafen sich, alle hoch zu Roß, vor der Stadt. Die Barbaren pflegen nämlich bei Unterredungen nicht abzusitzen; daher wollten auch die rhomäischen Gesandten, um sich nichts zu vergeben, nicht von den Pferden steigen, damit nicht etwa die Skythen vom Sattel aus, sie aber zu Fuß verhandeln müßten. Man einigte sich darauf, den Hunnen alle skythischen Überläufer zurückzugeben, zugleich aber auch alle früheren Flüchtlinge und alle rhomäischen Gefangenen, die auf oströmisches Gebiet zurückgekehrt waren, ohne Lösegeld zu entrichten.«

Die Frage bildete stets einen Kernpunkt, weil die Grenzen damals schwer zu überwachen waren, selbst wenn ein Fluß sie bildete. Überläufer haßten die Hunnen, weil auf diese Weise eines Tages Hunnen gegen Hunnen stehen würden, während die Römer den Nutzen daraus zogen. Und entlaufene Gefangene bedeuteten einen Lösegeldverlust:

»Für jeden Flüchtling sollten an den Hunnen, der ihn gefangengenommen hatte, acht Goldstücke ausbezahlt werden.

Ferner wurde vereinbart, das römische Ostreich dürfte mit keinem Barbarenstamm, der gegen die Hunnen zu Felde ziehe, ein Bündnis abschließen. Auch sollten Rhomäer und Hunnen auf öffentlichen Märkten gleiche Rechte und gleichen Schutz genießen.«

Diese von der zünftigen Geschichtsschreibung inmitten all des Waffengeklirrs oft überhörten wirtschaftlichen Bestimmungen besaßen für die Hunnen eine außerordentliche Bedeutung. An den großen Märkten – es mögen nur drei oder vier an der unteren Donau gewesen sein – war ihnen sehr gelegen. Sie boten die einzige Möglichkeit, den Goldsegen der Tribute und Lösegelder in Waren anzulegen, also die militärische Macht in Luxus umzusetzen. Die notwendige Neutralität dieser Marktzonen bildete dabei ein besonderes Problem von den ältesten Zeiten bis in die Neuzeit, denn wenn die Kaufleute mit Raub oder Mord rechnen mußten, kamen sie natürlich nicht, und andererseits wollten auch die reichen hunnischen Aufkäufer sicher sein, sich frei bewegen zu können und mit den erworbenen Waren ungehindert ausreisen zu dürfen.

»Diese Abmachungen sollten eingehalten werden und gelten, solange das römische Ostreich den hunnischen Königen alljährlich siebenhundert Pfund Gold entrichtete; der frühere Tribut hatte nur dreihundertfünfzig Pfund Gold betragen. Nachdem Rhomäer und Hunnen sich geeinigt hatten und der Vertrag nach altem Brauch mit Schwüren bekräftigt worden war, gingen sie auseinander . . . Nach dem Friedensschluß zogen Attilas und Bledas Heerscharen aus, um die skythischen Stämme zu unterwerfen und die Sorosker zu bekriegen.«

Besonders aufschlußreich an dieser Stelle aus der Gotengeschichte des Priskus ist der letzte Satz, auf den man schon beinahe nicht mehr achtet. Aus ihm nämlich geht hervor, warum Attila und Bleda nicht den von Rugila begonnenen Feldzug fortsetzten, sondern auf die angebahnten Verhandlungen eingingen: Viel wichtiger als das Geplänkel mit Byzanz war für sie doch die Sicherung der Thronfolge. Daß sie dennoch ganz offensichtlich aus einer Position der Stärke heraus verhandelten und über die Rückgabe der Überläufer und die Ausbezahlung der Lösegelder diese noch zu erhöhen und die Tribute zu verdoppeln vermochten, das zeigt überdeutlich, welch große Achtung Attila bereits genoß. Für die Hunnen saß er noch gar nicht allzufest im Sattel; für die Römer war er bereits ein furchterregender Gegner. Einen aber gab es, der sich in seinen Beziehungen zu den Hunnen durch diesen Thronwechsel nicht im geringsten behindert fühlte: das war Aetius, der faktische Herrscher über das römische Westreich. Entweder kannte er Attila tatsächlich schon, was eigentlich wahrscheinlicher ist als das Gegenteil, oder er hat sehr schnell auf den richtigen Mann gesetzt und mit ihm genauso paktiert wie mit Rugila. Jedenfalls haben Byzanz wie Ravenna schnell geschaltet und dabei doch das Falsche getan, so richtig es auch schien: Denn dieses erste Jahr bot offensichtlich die letzte Möglichkeit, der Welt einen Attila zu ersparen und an seine Stelle einen Bleda oder einen der beiden hingerichteten Prinzen (vgl. S. 130f.) zu setzen. Statt die Fürstensöhne ans Messer zu liefern, hätte man ihnen byzantinische Truppen geben müssen; vielleicht wäre der eine oder andere hunnische Stamm dann doch von Attila abgefallen oder hätte sich ihn nicht als Nachfolger Rugilas aufzwingen lassen. Gegensätze müssen im hunnischen Lager bestanden haben, sonst wäre der letzte Satz des Priskus-Zitates unverständlich.

Was jede der beiden römischen Reichshälften und ihre Führer verblendete, war offenbar die Hoffnung, mit Hilfe der Hunnen die andere Reichshälfte zu schlagen und das große Reich wieder zusammenzuschließen. Der durchaus löbliche und verständliche Trennungsschmerz, verbunden mit der schlimmsten aller Rivalitäten: dem Wettkampf unter Glei-

chen, das mußte den Blick für die Weltpolitik trüben, damals wie heute.
Der erste, der zum Zuge kam, war natürlich Aetius, denn er hatte die bessere Ausgangsposition, die ungetrübten Hunnenbeziehungen, ja vielleicht sogar die persönliche Bekanntschaft Attilas oder Bledas. Er hatte stets Verwendung für die Hunnen gehabt, für viele Hunnen, denn gegen die Germanen war nun einmal kein anderes Kraut gewachsen; und wie schön war es, wenn die Barbaren einander unter römischer Regie abschlachteten, um dem hinabgehenden Reich noch ein paar Jährchen zu schenken.
Das Opfer, auf das Aetius die Hunnen ansetzen wollte, waren die Burgunder. Sie saßen damals nämlich noch nicht in jenen schönen Gegenden, die uns ihr Name ins Gedächtnis ruft; die Hügel von Moulin à Vent, Fleurie oder Brouilly trugen noch keine Rebenkulturen, und das germanische Leben jener Zeiten war eher bedrängt und gefährdet als besonders lustig.
Die Burgunder vor allem hatten auf ihrer Wanderung durch das Herz Europas schon viele Gefahren bestanden, so daß sich mancher, der weit genug zurückdenken konnte, gewiß nach der früheren Heimat zurücksehnte, die auch an einem großen Strom gelegen hatte, nämlich an der Weichsel. Von dort aus waren die Burgunder, wie man heute annimmt in zwei großen Trecks, aufgebrochen, der eine nach Südosten, der andere etwa nach Westsüdwest.
Diese alte Heimat, wenn auch vielleicht nicht Urheimat jenes Germanenstammes, der durch Nibelungenlied und geschichtliche Hunnenkämpfe für uns aus den anderen herausgehoben wird, ist gut bezeugt. Um 100 nach Christus saßen sie in heute preußischen Gebieten bis hinein ins westliche Brandenburg. Um 150 nach Christus verzeichnet Ptolemaios sie in seiner Erdkunde als östliche Nachbarn der Semnonen bis hin zur Weichsel, und hundert Jahre darauf halten sie diese Position

nur leicht verändert mit Wohngebieten zwischen Posen, Brandenburg und dem nordwestlichen Schlesien.
Das erste Unglück ereilt sie im Jahr 284, als der energische Gepidenfürst Fastida sich in schonungslosen Kämpfen den Durchzug für sein Volk erzwingt: Er will nach Dakien, also ins heutige Rumänien. Statt ihn ziehen zu lassen, scheinen die verstörten und aus ihren Heimstätten geworfenen Burgunder ebenfalls das Heil im Südosten gesucht zu haben, wo sie in Gemeinschaft mit den Vandalen um 280 nachgewiesen sind, aber zwischen diesem schlagkräftigen Stamm und den Römern unter Kaiser Probus weitgehend aufgerieben werden.
Die daheimgebliebenen Burgunder, denen zunächst der Weg nach Westen durch diese Durchzugsvölker verlegt war, brechen schließlich auch auf, aber nicht nach Südosten, von wo inzwischen die Kunde des Unheils und der Vernichtung bis an die Weichsel gedrungen ist, sondern nach Westsüdwest. Sie müssen schnell marschiert sein, denn schon sieben Jahre nach dem Untergang des ersten Trecks in Siebenbürgen tauchen die Burgunder der zweiten Wanderungswelle in Gallien auf, also weit im Westen, im heutigen Ostfrankreich.
Hier haben sie sehr unangenehme Nachbarn: die Alemannen. Daß ein Weichselvolk sich mit ihnen nicht versteht, ist klar, und so ziehen die Burgunder, trotz der Nähe so reizvoller Beutegebiete, wieder ein Stück nach Norden, gelangen an den Main und tauchen im Jahr 359 am Rhein auf, wo sie sich Kaiser Valentinian (364–375) als Hilfstruppen gegen die Alemannen zur Verfügung stellen. Aus dem erträumten Rachefeldzug wird jedoch nichts, Valentinian überlegt es sich anders, und die Burgunder töten in ihrer Wut alle römischen Geiseln, die nach den Bündnisverhandlungen gestellt worden waren, und erweisen sich fortan als recht unbequeme Nachbarn der römischen Grenztruppen.
Ich glaube, man mußte hier in die Hunnengeschichte eine Seite

germanischen Schicksals einschieben, denn obwohl in der ganzen Epoche der Völkerwanderung die Germanen ihren eigenen Brüdern stets die schwersten Niederlagen bereiteten und die härtesten Kämpfe lieferten, so hat sich zwischen Burgundern und Hunnen doch etwas Besonderes ereignet, was aus dem Ablauf der großen und vielgestaltigen Bewegung herausfällt: Die Römer, mit denen man sich nach vierhundert Jahren endlich einigermaßen abgefunden hatte, die man kannte und akzeptierte, hatten das ungeschriebene Gesetz dieses nun schon so lange funktionierenden Zusammenlebens verletzt und im fünften Jahrhundert des gemeinsamen Daseins fremde Völker wie die Alanen und die Hunnen, Reiternomaden mit anderer Kampfesweise und anderen Ehrbegriffen, gegen die Germanen eingesetzt.

Der Krieg, heute das tiefste Völkerunglück, war den Germanen so wenig ungewohnt, daß sie gleichsam lebenslänglich auf ihn eingestellt blieben. Die Römer hatten darum sehr bald weniger gegen Germanen-Revolten zu kämpfen als in der Rolle einer Friedenstruppe, die den germanischen Kampfhähnen mit derb-deutlicher Waffensprache nahelegte, in ihre ihnen von den Römern zugewiesenen Sitze zurückzukehren und die Schwerter wieder an den Nagel zu hängen. Das ging sehr selten unblutig ab, denn selbst wenn die Römer schon eine so praktische Einrichtung wie die blauen UNO-Helme gekannt hätten, so wäre es doch sehr fraglich gewesen, ob ein Vandale im urgermanischen Kampfesrausch nach der Farbe der Helme gefragt hätte.

Diese römische Schiedsrichterrolle war widerwillig anerkannt worden, weil man ihren Nutzen schließlich auch bei den Germanen eingesehen hatte. Auch konnte keiner der germanischen Stämme sicher sein, stets den Sieg zu erringen, und für den Unterlegenen war es naturgemäß von großem Wert, wenn die Legionen eintrafen, ehe das Volk völlig vernichtet, die

Hütten zerstört und auch die Frauen und Kinder abgeschlachtet waren. Insofern haben die Römer ein wenig von dem gutgemacht, was Marius und Stilicho verbrachen, als sie große und im ganzen friedliche Wanderstämme germanischer Herkunft in den Schlachten von Aquae Sextiae (bei Aix-en-Provence) und Faesulae (bei Florenz) vernichteten.
Als Aetius in Ravenna im Jahr 434 von der Unruhe der Burgunder hörte und erfuhr, daß die Belgier in Gefahr seien, da war dies also eine zwar schlechte, aber keineswegs eine Katastrophennachricht. Vielleicht gab es Stimmen am Hof des weströmischen Kaisers, die rieten, die Kampfhähne doch einfach gewähren zu lassen, war doch jeder Germane ein potentieller Gegner und jeder tote Germane zumindest für kommende Römergenerationen ein erschlagener Feind.
Aber Aetius dachte weiter. Was zwischen Burgundern und Belgiern begann, konnte ganz Gallien in Brand setzen. Kämpfe am Rhein verlegten stets die wichtigsten Handelswege. Und siegreiche Burgunder würden an den Alemannen Rache nehmen, womit dann der Salat fertig war und der Krieg vor den italienischen Grenzen angelangt. Es war eine alte, nämlich schon auf Cäsar zurückgehende Weisheit, daß solche Scharmützel im Keim erstickt werden mußten, weil ein Großbrand auf germanischem Territorium mit Roms begrenzten Machtmitteln nicht mehr zu löschen gewesen wäre: Cäsar hatte auf dem Höhepunkt römischer militärischer Macht jahrelang gegen diese Schwelbrände seine Legionen und sein Genie strapaziert. Das geteilte Römische Reich aber hatte keine Chance, einen ähnlichen Kampf zu einem Erfolg zu führen.
Aber Aetius verfügte über ein Instrument, das Gaius Iulius Cäsar noch nicht zu Gebote gestanden hatte: über eine Feuerwehr in Gestalt der hunnischen Reiter. Es war eine seltsame Feuerwehr, denn sie war am gefährlichsten, wenn sie nichts zu tun hatte, und man brauchte eine Menge von Roms kostbaren

Truppen, um die Hunnenquartiere gegen die Zivilbevölkerung und gegen die Quartiere anderer Verbündeter abzuriegeln. Man weiß heute, daß nicht wenige Brandstiftungen auf beschäftigungslose Feuerwehrleute zurückgehen. Derlei war den Hunnen gewiß zu kompliziert. Aber wenn sie, die gutbezahlten römischen Söldner, längere Zeit nichts zu tun hatten oder gar nach Pannonien entlassen waren, wo das langweilige Nomadenleben unter den Augen der Fürsten drohte, dann konnte es schon zu Zwischenfällen in den Garnisonen kommen.

Also zauderte Aetius nicht, sondern erbat – wie wir annehmen dürfen durch Eilstafetten – von Attila die Zustimmung zu einem Hunneneinsatz gegen die Burgunder. Wir wissen nicht, wie die hunnischen Söldnerführer hießen, aber zweifellos hätte man ihnen mit den Brentano-Namen Habebald und Eilebeute nicht Unrecht getan. Denn wenn König Attila den großen Goldhunger hatte, so hatten seine Mannen in Tausenden von Kehlen einen gewaltigen Durst nach Kriegsbeute aller Art, vom simplen Lamm am Spieß bis zu den blonden Burgundermaiden, von einfachen Fibeln und Ringen bis zum vielumraunten Goldschatz der burgundischen Könige.

Über das, was nun am Rhein geschah, besitzen wir eine historische Notiz von vier Zeilen, einige andere, sie nicht wesentlich ergänzende Hinweise, die berühmteste Heldensage unseres Volkes und eine ganze Bibliothek von Kommentaren und Erwägungen, Deutungen und Polemiken.

Die Notiz lautet: »Zur gleichen Zeit setzte Aetius dem Burgunderkönig Gundicarius zu, bis er ihm auf seine Bitten hin Frieden gewährte, dessen er sich allerdings nicht lange erfreuen konnte, da die Hunnen ihn mit seinem ganzen Volk ausrotteten.« Verfasser dieser Zeilen ist der aus Aquitanien stammende Dichter Prosper Tiro, der bis zum Jahr 435 als ein

Jünger des heiligen Augustinus in Marseille lebte. Danach wirkte er in Rom in der Kanzlei Papst Leos des Großen und verfaßte eine Weltchronik, die bis zum Jahr 412 aus dem uns schon bekannten christlichen Schriftsteller und Kirchenvater Hieronymus exzerpiert ist, für die Jahre nachher aber auf eigenen Informationen des Prosper Tiro beruht.

Die wichtigste Ergänzung dieser kargen Information liefert uns Sidonius Apollinaris, ein Dichter der darauffolgenden Generation und in Lyon aus galloromanischem Hochadel geboren. Er hatte Zugang zu manchen Informationen, die gewöhnlichen Sterblichen verwehrt sind, denn sein Schwiegervater war der in Arles zum Kaiser ausgerufene Auvergnate Avitus; mindestens zwei weitere Kaiser waren Sidonius freundschaftlich verbunden, ehrten ihn durch Statuen, durch Erhebung in den Patrizierstand und hohe Titel. Als Bischof von Clermont-Ferrand verteidigte er 471–474 seine Stadt gegen die Westgoten: ein christlicher Patrizier, ein streitbarer Kirchenfürst. Dieser Sidonius verrät uns, warum Aetius die Burgunder heimgesucht hatte: Es war eine Strafexpedition, weil sie die Belgier überfallen hatten, die natürlich nicht das flämisch-wallonische Doppelvolk von heute waren, sondern ein dem Handel und der Kanalschiffahrt ergebener Volksstamm in Nordwestfrankreich. Eben wegen dieser Tätigkeiten hatten sich bei ihnen einige Besitztümer angesammelt.

Die Burgunder hatten also den Landfrieden gebrochen, waren – zweifellos mit Hilfe hunnischer Truppen unter römischem Kommando oder durch eine Einsatztruppe aus Legionären und hunnischer Reiterei – zur Räson gebracht worden und hatten um Frieden gebeten. Diesen Frieden hatte Aetius gewährt, denn er war ja als Friedensstifter gekommen. Und als alles wieder ruhig war, kamen die Hunnen noch einmal, überfielen die Burgunder nun offenbar ohne römischen Befehl und besorgten erst die eigentliche Vernichtung. Eine völlige Ausrottung war sie allerdings nicht, denn wir wissen, daß die geretteten Reste zunächst in den Raum der mit Recht berühmten Burgunderweine zogen und nach Westen darüber hinaus bis zur Saône, ehe sie sich mit Genehmigung der Römer, also des Aetius, in der sogenannten Sapaudia, südöstlich und südlich des Genfer Sees, niederließen: in Savoyen.

Schön ist das nicht, ein schon geschlagenes Volk, das sich mühsam von der Niederlage erholt, unversehens noch einmal zu überfallen und ihm den Garaus zu machen. Und wenn wir uns auch schwer vorstellen können, daß dies ohne Wissen des Aetius oder gegen seinen ausdrücklichen Willen geschehen konnte, so deutet doch alles darauf hin, daß die Initiative nicht von ihm ausging, sondern von den Hunnen selbst.

Selbst in einer so wirren und von Kriegsgeschrei so unablässig erfüllten Epoche wie der jener großen Völkerwanderung ist der Vorgang, wie er uns geschichtlich bezeugt wird, ungewöhnlich; und man ist versucht, ihm noch ein wenig nachzusinnen, weil gerade an diesen herausragenden Ereignissen Sage und Legende sich mit Vorliebe ansetzen. Man ahnt, daß dieser Doppelmord an einem Volk am Rhein, im Herzen auch des damaligen Europa, nicht unbemerkt blieb und nicht vergessen werden sollte. Aber welche Ursachen hatte er, konnte er haben?

Da käme erstens die simple Raubgier in Frage, die relativ naheliegende Überlegung, daß die Burgunder keinen nennenswerten Widerstand leisten würden, falls man versuchte, das zu holen, was bei ihnen noch zu holen war.

Zweitens könnte Aetius, der über den Stämmen thronende und zur Unparteilichkeit verpflichtete Römer, die Hunnen zu jener Schmutzarbeit ermuntert haben, die er im ersten Anlauf nicht zu verrichten wagte. Die Wut der Germanen würde sich dann gegen die Hunnen richten, nicht gegen die Römer, und das konnte ihm nur recht sein.

Und drittens konnten die Hunnen eine eigene alte Rechnung mit den Burgundern zu begleichen haben, eine Rechnung aus früheren Begegnungen, die trotz der burgundischen Niederlage gegen die kombinierte römisch-hunnische Streitmacht unter Aetius noch nicht ganz aufgegangen war.

Für die Annahmen eins und zwei lassen sich begreiflicherweise dokumentarische Beweise kaum beibringen. Aetius wird seine Schlechtigkeiten nicht für die Geschichtsschreiber in Täfelchen eingegraben haben, die Hunnen aber raubten stets kommentarlos und ohne darüber lange zu korrespondieren. Für die dritte Annahme jedoch ergibt sich ein zwar umstrittener, aber unleugbar vorhandener Hinweis bei einem kirchlichen Schriftsteller mit dem berühmten Namen Sokrates – dem Sokrates Scholastikos, im fünften Jahrhundert Anwalt in Konstantinopel und Fortsetzer der Kirchengeschichte des Eusebios von Cäsarea (260–340). Dieser Sokrates berichtet – in freier Übertragung – einiges von den Burgundern, was man anderswo nicht lesen kann:

»Es gibt eine barbarische Nation, die sich in der Gegend des Rhein-Flusses aufhält und Burgunder genannt wird. Sie führen ein friedliches Leben. Sie haben besondere Fähigkeiten für allerlei Arbeiten mit Holz und wenden diese Kenntnisse zu ihrem eigenen Wohlergehen an. Die Hunnen griffen dieses Volk wiederholt an und verheerten sein Land, ja, sie erschlugen auch sehr viele von diesen Burgundern. In dieser Notlage beschlossen die Burgunder, sich nicht mehr einem Menschen anzuvertrauen, sondern einem höheren Wesen, einem Gott. Nach reiflicher Erwägung sagten sie sich, daß der Gott der Römer die Seinen am besten schütze, und so entschlossen sie sich zur Annahme des römischen (= katholischen) Glaubens.

Um dies zu bewerkstelligen, begaben sie sich in eine Stadt des (östlichen) Gallien und baten den Bischof, sie zu taufen. Dieser befahl ihnen, sieben Tage zu fasten, und unterrichtete sie in dieser Zeit in den Grundsätzen des christlich-katholischen Glaubens. Am achten Tag taufte er sie dann und entließ sie. Fortan gewannen die Burgunder stärkeres Selbstvertrauen und wandten sich gegen ihre Bedrücker; und sie wurden in ihrer Hoffnung auch nicht enttäuscht: Als eines Nachts der Hunnenkönig Uptaros (= Oktar) so viel gegessen und getrunken hatte, daß er an diesem Übermaß starb, griffen die Burgunder das nunmehr führerlose Volk an. Und obwohl sie nur wenige waren und ihre Gegner sehr zahlreich, erkämpften sie einen großen Sieg. Mit nur dreitausend Mann erschlugen sie an die zehntausend Hunnen. Seit dieser Zeit ist die burgundische Nation unter die eifrigsten Anhänger des Christentums zu zählen.«

Der Nachsatz macht klar, warum ein frommer Mann und Historiker der Kirche wie Sokrates Scholastikos die Geschichte erzählt. Aber eben darum sollte man eigentlich annehmen, daß sie nicht erfunden, sondern gut bezeugt ist, denn was wäre der Beweis, als der sie dienen soll, sonst wert?*

Oktar und Rugila geboten, wie nachher Bleda und Attila, über verschiedene Hunnenstämme, die in verschiedenen Teilen Europas Krieg führten. Daß Rugila sich gegen Byzanz, also

* K. Stiewe-Münster bescheinigt Sokrates Scholastikos in seinem Artikel im *Lexikon der Alten Welt:* »Sein Werk behandelt die Jahre 305 bis 439 und zeichnet sich sowohl durch das wertvolle Urkundenmaterial als auch durch die objektive Darstellung aus.« So ein Mann soll ausgerechnet bei den Hunnen und Burgundern zu flunkern beginnen?
Die älteren Forscher und Historiker der Völkerwanderung haben ihm nicht geglaubt; bei den großen Vielwissern Bury und Seeck mit ihren ausführlichen Darstellungen vom Untergang der antiken Welt fehlt die oben zitierte Episode. Thompson hält sie 1948 für zuverlässig, Otto Maenchen-Helfen findet 1973 einen wahren Kern in ihr. Das ist ein Für und Wider, das ein Sachbuch nicht abwägen muß und nicht entscheiden kann. Aber ein Motiv wäre mit dieser frühen Begegnung gegeben, einer Begegnung, die im Zuge der jahrzehntelangen Söldnerrolle hunnischer Verbände stattgefunden haben kann oder aber auf einem der uns ja kaum bekannten Raubzüge König Oktars.

in den Südosten, wandte, wissen wir. Oktar in lateinischen Quellen Uptaros und ähnlich umschrieben, dehnte seine Raids dafür weiter nach Westen aus. Nicht alle Hunnenfürsten müssen so mäßig gelebt haben, wie es von Attila berichtet wird, und wenn Sokrates Scholastikos wörtlich schreibt, der Hunnenkönig sei auseinandergeplatzt, so schwingt darin die verständliche Genugtuung eines byzantinischen Christen über eine Strafe des Himmels, die der Völlerei unmittelbar auf dem Fuße folgt. Die Hunnen aber, deren leidenschaftliche und gewaltige Totenfeiern wir kennen, haben es gewiß nicht vergessen, daß sie mitten in dieser Veranstaltung, in einer heiligen Handlung und ohne zum Kampf bereit gewesen zu sein, von den Burgundern überfallen wurden.

Wenn sie, wie die Quellen melden, im Jahr nach der Niederwerfung der Burgunder noch einmal und ohne ersichtlichen Grund über die schon Geschlagenen herfielen, um ihnen vollends den Garaus zu machen, dann kann das sehr gut die Rache für den Burgunder-Überfall nach dem Tod des Oktar gewesen sein, der ja nicht einmal zehn Jahre zurücklag. So kurz ist auch bei nomadischen Völkern das Gedächtnis nicht.

Die seßhaften Burgunder aber hatten nun eine ganze Menge zu bewahren, wenn sie überhaupt noch zu sich selbst kommen wollten: die Erinnerung an die kurze heldische Phase am Rhein, wo sie gegen Alemannen, Römer und Hunnen kämpften, und die hinterhältige Grausamkeit eben dieser nun von Attila regierten Hunnen.

War das die Pforte, durch die Attila-Etzel in die deutsche Heldendichtung des Nibelungenliedes hineingeriet wie Pontius Pilatus ins Credo?

Wir stoßen hier auf einen gordischen Knoten von Problemen, denn wenn es um das große alte Epos von den Nibelungen geht, um Siegfried, Gunther, Hagen und all die anderen, da regen sich die Federn, ächzen die Pulte, fühlen sich deutsche

Männer sonder Zahl veranlaßt, ihre eigene Meinung zu äußern und fremde oder gar ausländische erbittert zu bekämpfen. Diese Erbitterung geht so weit, daß die wissenschaftlichen Waffen bei durchaus unerheblichen Fragen am hellsten klirren, wie etwa der Überlegung, ob Worms tatsächlich Hauptstadt eines Burgunderreichs gewesen sei und wenn nicht Worms, welche Stadt an ihrer Stelle? Aber sie legt sich andererseits auch wieder angesichts dieser herrlichen langen und großen Geschichte von heroischen Leidenschaften und nationalen Tugenden, auf die jedes Volk stolz sein könnte.
Dieses nimmermüde Interesse an der Dichtung von den Nibelungen und an dem Schicksal der Burgunder zwischen Aetius und Attila bringt es mit sich, daß neben einer Fülle wissenschaftlicher Literatur auch zwei leicht lesbare neuere Darstellungen zu dieser Frage vorliegen, die – vielleicht kein Zufall – beide von Journalisten aus der den Geschehnissen so nahe liegenden Stadt Bonn verfaßt wurden: Rudolf Pörtners Buch *Mit dem Fahrstuhl in die Römerzeit* gibt übersichtlich den rheinisch-römischen Hintergrund, während Helmut Berndt neun Jahre später an die neununddreißig Abenteuer des Nibelungenliedes sein *Vierzigstes Abenteuer* – die archäologische Suche nach den Burgunderstätten – schließt.
Tatsächlich sollten zumindest bei der Frage nach Worms und seiner Rolle die Archäologen das erste und das letzte Wort haben, und sie würden es vermutlich sehr gerne sprechen; aber woran erkennt man in einem Grab, daß es unter einer Hauptstadt gelegen?
Die nicht eben seltenen Funde aus dem burgundischen Umkreis lassen sich wegen verschiedener Eigenarten und Kunstfertigkeiten dieses Volkes verhältnismäßig leicht identifizieren, das heißt: eben den Burgundern zuschreiben. So fand etwa Friedrich Behn 1934 nicht weniger als sechsundfünfzig Gräber mit Urnen, Skeletten und verschiedenen kennzeich-

nenden Beigaben wie Schalen, Schnallen, Fibeln, Ringen, Schwertern und anderem, woraus hervorging, daß hier nicht eine Gruppe wandernder Burgunder überfallen und niedergemacht wurde, sondern daß eine Siedlung über viele Jahre hinweg ihre Toten in diesem Gräberfeld bestattete. Es liegt am sogenannten Altrhein, kurz vor Lampertheim, und da muß man allerdings sagen: Näher an Worms hätte es kaum liegen können, wenn es ein Dorf war und nicht die Residenz selbst. Bedenkt man noch, daß die Burgunder ja keiner der großen, volkreichen Stämme waren, daß die Gepiden sie schon an der Weichsel und die Vandalen in Siebenbürgen gehörig zur Ader gelassen hatten, dann bleibt für den ganzen Stamm ein vermutliches Areal von wohl kaum mehr als etwa fünfzig mal fünfundzwanzig Kilometern (in der Annahme, daß die Besiedlung an den Flußufern dichter war und sich länger erstreckte als die Ausbreitung der Burgunder im flachen Land). Ein sehr wertvolles römisches Zeugnis, das diese archäologischen Funde nach Süden zu ergänzt, berichtet uns, daß einer der römischen Gegenkaiser im Jahr 411 in der Stadt Mundiacum zu dieser Würde erhoben worden sei, wobei die Alanen und die Burgunder Schützenhilfe leisteten. Ein Alanenfürst namens Goar und der Burgunder Guntiarius (latinisiert für Gundakar) werden namentlich erwähnt. Die Quelle für diese seither vielbesprochene Mitteilung ist der aus dem ägyptischen Theben stammende griechische Geschichtsschreiber Olympiodor, ein Heide, der ähnlich wie Priskus viel aus eigener Erfahrung und Anschauung schöpfte und zum Beispiel in den Jahren 412/13 selbst an Unterhandlungen mit den Hunnen beteiligt gewesen war. Er stand also mitten im Geschehen und hat sich bei einem Ereignis aus dem Jahr 411 gewiß nicht geirrt – es sei denn, auf dem weiten Weg seiner Niederschrift durch die Jahrtausende sei der Stadtname jener Kaisererhebung ein wenig verunstaltet worden.

Da man noch nicht druckte, war es kein Druckfehler-, sondern ein Abschreiberteufel, der (vielleicht) aus Moguntiacum, was eindeutig Mainz bedeutet hätte, jenes Mundiacum machte, von dem niemand je gehört hat und noch heute keiner weiß, wo es liegt. In Mainz und seiner Umgebung sind aber nicht wenige Funde burgundischer Herkunft zutage gekommen: Waffen, charakteristische Gürtelschnallen, denen die Burgunder ja magische Kräfte beimaßen, und allerlei Schmuck.
Man bedenke: Irgendein heidnischer oder mönchischer Federfuchser irrt sich, eine Fliege lenkt ihn ab, ein Mägdelein hüpft am Zellenfenster vorüber, und schon ist eine Silbe auf den Steinboden gefallen, und weil Silben dabei ja nicht warnend klirren, ist aus Moguntiacum ein Muntiacum geworden, ohne *og*. Oder vielleicht ist der Olympiodorus-Text gar nicht klar und unmißverständlich bis nach Europa gelangt, gesteht doch der Patriarch Photios, der ihn für uns rettete, daß er ihn auf einer Gesandtschaftsreise von Konstantinopel nach Bagdad von seinem Sekretär habe abschreiben lassen – eine Gesandtschaftsreise im neunten Jahrhundert durch ein Gebiet, in dem es noch heute nicht wirklich geheuer ist.
Wieder einmal kann ich mich angesichts solcher Schicksale und Fährnisse alter Pergamente nicht dazu entschließen, Zeichen für Zeichen aufzuspießen, gegen das Licht zu halten und lange zu prüfen. Die berühmte Römerstadt Mainz ist mir als Krönungsort so recht wie Worms als Burgunder-Residenz. Und lange sollte der arme Gundakar sich ihrer ohnedies nicht erfreuen.
Da auch die Hunnen, trotz aller Schnelligkeit, trotz ihrer Lassos und ihrer bezeugten Beutegier, einige tausend Burgunder am Leben lassen mußten, setzte sich ein Treck rheinaufwärts in Bewegung, der wohl kein Volk mehr war, aber doch noch ein Stamm, denn auf der ganzen Strecke des rheinufrigen Reiches muß es doch möglich gewesen sein, dem Hauptstoß der

Hunnen auszuweichen. Nur der Verlust an Männern muß sehr arg gewesen sein, denn diese stellten sich natürlich dem Feind und wurden getötet.
Die Lebenskraft, mit der die Burgunder sich in den neuen Sitzen rings um den Genfer See und bis hinein ins Gebirge wieder konsolidieren, ist bemerkenswert, ja beinahe möchte man sagen ungewöhnlich. Unter so vielen Stämmen, die zermahlen werden und buchstäblich unter die Räder der Wanderkarren kommen, erheben sich die Burgunder wieder vielleicht dank ihrer besonderen Fertigkeiten, die durchaus nicht alltäglich sind.
Aus ihrem Gesetzbuch, das wenige Jahrzehnte nach der Volkskatastrophe entsteht, läßt sich der Konsolidierungsprozeß ableiten, denn ein Gesetzbuch – das wissen wir seit Moses – ist mehr als eine Verfassung, es ist das Leben des Volkes, nicht des Staates. In dieser Lex Burgundiorum spielen die Handwerker eine besondere Rolle, allen voran diejenigen, die mit Holz zu tun haben (darin hatte Sokrates Scholastikos also vollkommen recht), aber auch die Schmiede und andere.
Die Meister unter ihnen, jene, die wie der nordische Schmied Wieland scheue Verehrung genossen, verstanden es, die wunderwirksamen Gürtelschnallen herzustellen. Daß der Gürtel die Kraft gab, daß der entgürtete Leib wehrlos war, das hat sich aus altem burgundischem Glauben bis ins Nibelungenlied erhalten: das ist einer der alten Überlieferungskerne, die diese große Dichtung so wertvoll machen, auch wenn man ihren Kunstgehalt so wenig akzeptieren möchte wie zum Beispiel der einer anderen literarischen Mode zuneigende große Friedrich.
Neben den einzelnen Gegenständen war es aber vor allem die Hausform, die burgundisches Volksleben bewahrte, wenn auch die Häuser in den neuen Heimattälern nicht mehr so oft aus Holz waren wie im waldigen Rheingebiet, sondern häufi-

ger aus den Steinen der nahen Berge (was man vielleicht den Römern abgeschaut hatte).
Den Mittelpunkt des Hauses bildete die große und mit vielen Sitzgelegenheiten ausgestattete Küche; sie war noch eine rechte germanische Halle, und das ein Halbjahrtausend nach dem Beginn der Wanderung, nach dem Verlust der uralten Wurzeln, die vielleicht wirklich nach Bornholm, der Ostseeinsel, weisen. Über der Herdstelle stieg ein aus Bohlen verschränkter und damit abgedichteter Rauchfang über Raum und Haus hinauf in den Himmel. Klappen, die man öffnen und schließen konnte, saßen hart an diesem breiten Abzug und gestatteten es, Rauchflucht und Lichteinfall nach Bedarf zu regeln. Das mögen Verfeinerungen aus dem römischen Deutschland gewesen sein, wo man ja eine Menge lernen konnte, auch wenn man nur ein Menschenalter lang unter den Römern gelebt hatte.
Dies alles, auch wenn es nun aus Stein errichtet worden war, ließ noch erkennen, daß die Baumeister in Holz dachten. Sie waren ja das Volk der Zimmerleute, das nur eines nicht verstanden hatte: sich eine feste Burg am Rhein zu zimmern, die wir heute ausgraben können, um zu sagen, hier haben Gunther und Brunhild, Siegfried und Kriemhild gelebt, bis die Hunnen über sie kamen ...

4. Das Attentat

Als die Burgunder dem letzten vernichtenden Überfall der Hunnen erlagen, war Attila schon mindestens zwei Jahre lang König. Die Jahre 434 bis 439 zählen zu den dunkelsten seiner Herrschaft. Wie Streiflichter erhellen kurze Notizen bei dem einen oder anderen Chronisten dieses Jahrfünft, in dem doch – dessen kann man sicher sein – die großen Entscheidungen bereits heranreiften, durch die Attila Geschichte machen sollte.

Daß er in dieser Lage sich um ein Miniaturproblem wie die Wormser Burgunden selbst gekümmert und am Rhein die Vernichtungsschlacht in eigener Person kommandiert habe, ist demnach unwahrscheinlich. Ausgeschlossen ist es nicht, so übereinstimmend die Forschung auch sagt: »Attila war an dem Kampf gegen die Burgunder weder beteiligt noch sind diese an seinen Hof gezogen« (Homeyer).

Auch das Nibelungenlied läßt Attila-Etzel nicht nach Worms reiten, sondern wählt, da Burgunder und Hunnen nun einmal zusammenkommen müssen, die malerische Variante, die Burgunder auf der Donau gen Osten fahren zu lassen, dorthin, wo tatsächlich die geschichtliche Hofhaltung des Hunnenkönigs sich befand und Gesandte aus allen Ländern anzog.

Diese Fahrt der Recken auf dem großen Strom, der das Herz Europas mit dem Orient verbindet, ist einer der Höhepunkte der Darstellung, die vermutlich an dem österreichischen Babenbergerhof des Hochmittelalters niedergeschrieben wurde, und sie ging darum auch nicht ganz ohne Schleichwerbung für die Wachauer Weine ab, wie der Empfang bei der Rast in Pöchlarn zeigt:

»Frau Gotelinde küßte die Fürsten alle drei
So tat auch ihre Tochter. Herr Hagen stand dabei.
Den hieß ihr Vater küssen: da blickte sie ihn an;
Sie hätt' es gern gelassen, ihr graute vor dem Mann.

Doch mußte sie gehorsam nachkommen dem Gebot,
Es wechselt ihre Farbe, sie wurde bleich und rot.
Dann küßte sie Herrn Dankwart und Volker zum Beschluß:
Zu Ehren seines Kriegsruhms war diesem holder Gruß.

Man führte nun die Helden in einen weiten Saal.
Die Ritter und die Frauen, sie setzten sich zum Mahl.
Den Gästen ließ man schenken den allerbesten Wein,
Nie, wahrlich, mochten Helden so gut bewirtet sein.«

Als diese Strophen geschrieben wurden, hatte die Donau schon wieder die Bedeutung, die sie im Altertum besessen hatte: ein Verkehrsweg ersten Ranges zu sein, dessen breite und im allgemeinen gut schiffbare Wasserfläche es gestattete, die großen Entfernungen zwischen dem Herzen des Kontinents und dem Zentrum des Oströmischen Reiches verhältnismäßig schnell und bequem zurückzulegen. Auf der Donau umging der Verkehr das schwierige Gelände der Alpen, und die Donau war die bei weitem leistungsfähigste und wichtigste Verbindung zwischen dem westlichen Verkehrssystem Rhein–Aare–Rhône und dem östlichen, das über die russischen Flüsse die Ostsee mit dem Schwarzen und dem Mittelmeer verband.

Derlei liest sich ein wenig utopisch, vor allem, wenn man so viel von barbarischen Sitten, dauernder kriegerischer Unruhe und den großen Wanderungen gehört hat. Aber der Handel ist nun einmal eine der seltsamsten Konstanten der Geschichte, weil die Menschen, die von ihm lebten, zu den findigsten Naturen unserer Spezies gehören und es offensichtlich verstanden, noch zwischen Kavallerieattacken und rauchenden Dörfern ihren Geschäften nachzugehen.

Allerdings konnte unter diesen Umständen der Handel nicht ungestört aufblühen oder gar jenes beträchtliche Volumen erreichen, dessen er sich innerhalb des Römischen Weltreichs erfreute. Er war auch nicht im heutigen Sinn geordnet, und die Handelsverträge beschränkten sich meistens darauf, die Bedingungen, Plätze und Sicherheitsbestimmungen festzulegen, nicht etwa Warenmengen oder Kontingente. Damit der Güteraustausch trotz der Kriegswirren überschaubar bleibe und nicht zur Spionage mißbraucht werde, waren die Märkte räumlich und zeitlich festgelegt. Aber was hatte das schon zu sagen in einem Kontinent, der in unablässiger Bewegung war, den statt der heutigen 633 Millionen Einwohner höchstens zwanzig Millionen bevölkerten und der nur am römischen Limes feste und kontrollierbare Grenzen kannte.

Während im Römischen Reich, und zwar in der westlichen wie in der östlichen Hälfte, der Kaufmann einen beträchtlichen Spielraum eigener Initiative besaß und etwa in Syrien Handelshäuser von modernem Fernhandelsumfang existierten, war im Osten, bei Hunnen und Persern, der Handel strikt reglementiert. Aller Handel mit Persien mußte über Nisibis, Artaxata oder Callinicum laufen und wurde schon vom ersten Augenblick an kontrolliert, und bei den Hunnen schloß das Monopol des Golderwerbs, das die Fürstenfamilie sich gesichert hatte, auch ein Verbot zwischenstaatlicher Geschäfte mit ein, sofern diese nicht im direkten Auftrag Attilas oder Bledas vor sich gingen.

Damit war jeder private Versuch, sich zu bereichern oder seine Beute nutzbringend anzuwenden, als Schmuggel charakterisiert, und mit Schmugglern fackelte Attila nicht lange, mochten sie Hunnen, Alanen, Germanen oder Thraker sein. Unter ständiger Lebensgefahr, aber durch die geographischen Verhältnisse begünstigt, schmuggelten die Hunnen dennoch, und zwar in erster Linie Pferde, deren sie ja tatsächlich mehr als genug hatten, aber auch Sklaven und Sklavinnen, die sich ohne sonderliche Mühe heranschaffen ließen oder nach Feldzügen in so großen Mengen zur Verfügung standen, daß sie sogar die Preise drückten. In solchen Zeiten konnte dann ein wagemutiger Aufkäufer, der sichere römische oder byzantinische Abnehmer hinter sich wußte, das Geschäft seines Lebens machen und frische skythische Ware – blonde Germanenmädchen, heißblütige Tscherkessinnen oder rankes Alanenvolk – auf die Sklavenmärkte der großen Städte des geteilten Weltreiches bringen. Und je mehr man dabei die Barbaren übers Ohr schlug, um so lieber sah Gott diesen Handel, wie der heilige Ambrosius seinen Schäfchen versicherte: »Ihn, den du im Krieg schwerlich bezwingen kannst, vermagst du rächend zu überwinden im Umgang mit Geld und Gewinn. So wie es im Krieg kein Verbrechen ist, zu töten, so ist in diesem Fall, dem Gegner gegenüber, der Wucher ebensowenig ein Verbrechen wie das Übervorteilen.« Zu Ehren des berühmten Mailänder Bischofs wollen wir annehmen, daß er bei diesem bedenklichen Leitsatz in erster Linie an die Hunnen dachte, die so ziemlich alles, was sie besaßen, zuvor anderen abgenommen hatten, so daß auf dem Umweg über den Donau-Schleichhandel ein wenig von den Schätzen der Alten Welt wieder in diese zurückkehrte.

Diese besondere Lage einer ganzen Nation, wie man die Hunnen unter Attila wohl nennen kann, gewann ihre Bedeutung dadurch, daß der Herrscher eine heute kaum vorstellbare Kontrolle über das Ein- und Ausströmen auch von barem Geld und Gold hatte. Damit war naturgemäß auch das Verhalten der Gesandtschaften verhältnismäßig leicht zu überwachen, und ein Gold-Solidus in den Händen einer hunnischen Leibwache bedeutete nichts anderes als eine Alarmsirene heute: Wofür hatte der Mann das Geld bekommen, von wem hatte er es bekommen, wer war noch in dieser Weise gekauft worden? Drei unlösbare Fragen für eine moderne Demokratie und eine gesetzestreue Polizeimacht, das einfachste aller Probleme für Attila, mit einem Fingerschnipsen und einem Blick zum Henker zu lösen, falls sich angesichts dieser Verhältnisse tatsächlich einer der Hunnen auf derlei selbstmörderische Weise um ein Nebeneinkommen bemüht haben sollte.

Die Probe aufs Exempel liefert uns der historisch bezeugte

Versuch der byzantinischen Regierung, Attila ermorden zu lassen. Er war im Lauf der Jahre auch tatsächlich zum Feind Nr. 1 des Oströmischen Reiches geworden, das auch ohne ihn schon der Feinde genug hatte. In der geistvollen Studie Santo Mazzarinos über das Ende der antiken Welt kann man lesen, Attilas eigentliches Problem sei sein Schwanken darüber gewesen, ob er sich auf den römischen Osten oder den römischen Westen werfen solle. Die Jahre 435–449 geben jedoch ziemlich deutlich das Bild eines barbarischen Herrschers, der seine hochzivilisierten Gegner sehr genau zu unterscheiden und mit einem wahren Raubtierinstinkt auch richtig einzuschätzen versteht: Der militärisch und personell besser ausgestattete Westteil des Reiches wird durch hunnische Söldnertruppen in Sicherheit gewiegt, zugleich aber ausgeforscht, denn wie könnte man die altberühmte römische Kampfesweise besser kennenlernen, als wenn man sie unter römischen Feldherren exerziert? Und der schwache, von feigen Levantinern geführte, in Geschwätz und Intrigen inoffensiv gewordene Ostteil des Reiches wird durch gelegentliches Zähnefletschen und Knurren eingeschüchtert, worauf dann die wohlgekleideten und im Zeremoniell aufgehenden byzantinischen Schranzen erschrocken auseinanderstieben, um neue Tribute und Geschenke heranzuschaffen.

In den Jahren 441 und 443 hatte Attila dem Oströmischen Reich in solchen Raubüberfällen zugesetzt, wobei er so wild angriff, als ob dies schon die große Invasion sei und der Anfang vom Ende für das griechisch-syrische Millionärsgetto am Bosporus. Im Frühjahr 445 hatte ein Signal anderer Art die Byzantiner verschreckt: Attila hatte seinen Bruder und Mitregenten Bleda aus der Welt schaffen lassen auf eine Weise, die nie genau bekannt geworden ist. Und 447 brachen die Hunnen schon wieder los. Das Jahr hatte schreckhaft begonnen mit einem gewaltigen Erdbeben, das am 27. Januar, zwei Stunden nach Mitternacht, den großen Verteidigungswall auseinanderriß und zusammenstürzen ließ. Erst 439 war er vollendet worden, um Konstantinopel gegen Angriffe von der Landseite her zu schützen.

Als es tagte, pilgerten Zehntausende zu dem zerstörten Befestigungswerk, unter ihnen der Kaiser, barhaupt und barfüßig wie sein Volk. Und dann wurde in einem gemeinsamen Effort, wie ihn die reiche Stadt weder vorher noch nachher je hatte auf sich nehmen müssen, der große Wall binnen drei Monaten wiederaufgebaut.

Wenn Attila Späher in Byzanz hatte, so lagen sie in diesen Monaten in tiefstem Winterschlaf. Aber was die Hunnen in offener Feldschlacht einzusetzen hatten, genügte auch, sie brauchten keine Götter und kein Erdbeben, und letztlich hatten die Byzantiner – die man vorsichtshalber bei der Arbeit nach ihren Sympathien im Zirkus zusammengefaßt und also in Fan-Gruppen hatte arbeiten lassen – diese ungewohnte Anstrengung umsonst geleistet, denn die Entscheidung fiel weit von Konstantinopel, am Fluß Vit, damals Utus geheißen. Arnegisclus, Magister Militum Ostroms, fiel, nachdem kurz zuvor sein Pferd unter ihm von Pfeilen tödlich getroffen worden war. Der ganze römische Balkan wurde auf das furchtbarste verheert:

»Das barbarische Volk der Hunnen kam mit solcher Wucht, daß mehr als hundert Städte erobert wurden, Konstantinopel selbst in Gefahr geriet und die Menschen aus der Stadt zu fliehen begannen. Selbst die Mönche machten sich auf nach Jerusalem. Da war ein so großes Morden und Blutvergießen, daß niemand die Toten zählen konnte. Sie plünderten die Kirchen und Klöster und malträtierten die Mönche und Nonnen. Sie verwüsteten sogar die Kirche des heiligen Märtyrers Alexander von Drizipera und entführten aus ihr alle Schätze und Erbgüter (d.h. Stiftungen); so etwas war noch nie zuvor geschehen, obwohl die Hunnen schon einige Male in der Nähe dieses Heiligtums gewesen waren: Das Gotteshaus selbst hatten sie noch nie zu betreten gewagt. Thrakien wurde so entsetzlich verwüstet, daß es nie wieder zu seiner früheren Blüte zurückfinden wird.«

Aus dieser Jeremiade des Callinicus geht hervor, daß es nach der oströmischen Niederlage am Utus, einem südlichen Nebenfluß der Donau im heutigen Bulgarien, kein Halten mehr gab. Die Hunnen hatten die ganze Südostspitze Europas blitzschnell erobert und trotz der ungemein schwierigen Berglandschaften, die zu durchqueren waren, an verschiedenen Stellen das Mittelmeer und das Marmarameer erreicht. Die Nachrichten über die Plünderung des Alexanderheiligtums an der Straße von der Küstenstadt Heraclea nach Arcadianapolis beweist, daß die Hunnen mit Vorliebe längs der Römerstraßen marschierten und dort auch oft ihre Schlachten schlugen, ein begreiflicher Umstand, der beim Aufmarsch zur Völkerschlacht auf den Katalaunischen Feldern noch eine besondere Rolle spielen wird.

Kann man es verstehen, daß Byzanz, das Babel der Alten Welt, dennoch dem Untergang entging und seine Schätze für die Türken aufsparte, entfernte Hunnenverwandte, die tausend Jahre nach Attila kamen? Begreift man angesichts der Tatsache, daß Attila selbst die Hauptarmee kommandierte, einen Rückzug ohne Erfolg, während der venezianische Doge Enrico Dandolo, doppelt so alt wie Attila, Konstantinopel in den Jahren 1203 und 1204 gleich zweimal eroberte?

Die Chronisten bemühen, um dies zu erklären, eifrig allerhöchste und geheimnisvollste Kräfte: Das Erdbeben war zwar eine Strafe für die sündige Stadt, aber die Errettung vor den Hunnen wurde ihr Lohn für christliches Ausharren im Hunnensturm. Die Byzantiner sündigten durch Geldgier, ihre Laster und ihre Leidenschaft für die Zirkusspiele; die Hunnen wiederum hatten auf dem Weg an den Bosporus so viele christliche Jungfrauen geschändet, daß sie nun die Kräfte verließen und Gott sie mit einer Seuche schlug.

Seuchen sind Gründe zur Umkehr; die Hauptarmee unter Attila scheint aber frei von diesen Übeln geblieben zu sein, vielleicht auch, weil unter den Augen des Herrschers die Manneszucht besser war und die Truppe sich nicht so gehenlassen konnte.

Das Hunnenreich war bereits damals unermeßlich groß. Es steht heute fest, daß es tatsächlich bis an die Ostsee reichte, und es gibt sogar moderne Historiker, die eine Oberhoheit der Hunnen über die Britischen Inseln annehmen, zumindest in Form von Tributnahme. In diesem Mittel- und Osteuropa zur Gänze erfassenden, sich bis an den Kaukasus erstreckenden Riesenreich konnte sehr vieles geschehen, was Attila bewegen mochte, das byzantinische Goldangebot zu akzeptieren. Gold war schnell genommen, und mehr als Gold brachte auch eine langwierige Belagerung nicht. Und schnell einzunehmen war Konstantinopel keinesfalls, weil die Hunnen keine Blockadeflotte hatten, die der Stadt die Zufuhren von See her hätte abschneiden können.

Byzanz also bezahlte, um der Belagerung zu entgehen, und Attila zog mit mehr als achttausend Pfund Gold ab, was in modernem Gewicht etwa 2500 kg Gold sind.

Kann man es Händlergehirnen verargen, wenn sie angesichts dieses Verlustes zu dem Schluß kamen, nun müsse man noch weitere fünfzig Pfund Gold aufwenden, Attila umbringen und sich das Gold wieder zurückholen?

Der Pate dieses mafiosen Gedankens war ein Eunuche namens Chrysaphios, und der Mann, der uns die ganze Geschichte erzählt, ist der byzantinische Diplomat Priskus. Ich werde ihn nur dann unterbrechen, wenn es zum besseren Verständnis notwendig ist:

»Nach dem Abschluß des Friedensvertrages schickte Attila sogleich wieder Gesandte zu den Oströmern, um die Auslieferung der Flüchtlinge zu fordern. Die Rhomäer empfingen die Gesandten, beschenkten sie reich, versicherten ihnen, daß sich keine Überläufer mehr bei ihnen befänden, und entließen sie. Darauf schickte Attila eine zweite Gesandtschaft, die nicht weniger reich bedacht wurde; ihr folgte eine dritte und eine vierte. Attila nützte die Freigebigkeit der Rhomäer, welche diese aus Furcht vor einem Verstoß gegen den (Friedens-) Vertrag übten, weidlich aus. Er ersann immer neue Anlässe und fand immer wieder einen Vorwand, Gesandtschaften zu schicken, mit deren Führung er seine Verwandten und Freunde betraute, denen er wohlwollte. Die Rhomäer gehorchten Attila in allem aufs Wort (!) und nahmen seine Forderungen wie Befehle ihres rechtmäßigen Herrschers hin. Sie vermieden mit peinlicher Sorgfalt jeden Anlaß zu einem neuen Krieg gegen ihn, hatten sie doch genug andere Sorgen: die Parther rüsteten zum Krieg; die Vandalen machten (mit ihren Schiffen) die Küsten unsicher, die Isaurier (Bergvolk in Südanatolien) unternahmen fortwährend Raubzüge, und die Sarazenen verheerten die Ostgebiete des Reiches in immer neuen Einfällen. Obendrein standen auch die äthiopischen Stämme zum Kriege gerüstet. Daher taten die entmutigten Rhomäer alles, um Attila bei guter Laune zu halten. Den übrigen Völkern wollten sie entgegentreten, sobald sie ein (neues) Heer aufgeboten und einen Heerführer (anstelle des gefallenen Arnegisclus) bestellt hätten.«

Von Zeit zu Zeit war aber doch Ernsthaftes zu verhandeln, und für diese Zwecke hatte Attila, wie sich zeigen wird, Männer von unbedingt europäischem Format an seinem Hof. Einer von ihnen war der hunnische Adelige Edekon:

»Mit einer neuen Gesandtschaft kam Edekon, ein Skythe, der sich im Kriege rühmlichst hervorgetan hatte, und mit ihm

Orestes, der von rhomäischer Abkunft war und aus dem Lande Pannonien an der Save stammte, das der weströmische Feldherr Aetius dem Barbarenkönig abgetreten hatte. Dieser Edekon überreichte bei seiner Ankunft am Kaiserhof einen Brief, in dem sich Attila wegen der Überläufer beschwerte. Er drohte sogar mit einem neuerlichen Krieg, wenn sie ihm nicht ausgeliefert würden und die Rhomäer nicht aufhören sollten, das von ihm eroberte Land zu bebauen. Dieser Landstreifen war etwa fünf Tagereisen breit und erstreckte sich von Pannonien bis zu der thrakischen Stadt Novae (Sistovo).
Außerdem wünschte Attila, der Markt für Illyrien (d.h. die große Jahresmesse aller Kaufleute) sollte nicht wie bisher am Donauufer abgehalten werden, sondern in Hinkunft in Naissos (Nisch) stattfinden, einer Stadt, die Attila erobert und zerstört hatte. Sie lag für einen rüstigen Wanderer fünf Tagereisen südlich der Donau und war in dem jüngsten Vertrag als (neue) Grenzstadt zwischen dem skythischen (= hunnischen) und rhomäischen Herrschaftsbereich festgesetzt worden. Überdies forderte Attila, man möge ihm Gesandte zur Erörterung der schwebenden Streitfragen schicken, aber nicht die ersten besten, sondern Männer von konsularischer Würde. Wenn Byzanz Bedenken trüge, solche Männer ins Hunnenreich zu entsenden, so sei er bereit, ihnen bis Serdika (Sofia, wohin vom Bosporus aus eine Straße führte) entgegenzukommen und sie dort zu empfangen.
Nachdem der Kaiser Attilas Brief gelesen hatte, zog sich Edekon mit Vigilas zurück. Dieser hatte wörtlich verdolmetscht, was der Hunne als mündliche Ergänzungen und Kommentare zu dem Schreiben seines Herrn vorgebracht hatte. Edekon begab sich sodann in einen anderen Teil des Palastes, um dem kaiserlichen Schildträger (Ehrentitel) Chrysaphios, dem mächtigsten Mann am Hofe, seine Aufwartung zu machen. Dabei bestaunte er sehr die Pracht des kaiserlichen Palastes.

Als dann der Hunne mit Chrysaphios ins Gespräch kam, übersetzte Vigilas diesem die Ausdrücke von Edekons Bewunderung und Staunen über den Bau und seine kostbare Einrichtung. Darauf erwiderte Chrysaphios, auch Edekon selbst könne Herr in einem kostbar ausgestatteten Palast und eines großen Vermögens sein, wenn er die Hunnen verlassen und zu den Rhomäern übergehen wollte. Edekon sagte darauf nur, daß er als Dienstmann seines Königs nur mit dessen Einwilligung nach Byzanz gehen dürfe. Nun erkundigte sich der Eunuche (= Chrysaphios), ob Edekon jederzeit ungehindert Zutritt zu Attila habe und bei den Hunnen überhaupt ein einflußreicher Mann sei. Edekon bestätigte, daß er zu den engsten Vertrauten Attilas gehöre und daß ihm, gemeinsam mit einigen anderen Edlen aus dem Hunnenland, der persönliche Schutz des Königs anvertraut sei. Sie lösten einander tageweise in einer festgelegten Ordnung im bewaffneten Wachdienst vor der jeweiligen Wohnung des Königs ab.

Darauf erwiderte der Eunuche, er habe Edekon einen überaus wichtigen und sehr günstigen Vorschlag zu machen; freilich müsse er ihn vorher durch Eid seines Stillschweigens versichern. Die Sache bedürfe aber der nötigen Zeit und Muße. Die würden sie haben, wenn Edekon zu ihm, Chrysaphios, zum Mahle komme, jedoch ohne den Orestes und die übrigen Mitglieder der Gesandtschaft. Mit Hilfe des Dolmetschers verpflichteten sie sich mit Handschlag zum Schweigen und schworen einander zu: der Eunuche, daß sein Anerbieten an Edekon keineswegs gefährlich (!), sondern im Gegenteil überaus vorteilhaft und einträglich sei; und Edekon, daß er das ihm Anvertraute selbst dann nicht verraten werde, wenn er persönlich nicht bereit sein sollte, darauf einzugehen.

Bei jenem Mahle rückte Chrysaphios dann mit seinem Ansinnen heraus: Edekon solle heim ins Skythenland reisen, den Attila ermorden und zu den Rhomäern nach Byzanz zurückkehren. Nach dieser Tat winke ihm hier ein Leben in Reichtum und Fülle. Edekon ging darauf ein, meinte aber, dazu brauche er Geld, zunächst zwar nicht viel, immerhin aber fünfzig Pfund Gold, die er an seine Helfershelfer verteilen müsse. Der Eunuche wollte Edekon die Summe unverzüglich aushändigen. Der Barbar (= Edekon) riet jedoch, ihn zuerst mit einem Bericht über die Gesandtschaft und deren Ergebnisse zu Attila zurückkehren zu lassen. Durch Vigilas werde Edekon dann dem Chrysaphios sagen lassen, auf welchem sicheren Wege er das Gold an ihn senden könne. Attila habe nämlich die Gewohnheit, jeden Gesandten gleich nach der Rückkehr genau darüber auszufragen, welche Geschenke und Beträge in Gold oder Geld er von den Rhomäern erhalten habe. Außerdem ließe sich eine solche Menge Goldes während der langen Reise nicht vor den anderen Mitgliedern der Gesandtschaft mit Sicherheit verbergen.

Dieser Einwand des Barbaren leuchtete dem Eunuchen ein, und er erklärte sich einverstanden. Er entließ den Edekon nach dem Mahle und begab sich zum Kaiser, um ihn von dem Anschlag auf Attila und dem entwickelten Plan zu unterrichten. Der Kaiser ließ sogleich den Magister officiorum holen und weihte auch ihn als den höchsten Regierungsbeamten in die Abmachungen mit dem Barbaren ein ... Nach eingehender Beratung wurde beschlossen, nicht nur Vigilas den Edekon begleiten zu lassen, sondern auch Maximinos. Während Vigilas unter dem Deckmantel des Dolmetschamtes dem Edekon für alle geheimen Erledigungen und zur Ausführung von Weisungen zur Verfügung stehe, werde Maximinos, der von dem Anschlag nichts erfahren dürfe, den Brief des Kaisers an Attila überreichen und als Gesandter fungieren, da er aus vornehmer Familie stammte und aus der unmittelbaren Umgebung des Kaisers. Dies teilte man auch Attila schriftlich mit (da er Gesandte von konsularischem Rang verlangt hatte).

Maximinos wiederum bat mich (d.h. Priskus, den Verfasser dieses Berichts), ihn auf dieser Gesandtschaftsreise zu begleiten. So brachen wir mit den Barbaren auf und kamen nach Serdika, das ein rüstiger Wanderer von Konstantinopel aus in dreizehn Tagereisen erreicht. Dort hielten wir Rast und luden Edekon mit seinen Barbaren zur Abendmahlzeit ein. Die Einheimischen lieferten uns Schafe und Rinder; wir schlachteten sie und schmausten wacker. Bei Tisch rühmten die Barbaren ihren Attila, wir aber unseren Kaiser. Da warf Vigilas ein, man dürfe doch Menschliches nicht mit Göttlichem vergleichen: Attila sei schließlich nur ein Mensch, Theodosius jedoch ein Gott. Da fuhren die Hunnen auf, und es gab eine Verstimmung. Wir lenkten sogleich das Gespräch in andere Bahnen und trachteten, sie durch freundliche Worte zu versöhnen.«
Priskus enthält sich diplomatisch jeglichen Urteils über diesen Zwischenfall, vielleicht, weil er ahnt, daß das römische Gottkaisertum den gleichen Irrtum berge wie die hunnische Vergottung des obersten Anführers der Stämme. Genaugenommen, könnte man den Hunnen, die fern der Heimat und ganz auf ihren König gestellt eine Gemeinschaft bildeten und in schweren Kämpfen standen, solch eine Vergottung weniger verdenken als den hochkultivierten Römern des West- oder des Ostreiches, die eine große philosophische Literatur, gelehrte Schulen und Kenntnis verschiedener religiöser Systeme hatten. Das kürzlich angenommene Christentum hätte ihnen eigentlich nahelegen müssen, Theodosius II. ebensowenig als Gott anzusehen wie irgendeinen anderen irdischen Herrscher.
»Als die Tafel aufgehoben war, überreichte Maximinos sowohl dem Edekon als auch dem Orestes Geschenke: seidene Gewänder und indische Edelsteine. Orestes blieb bei uns, bis Edekon sich entfernt hatte, und rühmte dann Maximinos, weil er nicht denselben Fehler begangen habe wie die Hofleute im

kaiserlichen Palast, wo man Edekon zum Mahl bei Chrysaphios geladen habe, ihn jedoch nicht. Diese Worte erschienen uns sonderbar, da wir von alledem nichts wußten; wir fragten darum weiter, doch Orestes ging wortlos hinaus.
Tags darauf besprachen wir die Sache mit Vigilas, der aber meinte, es sei doch selbstverständlich, daß dem Orestes nicht dieselben Auszeichnungen zuteil werden könnten wie Edekon: Orestes sei zwar der Geheimschreiber Attilas, aber doch ein Bediensteter, Edekon hingegen ein überaus erfolgreicher Feldherr aus hunnischem Adel, der hoch über Orestes stehe. Danach richtete er einige Worte an Edekon, die wir nicht verstehen konnten und von denen Vigilas behauptete, sie seien der Bericht des Vorgefallenen gewesen und Edekon habe sich sehr über Orestes geärgert.«
Die zwei Männer, die hier einander gegenüberstehen, bilden eines der merkwürdigsten Paare der Geschichte. Sie sind nämlich beide Väter von Kaisern, weil Orestes seinen Sohn als Romulus Augustulus auf den römischen Thron setzte und weil Edekons Sohn Odoaker ihn davon verstieß und diesen Kaiserthron selbst einnahm.
Trotz der eindeutigen Sprache des Priskus, der es schließlich wissen mußte, weigerten sich vor allem deutsche Historiker lange Zeit, Odoaker, eine der leuchtendsten Herrschergestalten der ganzen Völkerwanderungszeit, als einen Hunnensproß anzusehen. Daß Edekon ein Hunne von hohem Adel und aus dem engsten Kreis der Fürstenfamilien war, ist nicht mehr zu bestreiten, und da über seine Frau(en) nichts überliefert ist, was sichere Schlüsse auf Odoakers Mutter zuließe, muß es zweifelhaft bleiben, ob dieser germanische Heerführer und Vernichter des Weströmischen Reiches überhaupt einen Tropfen germanischen Blutes hatte. Man darf allerdings annehmen, daß er Frauen aus dem Stamm zur Ehe nahm, über den ihn Attila gesetzt hatte, also von den Skiren, die erst unter

ihm und in Verbindung mit Herulern und Turcilinger zu einiger Bedeutung kamen.

»In Naissos (Nisch) angekommen, fanden wir die Stadt verlassen vor, da sie (im letzten Krieg) von den Feinden zerstört worden war. Nur in den von der Kirche erhaltenen Spitälern lagen noch einige Kranke. Ein Stück weiter flußaufwärts hielten wir wieder auf bloßem Grund; am Ufer nämlich lagen die Gebeine der Gefallenen haufenweise umher. Tags darauf trafen wir unweit von Naissos . . . den Befehlshaber der in Illyrien stehenden Streitkräfte. Wir übermittelten ihm den Auftrag des Kaisers und übernahmen von ihm fünf von jenen siebzehn Gefangenen (Attila hatte sie Überläufer genannt), die wir an die Hunnen ausliefern mußten. Der Befehlshaber entließ sie unter Bezeugungen seines Wohlwollens und gab sie uns mit.«

Nach einem letzten beschwerlichen Wegstück kommt die Gesandtschaft, der Attila also nicht bis Serdika entgegengereist war, zum Zeltlager des Hunnenkönigs. Man weist ihnen einen Platz an, von dem aus sie das Lager nicht überblicken können, und sie haben Schwierigkeiten, zu Attila vorzudringen, angeblich, weil ein neuer Kriegszug vorbereitet wird, um die Römer des Ostreichs zur Herausgabe aller Überläufer zu zwingen. Vigilas, der einzige eingeweihte Byzantiner, befürchtet, unverrichteterdinge abreisen zu müssen:

»Hätte ich, meinte er, mit Attila sprechen können, ich hätte ihn leicht dazu bewogen, vom Krieg gegen die Rhomäer abzulassen, weil ich mit ihm von einer früheren Gesandtschaft unter Anatolius her auf vertrautem Fuß stehe. Darüber hinaus behauptete er, auch Edekon sei ihm wohlgesinnt. In Wahrheit wollte er natürlich nichts anderes, als unter dem Deckmantel der Gesandtschaft und der verschiedenen Besprechungen – wahrer oder nur vorgetäuschter – Mittel und Wege finden, den Anschlag gegen Attila zu fördern und zu erfahren, wie das

Gold, das Edekon zu den Bestechungen brauchte, herbeigeschafft und an die Verschwörer verteilt werden könne.
Aber Vigilas ahnte nicht, daß er längst verraten war. Edekon nämlich hatte gleich nach dem Eintreffen seinem König den ganzen Plan aufgedeckt und ihm auch von dem Gold erzählt, das aus diesem Anlaß geschickt werden sollte. Ich vermag bis heute (d.h. zur Niederschrift dieser Erinnerungen) nicht zu sagen, ob Edekon schon in Byzanz nur zum Schein auf den Vorschlag des Eunuchen eingegangen war oder ob er diesen Entschluß erst faßte, als der Disput mit Orestes unterwegs ihm zeigte, jener Geheimschreiber Attilas habe die vertraute Unterredung Edekons mit dem Eunuchen sehr wohl bemerkt und könne sie Attila hinterbringen.«
Dazu ist zu sagen, daß schon Edekons Anordnungen hinsichtlich des Goldtransports darauf hindeuten, daß er nur zum Schein auf den Attentatsplan eingegangen war. Dieser an sich unnötig komplizierte Weg, Bestechungsgelder ins Hunnenland zu schaffen, hatte doch wohl nur den Zweck, einen schlüssigen Beweis für einen solchen byzantinischen Plan zu liefern. Das geht auch aus allem hervor, was Attila nun in die Wege leitet:
»Schon standen die Lasttiere bepackt, und wir wollten uns auf die Rückreise machen, als uns einige Boten Attilas Befehl überbrachten, wir sollten wegen der vorgerückten Stunde an diesem Tage nicht mehr abreisen. Andere Hunnen trieben sogar einen Ochsen herbei und brachten Flußfische, die Attila uns zugedacht hatte.
So schmausten wir denn und legten uns dann zur Ruhe. Am nächsten Morgen hofften wir dann, Attila werde sich milder zeigen und uns eine geneigte Botschaft senden.«
Es bedurfte jedoch noch einer geschickten Intrige des Priskus, um die Gesandtschaft in den Genuß einer Audienz zu bringen. Es gelang durch einen Vertrauten Attilas namens Skottas.

Dessen Bruder war von Kaiser Theodosius II. als hunnischer Botschafter erbeten worden, was naturgemäß als besondere Chance auf Ruhm und Reichtum anzusehen war; diese Aussichten brachten Skottas dazu, bei Attila eine Audienz für die Rhomäer zu erwirken. Der nun folgende Bericht ist die einzige authentische und hinreichend ausführliche Schilderung von Attila als Person, in seinem Wesen und Benehmen, in der gesamten Literatur über den Hunnenkönig:

»Ich eilte zurück zu Maximinos, der mit Vigilas in Sorgen und Zweifeln über die nächsten Schritte verharrte, und berichtete von meiner Unterredung mit Skottas. Ich riet ihnen auch, die Geschenke für den Hunnenkönig vorzubereiten und sich ihre Worte vor Attila zurechtzulegen. Die beiden waren im Gras gelegen und sprangen nun sogleich auf. Sie lobten mein umsichtiges Verhalten und riefen die Tragtierführer zurück, die schon aufbrechen wollten. Dann berieten sie, wie sie Attila anreden und in welcher Reihenfolge sie ihm die Geschenke des Kaisers sowie die eigenen Gaben des Maximinos überreichen sollten. Mitten in diesen Vorbereitungen beschied uns Attila durch Skottas zu sich.

Wir begaben uns also zu seinem Zelt, das rings von starken Barbarenwachen umgeben war. Wir traten ein und fanden Attila auf einem hölzernen Thron sitzend. Wir blieben in einiger Entfernung davor stehen. Maximinos trat vor, begrüßte den Hunnenkönig, überreichte ihm das Schreiben des Kaisers und überbrachte dessen Grüße und gute Wünsche. Attila entgegnete, er wünsche den Rhomäern dasselbe wie sie ihm.

Dann fuhr er gleich auf Vigilas los, schalt ihn ein unverschämtes Biest und herrschte ihn an, wozu er überhaupt gekommen sei, da er doch die zwischen Anatolios und ihm getroffenen Vereinbarungen recht wohl kenne und wisse, daß er, Attila, befohlen habe, Gesandte erst dann vorzulassen, wenn alle Überläufer den Hunnen ausgeliefert worden seien. Vigilas er-

widerte, bei den Rhomäern befinde sich kein einziger skythischer Überläufer mehr, man habe bereits alle ausgeliefert. Da ergrimmte Attila noch mehr, überhäufte den Vigilas mit lauten Scheltworten und drohte, er würde ihn den Geiern zum Fraß kreuzigen lassen, wenn es nicht die Unverletzlichkeit der Gesandten verböte, ihn für seine ebenso dreisten wie unverschämten Reden zu bestrafen.
Er fuhr fort, es befänden sich noch zahlreiche Überläufer bei den Rhomäern, und ließ auch sogleich ihre Namen von den Schreibern verlesen. Hierauf befahl er dem Vigilas, unverzüglich mit Esla abzureisen und von den Rhomäern die sofortige Auslieferung aller skythischen Flüchtlinge zu verlangen, die seit den Zeiten des Carpilio zu den Rhomäern übergegangen seien, denn er wolle nicht dulden, daß seine eigenen Untertanen gegen seine Leute kämpften. ›Ihr habt ihnen den Schutz eures Heimatlandes anvertraut, aber sie können euch nicht helfen, denn welche Festung könnten sie erfolgreich verteidigen, deren Eroberung oder Zerstörung ich einmal beschlossen habe?‹ –«
Carpilio – wir erinnern uns – war jener Sohn des Aetius, der ein paar Jahre am Hunnenhof als Geisel weilte. Das muß vor 440 gewesen sein. Attila will also reinen Tisch machen und die Überläufer aus acht Jahren in seine Gewalt bringen. Er will sichergehen, daß Ostrom nicht zu dem gleichen Mittel greift wie Westrom, nämlich die eigene Schwäche durch Fremdtruppen großer Kampfkraft beschützen zu lassen. Und es müssen natürlich viele Überläufer sein oder wichtige Anführer, sonst würde sich Attila nicht selbst um ihre Auslieferung kümmern. Daß sein Reich besser organisiert ist, als man gemeinhin annimmt, daß zumindest eine Art Feldpolizei ausgezeichnet funktioniert, das geht daraus hervor, daß er die Namen der Männer, die er sucht und in seiner Gewalt haben will, bloß von einer Liste ablesen läßt. Von barbarischem Chaos

kann keine Rede sein, und es herrscht auch kein Nomaden-Schlendrian, sondern die unbarmherzige Ordnung einer gefestigten Diktatur.

»Dann wollte Attila die Geschenke sehen. Wir überreichten sie ihm und kehrten dann in unser Zelt zurück, wo wir alles, was wir gehört hatten, besprachen. Vigilas zeigte sich sehr betroffen darüber, daß Attila, der ihn bei jener früheren Gesandtschaft freundlich behandelt hatte, diesmal so aufgebracht gewesen war. Wie er mir später sagte, schien er wirklich nicht zu wissen, warum Attila ihn so beschimpft hatte, denn er hielt es für unmöglich, daß der Anschlag auf Attila verraten worden sei: Edekon habe sich nicht nur durch Eid zum Schweigen verpflichtet, er riskiere doch selbst die Todesstrafe, wenn seine Teilnahme an dem Mordplan ruchbar würde.

Während wir uns noch so zweifelnd miteinander berieten, kam Edekon und führte den Vigilas unter einem Vorwand beiseite. Dabei befahl er ihm, nun das für die Bestechungen ausgesetzte Gold heranschaffen zu lassen, und entfernte sich wieder. Als wir danach den Vigilas fragten, was Edekon mit ihm besprochen habe, versuchte er – längst ein betrogener Betrüger – uns durch Ausflüchte hinter das Licht zu führen. Inzwischen aber war ein weiterer Bote gekommen und überbrachte uns Attilas Befehl, weder Vigilas noch wir Gesandten dürften einen rhomäischen Gefangenen oder Sklaven oder auch nur Pferde käuflich erwerben. Lediglich Ausgaben für den nötigsten täglichen Bedarf an Lebensmitteln seien uns zugestanden.«

Eine wohlkalkulierte Devisenfalle also, von Edekon blitzschnell erdacht, während er in Byzanz dem raffinierten Chrysaphios gegenübersaß, ein Meisterstück an Intrige; von ihrem Funktionieren allerdings hing auch ab, ob Edekon belohnt oder ans Kreuz geschlagen würde, eine Hinrichtungsart, die Attila besonders liebte. Nun, dank der prompten Befehle und der lückenlosen Überwachung der Gesandten mußte die Falle zuschlagen. Jeder Fremde, der nach dieser Anordnung im Umkreis des Hoflagers größere Goldbeträge bei sich führte, machte sich so auffällig wie der Mann, der in der Newa-Bar zu Ost-Berlin mit einer Dollarnote bezahlen will, oder der Tourist, der sich im Lenin-Mausoleum eine Camel anzündet. Und der arme Vigilas war meilenweit gegangen, nur um sich selbst ans Messer zu liefern:

»Als aber Vigilas an den Ort kam, wo Attila eben weilte, wurde er von Barbaren, die ihm aufgelauert hatten, umstellt und der Goldschatz, den er für Edekon mitführte, ihm abgenommen. Sie brachten ihn dann vor Attila, der ihn fragte, wozu er soviel Gold mit ins Hunnenreich gebracht habe. Vigilas erwiderte, er brauche es für sich und seine Begleiter, damit sie nicht etwa aus Mangel an Lebensmitteln oder an Pferden oder an Tragtieren, die durch die weite Reise ausgefallen seien, in ihren Bemühungen um ihren Auftrag als Gesandte behindert würden. Überdies sei ein Teil dieser Summe als Lösegeld für Kriegsgefangene gedacht, weil viele Rhomäer ihn flehentlich gebeten hätten, Verwandte, die den Hunnen in die Hände gefallen seien, loszukaufen.

Da fuhr Attila auf Vigilas los: ›Du unverschämtes Biest, du sollst trotz deiner schlauen Ausflüchte der verdienten Strafe nicht entrinnen; dein Gerede soll dir nichts nützen. Die Summe, die du mitführst, ist um ein Vielfaches höher als alles, was du zu deinem und deiner Leute Unterhalt je brauchen könntest, oder auch zum Ankauf von Pferden oder Lasttieren, ja selbst zum Freikauf von Gefangenen, den ich übrigens ausdrücklich verboten habe.‹

Nach diesen Worten machte Attila Miene, den Sohn des Vigilas, der seinen Vater zum erstenmal ins Barbarenland begleitete (und offenbar nicht den Schutz der Diplomaten-Immunität genoß), von der Leibwache mit Schwertstreichen töten zu

lassen, so daß Vigilas nun offen eingestand, für welchen Zweck das Gold bestimmt gewesen sei. Als er seinen Sohn in Todesgefahr schweben sah, flehte er Attila unter Tränen an und bat ihn, er möge Gerechtigkeit walten lassen und ihn, Vigilas, töten, nicht aber das unschuldige Kind. Er zauderte auch nicht länger, die ganze, von ihm, Edekon und vor allem Chrysaphios ausgeheckte Verschwörung und ihre Billigung durch den Kaiser aufzudecken, und bat kniefällig immer wieder, daß man doch ihn töte, seinen Sohn aber heimkehren lasse.
Attila wußte inzwischen längst von Edekon, daß Vigilas diesmal die Wahrheit sprach. Darum ließ er ihn nur in Fesseln legen und gestattete dem Sohn die Rückkehr nach Byzanz mit dem Auftrag, ein Lösegeld von fünfzig Pfund Gold für den Attentäter heranzuschaffen. Zugleich entsandte Attila auch den Orestes und den Unterhändler Esla zu den Rhomäern. Dem Orestes befahl er, den Geldbeutel, darin Vigilas das für Edekon bestimmte Gold verwahrt hatte, (leer) um den Hals zu tragen und so vor Chrysaphios und den Kaiser zu treten. Dann solle er den Eunuchen fragen, ob er den Beutel kenne. Esla aber solle folgende Botschaft ausrichten: Kaiser Theodosius des Oströmischen Reiches sei allerdings der Sohn eines edlen Vaters, aber auch Attila sei vornehmer Abkunft und halte als Nachfolger seines Vaters Mundzuch den Adel hoch in Ehren. Theodosius hingegen habe seinen ererbten Adel verscherzt, indem er ihm, Attila, tributpflichtig und damit sein Vasall geworden sei. Besonders schimpflich aber sei es, wenn solch ein Vasall seinem Herrn nach dem Leben trachte und dem, den das Schicksal über ihn gesetzt habe, wie ein treuloser Sklave heimlich nachstelle. Attila könne den Mordanschlag erst als gesühnt ansehen, wenn ihm der Eunuch Chrysaphios zur Bestrafung ausgeliefert würde. Mit dieser Botschaft kamen die beiden nach Konstantinopel.«

Die allzu fein spinnenden Byzantiner hatten sich von den Barbaren so vollständig hereinlegen lassen, daß dies die sprichwörtliche Geschicklichkeit oströmisch-griechischer Politik nicht gerade bestätigt. Attila konnte mit dem Erfolg zufrieden sein: Er hatte eine neue Geisel, eine rechtens beschlagnahmte Summe von hundert Pfund Gold, da Chrysaphios in seinem Eifer das Doppelte der vereinbarten Menge geschickt hatte, und darüber hinaus noch fünfzig Pfund für Vigilas zu erwarten. Das war selbst bei Attilas wirklich manischem Goldhunger schon sehr viel. Aber der Vorfall bedeutete auch eine schwere Kränkung, ja er kam sogar einer Verletzung des Waffenstillstands gleich, und es war vorauszusehen, daß Byzanz nun allerlei werde tun müssen, um den Hunnenherrscher – der vermutlich mehr amüsiert als erbost war – vollkommen auszusöhnen.

Ich habe dieses Kabinettstückchen spätantiker Reisediplomatie so ausführlich reportiert, einmal, weil Priskus ein einwandfreier Zeuge, ja ein Beinahe-Beteiligter war und sein Bericht uns also in die Lage versetzt, die Dinge kennenzulernen, wie sie geschahen, und nicht, wie sie die Brille der Gelehrten späterer Zeiten sieht oder sehen möchte. Zum andern aber liefert uns der Vorfall eine ganze Reihe exakter Informationen über jene mit konsequenter Verächtlichkeit Barbaren genannten Hunnen, die zwar allerlei Sünden begehen, wie sie innerhalb der römischen Reiche selten geworden sein mögen, denen dafür aber gewisse andere Schlechtigkeiten vollkommen fremd sind. Ein Mann wie Edekon beweist gegenüber einer beträchtlichen Versuchung, ja gegenüber dem Rausch der ersten Begegnung mit wirklichem Reichtum und einer üppigen materiellen Kultur eine bewundernswerte Haltung und die eiskalte Ruhe, die nötig ist, so gewitzte Gegenspieler zu übertölpeln. Ein anderer hunnischer Würdenträger, nämlich Esla, wird aus den Quellen als Gesandter für heikle Sonderfälle erkennbar und hat, wie wir wissen, diese Rolle schon seit den Zeiten des Hunnenkönigs Rugila inne, also seit mindestens siebzehn Jahren. Ein dritter, der Bruder des Skottas, lehnt die ihm von den Byzantinern angebotenen Versprechungen und den Botschafterposten in Konstantinopel mit dem Bemerken ab, er würde dort ohnedies nur die Befehle seines Herrn, nämlich König Attilas, ausführen; da bleibe er lieber gleich als Berater am hunnischen Hof. Sehr bezeichnend ist auch die Äußerung eines vierten Mannes, eines Griechen, der nach Jahren der Gefangenschaft die Rückkehr ins Römische Reich gar nicht mehr für erstrebenswert hält und das in einem Gespräch mit Priskus wie folgt begründet:

»Ich bin gebürtiger Grieche und war ein wohlhabender Kaufmann in einer Stadt an der Donau. Dort habe ich lange Zeit gelebt und eine reiche Frau geheiratet, aber meinen Besitz bei der Eroberung der Stadt durch die Hunnen verloren. Nach der Sitte der Barbaren konnten sich die Vornehmen die Gefangenen aussuchen, und so kam ich mit meiner ganzen Habe an den Onegesius (d.i. der Bruder des Skottas). Später habe ich mich in den Kämpfen gegen die Rhomäer und gegen die Akatziren ausgezeichnet und meinen Beuteanteil meinem Herrn Onegesius überlassen, wozu ich verpflichtet war, wofür er mir aber die Freiheit schenkte. Nun konnte ich eine Barbarenfrau heiraten, die mir Kinder geboren hat. Ich bin ständiger Gast am Tisch des (königlichen Beraters oder Ministers) Onegesius, und dieses Leben behagt mir weit mehr als mein früheres. Die Hunnen nämlich führen, wenn sie einen Krieg mit all seinen Beschwerlichkeiten und Gefahren beendet haben, ein vollkommen sorgenfreies und untätiges Leben. Da genießt ein jeder die Früchte seiner Tapferkeit, und kein Mensch stört ihn dabei. Bei den Rhomäern aber (d.h. in diesem Fall den Unterlegenen) kommt man leicht im Kriege um. Die müssen ja ihre Hoffnung stets auf andere setzen, weil sie nicht selbst zu den

Waffen zu greifen wagen. Und wenn sie sich tatsächlich irgendwann selbst verteidigen müssen, so schweben sie durch die Feigheit ihrer unerfahrenen Anführer in größter Gefahr. Im Frieden aber liegen (in Ostrom) die Dinge noch viel ärger, und zwar wegen der drückenden Steuern und der dauernden Ränke gewissenloser Schufte, für die Gesetze offenbar nicht gelten. Verstößt ein Reicher und Mächtiger gegen das Gesetz, so braucht er keine Strafe zu zahlen; ein Armer hingegen, der sich nicht zu helfen weiß, muß mit der gesetzlich festgelegten Strafe rechnen, wenn er nicht schon vor der Urteilsverkündung, durch den langwierigen Prozeß aufgerieben, freiwillig aus dem Leben scheidet. Der ärgste Mißstand ist wohl, daß man im Römischen Reich Recht und Gesetz heute durch Geld erst erkaufen muß. Keinem Geschädigten wird der Schutz der Gesetze zuteil, wenn er nicht vorher Richter und Gerichtsbeamte bestochen hat.«

Hut ab vor Priskus, dem Mann des fünften Jahrhunderts, der die Bedeutung dieser Aussage erkannte und die Zufallsbegegnung in einer Lagergasse darum in seinen hochpolitischen Bericht aufnahm, obwohl er selbst als getreuer Staatsdiener ganz und gar nicht der Meinung jenes Kaufmanns von der Donau war. Deutlicher als lange geschichtliche oder staatsphilosophische Erörterungen legen diese Worte eines Zeitgenossen klar, warum zumindest der Ostteil des Römerreiches so schwach war und die Hunnen ihm gegenüber so stark, warum sich die Hunnen für ihren König abschlachten ließen, während die Byzantiner auf Hilfstruppen angewiesen waren. Es gibt, wenn schon unsichere Zeiten sind, eine gewisse Sicherheit nur bei der besser geführten Partei, das macht diese nicht zu widerlegende Zweckphilosophie ebenso klar wie die andere Maxime: Wer in diesen Zeiten der hin und her flutenden Eroberungsheere sich ein friedliches Geschäft aufbaut und dafür arbeitet, wird immer der Dumme sein. Da bleibt man schon besser Krieger, riskiert sein Leben, dessen man als Kaufmann ja auch nicht sicher ist, und lebt zwischen den Kriegen von der Beute besser, als es ein Kaufmann sein Leben lang tun konnte.

Die Illusionen, wir sehen es, sind entschwunden. Ein paar Bischöfe sitzen noch betend vor den Reliquienschreinen des frühesten Christentums, aber sie werden das Jahrhundert nicht überdauern. Die Welt der Krieger ist wiedergekommen, die Welt der Hunnen und der Germanen, die sich prächtig miteinander vertragen, weil sie ihre römischen Gegner nicht etwa hassen – Haß nämlich schlägt um –, sondern weil sie Rom verachten. Verachtung aber ist eine Konstante der Weltpolitik, ja sogar der Weltgeschichte, über Generationen und über Jahrhunderte hinweg.

Sowjetische Archäologen graben seit den sechziger Jahren besonders im Süden der Sowjetunion. Die Abbildung zeigt eine Gesamtansicht der Ausgrabungen in einem Randviertel der Stadt Jewpatoria auf der Halbinsel Krim. Die Archäologen stießen hier auf eine altgriechische Handelsfaktorei. Auf ihr errichteten später die Skythen zur Abwehr der Hunnenstürme eine Festung.

Die auf dieser Seite abgebildeten Gegenstände aus einer hunnischen Fundstätte sind im Nationalmuseum von Budapest zu besichtigen. Links und rechts oben: zwei Dreiknopf-Fibeln aus vergoldeter Bronze mit Tierkopfende, Spiralen und Almandineinlagen aus dem 6. Jahrhundert n. Chr.; links unten: Schnallenzunge aus Gold mit Säugetier- und Vogelkopfende, 7. Jahrhundert n. Chr.; Mitte und rechts unten: Schnalle aus vergoldeter Bronze mit reichem Spiralornament und rechts unten mit Vogelkopfende, 7. Jahrh. n. Chr.

Hunnischer Bronzekessel aus dem 4. Jahrhundert n. Chr. (Nationalmuseum, Budapest).

Oben: Rekonstruktion einer hunnischen Krone (Nachzeichnung).
Unten: Keramik-Gefäße aus ungarischen Fundstätten; sie gehören der gepidischen und hunnischen Epoche an (Damjanich-János-Museum, Szolnok).

Oben: Rekonstruktion eines hunnischen Lagers mit vorbeiziehender Karawane.
Unten: So sah ein Künstler des 19. Jahrhunderts Attilas Hofhaltung (Holzstich nach einem Gemälde von H. Knackfuß). Mit besonderer Vorliebe nahm sich das 19. Jahrhundert des Hunnenthemas an.

Auch im Mittelalter war der Hunneneinfall ein bevorzugtes Thema der Künstler (Buchmalerei aus St. Gallen, um 925; Universitätsbibliothek Leiden).

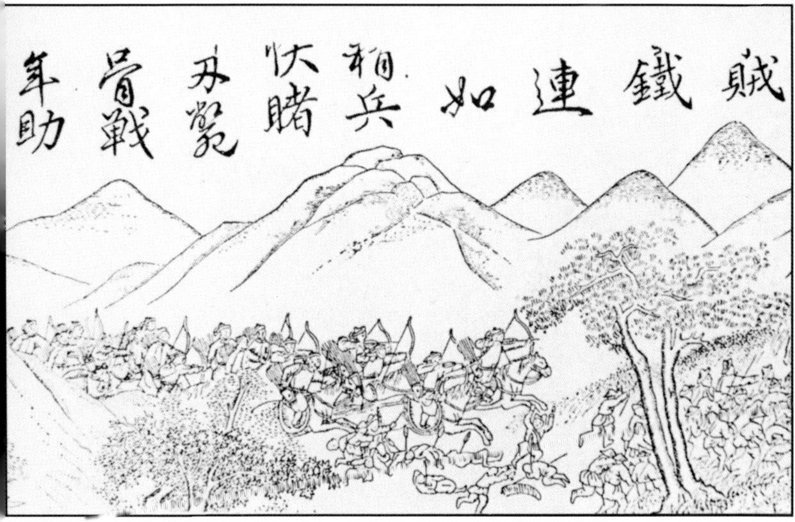

Oben: Auf dieser mittelalterlichen Darstellung wird ebenfalls der Aufeinanderprall der Heere vorgeführt (Holzschnitt).
Unten: Hunnische Kampfszene aus mongolischer Sicht.

Gastmahl am Hofe Attilas. Deutlich unterscheidet sich diese heroisierende Stilisierung des Themas von mittelalterlichen Gestaltungen (Holzschnitt von H. Knackfuß, 1878).

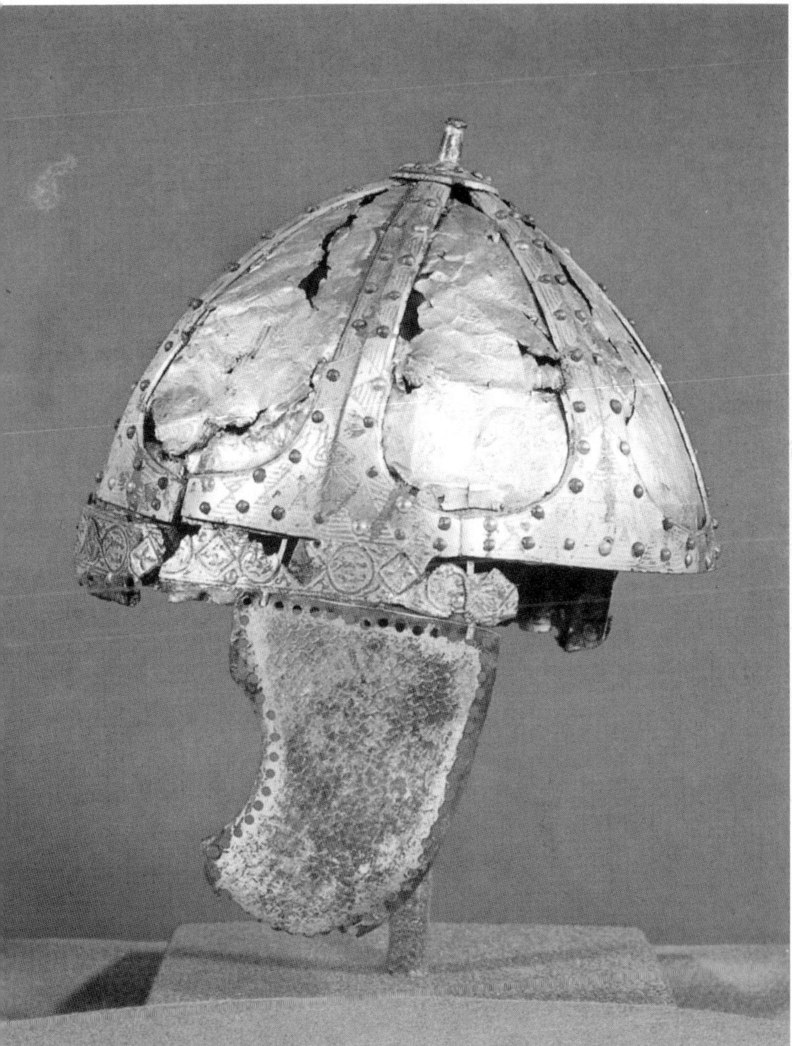

Hunnischer Spangenhelm, vierteilig, aus der Zeit um 500 n. Chr. (gefunden bei Sveti Vid in Dalmatien). Er wird in der Waffensammlung des Kunsthistorischen Museums zu Wien aufbewahrt.

Hunnische Bandhelme, die ebenfalls aus der dalmatinischen Fundstätte bei Sveti Vid stammen; sie sind gleichfalls in der Waffensammlung des Wiener Kunsthistorischen Museums zu besichtigen.

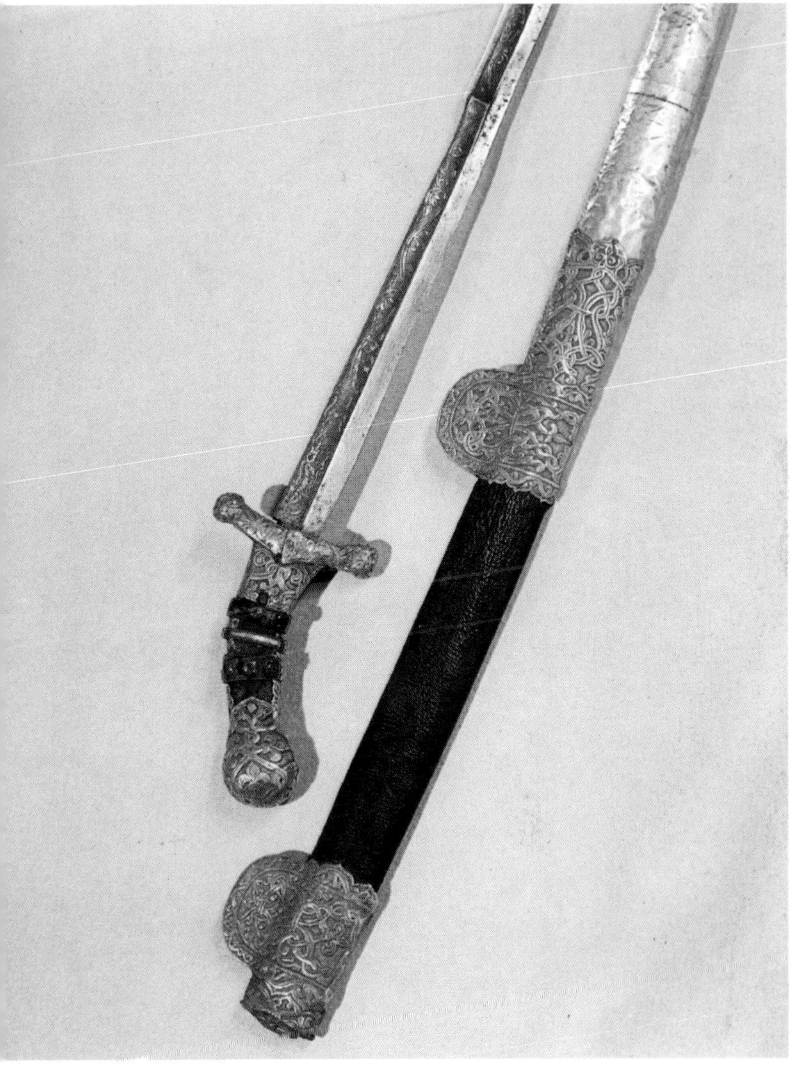

Die patriotische Literatur Ungarns schreibt diesen Säbel mit dem kunstvoll verzierten Griff und der prächtigen Scheide Attila zu. In der Schatzkammer des Kunsthistorischen Museums zu Wien wird beides als sogenannter »Säbel Karls des Großen« vorgestellt. Es ist eine Arbeit, die aus dem 9. Jahrhundert stammt und osteuropäischen Ursprungs ist.

Der sogenannte »Goldschatz Attilas«, gefunden in Nagyszentmiklós (heute in Rumänien, vor 1918 zu Ungarn gehörig). Die Abbildung zeigt 11 der insgesamt 23 Goldgefäße, die ebenfalls im Kunsthistorischen Museum zu Wien besichtigt werden können.

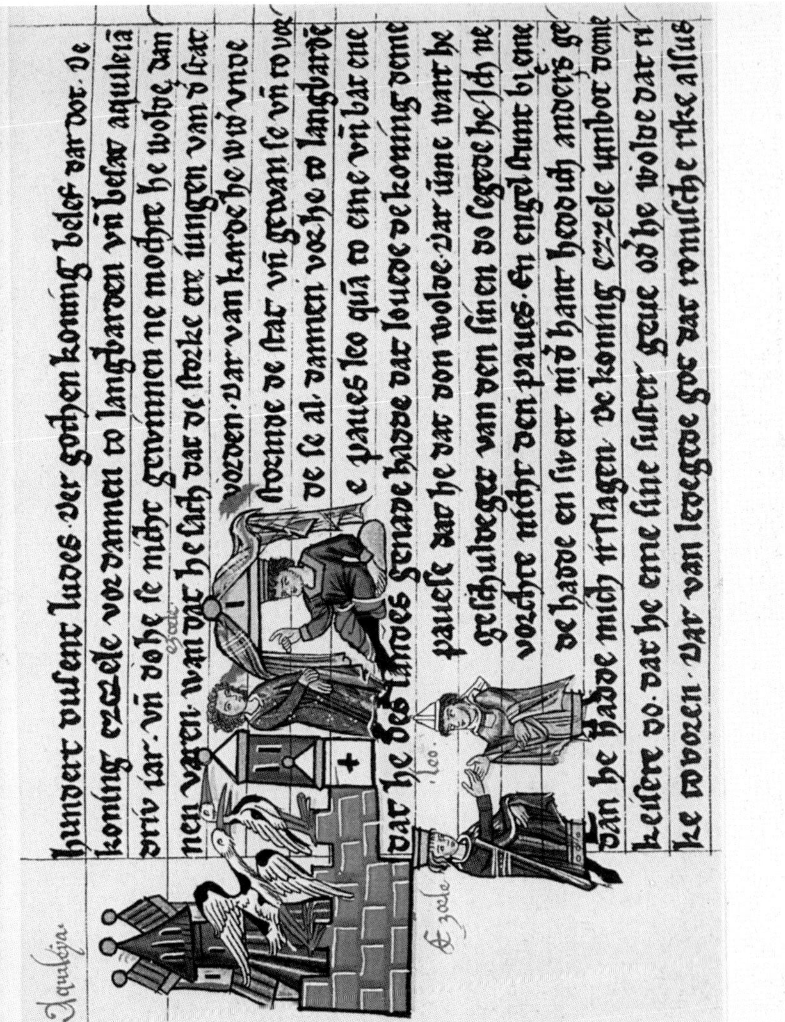

Diese kunstvolle Miniatur aus der »Sächsischen Weltchronik«, verfaßt in der zweiten Hälfte des 13. Jahrhunderts, stellt die sagenhafte Begegnung Attilas mit Papst Leo I. dar. Gleichzeitig ist diese Buchmalerei Zeugnis dafür, wie sehr auch die Menschen des Mittelalters der Hunnensturm bewegt hat.

Raffael, der große Renaissancemaler und Baumeister, hat die Begegnung zwischen Papst Leo I. und Attila festgehalten. Das Gemälde befindet sich in den Vatikanischen Stanzen.

Attila – eine heroisierende Darstellung des Hunnenherrschers aus dem 19. Jahrhundert (kolorierter Kupferstich).

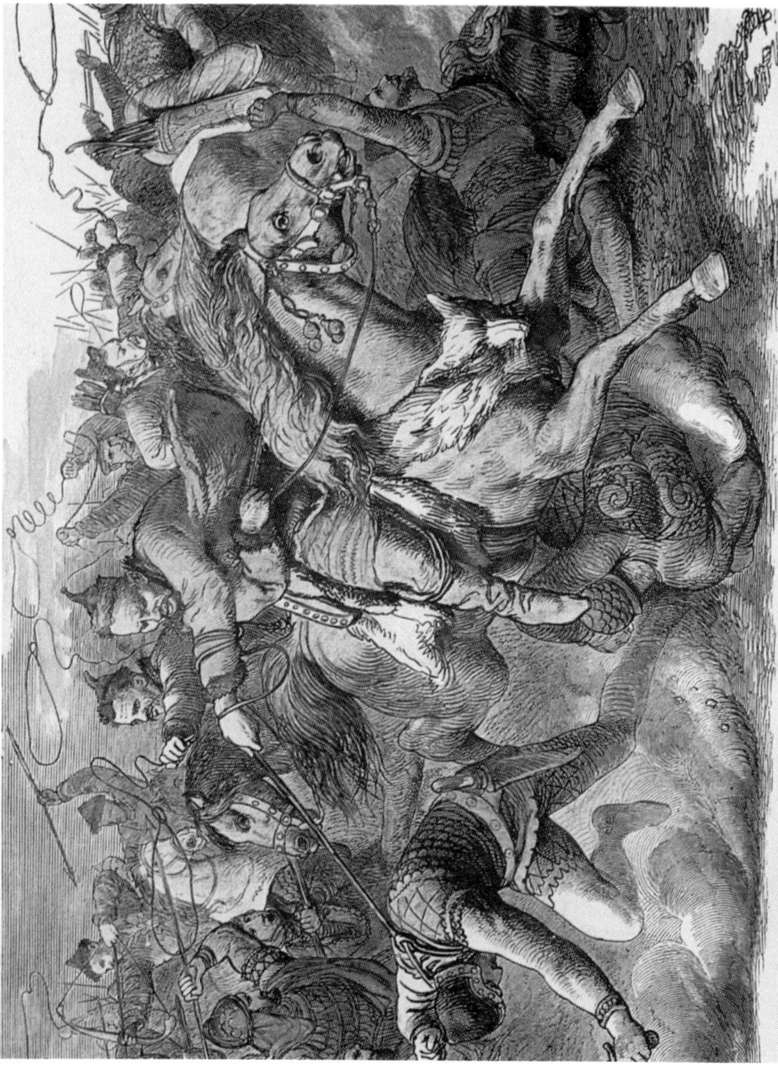

Die Hunnen im Kampf gegen die Alanen aus der Sicht des 19. Jahrhunderts, im Vordergrund Attila (kolorierter Holzstich nach einem Gemälde von P. J. N. Geiger).

Diese Maske auf einem Pferdekopf stammt aus einem Hügelgrab von Pasyryk; es handelt sich um eine skythische Grabbeigabe.

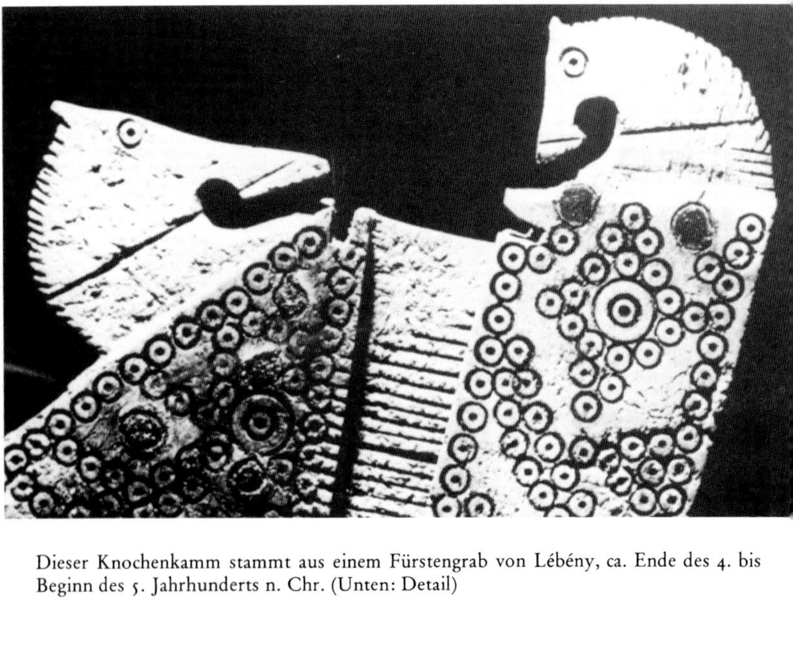

Dieser Knochenkamm stammt aus einem Fürstengrab von Lébény, ca. Ende des 4. bis Beginn des 5. Jahrhunderts n. Chr. (Unten: Detail)

Goldene Schale, die in einem hunnischen Fürstengrab in Szeged-Nagyszéksós (Ungarn) gefunden wurde.

Germanischer Schildbuckel aus dem 3.–4. Jahrhundert n. Chr., gefunden in Herpály (Nationalmuseum, Budapest). Die zahlreichen germanischen Waffenfunde im Hunnengebiet sind lebendige Zeugnisse für die beständigen Kämpfe zwischen Hunnen und Germanen.

Sechzig- bis siebzigtausend Hunnen, Goten, Franken und Burgunder fielen in der großen Schlacht auf den Katalaunischen Feldern. Daß sie aber dort unter der Erde ruhen, glaubten weder die Zeitgenossen der Schlacht, noch glauben es wohl heute die Einwohner der Champagne-Dörfer rund um Suippes und La Cheppe (siehe S. 271). Der Maler Wilhelm von Kaulbach hat diesen Kampf zwischen den Toten in den Lüften auf einem Gemälde dargestellt (Stich von J. L. Raab, 1869, nach einem Gemälde W. v. Kaulbachs).

Oben: Anstürmende Hunnen, die eine germanische Gefangene mit sich führen (Stich nach einem Gemälde von V. Checa).
Unten: Nach dem Tod ihres großen Königs Theoderich erheben die Westgoten dessen jungen Sohn Thorismund zum König (siehe S. 260ff.); das Ereignis fand gleich nach der Schlacht auf den Katalaunischen Feldern statt (Zeichnung von A. Zick).

Im 19. Jahrhundert betrachtete man den Hunnensturm mit den Augen der Römer. Auf diese Weise vermittelten die Künstler ein einseitig-negatives Hunnenbild, das den historischen Zusammenhängen nicht gerecht wurde.

Eine Studentin der historischen Fakultät der Moskauer Universität rekonstruiert im Feldlaboratorium Amphoren. Die Abbildung zeigt die Ausgrabungsstätte bei Jewpatoria (Krim), die Landschaft, aus der die Hunnen der Sage nach kommen.

V. BUCH

ATTILA – TOD UND VERKLÄRUNG

1.
König Attilas Tafelrunde

Es war ein seltsames Reich ohne feste Residenzen, und es war ein seltsamer Hof ohne erkennbare Kompetenzen. Attila besaß zwar Ratgeber, aber keine Ressortminister; er hatte Feldherren, aber keinen Kriegsminister; er hatte einen obersten Ratgeber, der vielleicht ›der Onegesius‹ hieß, aber dies konnte auch ein Eigenname sein, man weiß es nicht. Bezeugt ist hingegen die Einrichtung eines Hofnarren, der die ständige Tafelrunde erheiterte, und bezeugt ist ferner, daß die Sitzordnung in dieser Tafelrunde eine Art Rangordnung darstellte: leicht überschaubar, leicht zu verändern, eine germanische Königshalle für einen Zeltgeborenen, ein ständiger Brain-Trust für einen Barbaren, ein *Diner de têtes*, in dem die Köpfe rollten, sobald Attila es befahl ...

Und das Reich selbst? Wo endete es, wo begann es? War es tatsächlich ein Weltreich, vergleichbar dem eines Dschingis-Khan, eines Tamerlan? Seinem großen Buch über die Steppenvölker gibt René Grousset absichtsvoll den Untertitel *Attila – Dschingis Khan – Tamerlan* und sagt in seinem Porträt des Hunnenkönigs ausdrücklich:

»Wie das Reich Dschingis Khans, der mongolischer Abstammung war, unter seinem Banner nicht nur alle mongolischen, sondern auch alle türkischen und tungusischen Nomaden Hochasiens vereinigte, so umfaßte das Reich Attilas, das einen hunnischen, also türkischen Kern hatte, alle sarmatischen, alanischen, ostgotischen, gepidischen und andere Barbarenvölker zwischen Ural und Rhein.«

Theodor Mommsen, die große Autorität des vergangenen Jahrhunderts und in seinem Fach nicht minder angesehen als heute Grousset, ist überzeugt, daß die von den antiken Autoren erwähnten »Inseln des Ozeans«, über die Attila geherrscht habe, Britannien gewesen seien, was zumindest eine Tributpflicht der Briten voraussetzen würde und eine mit Sicherheit bis zur Rheinmündung reichende Hunnenmacht. Sicher ist, daß bedeutende germanische Stämme wie die Ostgoten schon seit zwei Menschenaltern unter hunnischer Oberhoheit standen, so daß ihre Könige gegenüber Attila etwa im Verhältnis von Lehensleuten lebten und kämpften. In Siebenbürgen waren die sehr kampftüchtigen Gepiden unter Attilas Herrschaft geraten, im Nordosten des Karpatenbogens die über ein großes Gebiet verstreuten Rugier. Von den Thüringern ist sicher, daß sie Attila gehorchten. Daß die Hunnen mit der Verve schneller Truppen wiederholt am Rhein auftraten und dort fürchterlich zuschlugen, wissen wir aus dem Schicksal der Burgunder. Bei den Rheinfranken hatten die Brukterer – der führende Stamm – enge hunnische Beziehungen; dazu kamen noch die Heruler, Turcilinger, Quaden und Markomannen, wenn man Paulus Diakonus, einem langobardischen Geschichtsschreiber des achten Jahrhunderts, glauben darf. Bei seiner *Historia romana* stützt er sich auf die antiken Autoren, nach seiner glanzvollen Rolle am Hof Karls des Großen schrieb er in seinem Stammkloster Monte Cassino noch die wichtige *Historia langobardorum.*

Wie weit sich das Hunnenreich nach Osten erstreckte, schildern und bezeichnen die Zeitgenossen Attilas allerdings nicht, doch gibt es Andeutungen über die Rolle der Attila-Söhne in der Herrschaftsverteilung über weiter östlich stehende Nomadenvölker und Hunnen-Splitterstämme. Darüber hinaus besitzen wir auch Erzählungen von hunnischen Fürsten, die Raubzüge bis nach Iran ausführten, wo sie dann allerdings auf Widerstand trafen. Die weiten Steppen bis hin zum Ural, im Südosten der Kaukasus und der Bosporus, im Norden die Ostsee und im Westen oder Nordwesten der Ärmelkanal mit dem Rheinfluß, das sind also vielleicht nicht die festen Dauergrenzen des Attilareiches, das ja ein Machtgebilde aus Wanderstämmen war, aber ganz gewiß der Umriß jenes Bereiches, in dem niemand stärkere Macht ausübte und mehr Autorität in seiner Hand konzentrierte als Attila.

Es ist daher verständlich, daß E. A. Thompson sich in seinem glanzvoll-souveränen Hunnenbuch ebenso zu diesem Großreich bekennt wie Joachim Werner, die führende Autorität der Hunnen-Archäologie, also der Bodenforschung nach Spuren von Attilas Herrschaft. Und es ist zu bedauern, daß der in seinen Wertungen so sympathische, sorgfältig abwägende Otto J. Maenchen-Helfen sich auf die Seite der Skeptiker schlägt, wenn er in seinem – allerdings nicht mehr von ihm selbst edierten, sondern posthum herausgegebenen – Hauptwerk über die Hunnen sagt, die leicht heuristische Tendenz mancher Historiker, Attilas Königreich mit den großen innerasiatischen Mongolenreichen zu vergleichen, erscheine ihm – er bedaure, es sagen zu müssen – als die Versuchung, nach Analogien zu suchen, wo es in Wahrheit keine gibt: »Der Hunne, was immer sein Ziel gewesen sein mag, war nicht Herrscher über eine Welt, sondern Herr eines recht hübsch arrondierten Territoriums. Es war jedoch nicht viel größer als jenes, das in der Mitte des letzten vorchristlichen Jahrhunderts von dem Dacierkönig Burebista beherrscht wurde, einem Mann, der binnen zehn Jahren seine Macht von der Donaumündung bis zur Slowakei ausdehnte und sich den größten Teil der Balkanhalbinsel unterwarf . . . Nach dem Mord an Bleda war Attila der einzige Herrscher über die Hunnen, und sie waren *sein* Volk; dazu hatte er noch die Oberhoheit über Goten und Gepiden inne, war ein gewaltiger Krieger und einige Jahre lang gewiß mehr als ein bloßes Ärgernis für die beiden Römerreiche – eine ernsthafte Gefahr war er für sie jedoch zu keinem Zeitpunkt.«

Wenn diese 1973 publizierten Sätze des 1969 verstorbenen

Gelehrten die jüngste und neueste Meinung der Hunnenforschung sein sollten, so kann ich sie beim besten Willen nicht übernehmen. Ob die Hunnen und im besonderen das Hunnenreich Attilas eine ernsthafte Gefahr für die römischen Reiche war, werden wir schon im nächsten Kapitel entscheiden können. Und wenn Attilas Reich nur auf die eigentlichen pannonischen Wohngebiete der Hunnen beschränkt werden sollte, dann wäre auch das Heilige Römische Reich Deutscher Nation auf die jeweilige Hausmacht des deutschen Königs zu beschränken. Denn die Reichsfürsten hatten nach allem, was wir von Attilas Machtausübung wissen, zweifellos mehr Freiheit gegenüber der Krone als die Attila tributpflichtigen und unter seiner Oberhoheit stehenden Fürsten der Gepiden oder Ostgoten oder anderer Stämme. Wie oft traten Reichsfürsten gegen den gewählten König auf, verweigerten ihm die Heeresfolge oder zettelten Aufstände an, während er in Italien Krieg führte.

In Attilas Tafelrunde herrschte die Einmütigkeit, wie sie nur durch echte Macht erreicht werden kann und durch die Gewißheit, daß die Schnelligkeit, mit der die Hunnen überall in Mittel- und Osteuropa zuschlagen konnten, jeden Ausbruchsversuch im Keim ersticken würde. Attilas Autorität über die als seine Bundesgenossen genannten Völker war für alle Fremden augenscheinlich, die seinen Hof besuchten. Sie war es auch, die in jedem Augenblick von Attilas Herrschaft die größte Gefahr für die römischen Reichshälften bildete: Im Konfliktfall hätten es die Römer nämlich nicht mit den Hunnen allein zu tun gehabt, sondern mit dem großen Barbarenbund, den er anführte und dessen Haupt er auch tatsächlich war. Wenn es auch stimmen mag, daß sowohl das Oströmische als auch das Weströmische Reich der Einzeleinfälle dieser oder jener Barbarenvölker stets Herr geworden ist, so konnte der Ansturm der gesammelten Barbarenvölker doch nur mit letzter Kraft abgewehrt werden. Diese Kraft kam nicht aus Rom und erst recht nicht aus Byzanz, sondern aus dem Rest der Attila noch nicht botmäßigen Germanen. Wenn man vielleicht auch nicht so weit wie Werner gehen und das ferne Baschkirenland noch zu Attilas Reich zählen sollte, so scheint doch festzustehen, daß das Römerreich in den siebenhundert Jahren seiner Geschichte keinen gefährlicheren Gegner hatte als Attila, den Hunnen.

In späteren Zeiten, vor allem in den reisefreudigen Jahrhunderten des Barock und des Rokoko, bilden die Korrespondenzen und Berichte der verschiedenen Diplomaten eine überreich fließende und darum bis heute nicht völlig ausgeschöpfte Quelle. Wie köstlich sind die Briefe eines Abbé Galliani aus Neapel nach Paris, wie unfreiwillig komisch liest sich der Selbstweihrauch eines Grafen Bernis, wie deutlich enthüllt uns das Mißgeschick eines Barons Cobenzl in den Niederlanden die Überlegenheit gewisser Abenteurer über den allzu gutgläubigen Adel.

Ein Brosamen von diesem reichbesetzten Tisch ist unser guter Priskus, wie wir heute wissen, einer von einem halben Hundert Gesandten, die Attila an seinem Hof aufsuchten. Alle diese fünfzig oder mehr Herren verstanden es, sich elegant auszudrücken, hatten Sekretäre, denen sie hätten diktieren können, und verfügten auf endlosen Reisen, in zahllosen Karawanserei-Nächten auch über reichliche Muße, dies zu tun. Allein sie taten es nicht; sie schwiegen so stocksteif gegenüber der Nachwelt wie die schreibunkundigen Kaufleute, die ihnen den Weg wiesen und ihnen Gesellschaft leisteten. Und darum kehren wir, um Attilas Tafelrunde nun auch in einer Augenzeugenschilderung kennenzulernen, wiederum zu Priskus zurück. Wir erfahren dabei gleich zu Anfang, daß der Römer Orestes, der sich in Byzanz zurückgesetzt fühlte, weil man nur Edekon zum Mahl geladen hatte, mit seinem Vater am

Hof Attilas weilte. Dieser Vater Tatulus ist also der Großvater des jungen Kaisers Romulus Augustulus; am Hunnenhof jedoch begegnen wir ihm lediglich in der Funktion des Boten:
»Nach unserer Rückkehr ins Zelt kam Tatulus, der Vater des Orestes, und teilte uns mit, Attila lade uns beide (also Maximinos und Priskus) für die neunte Stunde zum Gastmahl. Wir stellten uns zur angegebenen Zeit ein und fanden auch die weströmischen Gesandten dort. Als wir die Schwelle des Saales überschritten, sahen wir am anderen Ende Attila. Die Mundschenken reichten uns nach Landessitte jedem einen Kelch. Daraus mußten wir zur Begrüßung trinken, ehe wir uns setzten. Danach erst nahmen wir die Plätze ein, die uns angewiesen wurden.«
Es gab also einen geregelten Tageslauf, traditionelle Zeremonien beim Mahl, offensichtlich auch eine Art Zeremonienmeister und eine Sitzordnung – und man lag nicht nach römischer Sitte an einer niedrigen Tafel aufgereiht, sondern man hatte Sitzgelegenheiten, die den Hunnen ebenso fremd gewesen sein mögen wie den Römern, weil sie nämlich wie die Halle germanischer Brauch waren:
»Die Stühle standen längs der beiden Seitenwände; in der Mitte saß Attila auf einem Ruhebett. Dahinter führten ein paar Stufen zu einem anderen Ruhelager empor, das man mit Leinentüchern und bunten Decken geschmückt hatte, ähnlich den Hochzeitsbetten, wie man sie bei Griechen und Römern den Neuvermählten vorbereitet.«
Priskus macht taktvoll keine Anspielung auf die besondere Rolle dieser als Hochzeitsbett vermutlich richtig gedeuteten Lagerstatt, hat doch Attila eben in diesen Wochen abermals eine neue Frau genommen, natürlich ohne darum eine andere zu verstoßen.
»Als die höchsten Ehrenplätze galten die Sitze in der Reihe zur Rechten Attilas; für die Zweithöchsten im Range war die

Reihe zu seiner Linken bestimmt. Dort saßen auch wir neben Berichos, einem vornehmen Skythen. Er aber saß näher als wir an Attilas Thron. Rechts neben dem Lager des Königs stand der Sitz des Onegesius (offenbar der höchste Berater); ihm gegenüber saßen zwei Söhne Attilas. Der älteste Sohn saß wie Attila auf dem Sofa, jedoch nicht dicht neben seinem Vater: Er hielt aus Ehrfurcht den Blick gesenkt und war ans äußerste Ende abgerückt.

Als schließlich alle ihre Plätze eingenommen hatten, trat einer der Mundschenken zu Attila und reichte ihm einen gefüllten Becher; Attila nahm ihn entgegen und trank seinem Sitznachbarn zu. Der so Geehrte erhob sich und durfte sich erst wieder setzen, sobald er den Wein gekostet oder auch den Becher leergetrunken und dem Mundschenk zurückgegeben hatte. Nachdem er sich gesetzt hatte, tranken die anderen dem König auf gleiche Weise zu. Sie erhoben ihre Becher, wünschten dem König Heil, tranken aus und erzeigten ihm so die gebührende Ehre.«

Das Zeremoniell mit dem Trinkzwang erinnert auffällig an die Berichte, die wir von der Zarentafel zur Zeit Peters des Großen besitzen. Nicht Bescheid zu tun, nicht auszutrinken, einen Toast nicht zu erwidern und andere Trink- oder Trinkersitten hatten also schon die Hunnen mit dem Zar aller Reußen, aber auch mit Preußens Soldatenkönig gemein.

»Jeder Gast hatte seinen eigenen Mundschenk, der zu ihm hintrat, sobald sich Attilas Mundschenk zurückgezogen hatte. Nachdem alle der Reihe nach so begrüßt worden waren, trank Attila auch uns zu, jedem einzelnen nach der Sitzordnung. Nach diesen Begrüßungen zogen sich die Mundschenken zurück. Dann wurden andere Tische neben den des Königs gestellt, immer ein Tisch für drei, vier oder auch mehr Gäste, und jeder konnte nach Belieben zugreifen, ohne sich sonderlich um die Rangordnung kümmern zu müssen.

Der erste Diener trug eine Schüssel voll von Fleischstücken, der nächste brachte Brot und Zukost, was auf den Tisch des Königs gestellt wurde. Während den anderen Barbaren und uns Fremden auf silbernen Tellern erlesene Speisen vorgesetzt wurden, zeigte sich Attila sehr mäßig und begnügte sich mit diesen einfachen Genüssen. Er unterschied sich auch sonst von der Pracht, die an den Tischen herrschte, denn anstelle unserer silbernen und goldenen Becher hatte er einen aus Holz. Sogar sein Gewand war ganz schlicht, leuchtete allerdings in fleckenloser Reinheit. Weder sein Schwert, das er am Gürtel trug, noch die Bänder an den Sandalen, die er nach Barbarensitte an den Beinen hatte, noch auch das Geschirr seines Rosses, das ich ja kannte, waren mit Gold, Edelsteinen oder anderem Zierat geschmückt.«

Diese Schilderung macht es schwer, an den unflätigen Barbarenherrscher zu glauben, der für Gold zu jeder Schlechtigkeit bereit ist, der einen Schwur nach dem anderen bricht und »weder eine ererbte noch eine über primitive Vorstellungen hinausgehende erworbene Tradition« besitzt, wie Emerich Schaffran in einem Resümee des geschichtlichen Bildes Attilas schreibt. Jedenfalls scheint uns der Hunnenkönig bei diesem Gastmahl in der Steppe Pannoniens und im fünften Jahrhundert nicht schlechter abzuschneiden als die meisten europäischen Herrscher späterer Zeiten an ihren Hoftafeln.

»Nachdem die Speisen des ersten Ganges verzehrt waren, standen wir alle auf und setzten uns erst wieder, als jeder in der früheren Reihenfolge einen ihm gereichten vollen Becher auf Attilas Wohl geleert hatte. Nach dieser abermaligen Ehrung des Königs setzten wir uns wieder, und es wurden auf allen Tischen neue Schüsseln mit anderen Speisen aufgetragen. Auch von diesen aßen wir alle; sodann standen wir wieder wie vorhin auf, tranken Attila zu und setzten uns.

Bei Einbruch der Dunkelheit wurden Fackeln entzündet.

Zwei Barbaren traten vor Attila hin und trugen Lieder vor, in denen sie seine Tapferkeit besangen und die lange Reihe seiner Siege. Alle Gäste blickten auf die beiden Sänger; die einen erfreuten sich dabei am Gesang, die anderen begeisterten sich wohl im Gedanken an die Kriege, die sie ja mitgemacht hatten, und wieder andere vergossen Tränen, weil sie nun im Alter so schwach geworden waren, daß sie ihren Mut nicht mehr beweisen konnten.«

Diese beiden Absätze enthalten zwei bemerkenswerte Mitteilungen, die eine gastronomischer, die andere kulturgeschichtlicher Natur. Der Trunk inmitten des Mahles, zwischen den beiden Hauptgängen, ist in Deutschland unbekannt. Die Normannen servieren in dieser Zäsur, wohl, um sie bekömmlich zu gestalten, einen Calvados *(le trou normand)*, und in Châlons-sur-Marne, der Stadt der Katalaunischen Felder, wird noch heute *le trou champenois* serviert, ein Becher Marc-de-Champagne, also gekühlter Tresterbranntwein, mit Eis.

Ungleich bedeutender als dieses Kuriosum ist natürlich die zweite Mitteilung des Priskus. Sie bestätigt uns die Existenz hunnischer Barden oder Skalden und damit auch einer hunnischen Dichtung. Priskus verstand zwar kein Hunnisch, aber man wird ihm übersetzt haben, was gesungen wurde, und daher dürfen wir auch in diesem Punkt seinem Zeugnis vertrauen: Die Hunnen besaßen eine Literatur, wenn auch nicht auf Papier oder Pergament, sondern in Gestalt von Heldenliedern, die auswendig vorgetragen wurden. Lange Lieder jedoch, die ein Sänger sich merken und singen will, müssen einerseits gereimt, andererseits in rhythmischen Versen abgefaßt sein. Auch diese Einrichtung und die Freude einer ganzen Tafelrunde an diesem Kunstgenuß stimmen nicht zu der vorstehenden Äußerung Schaffrans und anderer Autoren, die übrigens nicht nur Attila, sondern auch seinen Ratgebern höhere Interessen und Verständnis für kulturelle Vorgänge absprechen.

»Nach den beiden Sängern trat ein schwachsinniger (oder sich so gebärdender) skythischer Narr auf, der allerlei ungereimtes Zeug stammelte und damit allgemeine Heiterkeit erregte. Nach ihm erschien der Maurusier Zerkon. Ihn hatte Edekon überredet, zu Attila zu kommen, und hatte ihm dafür versprochen, sich mit aller Kraft dafür einzusetzen, daß dieser Zerkon seine Frau zurückgewinne. Zerkon war nämlich ein Günstling des Bleda gewesen, hatte sich damals eine Frau genommen, sie aber zurücklassen müssen, als Attila den Zerkon nach Ravenna verschenkte, als Ehrengabe an Aetius. Zerkon war nun wieder da, hoffte, seine Frau zurückzuerhalten, hatte jedoch durch seine Rückkehr Attilas Zorn erregt. Als er nun zu vorgerückter Stunde beim Mahle auftauchte, rief er bei den angeheiterten Gästen durch sein Auftreten, sein Aussehen, seine Tracht, vor allem aber durch sein Kauderwelsch aus Lateinisch, Hunnisch und Gotisch unauslöschliches Gelächter hervor, nur bei Attila nicht. Der saß mit unbewegter Miene da und ließ sich weder in Wort noch Tat irgendwelche heiteren Gemütsregungen anmerken, außer daß er seinen jüngsten Sohn Ernak, der hereingekommen war und neben ihm stand, froh und freundlich ansah und ihm die Wange streichelte. Als ich mich verwundert darüber äußerte, daß Attila sich um seine anderen Söhne so gar nicht kümmere und sich nur mit dem Jüngsten abgebe, erklärte mir ein Barbar, der Latein konnte und vielleicht darum als mein Tischnachbar ausersehen war, unter dem Siegel der Verschwiegenheit, Attilas Seher hätten ihm geweissagt, sein Geschlecht werde untergehen, in diesem seinem Sohne aber sich dann wieder neu erheben.

Als ich sah, daß dieses Gastmahl sich noch weiter in die Nacht hinziehen werde, beschlossen wir, nichts mehr zu trinken, empfahlen uns höflich und brachen vor den anderen auf.«

Priskus schließt dann noch die Mitteilung an, daß er bereits bei Tagesanbruch, also wenige Stunden nach dem Ende des Gastmahls, den Onegesius aufgesucht habe und von diesem empfangen worden sei. Die Hunnen waren also auch im Nehmen hart, gingen später schlafen als die Herren Gesandten, tranken offenbar mehr und standen doch bei Tagesanbruch wieder für Gespräche zur Verfügung. Daß es unter diesen Umständen nicht ganz leicht war, eine Verhandlungsrunde gegen Attila und seine erprobte Mannschaft durchzustehen, läßt sich denken.

Erklärbar wird dies alles, wenn man sich vergegenwärtigt, daß diese Halle ein Dutzend Ministerien ersetzte einschließlich des Pentagons und in gewissem Sinn auch noch das, was man heute bilaterale Konsultationen nennen würde, denn die Chefs der verbündeten Völker und Stämme weilten oft wochen-, ja monatelang an Attilas Hof, und mindestens einer dieser meist germanischen Fürsten galt als ein so einflußreicher Berater und treuer Freund des Hunnenkönigs, daß ihn einer der Historiker jener Zeit als den designierten Nachfolger Attilas aus allen anderen heraushebt: Ardarich, der König der Gepiden. Er bildete mit dem Hunnen Edekon, der die Skiren kommandierte, und dem Gotenkönig Walamer ein Berater-Trio von größter Bedeutung und Effektivität, da die drei ja nicht nur redeten, sondern auch handelten. Edekon, als Hunne Untertan Attilas, übernahm, wie wir gesehen haben, heikle Gesandtschaftsaufträge und andere Vertrauensmissionen. Ardarich nahm höchstwahrscheinlich im Jahr 447 an Attilas Feldzug nach Illyrien teil, schlug sich für seinen Verbündeten in einem blutigen Treffen mit den Franken, noch ehe es zu der Völkerschlacht auf den Katalaunischen Feldern kam, und hielt Attila in gewissem Sinn über den Tod hinaus die Treue, indem er den Zerfall des Reiches und die Teilung unter die Söhne zu verhindern versuchte.

Die Gepidentreue wurde nur durch die Treue der Goten übertroffen, und beide Germanenvölker gemeinsam könnten, wüßte man mehr von ihnen, vermutlich das Geheimnis der so eindeutigen Vorherrschaft Attilas über Mittel- und Osteuropa bis hinauf nach Bornholm erklären. Die Goten waren lange Zeit ohne König gewesen, hatten sie doch bei den ersten Begegnungen mit den Hunnen schwere Schläge hinnehmen und den ersten Stoß der frischen Hunnenmacht aushalten müssen. Ein Fürst namens Vinitharius war 376 gegen die Hunnen im Kampf gefallen, nachdem der greise König Ermanrich sich ein Jahr zuvor selbst den Tod gegeben hatte oder an den Folgen eines Attentats verstarb (vgl. S. 31–38).

Nach den Jahrzehnten, in denen offensichtlich der Hunnenschock eine neue gotische Staatsbildung unmöglich gemacht hatte, stoßen wir dann auf drei Brüder, die ebenfalls aus dem alten Königsgeschlecht der Amaler stammen, ohne daß völlig klar wäre, wie sie mit ihm zusammenhängen. Ein als Vater möglicher Gotenfürst namens Vandalarius ist sehr unsicher bezeugt und vielleicht mit einem Videricus identisch, die Frauen sind in jedem Fall unbekannt. Wahrscheinlicher ist, daß die drei Fürsten von der Gotenprinzessin Vadamerca abstammen, die den Hunnenkönig Balamber heiratete. Das würde auch erklären, daß sie sich alle drei verhältnismäßig schnell gegen das Interregnum durchsetzen und Jahrzehnte hindurch an der Macht bleiben konnten: Sie waren wichtige und wertvolle Bindeglieder – politisch und blutsmäßig – zwischen Hunnen und Germanen, wie Edekon und Odoaker oder wie eine Generation später der Gotenfürst Andagis, der eine Frau aus dem Alanen-Adel heimführte. Andagis ist, nach der geschichtlichen Überlieferung bei Jordanes, jener Streiter, der in der Schlacht auf den Katalaunischen Feldern den Westgotenkönig Theoderich niederstreckte und damit Attila vor der Niederlage rettete.

Man sieht, schon im frühen Mittelalter machen Heiraten und Genealogie Weltgeschichte; die Verhältnisse sind nur schwerer zu entwirren, und die bei einzelnen Akteuren noch herrschende Vielweiberei trägt nicht dazu bei, das Bild zu klären. Auch Attila war an Heiraten, den eigenen und den in seinen Umkreis fallenden, außerordentlich interessiert und betätigte sich mit bemerkenswerter Energie als Ehestifter:

»Tags darauf lud uns Attila abermals zum Mahle; wir traten wieder auf die früher beschriebene Weise vor ihn und tafelten mit ihm. Diesmal saß neben ihm auf dem Lager nicht sein ältester Sohn, sondern Oebarsios, sein Oheim mütterlicherseits.«

Diese Angabe ist vermutlich falsch. Oebarsios scheint der vierte Bruder in der Reihe Oktar–Rugila–Mundzuch gewesen zu sein, also der Oheim Attilas väterlicherseits.

»Während des Mahles erinnerte uns Attila mehrmals in höchst leutseliger Weise daran, wir sollten unserem Kaiser bestellen, er möge dem Konstantius, den er von Aetius als Sekretär erhalten hatte, die versprochene Frau geben. Konstantius war nämlich vor einiger Zeit zusammen mit Attilas Gesandten zu Kaiser Theodosius gekommen und hatte bei dieser Gelegenheit versprochen, sich für einen dauernden Frieden zwischen Rhomäern und Hunnen einzusetzen, wenn man ihm nur eine reiche Frau verschaffe. Kaiser Theodosius hatte eingewilligt und ihm die Tochter des Saturnilos zugesagt, eines reichen und vornehmen Mannes.

Die Zusage hatte jedoch nicht eingelöst werden können. Denn erstens hatte Kaiserin Eudokia (die Fromme, die den Blitz auf Rugila herabgebetet hatte) den Saturnilos beseitigen lassen, und zweitens hatte auch der Feldherr Zenon etwas gegen die geplante Verbindung, ließ die Tochter des Saturnilos heimlich entführen und vermählte sie mit seinem Freunde Rufus.«

Zustände wie im alten Rom, möchte man sagen, wenn es nicht

Byzanz gewesen wäre. Unterhaltsam ist nur, wie sich der Herr über Völker und Reiche von seiner Königshalle aus an dieser Jagd auf eine reiche Erbin in der gegnerischen Hauptstadt beteiligte. Er donnert und droht, er verlangt für seinen Sekretär eine mindestens ebenso reiche Ersatz-Frau, erklärt großspurig, daß Wortbruch und Kaiserwürde sich nicht miteinander vertrügen, und versichert im gleichen Atemzug, daß er wegen dieser Mitgifts-Kabale jederzeit Krieg führen würde. Weitere Gesandtschaften und allerhöchste Goldgeschenke waren nötig, ehe der Frieden wiederhergestellt werden konnte und Attila damit einverstanden war, daß Konstantius statt der reichen Tochter eine Witwe heimführe, »die überaus vermögend und edler Abkunft war«. Theodosius selbst hatte die Dame dazu überredet, sich für das Oströmische Reich zu opfern.
Ich erzähle diese Episode, weil sie auf die eigene Eheaffäre Attilas vorbereitet und diese wahrscheinlich erst verständlich macht – eine aus heutiger Sicht beinahe lächerliche Verlobungskomödie, der jedoch 300000–400000 Menschenleben und zahlreiche Städte des alten Europa zum Opfer fallen sollten: die Werbung der Kaiserschwester Honoria um den Hunnenkönig Attila.
Justa Grata Honoria war die Tochter des Constantius und der Placidia. Ihr Vater, ein schlichter General und keineswegs kaiserlichen Geblüts, hatte sich in verworrener Lage vor allem gegen einen in Britannien (!) aufgestellten Gegenkaiser hervorragend geschlagen und dabei »alten Römergeist« gezeigt (Pauly-Wissowa); nach solchen Erfolgen konnte man ihm die Hand der nicht mehr ganz frischen Placidia nicht verweigern. Constantius verwirrt alle Schüler, die sich heute noch mit ihm beschäftigen müssen, durch den scheinbaren Widerspruch, daß er in einer Regierungszeit von nur sieben Monaten einen Prinzen und eine Prinzessin auf den Weg brachte, nämlich Valentinian und Honoria. Die Lösung des Rätsels liegt darin,

daß er eben nicht gewartet hat, bis er tatsächlich den Augustustitel und die Kaiserwürde trug ...
Um so vornehmer mußte Justa Grata Honoria aufwachsen. Schon in frühester Jugend erhielt sie die Augusta-Würde, was vor allem die Folge hatte, daß sich ihr kein männliches Wesen nähern durfte, und das an einem Hof, an dem es von Eunuchen nur so wimmelte. Als sie dann in einem Kämmerer namens Eugenius den Mann entdeckte, war es natürlich um sie geschehen, und die kaiserliche Prinzessin brachte ein Kind zur Welt.
Mutter Placidia hielt die unbotmäßige Tochter zunächst außerhalb des kaiserlichen Palasts von Ravenna gefangen, entschied dann aber, daß man einen Ort finden müsse, der noch größere Sicherheit böte, und verfiel auf Byzanz, wo noch mehr Eunuchen herumliefen als am weströmischen Hof. Justa Grata Honoria aber machte das Theater am Bosporus nicht lange fügsam mit. Sie sah, wie ringsum alles vor Attila zitterte, sie sah, wie seine Gesandten auftraten und was diese Hunnen für Männer waren, verglichen mit Chrysaphios und seinesgleichen. Darum bestach sie einen sicheren Boten, gab ihm einen kostbaren Ring und ein Briefchen mit und schrieb dem Hunnenkönig Attila etwa, sie sei eine kaiserliche Prinzessin Ende Zwanzig, sie müsse in der Gesellschaft der kaiserlichen Tanten versauern (womit sie die Schwestern des Theodosius meinte), und sie betrachte sich fortan als Attilas Verlobte. Er, der König der Hunnen, habe doch gewiß die Macht, sie zum Weibe zu fordern und die Ehe zu erzwingen.
Auch der Bote, der Ring und Brief überbrachte, war ein Verschnittener, woraus Attila das ganze byzantinische Elend der Justa Grata Honoria ermessen konnte. Nach einer genauen Zeitrechnung scheint er dennoch ein Weilchen gezögert zu haben. Erkundigungen einzuziehen brauchte damals ja seine Zeit, und so gut auch das Archiv der Hunnen ausgestattet war,

ein Bildchen der Honoria wird doch wohl nicht vorrätig gewesen sein. Dann aber traten einige Umstände ein, die es dem Hunnenkönig geraten erscheinen ließen, wieder einmal ein wenig Druck auf die beiden römischen Reiche auszuüben, vor allem, da in Byzanz der milde und willig zahlende Kaiser Theodosius gestorben war und seine Nachfolge ein Mann angetreten hatte, mit dem offensichtlich nicht zu spaßen war: der frühere General Markianos, durch das Bett einer Kaiserschwester zu höchsten Würden aufgestiegen und nun ein höchst unbequemer Herrscher auf dem Platz, wo bis dahin ein Schwächling gemeinsam mit seinen Lieblingseunuchen regiert hatte.

Das ist die eine Version, die für die byzantinischen Geschichtsschreiber natürlich viel zu primitiv war und der sie darum eine Reihe von Ornamenten anhängten – und man darf annehmen, daß auch Attila in ähnlich blumiger Weise über Markianos ins Bild gesetzt wurde. Danach war Flavius Julius Valerius Markianos in Thrakien, also auf dem Balkan, zur Welt gekommen und zum Krieger erzogen worden. Als er Konstantinopel zum erstenmal betrat, bestand seine ganze Habe aus zweihundert Goldstücken, und die waren geliehen. Neunzehn Jahre lang kämpfte er für das Reich in Afrika und Persien, war auch eine Zeitlang in Gefangenschaft und stieg zum Tribun und Senator auf.

Im Einvernehmen mit der Kaiserschwester Pulcheria scheint er schon in den letzten Lebensjahren des Kaisers Theodosius beträchtlichen Einfluß gehabt zu haben. Nach des Kaisers Tod wurde er dann der Gatte der Pulcheria, angeblich unter der Bedingung, daß er von seinen ehelichen Rechten niemals Gebrauch machen dürfe. Da Markianos inzwischen sechzig Jahre alt geworden war und Pulcheria zweiundfünfzig, dürfte es ihm kaum sehr schwergefallen sein, dieses Gebot zu erfüllen. Die offenbar sehr fromme Pulcheria soll in kirchlichen Dingen großen Einfluß auf Markianos genommen haben: Gegenüber Attila jedoch ließ sie ihm freie Hand, und so wandelte sich das Klima am Bosporus in einer für die Hunnen höchst unerwarteten Weise: Die bis dahin kriecherischen Gesandten traten nun als die Sprecher einer Großmacht auf. Die Tributzahlungen wurden eingestellt. Armee und Befestigungen wurden in überraschender Schnelligkeit kriegstüchtig gemacht. Aber Attila, geblendet vom Ring der Honoria und von der Aussicht, eine kaiserliche Prinzessin an seine Seite zu ziehen, tat das Nächstliegende nicht. Er griff nicht das Oströmische Reich an, stieß nicht in eine äußere und innere Aufrüstung hinein, ehe sie Früchte tragen konnte, ehe die neuen Steuergesetze des Markianos und sein Kampf gegen die Korruption und den Ämterkauf die innere Gesundung des byzantinischen Staatswesens fördern konnten, sondern wandte sich nach Westen, dorthin, wo bisher stets seine Freunde geherrscht, ja ihm gelegentlich sogar fette Beute zugetrieben hatten: gegen Reich und Einflußzone Ravennas, gegen Westrom.

Die Gründe zu diesem überraschenden Entschluß glaubt Priskus zu kennen, wenn er im fünfzehnten Fragment seiner Gesandtschaftsberichte schreibt:

»Als dem Attila gemeldet wurde, daß nach dem Tode des Theodosius Kaiser Markianos die Herrschaft in Ostrom angetreten hatte und was mit Honoria geschehen war, bedeutete er durch eine Gesandtschaft dem weströmischen Kaiser Valentinian, er werde nicht dulden, daß man Honoria, die er zu seiner Frau ausersehen habe, ein Unrecht zufüge. Er werde sie rächen, wenn man sie von der Reichsregierung ausschließen wolle. Zugleich entsandte er Unterhändler wegen der vereinbarten, aber ausgebliebenen Tribute nach Ostroms Hauptstadt Konstantinopel.

Beide Gesandtschaften kehrten unverrichteterdinge zurück. Der weströmische Kaiser antwortete, Attila könne Honoria

nicht heiraten, da sie schon einem anderen angetraut sei. Übrigens stehe ihr ein Anteil an der Reichsregierung nicht zu, da das Römerreich nur eine männliche Erbfolge kenne.«
Das war nach echt römischer Tradition alles nur formell richtig, in der Sache aber falsch und mußte darum ein geradeaus denkendes Barbarengehirn nur noch mehr erbosen. Natürlich hatte die kaiserliche Familie in Ravenna das Verlöbnis mit Attila nicht geduldet, weil die Brisanz einer solchen Verbindung offenkundig war. Man suchte der Honoria schnell irgendeinen Mann aus und tat sie, ohne sie zu befragen, mit ihm zusammen, obwohl sie längst großjährig und auch nicht verrückter war als die anderen Familienmitglieder. Und wie sollte Attila daran glauben, daß ausgerechnet der Honoria keinerlei Herrschaftsansprüche zustünden, da doch seit Jahrzehnten Galla Placidia im Westen herrschte und in Byzanz soeben Pulcheria den Thron bestiegen und Markianos erst nachgezogen hatte? Für Attila, den in schlichten, aber zweckmäßigen und durchschaubaren Traditionen aufgewachsenen Nomadenfürsten, konnten Antworten und Ausflüchte dieser Art nichts anderes sein als Europäertricks, die seinen Kampfwillen erst recht herausforderten.
»Die Oströmer aber ließen dem Hunnenkönig sagen, sie fühlten sich an die unter Theodosius vereinbarten Tributzahlungen nicht mehr gebunden. Wenn Attila Ruhe halte, würden sie ihm dennoch und ohne Verpflichtung von Zeit zu Zeit Geschenke zukommen lassen. Drohe er aber mit Krieg, so würden sie ihm mit ebenbürtigen Streitkräften entgegentreten.
Daraufhin wußte Attila nicht recht, wen er zuerst angreifen sollte, und beschloß, sich zunächst ruhig zu verhalten, denn ein Feldzug gegen den Westen brauchte eine lange Vorbereitungszeit, wollte er doch nicht nur gegen die italische Bevölkerung kämpfen, sondern auch gegen (West-)Goten und

Franken: gegen die Italer, um Honoria und ihr Erbe zu gewinnen, gegen die (West-)Goten aber, um dem Vandalenkönig Geiserich einen Dienst zu erweisen.«

Damit ist ein neuer Name im Spiel, ein Mann, reich und mächtig genug, um das Unerklärliche erklärlich zu machen und damit Attila von dem Vorwurf zu befreien, den man bei dem einen oder anderen Historiker lesen kann: Der Hunne habe sich in das Problem Honoria verrannt, er habe lediglich emotional entschieden, er habe in blinder Selbstüberheblichkeit alle Vernunft außer acht gelassen und sich, obwohl Herrscher über Millionen, nicht klüger benommen als jene turnierenden Ritter, die ihrer Dame wegen das Visier fallen ließen und fortan aller Vernunft unzugänglich waren ...

König Geiserich ist nur als korrespondierendes Mitglied von Attilas Tafelrunde anzusprechen, aber er ist der bedeutendste Zeitgenosse des Hunnenkönigs, der einzige Herrscher des Jahrhunderts, der sich mit Attila vergleichen läßt. Im Süden des Römischen Reiches wird er als starker Gegenspieler der etablierten Kaisermacht ebenso gefürchtet wie Attila im Norden; darum müssen wir ihm eine kurze Charakteristik widmen, die Unerwartetes zutage fördern wird.

Die Vandalen zählen als Volk zu den Ostgermanen. In ständigen Scharmützeln mit weiteren ostgermanischen Völkern, waren sie nach der Überquerung der Ostsee wie die anderen auch aus dem Weichselraum nach Süden gezogen und schließlich mit bedeutenden Teilen der Volksmasse unter die Oberhoheit der Hunnen gelangt. Obwohl dieses Joch allem Anschein nach nicht sehr schwer auf ihnen gelastet hatte, zogen sie zu Beginn des fünften Jahrhunderts weiter nach Westen und hatten Kampfberührung mit den Römern unter Stilicho. Sie verweilten auch ein paar Jahre in zugewiesenen Territorien und erwachten zu selbständiger weltgeschichtlicher Bedeutung erst mit jenem König Geiserich, der im Jahr 428 an die

Macht kommt, also nur ein paar Jährchen früher als Attila. Aetius, Geiserich und Attila gehören *einer* Generation an!
Auch bei den Vandalen gab es wie bei den Goten und den Hunnen ein Königsgeschlecht, das seit Generationen die Fürsten stellte, und zwar die Asdinger. Raus und Raptus sind um 170 die ersten bekannten Königsnamen aus dieser Ahnentafel, und der erste König, der uns interessiert, ist Godegisel, gestorben im Dezember 406, der König der großen Wanderung.
Mit einer rechtmäßigen Gattin hat Godegisel einen Sohn Gundarich, der ihm 406 in der Regierung des Vandalenvolkes folgt und bis 428 herrscht. Zu diesem Zeitpunkt ist schon klar, daß nach dem Tod des Gundarich nur der ungestüme Geiserich als Nachfolger in Frage kommt, ein hervorragender Feldherr und als Sohn des Königs Godegisel nur mit einem einzigen Makel behaftet: Seine Mutter ist kein Eheweib des Königs gewesen, sondern eine hübsche Beischläferin, eine Sklavin mit vermutlich iranischem oder türkischem Blut, die Godegisel während der Vandalenrast in Ungarn öfter auf sein Lager gezogen hatte.
Aber wie so oft in der Geschichte der Herrscherfamilien werden die Söhne ungewisser Herkunft die Größten und haben die interessantesten Lebensläufe, so auch Geiserich, Vandalenkönig von 428 bis 478, halb Germane und Europäer, halb mit dem wilden Erbe mittelasiatischen Nomadentums behaftet, »ein Mann von unerhörtem Unternehmungsgeist, eiserner Entschlossenheit, dabei völliger Skrupellosigkeit bei der Verfolgung seiner Ziele. Und als Ganzes: ein autokratischer Herrenmensch wie Attila« (Wilhelm Capelle).
Der eurasische Herrenmensch hat mit seinem Volk schwere Zeiten durchlebt, die Hunnen-Oberhoheit, die Hungermärsche durch Pannonien. Also kehrt er nicht um, als Spanien zu Ende ist und der Westweg durch eine Meeresstraße versperrt

wird, sondern verbrüdert sich mit den Berbern und organisiert vierhundert Schiffe, auf denen sein ganzes Volk, achtzigtausend Menschen, vermutlich von verschiedenen südspanischen Häfen aus den Weg nach Afrika antritt. (Die Annahme, daß die Einschiffung ausschließlich in Iulia Traducta, dem heutigen Tarifa, erfolgte, hat wenig Wahrscheinlichkeit für sich. Eine so große Menge Volks mußte bei damaligen Hafenverhältnissen und Schiffsraumgrößen auf mehrere Häfen verteilt werden, wie dies vorher Julius Cäsar bei der Invasion Englands getan hatte und wie es noch Wilhelm der Eroberer wird halten müssen.)

Einmal auf See, geht Geiserich aufs Ganze und setzt nicht etwa zum nächstgelegenen nordafrikanischen Hafen über. Er weiß, daß man mit Frauen und Kindern nicht viele Hunderte, ja Tausende Kilometer durch die Wüste marschieren kann und daß die römischen Besatzungstruppen im heutigen Tunis die ausgehungerten und erschöpften Reste der Vandalenstämme dann spielend erledigen würden. Darum segeln die vierhundert überladenen Schiffe, von ein paar Dutzend Mauren gelotst, gegen Osten bis zu dem heutigen Städtchen Nemours, einem Hafen, der damals ad Fratres hieß und den westlichsten Punkt des römischen Straßensystems in Nordafrika bildete. Das öde und felsige Rif-Gebirge war damit überwunden, das römische Nordafrika lag offen vor den Vandalen, und ein Jahr später, nach dreizehn Monaten der Märsche und Kämpfe, gehörte es ihnen.

Im Juni 430 wehrte sich nur noch die alte Stadt Hippo Regius, weltberühmt als Ort des heiligen Augustinus, der die Belagerung durch die Vandalen gerade noch erlebte, er starb am 28. August jenes Unglücksjahres. Im letzten Kapitel der Augustinus-Biographie, die sein Freund und Betreuer Possidius verfaßte, lesen wir dazu:

»Es geschah durch Gottes Willen, daß eine riesige Schar, mit

verschiedenen Waffen ausgerüstet und in Kriegen geübt, unter den furchtbaren Feinden, den Vandalen und Alanen . . . zu Schiff in Afrika einbrach . . . Sie wütete mit jeder Art von Grausamkeit und Roheit, verheerte alles, was sie konnte, durch Plünderung, Totschlag, verschiedene Arten von Foltern, Brand und zahllose andere unnennbare Leiden. Sie verschonte kein Alter und kein Geschlecht, nicht einmal die Priester und Diener Gottes selber oder die Geräte der Kirchen.«
Possidius ist ein Augenzeuge; sein unwiderlegbarer Bericht wird ergänzt durch den des ebenfalls geistlichen Autors Victor Vitensis, der zahlreiche Beispiele vor allem für Grausamkeiten und geradezu teuflische Foltern an Priestern und Nonnen bringt; denn die Vandalen hegten als Arianer einen besonderen Haß gegen die nordafrikanischen Pflanzstätten des Katholizismus.
Geiserich, der Katholik gewesen sein soll, später aber zum Arianismus, also der aus Byzanz stammenden und bei den Ostgermanen verbreiteten Form des Christentums, überging, wütete mit der zielbewußten Grausamkeit des Renegaten, und das ist vielleicht der deutlichste Unterschied gegenüber Attila, mit dem er so oft verglichen wird. Attila war religiös so neutral wie nach ihm Dschingis-Khan, Kublai-Khan und viele andere Beherrscher von Großreichen, weil die Vielfalt der Religionen eben zu einem Großreich gehört wie die Vielfalt der Völker.
Die grausamen und besonders von Victor Vitensis breit geschilderten Martern hatten aber vor allem den Zweck, die Preisgabe von Geldverstecken zu erpressen, und darin gebärdeten sich die Vandalen genauso wie die christlichen Seeräuber späterer Zeiten in Mittelamerika: Sie wollten Gold, und manch einer, der gar keins hatte, mußte stundenlang leiden, weil sie es ihm nicht glaubten.
Geiserich konnte gegen Rom siegen, weil Galla Placidia, die

uns schon bekannte Kaiserin zu Ravenna, den allzu tüchtigen General Bonifatius in Nordafrika als Rivalen fürchtete und ihre Generale ständig gegeneinander ausspielte. Hippo Regius fiel nach langer Belagerung, Karthago nahm Geiserich überraschend in einem genialen Handstreich. Die Küsten des Mittelmeers wurden in ausgedehnten Flottenraubzügen heimgesucht und ständig beunruhigt.

Vor Geiserich hatte das nur einer mit Erfolg gewagt: Sextus Pompeius, der Sohn des großen Triumvirs, und er hatte das Rom des Augustus an den Rand der Hungersnot gebracht, weil er eine Getreideflotte nach der anderen kaperte. Geiserich hatte so lange Ruhe von Rom, als er Getreide nach Italien gelangen ließ, das hatten Galla Placidia wie auch Aetius erkennen lassen. Rom also war keine Gefahr für Geiserich, seinen Reichtum und sein Volk, das sich den ganzen Landbesitz in Nordafrika angeeignet hatte und nun auf den Gütern saß, ohne zu arbeiten. Aber die Westgoten, die waren eine Bedrohung, wirklich oder eingebildet; Geiserich jedenfalls empfand es so, und bis nach Südspanien sind die Westgoten ja auch tatsächlich gewandert.

Niemand konnte Attila größere Schätze und bessere Bezahlung bieten als Geiserich, der einen Erdteil geplündert und das ganze Ostmittelmeer mit Raubschiffen abgegrast hatte. Und wenn Attila tatsächlich schwankte, wenn er wirklich nicht wußte, ob er zuerst den kühnen Markianos züchtigen oder sich Honoria holen sollte, dann kann es durchaus sein, daß eine wohlausgestattete Gesandtschaft des Geiserich schließlich den Ausschlag gab und die Entscheidung für den Feldzug gegen den Westen Europas herbeiführte.

Hinzu kam, daß Geiserich unter allen Fürsten, mit denen Attila in Gedankenaustausch stand, am wenigsten Ehrfurcht vor den Römern hatte. Während Attila Ostrom offensichtlich verachtete, mit dem Westen des Reiches aber durch Jahre gut ausgekommen war und doch immer wieder nach kaiserlichen Würden und Beziehungen schielte, setzte sich Geiserich bewußt und beinahe haßerfüllt über alles Römische hinweg, auf das er in dem weitgehend kultivierten Römisch-Nordafrika traf. Nicht nur die Kirche eines Tertullian oder Augustin fiel ihm zum Opfer, auch die gesamte römische Verwaltung, angefangen von den Grundbüchern, wurde bewußt vernichtet und durch neue Eigentumsverhältnisse und den Grundsatz der Besitzlosigkeit für die Römer geradezu in ihr Gegenteil verkehrt. Geiserich blickte zu Rom nicht auf, empfand keine Scheu und schon gar nicht Angst vor dieser im ganzen genommen noch immer beträchtlichen Militärmacht.

Es ist durchaus denkbar, daß Geiserich in jenen Monaten hunnischer Rüstungen und königlichen Zauderns Attila beeinflußte. »Durch sein ganzes Leben erscheint uns Geiserich viel mehr als ein schlauer Unterhändler, denn ein Feldherr«, schreibt E. F. Gautier, der die Spuren der Vandalen in Nordafrika selbst verfolgt und studiert hat, und Capelle ergänzt: »Geiserich ist, von dem Hunnenkönig Attila abgesehen, der gerissenste und dabei verwegenste, weil vollkommen skrupellose Politiker seiner Zeit . . . Geiserich hat, was ihn selber betrifft, überhaupt keinerlei Grundsätze oder vielmehr nur einen einzigen, jenseits aller Moral liegenden: den der Behauptung beziehungsweise Erweiterung seiner Macht durch Niederhaltung oder Hemmung all seiner Feinde und durch Erwerb von Freundschaft und Verbündeten, wo immer er sie findet.«

Der hunnische Aufbruch gegen Rom war die große Chance der Vandalen, die sie der Notwendigkeit enthob, selbst noch einmal als Volk in die Schiffe zu steigen und etwa auf Sizilien oder in Apulien zu kämpfen, wie dies Sextus Pompeius vorher getan hatte und wie dies die Normannen nach Geiserich werden tun müssen. Und Geiserich kannte Attila gut genug, um zu wissen, daß er sich diese Gunst des Schicksals mit ein paar Schiffsladungen zusammengeraubter Dinge erkaufen konnte, weil Attila ja ohnedies kämpfen wollte. Er wußte nur noch nicht, gegen wen . . .

2.
Die Champagne hat sie verschlungen

Verläßt man die Stadt Châlons-sur-Marne zunächst in Richtung Reims und biegt dann nach Nordosten in Richtung Suippes, so kommt man nach wenigen Kilometern zu einem idyllischen kleinen Parkplatz. Rechts dehnen sich leicht ansteigend die Felder, links begleitet ein Übungsgelände der französischen Armee mit martialischen Verbotsschildern die Straße. Auf dem Parkplatz selbst aber grüßt uns, bunt wie ein Wirtshausschild, eine rechteckige Tafel mit dem Victor-Hugo-Zitat

Ici la Champagne devora les Huns

»hier hat die Champagne die Hunnen verschlungen«. Ob der große Dichter Frankreichs genau diesen Platz damit gemeint hat, wissen wir nicht. Die Tafel jedoch mit dem lecker-bunten Schlachtengemälde steht genau dort, wo die Erde tatsächlich die Leichname von Tausenden von Gefallenen verschlang, indem sie diese in sich aufnahm. Die Einwohner der umliegenden Dörfer haben sie im September des Jahre 451 entweder verbrannt oder verscharrt, und sie durften sich bei dieser grausigen Arbeit nicht viel Zeit lassen, denn der September ist mitunter recht warm in der Champagne, und Tausende von unbestatteten Leichnamen konnten die Pest über das ganze Land bringen.

Während die Goten an Ort und Stelle große Scheiterhaufen errichteten und ihre Toten zum guten Teil selbst verbrannten, in Asche verwandelten, hatten die Hunnen nach Lage der

Dinge nicht viel Lust, noch zwischen den Dörfern herumzuirren, und überließen ihre Toten den Dörflern. Tausende von Hunnen mit zerschmetterten Schädeln oder zerstochenen Wämsern mußten unter die Erde gebracht werden, und sie sahen in diesem Zustand womöglich noch furchterregender aus als zu ihren Lebzeiten, da man sie schon mit Teufeln und bösen Geistern verglichen hatte.

Die Bauern, die nur zu gut wußten, wie Hunnen hausten, nannten sie darum auch die Teufel, *les Diables*, und die große Bestattungskampagne verglichen sie mit dem Rübenpflanzen, wo ebenfalls alle Hand anlegen müssen, um die Saatfrüchte unter die Erde zu bringen, *l'ahan* genannt, weswegen aus diesem grausigen Ort *l'ahan des diables* wurde, in der französischen offiziellen Topographie eine »Örtlichkeit zwischen Suippes, Cuperly und La Cheppe, unter 22 Grad 10 Minuten östlicher Länge und 49 Grad 5 Minuten und 12 Sekunden nördlicher Breite«. Damit ist es zum ersten- und zum letztenmal gelungen, einen großen Teil des Hunnenvolkes einwandfrei und für dauernd zu lokalisieren. Wir allerdings müssen jetzt noch herausfinden, auf welchen Wegen und Umwegen sie bis dorthin vorgedrungen sind und was sie unterwegs vollbracht haben – womit die Tragödie begann, die auf den Katalaunischen Feldern endete . . .

Honoria also hatte heiraten müssen, eine obskure Kreatur mit dem seltsam widersprüchlichen Namen Herkules Bassus, den sie vom ersten Augenblick an verachtete. Angeblich haßte sie nun alle Männer mit der einzigen Ausnahme des Hunnenkönigs, denn der war ja tatsächlich der einzige Mann, der sie rächen konnte.

Attila freilich ging es vielleicht gar nicht um das Ziel, zu dem er sich bekannte. Der Mann der vielen Vorwände, der immer dann Gründe fand, wenn er gerade Krieg führen wollte, hatte für seinen großen Zug nach Westen neben Honoria noch das

Motiv eines Schlages gegen die Westgoten. Bei diesen nämlich war ein Thronstreit ausgebrochen, genauer gesagt, ein Streit, um die Thronfolge. Es gab einen älteren Sohn, der Attila zu Hilfe gerufen hatte, und einen jüngeren, der gelegentlich eines früheren Aufenthaltes in Ravenna von Aetius adoptiert worden war und darum die Unterstützung der Römer besaß.
Es gab aber auch noch einen weiteren Grund für einen Feldzug in Gallien – nämlich die große Hungersnot, die in Italien wütete. Mit Mangel und Seuchen hatte sie eine Lage geschaffen, mit der auch ein Hunnenheer nicht fertig werden konnte. Vor Seuchen nämlich hatten die Hunnen einen tiefen Respekt.
In der Erkenntnis, daß er im Augenblick den Römern den Krieg nicht ins Haus tragen konnte, soll Attila noch unmittelbar vor Feldzugsbeginn versöhnliche Angebote gemacht haben: Wenn man ihm Honoria gebe, so wolle er sich mit Gallien begnügen; er brauche gar nicht das halbe Reich, sondern werde in Gallien als guter Freund des Kaisers herrschen.
Alle diese Verhandlungen konnten jedoch, wie das manchmal vor den ganz großen Kriegen so ist, das Unheil nicht mehr abwenden, obwohl beide Seiten ihre beste Mannschaft an Diplomaten einsetzten. Aetius scheute sich nicht, seinen eigenen Sohn Carpilio (der früher schon einige Zeit am Hunnenhof gelebt hatte) zu Attila zu senden. Carpilio reiste mit jenem Cassiodor, der später durch seinen gleichnamigen Sohn, den Geheimschreiber des großen Theoderich, weltberühmt werden sollte. Aber auch diesen beiden gelang es nicht, Attila die fundamentalen Unterschiede zwischen asiatischem und europäischem Herrschertum klarzumachen und darzulegen, warum das Weströmische Reich nicht der Privatbesitz des Kaisers, sondern eben nur Erbe und Auftrag sei.
Attila entsandte einen kleinen Teil seiner Truppen gegen Byzanz mit dem Auftrag, hinhaltend zu kämpfen; sie trafen

darum auch an dieser weniger wichtigen Front erst im September 451 auf Markianos, der sie zurückschlug.
Die Hauptmacht der Hunnen marschierte donauaufwärts nach Westen und umfaßte neben einem hunnischen Kern alle germanischen Vasallen und Verbündete unter jenen Königen, die seit geraumer Zeit Attilas Berater und Mitstrategen in der Tafelrunde gewesen waren und seit mehr als drei Jahren keinen großen Raubzug mehr unternommen hatten. Die schlagkräftigste Truppe der Verbündeten waren die Gepiden unter Ardarich; auf sie konnte Attila sich so blind verlassen, daß er sie selbständig marschieren und bald als Vorhut, bald als Nachhut kämpfen ließ (was, wie wir sehen werden, die Historiker gelegentlich verwirrte). Nach ihnen kamen die Ostgoten unter König Valamir, auch Walamer geschrieben; ihnen folgten die Skiren unter dem Hunnenfürsten Edekon, die Rugier, Heruler, Quaden und am äußersten rechten Flügel die Thüringer. Später stießen dann jene ripuarischen, also östlichen Frankenstämme noch hinzu, deren Thronanwärter Attila mit diesem Krieg unterstützen wollte, während die Reste der Burgunder – wen könnte das verwundern – auf seiten der Westgoten und der Römer gegen Attila standen.
Mitten im fünften Jahrhundert also hatte der große Krieg begonnen, in dem tatsächlich das ganze waffenfähige Europa aufgerufen war. Vom Osten zog der Feind heran, im Westen konnte man es noch kaum glauben und zauderte noch immer. Gerät ein Kontinent auf diese Weise in Bewegung, dann gibt es wohl niemanden, der mit den Mitteln der Spätantike Heeresstärken ermitteln oder die genauen Marschwege verzeichnen kann. Wir wissen also nichts Sicheres, aber die Wahrheit muß wohl zwischen der höchsten Angabe über Attilas Streitmacht und der niedrigsten modernen Schätzung liegen, also zwischen den 500000 Mann der Zeitgenossen und der Annahme von nur 50000–60000 Mann, mit der Monsieur Louis

Hambis, Professeur au Collège de France, die Reihe der Skeptiker anführt.

Die Alemannen stehen zwischen den Fronten und zeigen als dritte Kraft, daß sie schon damals wußten, was Neutralität wert ist. Die versammelten Hunnen und Gepiden vermögen den Sperriegel am Oberrhein nicht aufzubrechen. Schwarzwald und Vogesen erweisen sich als uneinnehmbar, und der Heerwurm Attilas muß sich teilen. Die schnellen Gepiden schwenken nach Süden aus, gehen bei Kaiseraugst, also im Raum des heutigen Basel, über den Rhein und stoßen über Besançon wieder zur Hauptmacht. Diese ist nach Norden abgeschwenkt und hat, um ungestört von alemannischen Angriffen übersetzen zu können, die Gegend von Koblenz gewählt und die Übergänge weiter flußabwärts.

Das Moseltal selbst bot bei seiner dichten Bewaldung und mit den Mäandern des Flusses keine Möglichkeit für römischen Straßenbau. Hier können die Hunnen also nur ihr Belagerungsgerät stromaufwärts treideln. Die Armeen marschieren auf den beiden römischen Heerstraßen, deren eine von Andernach, die andere von Bingen aus auf Trier zuführt. Die Alemannen haben ihre Berge und Täler gerettet. Für Trier aber bedeutete das den Untergang.

Beim Bau von Luftschutzkellern 1939/40 und bei archäologischen Grabungen ergaben sich zum Teil überraschende Aufschlüsse über die Schicksale der Stadt Trier in diesem unruhigen fünften Jahrhundert. Das noch in römischen Zeiten begründete Christentum blieb zwar trotz aller Konflikte rings um die Moselstadt erhalten, aber wieviel mußte die Bevölkerung erdulden. Von zwei großen Zerstörungen in der ersten Hälfte des fünften Jahrhunderts sind die Urheber nicht mit Sicherheit bekannt; Hunnen als römische Söldner können nicht ausgeschlossen werden. Im Frühjahr 451 aber stehen die Hunnen und ihre Verbündeten als die Mordbrenner fest, die über die Stadt hereinbrachen und das damals bestehende Gotteshaus auf dem Grund der Römerstadt in Flammen aufgehen ließen. Wenn uns allerdings berichtet wird, daß gegen Ende des Jahrhunderts (wieder) römische Gesittung in Trier herrschte und zumindest die Oberschicht nach den Grundsätzen der Kaiserzeit lebte, dann deutet das darauf hin, daß sich doch ein Gutteil der Einwohner rechtzeitig in Sicherheit bringen und den Hunnen entgehen konnte.

Bei Trier vereinigen sich die Römerstraßen zu der großen Heerstraße nach Süden, nach Divodurum, wie Metz damals genannt wurde. Damit geraten die Ereignisse in den Gesichtskreis des Bischofs Gregor von Tours, von dem der Historiker Rudolf Buchner mit Überzeugung sagte: »Die Geschichtenbücher des Gregor von Tours gehören zu den unentbehrlichsten Zeugnissen unserer europäischen Entwicklung.«

Georgius Florentius, der sich als Bischof dann nach einem berühmten Onkel Gregorius nannte, lebte vermutlich von 538 bis 595, kam also ein Menschenalter nach den Ereignissen zur Welt, die wir in diesem Kapitel nachzuzeichnen versuchen. Er entstammt einer sogenannten Senatorenfamilie, das heißt jenem Provinzadel Galliens, der in der Übergangszeit zwischen Antike und christlichem Mittelalter die alten Ordnungen bewahrte und mit dem Geist der neuen Religion erfüllte; diese kleine Elite schätzte ihre lateinische Bildung, war aber in tiefer und bisweilen naiver Frömmigkeit der jungen christlichen Lehre ergeben und glaubte an die Rolle der Märtyrer und die Wunder der Heiligen. Unter väterlichen wie mütterlichen Vorfahren Gregors finden sich Senatoren, Grafen und vor allem Bischöfe so bekannter Städte wie Clermont, Lyon, Langres, Tours und Genf.

Im fünften Kapitel des zweiten Buches seiner *Fränkischen Geschichten* beschreibt Gregor auch die Begegnung christlicher Würdenträger mit dem hunnischen Schrecken:

»Es verbreitete sich also das Gerücht, die Hunnen wollten in Gallien einfallen. Es lebte aber damals in dem Flecken Tongern (Belgiens älteste Stadt, am Flüßchen Geer gelegen) ein Bischof namens Aravatius, ein Mann von ausnehmender Frömmigkeit. Er lag stets Wachen und Fasten ob und bat stets unter einem Strom von Tränen die göttliche Gnade, sie möchte nicht dies ungläubige Volk, das ihrer immer unwert gewesen sei, nach Gallien kommen lassen. Aber es sagte ihm der Geist, um der Missetaten des Volkes von Gallien willen sei sein Gebet nicht erhört worden. Da beschloß der Bischof, nach Rom zu reisen, um dort den Beistand der apostolischen Wunderkraft zu gewinnen und dadurch leichter von der Gnade des Herrn zu erlangen, was er in Tongern vergeblich erfleht hatte.
Er wallte also nach Rom und zum Grabe des Apostelfürsten und bat um seinen gütigen Beistand, indem er in vielen Entbehrungen und anhaltendem Fasten seinen Leib kasteite; denn zwei bis drei Tage blieb er ohne alle Speise oder Trank und ließ zu keiner Zeit im Gebet nach. Als er aber viele Tage von solcher Betrübnis zugebracht hatte, soll er vom heiligen Apostel diese Antwort erhalten haben: ›Was bestürmst du mich, heiliger Mann? Denn siehe, in Gottes Ratschluß ist es unabänderlich beschlossen, daß die Hunnen nach Gallien kommen und daß dieses Land von einem gewaltigen Sturme verheert werden soll. Jetzt also nimm einen Rat, eile schnell von dannen, bestelle dein Haus, sorge für deine Ruhestätte und richte für dich reine Linnen her. Denn siehe, du wirst abscheiden von diesem Leibe, und deine Augen werden die Leiden nicht sehen, welche die Hunnen in Gallien bereiten werden, wie es der Herr, unser Gott, gewollt hat.‹
Als dies der Bischof von dem heiligen Apostel vernommen, machte er sich eiligst auf und kehrte schnell wieder nach Gallien heim. Und da er zu der Stadt Tongern kam, nahm er also-

bald alles mit sich, was zu seinem Begräbnis nötig war, und sagte den Geistlichen und den anderen Bewohnern der Stadt Lebewohl, indem er ihnen unter Tränen und Wehklagen verkündigte, daß sie sein Angesicht fortan nicht mehr sehen würden.«

Bischof Aravatius verließ Tongern auf dem Weg nach Maastricht, der Stadt, die hundert Jahre darauf anstelle von Tongern Bischofssitz werden sollte, und verschied dort an einem Fieber, noch ehe er die Stadt betreten konnte. Man begrub ihn nach altrömischer Sitte neben der Landstraße und war nun sicher, daß großes Unheil über das Land hereinbrechen würde. Es kam zwar nicht von den Hunnen, die nicht bis nach Belgien ausschwärmten, aber immerhin von deren Verbündeten, den Thüringern. Aber die schlimmsten Erwartungen wurden übertroffen. Die Einwohner von Tongern und Umgebung versuchten alles, um die herannahenden Feinde milde zu stimmen, brachten ihnen Speisen und erboten sich, Geiseln zu stellen als Sicherheit dafür, daß sie Frieden halten und die Armee weiter verköstigen würden.

»Aber jene töteten die Geiseln auf verschiedene Art, brachen herein über eure Väter (Gregor spricht ja von zurückliegenden Ereignissen), nahmen ihnen alle ihre Habe, hingen die Knaben mit den Sehnen der Schenkel an die Bäume und ließen mehr als zweihundert Mädchen eines grausamen Todes sterben: Sie banden deren Arme an Pferdehälsen fest und stachelten diese Tiere mit aller Gewalt. Da tobten die Pferde nach entgegengesetzten Seiten auseinander und zerrissen die Mädchen in Stücke. Andere legten sie auf die Wagengleise der Landstraßen, befestigten sie mit Pfählen am Boden und ließen schwerbeladene Wagen darüberrollen, die ihnen die Knochen zerbrachen. Dann warfen sie die Leiber den Hunden und Vögeln zur Speise vor.«

Das sind so ausgeklügelte Martern, wie sie sich nur bei Autoren finden, die zahllose Märtyrergeschichten kennen; die Hunnen als ein Reitervolk, dessen Hauptwaffe Schnelligkeit hieß, haben sich mit solchen Inszenierungen wohl selten aufgehalten. Nur den Weißen Hunnen, die in Iran ein seßhaftes Leben führten, sagt ein Autor ähnlich umständliche Grausamkeiten nach. Man darf darum Gregor Glauben schenken, wenn er ausdrücklich die Thüringer für solche vielleicht vereinzelte Vorfälle verantwortlich macht, die aber wegen ihrer extremen Scheußlichkeit im Gedächtnis der Menschen naturgemäß besonders lange hafteten.

Nach Metz kam der große Schrecken vor dem Osterfest des Jahres 451. Am Ostersamstag, dem 7. April, brachen die Hunnen in die Stadt ein. »Sie warfen Feuer in die Stadt, töteten das Volk mit der Spitze des Schwertes und ermordeten selbst die Priester des Herrn vor den geweihten Altären. In der ganzen Stadt blieb kein Fleckchen unversehrt, ausgenommen nur das Bethaus des heiligen Stephanus, des ersten Blutzeugen und Diakonen (Apostelgesch. 6,3–8). Ich will aber nicht verschweigen, was ich von manchen Seiten über die Erhaltung dieses Bethauses vernommen habe. Man erzählt nämlich, ehe die Feinde kamen, habe ein gläubiger Mann eine Vision gehabt, in der Stephanus die Apostel Petrus und Paulus wegen des Untergangs der Stadt Metz angefleht und um Gnade gebeten habe (. . .) Jene aber antworteten ihm: ›Gehe hin in Frieden, geliebter Bruder, dein Bethaus wird von den Flammen nicht ergriffen werden. Für die Stadt aber werden wir nichts erwirken können, weil das Gebot des göttlichen Willens schon ergangen ist. Denn es ist groß geworden die Sünde des Volkes und der Ruf seiner Bosheit ist hinaufgekommen vor den Herrn: deshalb wird diese Stadt durch Feuer zerstört werden.‹«

Gregor zieht aus dieser in Metz gewiß lange Zeit umlaufenden Geschichte die Folgerung: »Es leidet daher keinen Zweifel,

daß dieses Bethaus nur durch die Verwendung der heiligen Apostel verschont blieb, als die Stadt verheert wurde.«
Der Gedanke eines Strafgerichts, die Überzeugung, daß das sündige gallische Volk die Hunnen-Heimsuchung verdient habe, zieht sich durch die Berichte über Tongern und über Metz, und man darf sich nicht wundern, daß sie für unsere heutige Einstellung legendenartig, ja märchenhaft klingen: Bei einem Schrecknis, wie es die Hunnenstürme in allen Orten und auf dem flachen Land auslösten, blieb den Menschen tatsächlich oft keine andere Zuflucht als der Glaube. In den Ebenen Nordfrankreichs konnten sich die Bauern nicht einmal in unzugängliches Hügel- oder Bergland zurückziehen, und nur die eine oder andere Waldung bot ein wenig Schutz vor den Hunnen. Daß diese keine Gnade kannten und keine Ehrfurcht, bestätigen auch andere Berichte wie zum Beispiel der im *Bréviaire ancien de Châlons* über die Hunnen in Reims.
Die Stadt war erst dreiundvierzig Jahre vorher von den Vandalen geplündert und zerstört, inzwischen aber weitgehend wiederaufgebaut worden. Anders als Bischof Aravatius hatte sich Bischof Niçaise nicht entschließen können, die Stadt zu verlassen, und sich gesagt, daß der Tod ihn überall ereilen könne. Begleitet von seiner jungen und schönen Schwester Eutropia zog der Bischof im vollen Ornat und mit den heiligen Gefäßen den Hunnen entgegen, er war beseelt von dem verzweifelten Glauben, daß man eine Armee beutelüsterner und ausgehungerter Krieger so beschwören könne wie einen bösen Geist im Stall. Aber dem psalmensingenden Bischof wurde mitten im Vers der Kopf abgeschlagen. Die fromme Legende, die sich um solch ein Ereignis bilden mußte, verlegt das Geschehen auf den Vorplatz der Kathedrale und weiß auch einen passenden Vers. Es ist einer der Psalmen Davids, die zu den schönsten dichterischen Stücken der Bibel gehören. Bischof Niçaise soll danach noch gesprochen haben:

»Herr, steh auf,
daß nicht Menschen die Oberhand gewinnen,
laß alle Heiden vor dir gerichtet werden.«

Dann traf ihn der tödliche Schwertstreich eines Kriegers, der die Beschwörung offenbar verstanden hatte und abwenden wollte. Aber Bischof Niçaise vollendete dennoch dank eines Wunders, das seinen auf den Boden rollenden Kopf sagen ließ:

»Lege, Herr, einen Schrecken auf sie,
daß die Heiden erkennen, daß sie Menschen sind.«

Schöner hätte man es nicht sagen können, und die Hunnen, die offenbar auch diese Nuance sogleich erfaßten, bereuten ihre Wut und wandten sich mit plötzlich umgeschlagenen Gefühlen der schönen Eutropia zu, die im weißen Prozessionsgewand neben dem gefällten Bruder stand. Sie aber »fürchtend, daß ihre Schönheit eine Gefahr für ihre Reinheit werden könne«, wie der merowingische Chronist es ausdrückt, stürzte sich auf den Mörder ihres Bruders und schlug ihm die Fingernägel in die Augen, so daß er mit einem Schmerzensschrei blind zu Boden stürzte. Nun freilich war es auch um das Mädchen geschehen, und das allgemeine Morden nahm seinen Anfang.
Plötzlich aber erdröhnten die Gewölbe des Gotteshauses, und aus seinen geöffneten Torflügeln drang ein so fürchterlicher Ton, daß die Hunnen im Plündern und Morden innehielten und aus der Stadt flüchteten. Selbst die Beute sollen sie, wie berichtet wird, in ihrem abergläubischen Entsetzen zurückgelassen haben. Vielleicht, so fragt sich der nüchterne Leser solcher Wundergeschichten im zwanzigsten Jahrhundert, hatten sie tatsächlich noch nie eine große Glocke aus der Nähe ver-

nommen; vielleicht wirkte das geöffnete Gotteshaus wie ein Schalltrichter, und der redende Kopf mochte sie auch schon mit dem Gefühl erfüllt haben, daß sie auf dieser gallischen Erde gegen einen mächtigen Gott anzutreten hatten.
Man sieht: Paris ist nahe. Saint Denis, dem die Römer auf dem heute so fröhlichen Berg Montmartre den Kopf abschlugen, nahm ihn unter den Arm und ging noch bis an die Stelle, wo heute die alte Abtei steht, die den Namen des Heiligen bewahrt und jahrhundertelang Wallfahrts- und Marktort für das ganze nördliche Frankreich war. Und Saint Niçaise spricht seinen Psalm zu Ende, weil ein Heidenschwert solch ein heiliges Wort nicht unterbrechen darf.
Der französische Volksmund freilich scheint der Meinung zu sein, daß Bischof Niçaise mit mehr Arglosigkeit, als einem Kirchenfürsten ansteht, den Hunnen entgegengetreten sei und sich besser hinter Mauern verschanzt hätte. Denn wer heute *Niçaise* nachschlägt, um die richtige deutsche Namensform zu finden, der entdeckt dort die Übersetzung »Stoffel, Einfaltspinsel«.
Von Reims nach Paris, heute eine kurze Autofahrt, hätten auch die Hunnen mit geringerem Zeitaufwand gelangen können. Die Quellen sagen nichts von Gegenwehr; nirgends kämpfen römische Truppen, und die Bevölkerung sucht ihr Heil im Gebet und bei den christlichen Häuptern der Städte. »Da die Einwohner von Paris Attilas kriegerische Grausamkeit fürchteten«, lesen wir in der Vita der heiligen Genofeva, »hatten sie angefangen, ihre Frauen und Kinder und ihre Habe aus Paris wegzuschaffen in Orte, die sicherer lagen. Da ging die heilige Genofeva daran, unermüdlich die Frauen zu ermahnen, sie möchten die Stadt, in der sie geboren und aufgewachsen, in der Stunde der Gefahr doch nicht verlassen, sondern vielmehr sich und ihre Männer gegen den kriegerischen Ansturm mit leiblichen Stärkungen und Ermunterungen

wappnen. Sie sollten, auf Gottes Hilfe bauend, mehr Vertrauen auf Rettung haben. (. . .) Ebenso ermahnte die Heilige die Männer, sie möchten doch nicht aus Verzweiflung ihre Habe aus Paris wegschaffen, sondern lieber standhaft zu Gott beten, der sie aus der drohenden Gefahr zu retten vermöge. Denn – sagte sie ihnen – gerade jene Städte, die sie für sicher hielten, würden unter dem übermächtigen feindlichen Ansturm zugrunde gehen, während Paris, dank Gottes Schutz, unversehrt bleiben werde.«

Nun war zwar, wenn wir wieder der skeptischen Vernunft das Wort geben wollen, Paris auf der Ile de la Cité gelegen und damit besonders schwer anzugreifen. Selbst die Normannen, die mit Hunderten von Schiffen die Seine heraufkamen, konnten die Stadt in späteren Jahrhunderten nicht erobern. Aber die innere Aufrüstung, wie sie nicht selten durch eine beherzte Frau wirksamer erfolgte als durch die Männer oder die vertrauten Kommandanten, hatte gerade gegen einen Feind, dessen Stärke die Belagerung nun einmal nicht war, echte Chancen.

Die Hunnen ließen oft von einer Stadt wieder ab, wenn sie nicht imstande waren, sie im Handstreich zu nehmen, oder sie setzten die Belagerung mit kleinen Verbänden mehr in Form einer Blockade fort, der wachsame und gefestigte Gemeinwesen lange standhalten konnten, wie das Beispiel der kleinen Stadt Asimus unweit der Mündung des Flusses Osma in die Donau zeigt. Diesen Ort hatten die Hunnen 441/42 nicht nur vergeblich berannt, sie erlitten auch durch die mutigen Ausfälle der Asimuntier so starke Verluste, daß sie schließlich die Belagerung abbrachen.

Paris jedenfalls blieb unerobert, und die Hunnen marschierten auf den guten Römerstraßen weiter in Richtung auf das Westgotenreich oder, genauer gesagt, auf seine nördlichste Stadt zu – nach Orléans.

Die nächste Stadt nach Reims war Châlons-sur-Marne, inzwischen mit Flüchtlingen vollgestopft. Überall waren die Herden freigelassen worden, die Herdfeuer gelöscht, die Kirchen und Klöster verlassen. Châlons bildete die eine Zuflucht, die andere die Festung Mont Armé (heute: Mont Aimé). Die Festung wird von den Hunnen auch sofort energisch angegriffen und nach kurzem Kampf erobert. Hunderte fallen, Tausende geraten in Gefangenschaft, was uns zeigt, daß die Hunnen sich noch auf verhältnismäßig gemächlichem Vormarsch befinden. Von Aetius, von den Westgoten, von den merowingischen Franken ist nichts zu sehen und zu hören. Widerstand leisten nur verzweifelte Ortsbewohner, die den Tod vor Augen haben und um ein paar Minuten ihres Lebens kämpfen, weil ohnedies alles zu Ende ist.
Châlons kommt glimpflich davon. Vielleicht ist es die Nähe der Festung, die den friedlichen Charakter der Stadt selbst den Hunnen klarmacht. Zudem besitzt sie in Bischof Alpin, einem Schüler von Saint-Loup in Troyes, einen beredten Fürsprecher. Alpin stand aber auch in dem Ruf, besonders geschickt im Bannen und Beschwören zu sein und die Wunschkraft zu haben, und gewiß hat Attila, der an jedem Aberglauben um so mehr hängt, als er einen umfassenden Glauben nicht kennt, gewiß hat der argwöhnische Hunnenkönig von diesen Kräften des jungen Prälaten gehört.
Wie dem auch sei: es muß Alpin gelungen sein, in einer kurzen Unterredung vor der Stadt, in der heutigen Rue Balbâtre, den Hunnenkönig davon zu überzeugen, daß ein friedliches Châlons mit einer Hunnenbesatzung für ihn nützlicher werden könne als ein Haufen rauchender Trümmer. Vielleicht hat Alpin dem König auch jene merkwürdige Erdbefestigung gezeigt, die heute als Camp d'Attila noch täglich Besucher anzieht, und der König hat blitzschnell erkannt, wozu ihm der fromme Magus der kleinen Stadt hier verholfen habe: zu ei-

nem Ort, wo man endlich die gewaltige Beute sicher lagern, die Verwundeten zurücklassen und eine Auffangstellung ausbauen könnte für den wohl nicht allzu fernen Tag, da die Westgoten den Hunnen entgegentreten und kämpfen würden. – An Aetius glaubte Attila vielleicht gar nicht mehr; der Römer hätte sich ja schon am Lech oder am Rhein stellen müssen.

Auch Alpin erkennt die Gunst der Stunde, und der Exorzist paktiert unerschrocken mit dem Teufel in dem Vorschlag: Wir, die Bürger von der Marne, beschützen dein Lager, König, die Frauen, die Verwundeten, die Beute. Aber du gibst uns auch die Gefangenen vom Mont Armé heraus, die Weiber und Töchter unserer Bauern, die deine Soldaten bereits im Troß mitführen und drangsalieren.

Das ist nun – die Legende erkennt es – mehr, als selbst ein Despot wie Attila gewähren kann. Denn sieht für uns ein Hunne aus wie der andere, so sieht für die Hunnen ein Bauernmädchen aus wie das andere, vor allem, wenn man ihr einmal die Lumpen ausgezogen hat oder wenn sie hunnische Tracht trägt wie die gefangenen Weiber im Troß. Die Soldaten protestieren und sehen nicht ein, warum sie die Beute wieder herausrücken sollen. Attila will schon aufgeben und Alpin, der so viel und so Unangenehmes redet, das Schicksal des Bischofs Niçaise bereiten lassen, da werden die Besitzer aller Gefangenen, die vom Mont Armé stammen, von den fürchterlichsten Leibschmerzen und Krämpfen befallen. Es handelt sich vermutlich nicht einmal um die Ruhr, sondern nur um das, was man heute eine Darmgrippe nennt oder um eine Lebensmittelvergiftung. Aber schon wissen die Hunnen, daß dafür nur Alpin die Schuld tragen kann, der Exorzist von Châlons, und tags darauf finden sich, eine nach der anderen, die gefangenen Frauen und Mädchen vom Mont Armé in der Marnestadt ein und begreifen kaum, daß sie gerettet sind.

Die Hunnen überschreiten die Marne an verschiedenen Punkten und ziehen weiter nach Süden. Einzelne Städte wie das herrliche Troyes haben Glück, denn Saint-Loup, der große Bischof, zählt zwar schon mehr als sechzig Jahre, steht an Mut seinen Schülern aber nicht nach und wird bald in ein besonderes Verhältnis zu Attila treten. Oder ist es Attila selbst, der nach dem Tag von Reims anders über die Oberhirten denkt und erkannt hat, daß diese friedlichen Autoritäten im Sterben mächtiger sind als im Leben?

Über Agedincum, das heutige Sens, führt der Weg der Hunnen weiter nach Orléans. Sie haben nun seit Metz, wo sie am 7. April erst eintrafen, schon fünfhundert Kilometer kämpfend und plündernd zurückgelegt, haben Städte in Besitz genommen, kampiert, Festungen berannt, Flüsse überquert mit einer Armee, die gewiß an die 100000 Mann zählte und von der nur die hunnischen Kontingente überwiegend beritten waren, während Fußtruppen, Troßwagen und Belagerungsgerät langsam marschierten.

Wenn sie auf dieser Strecke zehn Kilometer am Tage machten und insgesamt vierzehn Tage rasteten, so ist das vermutlich schon eine Annahme, die zuviel Tempo voraussetzt und sich zu sehr an unseren heutigen Geschwindigkeiten orientiert. Und doch mußten sie auf diese Weise mehr als zwei Monate brauchen, kamen also in der ersten Junihälfte vor Orléans an und begannen die Belagerung, wozu schwere Gerätschaften und Gespanne notwendig waren, wie Gregor von Tours uns sagen wird:

»Es war aber dazumal Bischof in dieser Stadt der heilige Anianus, ein Mann von ausnehmender Klugheit und ruhmwürdiger Heiligkeit, von dessen Wundertaten bei uns ein Bericht getreulich bewahrt wird. Und als das Volk in der Not der Belagerung zu ihm als seinem Bischof rief, weil der Hunnenkönig mit schweren Sturmböcken die Tore und Mauern berannte, da setzte Anianus sein Vertrauen auf Gott und mahnte sie, alle niederzusinken zum Gebet und die Hilfe des Herrn anzurufen.«

In der wirkungsvollen Steigerung, wie der Kanzelredner sie liebt, läßt Gregor die Bürger von Orléans dreimal flehen und dreimal auf die Mauern steigen, um nach Rettung Ausschau zu halten. Aber erst, als sie schon verzweifeln wollen, »sahen sie nach dem Gebot ihres greisen Bischofs zum drittenmal von der Mauer hinaus ins Land, und sie bemerkten, wie in der Ferne gleichsam eine Wolke von der Erde aufstieg. Da meldeten sie es dem Bischof, und er sprach zu ihnen: ›Da ist die Hilfe des Herrn.‹

Indessen aber bebten die Mauern der Stadt schon von den Sturmböcken und drohten einzustürzen, siehe, da erschienen Aetius und der Gotenkönig Theodor und Thorismund, sein Sohn, mit ihren Heeren vor der Stadt, warfen den Feind zurück und trieben ihn fort. Und als so die Stadt durch die Verwendung des heiligen Bischofs (beim Himmel) befreit war, schlugen jene Attila in die Flucht. Der zog in die mauriakische Ebene und rüstete sich dort zum Kampf. Als sie (die Römer und Westgoten) dies vernahmen, waffneten sie sich mit aller Macht gegen ihn.«

Soweit Gregor von Tours. Die alte Vita des heiligen Anianus, die er als im Besitz seines Klosters befindlich erwähnt, hat sich leider nicht erhalten, zu oft ist Frankreich auch nach den Tagen der Hunnen und der Merowinger noch Schauplatz großer Kämpfe gewesen.

Mit dem Kampf um Orléans haben sich auch andere alte und neue Schriftsteller befaßt, hat doch die Stadt an der Loire seit damals nicht nur eine Schlüsselstellung, sondern auch eine besondere Bedeutung für Frankreich, wie die Geschichte immer wieder bewies. Orléans war jene äußerste Stadt des Westgotenreiches, die im Einverständnis mit Theoderich von dem

Alanenfürsten Sangibanus verwaltet wurde. Für jede weitere Eroberung in Frankreich war der Besitz der Loirebrücken im Raum Orléans entscheidend, ja Orléans selbst war eigentlich schon ein Faustpfand für jeden, der gegen die Westgoten anzutreten beabsichtigte.

Der Historiker der nun anbrechenden Wochen heißer Kämpfe zwischen Loire und Marne ist ein zum Christentum übergetretener Gote namens Jordanes, ein Autodidakt, der es jedoch bis zum Notarius gebracht hat, was allerdings in jenen Zeiten ein ziemlich vager Begriff ist. Jordanes, der auch gelegentlich Jordanis oder gar Iornandes genannt wird, hat zwei Geschichtswerke verfaßt und im Jahr 551, also genau hundert Jahre nach der Völkerschlacht auf den Katalaunischen Feldern, abgeschlossen. Das eine ist eine Art Weltgeschichte, die nach der Sitte der Zeit mit Adam beginnt und bis in die eigene Lebenszeit des Verfassers heraufgeführt wird, wobei das Römische Reich naturgemäß im Mittelpunkt steht.

Wichtiger für uns ist seine Gotengeschichte *De origine actibusque Getarum* (Von der Herkunft und von den Taten der Goten), denn sie enthält Auszüge aus anderen Schriftstellern und scheint die wesentlichen Teile eines sehr wertvollen und leider verlorengegangenen Geschichtswerkes wiederzugeben, das Cassiodor den uns hier interessierenden Ereignissen gewidmet hat. Flavius Magnus Aurelius Cassiodor, der Sohn des weströmischen Gesandten an den Hunnenhof, stieg über hohe Würden (Quästor 507, Konsul 514, schließlich Senator) zum Geheimsekretär und Berater Theoderichs des Großen auf und warb für eine Versöhnung zwischen den Römern und den Ostgoten. Das Werk Cassiodors hat demnach so günstige Voraussetzungen wie kaum ein anderes Geschichtswerk, ausgenommen die Berichte des Augenzeugen Priskus, und es ist ein Glück im Unglück, daß Jordanes in seinen Klosterjahren den Cassiodor exzerpierte. Sein Latein war dabei des Vorbilds nicht würdig, worüber man hinwegsehen kann. Bedenklicher ist sein Hang zur Ausschmückung und zur Legende, der inzwischen in allen abendländischen Klöstern zugenommen hatte. Dennoch müssen wir froh sein, die Gotengeschichte des Jordanes zu besitzen, denn eben weil ihr Verfasser kein großer Schriftsteller, sondern eher ein eifriger Kompilator ist, besitzt sie ein hohes Maß an Authentizität und Verläßlichkeit; eben darum aber kann auch er uns die Frage nicht beantworten, warum die Gegenwehr gegen die Hunnen so spät kam, warum das ganze nördliche Frankreich, die Hauptmasse des Landes mit ihren ausgedehnten Anbaugebieten, dem Feind preisgegeben wurde von einer Armee, die nicht irgendeine war, sondern die des Römischen Reiches.

Die Frage muß man sich stellen, vor allem als Europäer im letzten Viertel des zwanzigsten Jahrhunderts. Wo verlief denn damals Europas Grenze? In welche Tiefen welcher Räume glaubte Aetius noch zurückweichen zu dürfen, als der mächtige hunnische Heerbann bereits donauaufwärts rollte und alles vor sich niederwalzte? Zwischen Basel und Belgien, zwischen Vogesen und Eifel gibt es genug Bergland, wo auch geringe Alarmkräfte einen übermächtigen Feind aufhalten konnten. Die Alemannen haben es bewiesen – aber gerade dieser Beweis läßt das Versagen des römischen Alarmsystems um so auffälliger erscheinen. Wie schnell reagierte derselbe Aetius auf die vergleichsweise geringfügige Gefahr der unruhigen Burgunder! Sie wurden ausgelöscht, ja ausgetreten wie ein Grasbrand. Attila aber ließ er gewähren, vielleicht in der eitlen Römerhoffnung, daß irgendwo in Gallien dann alle Barbaren aufeinanderprallen und einander abschlachten würden, wonach Rom dann endlich eine Chance hatte, wieder zu werden, was es einst gewesen war.

Wenn Aetius dies tatsächlich plante, so war es ein teuflisches Spiel, und wir wissen, daß es im wesentlichen auch gelungen ist. Aber wir müssen Aetius zubilligen, daß er mit den Römern allein gewiß zu schwach gewesen wäre, Attila in offener Feldschlacht entgegenzutreten. Die Westgoten mußten gewonnen werden, wenn die große Schlacht zwischen einigermaßen gleich starken Kräften ausgefochten werden sollte, und darum erschien es ihm wohl vorteilhafter, irgendwo in Gallien als starker Gegner der Hunnen aufzutreten. Am Rhein wären die Römer vernichtet worden.

Aetius und seine diplomatischen Helfer müssen mit Engelszungen geredet haben. Die Westgoten nämlich haßten ihn, da er sie jahrzehntelang bekriegt und sogar die Hunnen auf sie gehetzt hatte, und die Burgunder haßten ihn erst recht, weil er ihr Volk den Hunnen als leichte Beute vorgeworfen hatte. Erst als die Marschrichtung der Hunnen klar wurde und ihr Ziel Aureliana, die Stadt Orléans an der Loire, erkennbar war, sahen sich die Westgoten selbst bedroht. Merowech, der junge Fürst der Salischen Franken, begehrte gewiß gegen Gundebaud zu kämpfen, der die Ripuarischen Franken im Gefolge der Hunnen nach Gallien führte.

So ergab sich der Abwehrkern: Westgoten mit Theoderich I. an der Spitze, römische Verbände, aus Garnisonen und aus Norditalien zusammengestellt, unter Aetius und die Salischen Franken des Merowech, Sohn des 448 verstorbenen Königs Chlogio. Nun aber hat Jordanes das Wort oder Cassiodor in der Jordanes-Bearbeitung, da wir bei der Schilderung dieser Entscheidungsschlacht nun einmal ohne Kriegstagebücher auskommen müssen:

»Der Alanenkönig Sangibanus hatte aus Furcht vor den drohenden Ereignissen versprochen, sich dem Attila zu ergeben und ihm die gallische Stadt Aureliana (Orléans), in der er sich damals aufhielt, auszuliefern. Als Theoderich und Aetius dies erfuhren, ließen sie noch vor Attilas Ankunft die Stadt mit hohen Wällen befestigen; ferner sorgten sie dafür, daß Sangibanus, der ihren Verdacht erregt hatte, überwacht wurde und mit seinen Leuten unter ihren eigenen Truppen Aufstellung nahm. Dadurch erschreckt und in seinem Vertrauen in den vorgesehenen Ablauf erschüttert, zögerte Attila, den Kampf zu beginnen. Er erwog sogar den Gedanken an eine Flucht.«

Es gibt für eine Armee keine heiklere Lage, als bei einer Belagerung von der Entsatzarmee überrascht zu werden. Vor Orléans waren die Hunnen zwischen zwei Feuer geraten, ja nach den legendären Überlieferungen wurde bereits in der Stadt gekämpft und geplündert, als die Entsatzarmee der Westgoten und Römer heranrückte. Die Hunnen waren zweifellos nicht abwehrbereit, und bei jeder anderen mittelalterlichen Truppe wäre es dasselbe gewesen: Im mittelalterlichen Kriegswesen spielte die Beute eine heute kaum mehr vorstellbare Rolle. Wegen ihrer Beute gingen die Araber zwischen Tours und Poitiers gegen Karl Martell zugrunde, und noch 1683 unterlagen vor Wien 200000 Türken einer Entsatzarmee von 70000 Mann, weil die Belagerer für Troß und Beute fürchteten.

Orléans war ein Überraschungssieg des Aetius. Wir wissen nicht einmal, ob die Westgoten schon mit von der Partie oder noch auf dem Marsch waren, und auch von den Hunnen waren in der Loirestadt natürlich nur Teilverbände engagiert. Es war also ein schneller Biß in den Nacken einer raubgierigen Bestie, nicht weniger, aber auch nicht mehr. Attila konnte nun zwar die Loire nicht mehr überschreiten, weil es dann keinen Weg zurück mehr gegeben hätte; aber es standen ihm noch alle Möglichkeiten offen: Rückzug mit Abwehrkämpfen, schnelle Flucht, ohne Kämpfe anzunehmen, und die große Feldschlacht.

Daß Attila von drei Möglichkeiten die riskanteste wählte, hatte zwei Gründe. Der eine war zweifellos, daß nur die große Schlacht noch die Möglichkeit eines endgültigen Sieges barg. Ging sie verloren, dann war Orléans eben ein langer, ertragreicher Raubzug gewesen, und man mußte sich irgendwie nach Osten durchschlagen wie sonst auch; wurde sie gewonnen, so war in diesem gewaltigen Spiel um Europa noch einmal alles drin, das reiche Gallien mit dem ganzen Römischen Reich als Anhängsel.

Der zweite Grund aber war wieder eine jener für den Europäer unbegreiflichen Szenen (wie ja auch Attila manches Europäische nicht begriff).

»Attila erwog sogar den Gedanken an eine Flucht«, haben wir bei Jordanes gelesen, und er setzt mehr gotisch als römisch argumentierend fort: ». . . was doch noch schimpflicher ist als der Tod. Also beschloß Attila, die Seher über die Zukunft zu befragen. Nachdem diese nach altem Brauch die Eingeweide von Tieren und die Linien auf einigen abgeschabten (und dann erhitzten) Knochen geprüft hatten, prophezeiten sie den Hunnen Unheil. Gleichzeitig aber gaben sie ihnen wenigstens *einen* Trost: Sie verkündeten, daß der höchste Führer des feindlichen Heeres fallen und durch seinen Tod die Gegenseite um die Frucht des Sieges bringen werde. Da nun Attila den Tod des Aetius, der seinen (ferneren) Plänen im Wege stand, um den Preis einer Niederlage zu erkaufen gewillt war, begann er aus Vorsicht – wie er überhaupt höchst umsichtig in der Kriegführung war – erst um die neunte Tagesstunde (von Sonnenaufgang an gerechnet) die Schlacht, um sich bei einem unglücklichen Ausgang die Nacht zunutze machen zu können . . .«

Diese wenigen Zeilen spiegeln die schwerste Stunde im Leben des Attila, wobei wir annehmen, daß der Entschluß, seinen Bruder umzubringen, ihm nach Jahren des Abwägens und Rivalisierens nicht mehr sehr schwergefallen ist. Hier aber, auf dem Rückzug aus dem Raum Orléans, ging es darum, sehenden Auges eine Niederlage auf sich zu nehmen, die vermeidbar war, um den Mann aus dem Weg zu räumen, ohne den

Rom führerlos war und eine Beute der Hunnen werden mußte. Von Markianos, dem neuen Herrn am Bosporus, wußte Attila noch nicht viel; Galla Placidia aber war ein Weib und der Kaiser ein Schwächling an ihrem Rocksaum. Der Gegner im Kampf um die Weltherrschaft hieß also Aetius. Ihn vernichten zu können war kein zu hoher Preis für eine verlorene Schlacht, sofern sie nicht in ein Debakel ausartete. Und das eben sollte die Nacht verhindern.

Die Gelehrten, die, nachträglich prüfend und aus fünfzehn Jahrhunderten Distanz wägend, dem Hunnenkönig das Feldherrengenie, ja die vorausschauende Politik absprechen, haben verkannt, was sich in diesen Sommertagen des Jahres 451 an der Loire abgespielt haben muß. Es mindert die Entschlußkraft des Hunnenkönigs nicht, daß sie auf einem Orakel basiert. Für ihn waren die in der Hitze Sprünge zeigenden und durch sie sprechenden Knochen das, was für das Abendland die Reliquien waren, mit denen noch jahrhundertelang christliche Armeen ins Feld zogen.

Auch auf der anderen Seite bei Aetius und Theoderich ist noch nicht alles klar. Thorismund, der Sohn des Gotenkönigs, soll zwar beim Entsatz der Stadt Orléans bereits mitgekämpft haben. Im übrigen aber scheinen die Verbände und Verbündeten der Hunnengegner sich erst nach und nach zum Übergang über die Loire zu sammeln; dabei vor allem zeigt Aetius keine Eile, den Hunnen nachzusetzen.

Die Belagerer von Orléans weichen also ohne nennenswerten Feinddruck nach Nordosten, zunächst in den Raum von Troyes. Sie lassen sich Zeit, das beruhigt die einzelnen Truppenteile und gibt nach der Enttäuschung von Orléans wieder Zuversicht. Attila in eigener Person soll damals eine Witwe, die sich mit ihren Kindern in einen Fluß geworfen hatte, vor dem Ertrinken gerettet haben.

Die Parole scheint gelautet zu haben: Jetzt, da wir durch dieses ganze Land noch einmal hindurch müssen, wäre eine Massenerhebung der Bauern zumindest lästig, wenn schon nicht unser Untergang; treibt sie also nicht zur Verzweiflung. Troyes jedenfalls, die noch heute an Kunstschätzen so überreiche Stadt des Bischofs Saint-Loup, wird durchquert, ohne daß die Hunnen sich auch nur ein Hühnchen in den Sattel holen (*sans toucher même à une poule* sagt die Legende). Saint-Loup selbst allerdings geht als Geisel mit, und alles Volk weiß: Wenn es sich gegen die Hunnen erhebt, die ja nun kein Überraschungsmoment mehr für sich haben, wenn es diesen Brandstiftern und Mädchenräubern nun einen blutigen Rückmarsch bereitet, dann ist Saint-Loup, der heiligste Mann der Champagne, der erste Tote dieser Kämpfe.
Dennoch kommt es zu einem blutigen Zwischenfall, allerdings nicht bei den Hunnen, die Attila besonnen führt, sondern bei den Gepiden, die mit den Ripuarischen Franken des Gundebaud jene Vorhut bildeten, die den Übergang über das Flüßchen Aube sichern sollte.
Ardarich, der Gepidenkönig, und Gundebaud hatten ihr Hauptquartier in dem Städtchen Brolium, das heute Saint-Mesmin heißt (an der D 31 gelegen) aufgeschlagen. Sie wußten sich in Feindesland, und sie hatten inzwischen monatelang mit christlichen Gemeinden gelebt, die eine seltsame und unerklärliche Kraft aus ihrem Glauben und aus der Verehrung dieser Priester gezogen hatten.
Nur so läßt sich die Nervosität, ja die Panik erklären, als eine kleine Abordnung von Priestern unter der Führung des Diakons Memorius den zu Pferde sitzenden Gepiden entgegenschreitet. Ein Sonnenstrahl bricht sich auf der Monstranz, die einer der Priester dem Bittgang voranträgt, so unglücklich, daß ein hoher Verbindungsoffizier, ein Verwandter des Attila, sein geblendetes Pferd nicht bändigen kann. Wie von einem

Blitzstrahl getroffen, bäumt es sich entsetzt; die Gepiden aber sehen nur die Priester, die heiligen Geräte und ziehen die Schwerter, ehe die Magier auch Ardarich oder Gundebaud schaden können. Sechs Priester liegen tot im Staub, der siebente entrinnt verwundet nach Troyes.
Der Tag – es ist der 7. September – bleibt unvergessen, und der Ort erhält nach dem getöteten Memorius den Namen Saint-Mesmin oder Mémin. Der blutige Tagesbeginn aber bildet den Auftakt zu der ersten größeren Schlacht.

Auf ihrem Wege von Orléans nach Troyes hatten die Hunnen eine fast westöstliche Marschrichtung eingehalten und auf diese Weise an die zweihundert Kilometer ohne nennenswerte Behelligung zurückgelegt, offensichtlich deshalb, weil der Feind – Aetius und seine germanischen Verbündeten – Orléans nur mit den schnellsten Truppen erreicht hatte und sich nun sammelte. Siege, und seien sie auch auf verhältnismäßig kleinem Raum errungen wie vor Orléans, ermuntern stets die Zaudernden, sich den siegreichen Armeen anzuschließen. Viele Wehrfähige, die vor der Hunneninvasion in die Wälder an der Loire geflüchtet waren, kamen nach und nach wieder zum Vorschein und verstärkten die Armee des Aetius von Tag zu Tag.
Bei Troyes aber gerieten die Hunnen nun in offenes Gelände. Darin erblickten die Salischen Franken, die Gundebaud mit der ripuarischen Partei nicht entkommen lassen wollten, die Gelegenheit zur Abrechnung: Hier mußte endlich der Erbstreit ausgetragen werden. Als Attila nach der Seine-Überquerung nun nach Nordwesten schwenken läßt, ist daher der Augenblick für die Schlacht gekommen. Attila will sie noch nicht annehmen, er will zuvor den Campus Mauriacus erreichen, jenes befestigte Lager bei dem Dorf Mauriac (heute: La Cheppe), das ihm der Bischof von Châlons gezeigt hat: ein

Lager mit der Beute, mit dem Troß, mit Wall und Graben, das in seinem Vorfeld die weiten Ebenen der Champagne hat und damit ein einzigartiges Schlachtfeld für die Hunnen bietet: Schutz für den wehrlosen Troß, freie Bahn für die Reiterei. Gepiden und Franken müssen daher den ersten Flankenangriff abwehren. Durch das Ungestüm, mit dem auf beiden Seiten gekämpft wird, gestaltet sich das Treffen unvermutet heftig und gibt Attila schon einen Vorgeschmack von dem, was er zu erwarten hat. Zwischen Gepiden und Salischen Franken soll es nach den niedrigsten Angaben (Jordanes) 15 000 Tote gegeben haben, andere Überlieferungen nennen freilich bis zu 90 000 Tote als Verlust beider Parteien, was wiederum für die Glaubwürdigkeit des Jordanes und für die Qualität seiner Quellen spricht.

In diesem Kampf scheint bereits eine der Entscheidungen gefallen zu sein, die diese große Begegnung der Völker mit sich brachte. Ein zwar namentlich nicht genannter Franke aus königlichem Geblüte soll gefallen sein; das war wohl Gundebaud, das Haupt der Ripuarischen Franken. Damit ist der Sieg für Merowech eigentlich schon errungen und die Herrschaft der Merowinger begründet, die bis ins achte Jahrhundert herauf andauert.

Die Heftigkeit dieses ersten Zusammenstoßes mag ihre Ursache auch in dem bezeugten Umstand haben, daß auf seiten der Entsatzarmee nun zum erstenmal Burgunder in den Kampf eingriffen. Zwar waren sie dem Aetius ja zweifellos nicht gut gesinnt, weswegen man sie an der Seite des jungen Westgotenprinzen Thorismund kämpfen ließ, mit den Hunnen aber hatten sie eine alte Rechnung. Der Furor, mit dem sie in den Kampf gingen, traf allerdings die Gepiden, die mit gleicher Münze antworteten. Schon in diesem Auftakt zu der großen Schlacht zeigt sich also, daß es ein Germanenkampf ist, bei dem die kampftüchtigsten Stämme dieser großen Familie ein-

ander abschlachten, während Hunnen wie Römer beträchtliche Teile ihres Effektivbestandes nach der Schlacht zurückführen können, wie wir sehen werden.
Es hat Zweifel daran gegeben, ob der von der Legende genannte 7. September als Tag der Ermordung des Memorius und als erster Tag für die langen Kämpfe zwischen Troyes und Châlons tatsächlich zutreffe. Jordanes nämlich nennt den 20. Juni, und selbst ein so souverän wertender und wohlunterrichteter Autor wie Thompson erklärt sich mit diesem Datum einverstanden. Nur Franz Altheim scheinen im Laufe der Jahre Bedenken aufgestiegen zu sein, denn während wir in seiner für Frankreich neu bearbeiteten Attila-Monographie noch lesen, die große Schlacht habe ›sans doute‹, also ohne Zweifel, am 20. Juni begonnen, schwächt er in seinem großen fünfbändigen Hunnenwerk, dessen Endredaktion zehn Jahre später liegt, deutlich ab und sagt »so begann, *etwa* am 20. Juni . . .«
Es ist stets undankbar, große Autoritäten in Kleinigkeiten anzugreifen. Aber diese kurzen Zeiträume können einfach nicht stimmen. Das erste sichere Datum für den ganzen gallischen Feldzug Attilas ist der Ostersamstag von Metz. Bei solch einer Koinzidenz, beim Zusammenfallen des Hunnensturms mit dem Osterfest, irrt sich das Volk nicht, und daran hält auch die Überlieferung stets mit Sicherheit fest. Früher im Jahr können die Hunnen auch gar nicht den ganzen Weg von Pannonien über Süddeutschland, die Alemannenkämpfe und den Rheinübergang hinter sich gebracht haben. Wir beginnen also mit dem 7. April, dem frühestmöglichen Zeitpunkt, überbrücken dann – wie bereits vorgerechnet – die fünfhundert Kilometer bis Orléans in sechzig Tagen und müssen für die Belagerung mangels anderer Angaben die fünf Wochen der alten Quellen ansetzen. Das heißt: frühester Abzug von Orléans 15. Juli (die Vita Aniani, eine alte Lebensbeschreibung

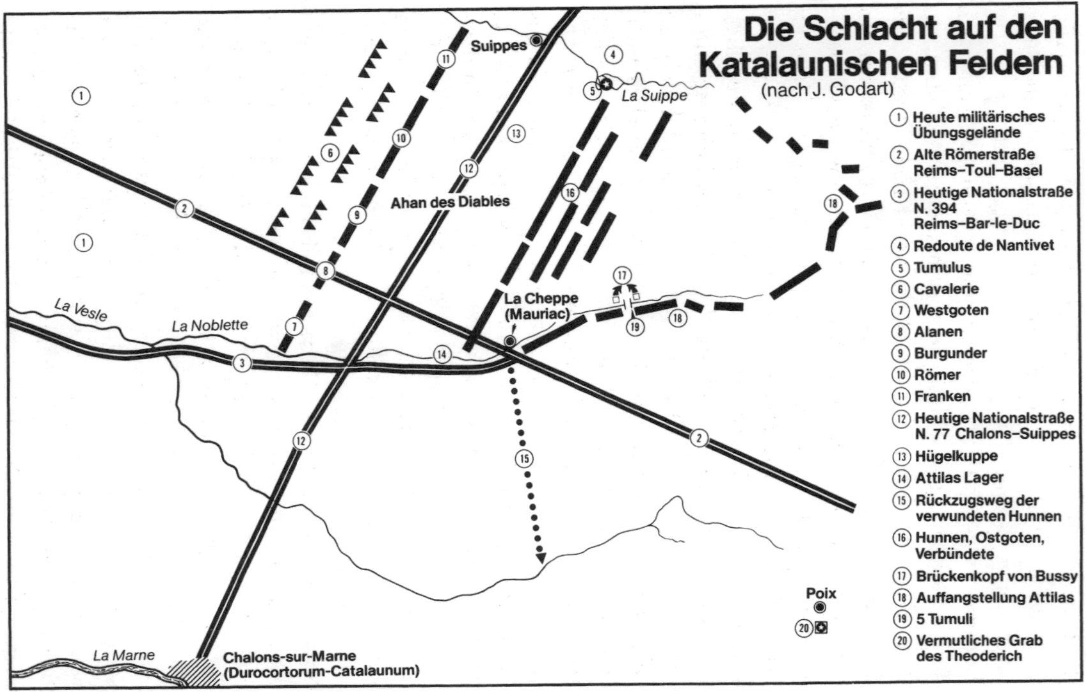
Die Schlacht auf den Katalaunischen Feldern
(nach J. Godart)
1 Heute militärisches Übungsgelände
2 Alte Römerstraße Reims–Toul–Basel
3 Heutige Nationalstraße N. 394 Reims–Bar-le-Duc
4 Redoute de Nantivet
5 Tumulus
6 Cavalerie
7 Westgoten
8 Alanen
9 Burgunder
10 Römer
11 Franken
12 Heutige Nationalstraße N. 77 Chalons–Suippes
13 Hügelkuppe
14 Attilas Lager
15 Rückzugsweg der verwundeten Hunnen
16 Hunnen, Ostgoten, Verbündete
17 Brückenkopf von Bussy
18 Auffangstellung Attilas
19 5 Tumuli
20 Vermutliches Grab des Theoderich
Suippes
La Suippe
Ahan des Diables
La Cheppe (Mauriac)
La Vesle
La Noblette
Poix
La Marne
Chalons-sur-Marne (Durocortorum-Catalaunum)

des Bischofs von Orléans, nennt in einem Schreib- oder Hörfehler, wie er uns heute bei diesen Monaten auch noch unterläuft, den 15. Juni).

Für die zweihundert Marschkilometer von Orléans nach Troyes rechnen Bury, Thompson, Altheim (bis 1951) und andere also nur sieben Tage, und da sie ja nicht Troyes als Schlachtbeginn annehmen, sondern Châlons, geht es sogar um eine Strecke von 300 Kilometern. Selbst wenn wir das Datum aus der Bischofs-Vita zugrunde legen, wäre der 20. Juni als Schlachttag somit ausgeschlossen; Tagesetappen von vierzig Kilometern sind für eine mittelalterliche Armee undenkbar. Die Hunnen hätten sich auf regelloser Flucht befinden müssen, um so schnell von Orléans über Troyes nach Châlons zu gelangen, und sie wären nach dieser Flucht zweifellos nicht imstande gewesen, dem Aetius in der bezeugten sinnvollen Schlachtordnung gegenüberzutreten. Da alles darauf hindeutet und einzelne Quellen es ausdrücklich betonen, daß Aetius keine sonderliche Eile walten ließ, ist der 7. September als Tag der ersten Kämpfe gewiß wahrscheinlicher, ja der 20. Juni erscheint eigentlich unmöglich, will man nicht eine Armee des fünften Jahrhunderts mit Pferden und Ochsenkarren im Tempo der deutschen Panzerdivisionen von 1940 in Frankreich einmarschieren lassen.

Nach dem Exkurs über die Frage des Zeitpunkts verdient die des Schlachtfeldes eine kurze Betrachtung. Zwischen Troyes und Châlons, den beiden Städten, um die es geht, zieht sich die Champagne in drei Zonen hin, die in ihren alten, heute zum Teil vergessenen Namen manchen Aufschluß geben. Die erste Zone, die westlichste, ist die Côte Champenoise, also die Küste der Champagne, ein Hügelrand, der sich zwischen Reims und Sézanne in etwa nordsüdlicher Richtung erstreckt. Sie ist für die Bewegung größerer Truppeneinheiten ebenso ungeeignet wie die dritte, die östlichste Zone, einst Champagne humide genannt. Denn dieses Gebiet zwischen Troyes und Saint-Dizier ist von zahllosen kleinen und größeren Wasserläufen, Seen und Teichen durchsetzt, und inmitten all der Feuchtigkeit gedeihen dichte Wälder.

Bleibt also der Mittelstreifen der sogenannten Champagne pouilleuse, in der Übersetzung heißt dieses veraltete Wort soviel wie »dünn besiedelt, verstreut bevölkert«. Die Champagne pouilleuse war der Korridor, den Attila vom Hinmarsch nach Orléans schon kannte; sie war der gut ausgekundschaftete Anmarschweg gewesen und mußte der Rückweg sein, wollten die Hunnen nicht in den weiten Wäldern von Soissons oder im Argonnerwald zersprengt werden.

Die Seine hatten die Hunnen bereits hinter sich. Der Flankenangriff der Burgunder und Westgoten sollte die Hunnen von der Marne abdrängen und die Schlacht in der Champagne pouilleuse in Szene gehen lassen. Dazu wäre diese Landschaft auch hervorragend geeignet gewesen, wie das große Camp de Mailly westlich von Vitry heute noch beweist. Aber die Gepiden hatten diesen Angriff ja abgeschlagen, wenn auch unter schweren Verlusten. Die Hauptarmee hatte die Marnebrücken gewonnen, und hinter den letzten Durchzüglern wurden die Brücken vernichtet.

Das zeigt, daß Attila sich schon hart bedrängt fühlte und daß er Zeit gewinnen mußte für die Sammlung und Gruppierung seiner auf dem langen Marsch weit auseinandergeratenen Verbände.

Noch einmal kann solch ein Rückzug unter ständiger Flankenbedrohung nicht gewagt werden. Wer weiß, ob noch einmal Zeit sein wird zum Schanzen und für eine richtige Aufstellung zur Schlacht. Darum muß es trotz der düsteren Vorhersage nun zu der großen Begegnung kommen. Der Marne-Übergang bringt eine winzige Atempause und das Camp d'Attila eine gewisse Rückendeckung. Hier ist wenig-

stens der Troß sicher und kann von ein paar Hundertschaften gegen einen Überraschungsangriff geschützt werden.
Aetius und seine Verbündeten haben die Marne unter Zeitverlusten ein Stück weiter stromabwärts überschreiten müssen und geraten damit in die Westflanke der Hunnen. So schützen die Verbündeten die Städte Châlons, Reims, Laon und die Straße nach Paris, auf der ihnen Verstärkungen aus dem Raum des bisher verschont gebliebenen Gallien zuströmen. Die Hunnen wiederum haben im Rücken den Fluchtweg. Mit dem linken Flügel stützt sich ihre nach Westnordwest gerichtete Front auf das Camp d'Attila und die Römerstraße Reims–Toul–Basel. Auf dem rechten Flügel waren in Eile Erdbefestigungen aufgeworfen worden, die wir heute noch bei der Redoute de Nantivet besichtigen können (aber nur mit Spezialerlaubnis: Die Redoute liegt mitten im militärischen Übungsgelände . . .).
Zwischen Römern und Hunnen, zwischen West- und Ostgoten verläuft von Südwesten nach Nordosten die unbefestigte Landstraße, die von Châlons nach Soppia führte (heutige Straße Chalons–Suippes). Zwischen den Armeen erhebt sich ein flacher Hügel, aber natürlich kein Berg, wir sind ja in der Champagne. Wer ihn heute sucht, hält sich am besten an den weißen Turm einer wissenschaftlichen Forschungsstation, der die Hügelkuppe bezeichnet, denn fünfzehnhundert Jahre Bauernfleiß und zahllose Champagne-Gewitter haben hier mit Furchen und Schwemmbächen viel Erde abgetragen.
»Beide Seiten versuchten nun, die Erhebung zu besetzen«, erzählt Jordanes, »da eine günstige Stellung stets einen erheblichen Vorteil bietet. Den rechten (östlichen) Teil besetzten die Hunnen mit ihren Scharen, den linken (westlichen) die Römer und Westgoten mit ihren Hilfstruppen. Der Kampf entbrannte zuerst um die frei gebliebene Kuppe. Den rechten (Süd-)Flügel hielt Theoderich mit seinen Westgoten, den

linken Aetius mit den Römern. In die Mitte stellten sie den schon genannten Alanenführer Sangibanus. Da sie ihm weniger trauten, umgaben sie ihn vorsichtshalber mit zuverlässigen Truppeneinheiten. Wird nämlich dem Teilnehmer einer Schlacht die Flucht unmöglich gemacht, dann ergibt er sich schließlich doch in sein Schicksal (und kämpft).
Auf der Gegenseite, bei den Hunnen, befand sich Attila mit den Hunnen als stärkste Truppe im Zentrum der Aufstellung. Der König hatte dies so angeordnet, um seine Truppen um sich zu haben und durch sie geschützt zu werden. An den Flügeln kämpften die Angehörigen zahlreicher anderer Völkerstämme und der von den Hunnen unterworfenen Nationen. Unter den letzten zeichnete sich vor allem das Heer der Ostgoten aus unter seinen Führern Walamir, Theodemir und Widimir. Da sie vom Königsgeschlecht der Amaler abstammten, waren sie sogar noch vornehmer als der König, dem sie in diesem Kampfe dienten. Ferner befand sich der tapfere und berühmte König Ardarich mit seinem riesigen Gepidenheer bei den Hunnen. Er nahm wegen seiner überaus großen Loyalität gegenüber Attila stets an allen Beratungen teil. Der Hunnenkönig schätzte Ardarich wegen dessen Klugheit und stellte ihn wie den Ostgotenkönig Walamir über alle anderen verbündeten Fürsten. Walamir zeichnete sich durch Verschwiegenheit, Gewandtheit und Scharfsinn aus, während Ardarich ein zuverlässiger Ratgeber war. Attila konnte sich unbedingt darauf verlassen, daß diese beiden gegen ihre Stammesverwandten, die Westgoten, kämpfen würden. Die anderen Könige – wenn man sie so nennen darf – und Führer der einzelnen Völkerschaften folgten wie Satelliten jedem Winke Attilas; zitternd und bebend, ohne Widerrede, beeilten sie sich, seine Befehle auszuführen. Attila beherrschte sie alle, er allein entschied über ihr Schicksal.«
So interessant es ist, Näheres über Attilas Verbündete zu er-

fahren, so scheint uns die Beredsamkeit des Jordanes hier doch absichtsvoll und ein wenig unvermittelt. Offenbar will er kaschieren, daß ihm der Schlachtverlauf nur sehr ungefähr bekannt ist. Seine einzige konkrete Mitteilung ist ganze sechs Zeilen lang und lautet:

»Der Kampf entbrannte, wie bereits berichtet, zuerst um den günstigsten Ausgangsplatz. Attila befahl seinen Truppen, die Kuppe des Hügels zu erstürmen, doch kamen ihm Thorismund (der Sohn des Gotenkönigs Theoderich) und Aetius zuvor, denen es gelang, die Höhe zu gewinnen und die anrückenden Hunnen von oben her zu zerstreuen.«

Nord- und Südflügel der römisch-gotischen Armee müßten also zur Mitte geschwenkt und sich auf der Hügelkuppe vereinigt haben. Das aber wäre nur bei völliger Einschließung und Vernichtung der Hunnen möglich gewesen, weswegen sich bislang noch kein namhafter Forscher entschließen konnte, an solch einen Blitzsieg zu glauben:

»Each army succeeded in posting a force on part of the hill, but the summit was left unoccupied . . . of the precise course of the fighting we know nothing« (Thompson).

»Zwischen beiden Heeren lag ein abschüssiger Hügel *(sic)*, der das Schlachtfeld beherrschte. Beide Teile faßten dort Fuß, aber der Kampf um die Kuppe blieb unentschieden« (Altheim).

»At first, the Roman center was pierced and the full weight of the Huns directed against the Visigoths on the right wing« (Gordon: Er sagt also genau das Gegenteil von Jordanes und läßt die Flankenbewegung der Westgoten erst auf den Tod ihres Königs folgen, als einen Reiterangriff, der hugelan schwer zu denken ist).

Die Verwirrung könnte nicht größer sein, und da offensichtlich auch Jordanes nichts Zuverlässiges erfahren konnte – und das schon wenige Jahrzehnte nach der großen Schlacht –, hilft er sich mit martialischen Reden, die er den Hauptakteuren in den Mund legt. Das ist zwar ein Verfahren, das in der antiken Geschichtsschreibung einigermaßen legitimiert erscheint; aber daß sich Hunnen inmitten eines solchen Kampfes versammeln, um ihrem König zu lauschen, ist ebenso unwahrscheinlich wie die Annahme, daß Attila nichts Besseres zu tun gehabt haben sollte, als seine Untertanen an ihre großen Siege zu erinnern (»Laßt euch von Begeisterung entflammen, laßt die Kampfeswut heiß in euch auflodern! Jetzt beweist eure Klugheit! Zeigt, was eure Waffen vermögen!« usf.). Zu schön, muß man sagen, um wahr zu sein, und der Text ist zu weitschweifig, um zum Bild Attilas zu passen, der gewiß geschrien und gedroht hat, dem Gegner und den eigenen Leuten, falls sie nicht stürmen würden, aber nicht mehr. Ganz abgesehen davon, daß – falls irgend jemand während der furchtbaren Schlacht Aufzeichnungen machte – wohl Wichtigeres zu berichten gewesen wäre als diese Phrasen, die doch vor allen Schlachten im wesentlichen immer dieselben sind.

Hält man daraufhin nun bei anderen alten Autoren Umschau, etwa bei Fredegar, einem burgundischen Geistlichen, der um 660 seine *Historia Francorum* schrieb, oder bei dem gelehrten und zweifellos hochbegabten Isidor von Sevilla, so verwirrt sich das Bild, statt sich zu klären. Fredegar nämlich läßt die Entscheidung schon bei Orléans fallen und deklassiert die große Katalaunische Schlacht zu einem Nachhutgefecht gegen versprengte Hunnen. Isidor dagegen behauptet, Aetius habe überhaupt nur als Neutraler zugesehen, und Goten wie Franken hätten den Hunnensieg allein errungen . . .

Die Widersprüche zwischen den antiken Autoritäten sind also nicht minder gravierend als heute zwischen dem Famulus C. D. Gordon und dem Großkophta Altheim. In solcher Lage gibt es nur noch eine einzige Zuflucht: das neunzehnte Jahrhundert, die große Zeit emsiger und hingebungsvoller Forschung, in der auch der Geschichte ein geradezu ausschweifendes Maß an Scharfsinn, Quellenkritik und professoraler Zuneigung zuteil wurde. »Seitdem es eine Geschichte gibt, sind die Geschicke der Völker durch Schlachten entschieden worden«, lesen wir anheimelnd-altertümlich im Vorwort des Buches *Entscheidungsschlachten der Weltgeschichte* von Ch. F. Maurer. »Die entsprechende Lehre hieraus zu ziehen, fällt vielen Deutschen trotz 1870/71, trotz 1866, trotz der Freiheitskriege . . . leider noch heute außerordentlich schwer.« Diesem deutschen Unverständnis abzuhelfen, hat Maurer das berühmte Werk des Engländers E. Creasy für deutsche Leser bearbeitet. Die uns hier interessierende Schlacht nennt Creasy nach Châlons, sein Bearbeiter nach Troyes. Die Westgoten, die nach Jordanes auf dem rechten Flügel des Aetius kämpfen, stehen bei Maurer auf dem linken Flügel, und wir finden an wertvoller Information überhaupt nur den einen Absatz über das hunnische Lager:

»In dieser Gefahr ließ Attila sein Zentrum ins Lager zurückgehen, und als dasselbe Schutz hinter den Verschanzungen und Wagen gefunden hatte, schlugen die hunnischen Bogenschützen die Angriffe der rachedürstenden gotischen Reiterei ohne Schwierigkeiten zurück.«

Woraus wir festhalten wollen, daß nicht nur von einer Wagenburg die Rede ist, sondern von Verschanzungen *und* Wagen.

Viel eingehender ist dann die mit außerordentlicher Akribie durchgeführte Studie, die der Breslauer Ordinarius für Geschichte und Waitz-Schüler Georg Kaufmann in den *Forschungen zur deutschen Geschichte* 1868 vorlegte. Kaufmann kann als engerer Fachmann gelten, widmete er doch seine erste größere Arbeit dem Sidonius Apollinaris, einem von uns schon erwähnten Geschichtsschreiber und Zeitgenossen des Aetius. Zunächst löst Kaufmann durch genaue Prüfung der diesbezüglichen verschiedenen Textstellen und Wortverwendungen die Ortsfrage der Schlacht. Er weist nach, daß der *campus Mauriacus* ein Teil der *campi Catalaunici* ist und daß mit der Wendung *in loco qui vocatur Mauriacus* keine Stadt und überhaupt keine bestimme Siedlung gemeint ist, »sondern ein Ort der Straße, des Feldes, der von einem Tempel oder . . . von irgendeinem andern Gegenstande oder Ereignis den Namen Mauriacus trug«. Mauriacus ist aber nichts anderes als die Ortsnamen-Ableitung von Mauritius, dem Führer der Thebaischen Legion christlicher Soldaten, die nach der Legende unter Kaiser Maximinian Herkulius vollständig vernichtet wurde, weil sie ihren Glauben nicht aufgeben wollte. Das Martyrium der Anführer Mauritius, Exsuperius, Candidus und einiger anderer ist historisch und beschäftigte naturgemäß die christlichen Gallier noch sehr lange, so daß es zwischen Châlons und Suippes nicht wenig Erinnerungsstätten an den heiligen Mauritius gab. Besonders bekannt war als Wahr- und Wegzeichen die an der Römerstraße nach Straßburg gelegene, dem Heiligen geweihte Kapelle; La Cheppe ist der Ortsname, der aus La Chapelle entstand, und die alte Bezeichnung Mauriac(us) von Mauritius hat sich als Ortsangabe der Katalaunischen Schlacht in den Quellen erhalten.

Nun wissen wir also Zeit und Ort der Schlacht einigermaßen fixiert: Sie fand im Spätsommer des Jahres 451 an der Römerstraße östlich von Châlons, im näheren Umkreis des heutigen Dorfes La Cheppe statt, unter Einbeziehung des Camp d'Attila in die Kämpfe. Wer die Hügelkuppe schließlich behauptete, werden wir nicht ergründen; aber wir lauschen Jordanes weiter, da inzwischen Attila mit seiner großen Rede zu Ende gekommen ist:
»Obgleich die Lage (für die Hunnen) bedrohlich war, zerstreute die Gegenwart des Königs im Nu alle Zweifel bei denen, die vielleicht vorher noch geschwankt hatten. Es kam

zum Handgemenge, zu einem fürchterlichen, ausgedehnten, maßlosen und erbitterten Ringen. Wir kennen keinen Kampf aus dem Altertum, den wir auch nur entfernt diesem gleichzustellen vermöchten ... Wenn wir den Erzählungen der Älteren Glauben schenken dürfen, so war das Flüßchen, das zwischen niedrigen Uferbänken durch die Ebene fließt (La Noblette), von dem Blut aus den Wunden der Gefallenen gefärbt; es war nicht etwa, wie das sonst zuweilen geschieht, von Regengüssen angeschwollen – nein, es war durch Blut zu einem reißenden Strom angewachsen (!). Und jene, die durch ihre Wunden gezwungen wurden, den brennenden Durst zu löschen, schöpften mit Blut gerötetes Wasser. So mußten die Unseligen dasselbe Blut trinken, das sie bei ihrer Verwundung verströmt hatten.«

Also wieder Unbeweisbares, das man im Grunde von jeder Schlacht wird behaupten können, was man von der Seine sagte nach der Bartholomäusnacht und von der Leitha nach dem Tod Friedrichs des Streitbaren von Babenberg, um nur zwei Beispiele zu nennen. Aber es kann natürlich sein, daß gerade solche Umstände im Gedächtnis haften und darum getreu überliefert werden, während das verwirrende Gewoge einer großen Feldschlacht dem Erinnerungsvermögen entschwindet. Auch die Schicksale der Fürsten prägen sich naturgemäß tiefer ein als die des einfachen und namenlosen Kämpfers:

»In dieser Schlacht wurde Theoderich (König der Westgoten), während er, die Seinen anspornend, durch das Heer ritt, vom Pferd geschleudert und von seinen eigenen Mannen zertrampelt. So endete er sein Leben im hohen Greisenalter.«

Der Vorgang ist nur denkbar, wenn sich Theoderich fliehenden Goten entgegenstellte oder weichende Truppenteile zum Ausharren bewegen wollte. In einer geordneten Schlachtreihe oder unter vorrückenden Truppen wird der eigene Führer nicht so vollständig und unrettbar begraben, daß er zertrampelt sterben muß. Daher bietet der Gote Jordanes auch gleich eine andere Version dieses offensichtlich historischen Todes an:

»Andere allerdings behaupten, Theoderich sei durch ein Geschoß (den Wurfspeer) des Andagis, eines Ostgoten aus der Königssippe der Amaler, getötet worden. Damit erfüllte sich die Prophezeiung, welche die Wahrsager vorher dem Attila verkündet hatten, nur daß er sie auf Aetius bezogen hatte. Nun trennten sich die Westgoten von den Alanen (die das Zentrum bildeten) und griffen die Hunnen an. Attila wäre niedergemetzelt worden, wäre er nicht in kluger Voraussicht geflohen und hätte er sich nicht mit den Seinen hinter die Umwallung seines Lagers zurückgezogen.«

Diese Umwallung ist der bedeutendste erkennbare Rest aus jenem blutigen Spätsommer in der Champagne, denn die Leichname sind von der Erde verschlungen worden, die Waffen haben ihren Weg in die zahlreichen Sammlungen und Museen der Umgebung angetreten, und Monumente, wie sie uns in eben jener Gegend heute an die Gefallenen von 1870/71 oder 1914–1918 erinnern, haben weder Attila noch Aetius aufrichten lassen.

Das Lager aber, obwohl in seiner Fünfeckform aus der Luft besonders eindrucksvoll, ist zweifellos einen Abstecher von der Hauptroute nach Paris wert und leicht zu finden. Kommt man aus Deutschland, so passiert man nach Verdun noch Sainte-Menehould. Hat man die dortige Spezialität, die gebackenen Schweinsfüße, nicht allzu ausgiebig begossen, so erkennt man wenige Minuten nach dem Ortsende zur Rechten die Anlagen einer größeren landwirtschaftlichen Schule. Unmittelbar danach zweigt schnurgerade, aber schmal die alte Römerstraße nach La Cheppe rechts ab; die Kreuzung heißt *La grande Roumanie*, was nichts mit Rumänien zu tun hat, um so mehr aber mit den Römern. Das Sträßlein nach La

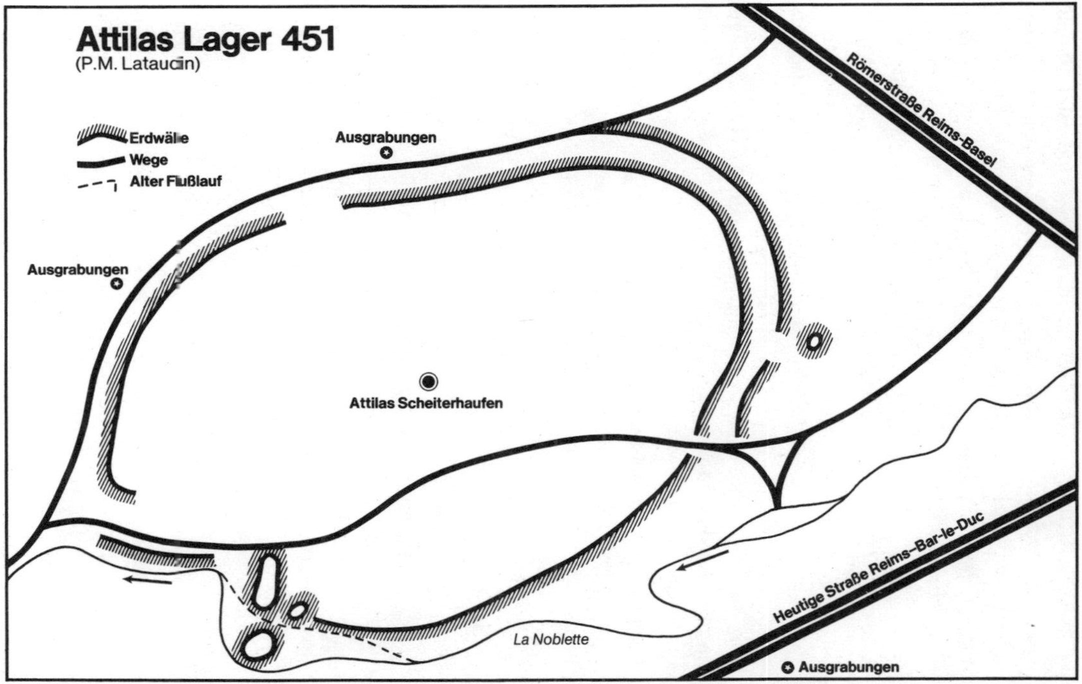

Attilas Lager 451
(P.M. Lataucin)
Erdwälle
Wege
Alter Flußlauf
Ausgrabungen
Ausgrabungen
Römerstraße Reims-Basel
Attilas Scheiterhaufen
La Noblette
Heutige Straße Reims–Bar-le-Duc
Ausgrabungen

Cheppe ist auch heute, fünfzehnhundert Jahre nach der großen Schlacht, noch nicht ganz ungefährlich. Große Erdbrocken von den Rübenfeldern verschmieren die schmale Fahrbahn, und die jagdlustigen Franzosen ballern auf allerlei Niederwild, ohne sich um die vereinzelten Autos zu kümmern.

In La Cheppe empfangen uns Hinweistafeln im bekannten Blau der *Direction du Tourisme*, und auch der Text ist offiziell-vorsichtig:

Enceinte préhistorique
dite Camp d'Attila

Also keine Stellungnahme: Vorgeschichtliche Wall-Anlage, genannt Attilas Lager.

Gleich darauf sind wir mitten drin, stehen auf einer weiten, ganz ebenen Fläche und haben rundum niedrige Erdwälle von Bahndammhöhe, stark bewachsen und mit (heute) fünf Durchlässen versehen. Schulklassen klettern auf dem Scheitelpfad herum, ratlose Autotouristen versuchen in der feuchten Ackererde zu wenden, eine niedliche Pariserin erkundigt sich skeptisch, wer denn eigentlich dieser Attila gewesen sei.

Wer er auch immer war, ein so großer Baumeister wie die Röner war er nicht, weswegen ich ja auch mit der *Direction du Tourisme* und einigen Lokalhistorikern annehme, daß er das Lager bereits vorfand, schließlich hatten sich hier schon im Jahr 406 große Germanenheere mit den Römern gemessen. Andere Forscher wieder glauben, aus der Fünfeckform schließen zu müssen, daß die Hunnen die Erbauer des Lagers waren. Dazu aber hätten sie natürlich nur auf dem Weg *nach* Orléans Zeit gehabt, nicht mehr auf dem Rückmarsch. Vielleicht aber haben Gefangene unter der Aufsicht verwundet zurückgelassener Hunnen-Offiziere die Anlage als Auffangstellung vorbereitet, während die Hauptarmee weiter nach Orléans marschierte.

»Die Form des Lagers gestattet nicht, es den Galloromanen

zuzuschreiben. Die Eigenart des Ganzen zeigt, daß die beträchtliche Arbeit von ungeübten Leuten verrichtet wurde; andererseits aber beweisen die Wahl des Ortes, die Funktionsfähigkeit der Anlage und die Vorrichtungen zur Beflutung der Gräben, daß es sich bei den Schöpfern des Lagers um kriegserfahrene und intelligente Menschen gehandelt haben muß« (H. Poulain).

In seiner Form ist das Lager ein weiches Fünfeck, beinahe eine Ellipse, von etwa zwei Kilometern Umfang. Im Süden stützt es sich auf das Flüßchen Noblette, hatte also Wasser für Soldaten und Pferde. Die Gesamtfläche bot mit mehr als 21 Hektar auch einer großen Menge von Menschen Aufenthaltsmöglichkeit und kann eigentlich nur auf eine Armee abgestimmt gewesen sein. Als Fluchtburg für die Landesbewohner ist die Wallanlage viel zu ausgedehnt, als daß sie hätte verteidigt werden können.

Das flache Innere des Lagers ist heute natürlich landwirtschaftlich genützt. Darum wurden zu dem einen alten Eingang vier neue in die Umwallung gebrochen, und die umgebenden Gräben wurden erst im vorigen Jahrhundert zugeschüttet. Auf einem der Felder, das dem Staat gehört, gruben Pioniere aus dem nahen Truppenübungslager mehr als dreihundert Münzen aus, die *alle* aus den Jahren vor 451 stammen. Nicht eine einzige spätere wurde gefunden. Würden Grabungen in ähnlicher Systematik auf die ganze Lagerfläche ausgedehnt, so könnte man mit Tausenden von Münzen und anderen kleinen Fundgegenständen rechnen, wie sie Soldaten einer so herzhaft plündernden Armee eben bei sich trugen und in der Hitze des letzten Kampfes zum Teil verloren.

Ehe die Wassergräben zugeschüttet wurden, konnte der Polytechniker Le Tourneux in den Jahren 1829–1833 Untersuchungen und Messungen in ihnen vornehmen, und dreißig Jahre später zog der Archäologe H. Letaudin einige Suchgräben in die neuen Aufschüttungen. Dabei wurde ermittelt, daß Attila seinen Troß und schließlich auch seine zurückflutende Truppe durch Wassergräben von sieben bis zehn Metern Tiefe, vom Bodenniveau aus gemessen, schützte, über denen sich noch fünf bis zehn Meter hoch die Umwallung erhob. Das war eine Feldbefestigung, die uns in ihrer Stärke vollkommen erklärt, warum die Hunnen, wie Jordanes es sagt, in dieser Schlacht nicht vernichtet werden konnten, nach dem Wirrwarr der Nacht, das Attila vorausgesehen und das ihn gerettet hatte, nach chaotischen Zuständen auch bei den Siegern: Aetius irrte allein umher, und der Gotenprinz Thorismund wäre beinahe den Hunnen in die Arme gelaufen. Am Morgen geht es dann weiter:

»Als sie nun bei Anbruch des nächsten Tages das mit Leichnamen übersäte Schlachtfeld erblickten und die Hunnen keinen neuen Angriff machten, glaubten die Römer, den Sieg errungen zu haben. Sie wußten aber auch genau, daß sich Attila nur nach einer endgültigen Niederlage zur Flucht wenden würde. (Zunächst) benahm sich dieser König nämlich keineswegs wie ein Flüchtling, im Gegenteil: Er ließ Waffengetöse und Tubaklänge erschallen und drohte mit einem neuen Angriff. Er glich einem von Jagdspießen verwundeten Löwen, der vor dem Eingang seiner Höhle auf und ab geht: Er wagt zwar keinen Angriff, hält jedoch mit seinem Gebrüll die Umgegend ständig in Schrecken.

So jagte auch der eingeschlossene kampflustige König den Siegern Schrecken ein. Schließlich trafen sich Goten und Römer, um zu beraten, wie sie sich dem besiegten Attila gegenüber verhalten sollten. Es wurde beschlossen, ihn durch eine Belagerung aufzureiben, da er über keine Getreidevorräte mehr verfügte und der Zugang zum Lager durch einen Schauer von Pfeilen unmöglich gemacht wurde. Die Pfeilschützen waren innerhalb der Lagerumwallung aufgestellt.

Es heißt, der König der Hunnen habe in dieser gefahrvollen Lage große Seelenstärke bewiesen. Er hatte befohlen, aus Pferdesätteln einen Scheiterhaufen zu errichten, um sich, falls die Feinde in das Lager eindringen sollten, in die Flammen stürzen zu können. Keiner sollte sich später rühmen können, daß Attila von seiner Hand gefallen sei. Noch weniger wollte er, ein Herrscher über so viele Völker, lebend in die Hand seiner Feinde fallen . . .«

Die Sättel jener Zeit waren, wie das frühmittelalterliche Wort *bastum* uns sagt, oft aus Bast oder Holz oder unter Beteiligung dieser Materialien gefertigt. Anderes Brennmaterial war – wie uns auch der heutige Augenschein zeigt – innerhalb des Lagers nicht vorhanden. Erst 1793 wurde durch einen Zufall etwa in der Mitte des Lagers die vier Meter im Durchmesser große Vertiefung entdeckt, in die neben Sätteln noch andere brennbare Materialien hineingeworfen worden waren, um den Scheiterhaufen zu schaffen, den Attila dann doch nicht besteigen mußte:

»Während sich nun die Belagerung in die Länge zog, begannen das Volk der Westgoten nach seinem König und die Söhne nach ihrem Vater zu suchen. Sie wunderten sich über seine Abwesenheit, vor allem, da ihnen doch das Kriegsglück hold gewesen war. Nach längerem Suchen fanden sie ihn mitten im dichtesten Haufen der Leichen liegen, so wie es einem tapferen Manne geziemt.

Preisgesänge anstimmend, trugen sie ihn vor den Augen der Feinde fort. Da konnte man Scharen von Goten sehen, die mit klagenden Stimmen durcheinanderriefen und dem Toten die letzte Ehre erwiesen, während die Schlacht um sie herum noch nicht erloschen war. Viele Tränen wurden vergossen, echte Männertränen. Wohl hatten wir Goten einen Verlust erlitten, aber – wie selbst die Hunnen bezeugen konnten – einen ruhmreichen. Es mußte den Übermut der Feinde dämpfen, zu sehen, wie der Leichnam eines so großen, mit Ehren reich geschmückten Königs an ihnen vorbeigetragen wurde. So ehrten die Goten ihren herrlichen König Theoderich und überführten ihn; auch der tapfere und ruhmreiche Thorismund erwies, wie es einem Sohn geziemt, der abgeschiedenen Seele des geliebten Vaters die letzte Ehre.«

Mit diesem Tod hatten nicht nur die Goten ihren alten König verloren, sondern auch die Partei des Aetius ihr zweites Haupt, den einzigen Mann, der den römischen Interessen hätte entgegentreten und den Aetius in seinen besonderen Absichten durchschauen können. Aetius nützte die Lage auch sogleich zu seinen Gunsten, das heißt im Interesse Ravennas aus und erkannte blitzschnell die Chancen, die dieser Tod für die künftige Europapolitik Roms bot: Nun konnte das schwache Weströmische Reich weiterhin das Zünglein an der Waage bilden, nun konnte er, Aetius, sich weiterhin der Hunnen als eines Instruments seiner Machtpolitik bedienen. Hatten nicht auch die Burgunder, die erbittertsten Gegner des Aetius, auf den Katalaunischen Feldern seine Partei ergriffen? Genauso konnte schon morgen Attila wieder sein Verbündeter sein gegen die siegreichen Westgoten oder gegen den übermütigen Kaiser Markianos in Byzanz. Attila kannte er seit vielen Jahren, mit ihm würde er immer reden und sich einigen können – sofern die Westgoten in ihrem Zorn und Rachedurst nicht hier bei Châlons das Lager stürmten und Attila nötigten, den Tod zu suchen.

»Nachdem alles vorüber war, fragte Thorismund, vom Schmerz über den Tod des Vater bewegt und auch weil ihn sein Ehrgefühl dazu antrieb, den Patricius Aetius, wie es nun weitergehen solle und wie man den Tod des Theoderich rächen wolle. Aetius aber, dem Thorismund an Alter und Weisheit überlegen, riet dem jungen Goten, schnellstens mit den noch kampffähigen Mannschaften in die Wohngebiete der

Goten zurückzukehren, um sich auf diese Weise die Nachfolge nach dem toten König zu sichern. Andernfalls könnten seine Brüder das Erbe an sich reißen und ihn nötigen, um dieses Erbe einen bitteren Kampf gegen die eigenen Landsleute auszufechten.
Thorismund durchschaute Aetius nicht und nahm den Rat als wohlgemeint, vielleicht auch, weil er zu sehr an seinen eigenen Vorteil und die Thronfolge dachte. Er gab darum den Gedanken an einen weiteren und offensichtlich langwierigen Kampf gegen die wohlverschanzten Hunnen auf und kehrte ins Innere Galliens zurück. So kann menschliche Schwachheit, zumal da sie auch noch von einem Verdacht beeinflußt wurde, die Ursache dafür sein, daß eine Gelegenheit zu großen Taten versäumt wird.«
Die große Tat, das wäre die völlige Vernichtung der Hunnen und der Tod Attilas gewesen, und es ist ungemein bezeichnend, daß Aetius den Untergang der Hunnen tatsächlich verhinderte. Vermutlich wäre ja sogar seine eigene Armee stark genug gewesen, um die auf engem Raum zusammengedrängten Hunnen auszuhungern und zu dezimieren, auch hatte er ja nun Zeit, Verstärkungen aus ganz Gallien heranzuziehen, die den Abzug der Goten einigermaßen wettmachen konnten. Der ganze Verlauf der kurzen, aber heftigen Schlacht und der Tage danach zeigt, daß Jordanes in diesem Punkt zweifellos recht hat: Die ungestümen und kampftüchtigen Goten mußten entfernt werden, um Attila zu retten und die Hunnen für künftige Pläne aufzusparen. Die galloromanischen Veteranen waren heilfroh, das Lager nicht stürmen zu müssen; sie zogen dankbar in ihre Garnisonen zurück, als Aetius ihnen erklärte, für diesmal sei der Krieg zu Ende, man müsse nur noch bleiben, bis die Reste der Hunnen den Rhein überschritten hätten.
Auch ohne eigentlichen Endkampf war die Schlacht zweifellos

sehr blutig gewesen. Die Ziffern, die Jordanes angibt – 165 000 Tote auf jeder Seite, außer den bei Troyes gefallenen 15 000 Gepiden und Franken –, glaubt von allen Historikern kein einziger. Aber da es sicher ist, daß insbesondere die Germanen mit rücksichtsloser Tapferkeit aufeinander losgingen und die Kampfstärke jeder Seite meist auf etwa 50–60 000 Mann geschätzt wird, dürfte die Annahme, jeder vierte sei gefallen, kaum zu hoch gegriffen sein. Das wären etwa 30 000 Tote – das ist mehr, als damals die größten Städte an Einwohnern zählten . . .

Die fruchtbare Erde der Champagne hat die Toten aufgenommen und in Humus verwandelt, aber viele von ihnen blieben durch besondere Bodenverhältnisse oder andere Umstände doch so weit erhalten, daß man bei den verstreuten Grabungen oder bei Straßenarbeiten immer wieder auf sie stieß.

Der Volksmund hat den Namen jenes Hügels behalten, auf dem die meisten Blutopfer gebracht wurden, nur daß im Lauf der fünfzehn Jahrhunderte aus dem Mont de Pitié, dem Berg des Gedenkens und des Mitleids, le Piémont wurde, 179 Meter hoch, »mehr eine Aufwölbung der großen Ebene als im eigentlichen Sinn ein Berg«, wie Geneviève Devignes sich ausdrückt. Wenn wir die N 77 von Châlons aus nach Nordosten befahren, sehen wir ihn rechts liegen, von einem weißen modernen Turm gekrönt.

Man hat im weiten Ackerland rings um diese Erhebung nur Stichgrabungen vorgenommen, aber so gut wie alle wurden fündig, wenn man so sagen will. Die Toten – insgesamt etwa zweihundert Skelette – wiesen alle Verletzungen auf, vor allem am Schädel. In Richtung auf den Mont de Vignes (zwischen Piémont und Camp d'Attila) überwogen die Toten der Hunnen. Viele von ihnen trugen kleine Eßschalen aus Ton am Gürtel, viele hatten auch ein langes Messer neben dem rechten Unterschenkelknochen liegen. Sie hatten es also wohl im

Schuhwerk stecken oder trugen die Scheide ans Bein gebunden. Kaum einer von ihnen war, als der Tod ihn ereilte, älter als fünfundzwanzig Jahre gewesen. Ferenz Balog, Professor der Geschichte in Debreczin und Führer einer Studiengruppe der Universität Budapest auf den Katalaunischen Feldern, war von diesem Detail besonders frappiert, als er im Juli 1864 die Messer neben den Schienbeinknochen liegen sah.

»Das ungarische Volk ist nicht so unstet und flatterhaft wie die Franzosen«, sagte er, vielleicht zutreffend, gewiß aber unhöflich, zu den ihn begleitenden Franzosen, »unsere Sitten und Gebräuche gleichen noch weitgehend jenen, die wir hatten, als Attila unser König war. Dieses lange Messer am rechten Bein steckte stets im Stiefel der Ungarn, so lange ich sie kenne. Es dient zu allem, zum Schneiden der Nahrung ebenso wie zur Abwehr eines Angriffs.«

Überraschend war nur, daß die Skelette größer waren, als man in der allgemeinen Vorstellung die Hunnen sieht. Nur die Skelette der Pferde waren auffallend klein. Wenige Jahre zuvor, am 10. Sepember 1860, hatte in Gegenwart Kaiser Napoleons III. und einiger seiner Generale eine wissenschaftliche Demonstration anhand der verschiedenen ausgegrabenen Schädel und Skelette stattgefunden, und ein Anthropologe namens Dr. Conneau hatte die Unterschiede zwischen den Toten der Galloromanen und der Hunnen dargelegt – ein makabrer Freilicht-Unterricht, der den lebenslustigen Monarchen nachhaltig beeindruckt haben soll.

Angesichts dieser Evidenz, angesichts aber auch der vielen und wohlgepflegten Kriegerfriedhöfe von Mars-la-Tour bis Verdun und bis zum Chemin-des-Dames ist es sehr zu bedauern, daß dieser Brennpunkt der Katalaunischen Schlacht nicht mehr wie in früheren Zeiten von dem hochragenden *Croix des-Batailles* (dem Kreuz der Schlachten) überragt wird, ja nicht einmal mehr von den zwei hohen Ulmen, die zu Beginn dieses Jahrhunderts hier noch zu sehen waren. Andererseits ist der Piémont nicht der einzige Ort, an dem Gefallene gefunden wurden, wenn sie auch hier besonders dicht und in größeren Mengen als anderswo beisammen lagen. Die bedeutendste dieser anderen Fundstätten ist La Côte-Robert, wenige Kilometer östlich von La Cheppe, mit sechsundzwanzig Massengräbern, aus denen allein 76 Schwerter zum Vorschein kamen.

Die archäologische Durchforschung der Gegend wäre wohl kaum so intensiv gewesen, hätten sich nicht Napoleon III. und seine Gemahlin Eugénie gleichermaßen für den Landstrich interessiert. Der Monarch hatte hier bereits mit der Anlage jener großen militärischen Übungsgelände und Ausbildungsstätten begonnen, die noch heute benützt werden, und Eugénie liebte die großen kaiserlichen Güter hier so sehr, daß man sie scherzhaft *les Trianons de l'impératrice* nannte, unter Anspielung auf das Lustschloß im Park von Versailles, das die unglückliche Marie Antoinette so geliebt hatte.

Diese ausgedehnten Militärzonen sind heute das Haupthindernis für die Besichtigung des Geländes, auf dem Attila so knapp einer völligen Niederlage entrann, denn schon der rechte Flügel seiner Streitmacht, der sich auf die eilig aufgeworfene und befestigte Bastion von Nantivet stützte, liegt innerhalb des *Camp militaire de Suippes.* Das hier liegende Schloß gehörte bis 1919/20 der Familie Bourgois-Thierry, die es dem Staat überließ. Geneviève Devignes, Base der letzten Schloßherren, erinnert sich: »In den Glasschränken des Billardzimmers befand sich die Münzsammlung, die besonders an antiken Stücken reich war und einzelne sehr interessante Fundstücke aus der unmittelbaren Umgebung des Schlosses enthielt. Sie stammten von allen fünf Völkern, die hier gegen Attila gekämpft hatten (Westgoten, Galloromanen, Burgunder, Franken und schließlich Alanen). Dazu kam noch ein kupferner Helm, den man 1822 ausgegraben hatte. Alle diese Gegenstände verschwanden während der Marneschlacht von 1914 . . . Was noch gut zu erkennen ist: die etwa hundertfünfzig Meter lange fächerförmige Wallanlage, die in ihrer Ausführung der Umwallung des Camp d'Attila entspricht und am Nordostrand des heutigen Schloßparks liegt.«

Die soliden Erdbefestigungen, zweifellos von Tausenden errichtet, überdauerten also nicht nur die fünfzehnhundert Jahre seit der großen Schlacht, sondern – was vielleicht mehr über ihre Solidität sagt – zwei Weltkriege, den ersten mit Schützengraben und Artillerie-Dauerfeuer, den zweiten mit Bombardements aus der Luft. Erst die amerikanischen und französischen Neuanlagen, die das Militärlager des dritten Napoleon für Nato-Zwecke tauglich machen sollten, rückten der hunnischen Festungsarchitektur doch etwas zu nahe auf den Leib und ließen nur einen Teil von ihr bestehen.

»Es gibt kaum eine unter den älteren Familien Katalauniens oder, wenn Sie es vorziehen, der Champagne blanche, die nicht irgendeinen Fundgegenstand aus jener fernen Zeit besitzt, Münzen, Waffen, Metall- oder Tongefäße, wie man sie aus unserer Heimaterde geborgen hat«, erzählt Geneviève Devignes. »Noch vor sechzig Jahren ging man hier in Suippes *aux Gaulois*, zum Ausgraben, so wie man anderswo Rüben erntet.«

Aber die unruhigen Zeiten und die großen Armeen, die alle diese Dinge hierher auf die Schlachtfelder brachten, die haben sie auch wieder hinweggenommen. Die Toten blieben mit dem, was sie gehabt hatten, die Lebenden gingen mit dem, was sie mitnehmen konnten. Auch in der mörderischen Schlacht vom September 451 gab es Überlebende. Soweit sie noch marschfähig und kampftüchtig waren, führte Attila die Reste seiner Hunnen, führten Walamir und Edekon und Ardarich ihre Germanen nach Osten über den Rhein zurück.

Aber ein paar tausend Hunnen waren zu schwer verwundet, um diesem gefährlichen Abmarsch folgen zu können, der ja ein Marsch in die nächste Schlacht sein konnte: »Als Attila von dem Abzug der Goten hörte, argwöhnte er zuerst eine List der Feinde, denn so sind Menschen nun einmal, wenn eine überraschende Schicksalswende eintritt, und verhielt sich weiter ruhig in seinem Lager. Da jedoch die Feinde nicht wiederkehrten und alles still blieb, begannen sich in Attila wieder Siegeshoffnungen ... zu regen.«

Was Jordanes uns nicht erzählt, denn wann spräche schon die große Geschichte von den kleinen Leuten, das sind die Schicksale der zurückgebliebenen Hunnen, der Verwundeten mit ihrem weiblichen Anhang aus dem Troß. Sie waren wohl noch genug, sich der Einwohner zu erwehren, denn sie waren Soldaten, und rundum lebten nur Bauern. Und vielleicht trachtete man ihnen auch gar nicht mehr nach dem Leben, so wie ja auch Schiffbrüchige gerettet und aufgenommen werden, ganz gleich, woher sie kamen und was sie im Sinne hatten.

Diesen letzten Hunnen gelang es also, sich aus dem großen Lager zu lösen, ein Stück die Römerstraße entlangzuziehen – nicht weit, nur drei Kilometer – und dann nach Süden abzuschwenken, wo die Ebene von der Vesle durchzogen wird, wo Land und Wasser war und damals auch noch sehr viel unbebautes Land.

Da sie Krieger nicht bleiben durften, wurden sie Bauern, und da sie inmitten des Frankenreiches nicht als Nomaden leben konnten, bauten sie sich Häuser. Das Dorf, das so entstand, ist das seltsamste von ganz Frankreich und wohl auch das häßlichste, ganz gewiß aber das längste; denn es zieht sich beinahe acht Kilometer weit zwischen der schönen Kirche von L'Epine und Saint-Julien an der Vesle hin. Seine Ausdehnung brachte den gelehrten Abbé Boitel, Archäologe und Biograph des Bischofs Alpin, zu der Vermutung, daß es achttausend

Hunnen gewesen seien, die sich hier niederließen; heute leben etwas mehr als zweitausend Einwohner in der langen Häuserreihe.
Das seltsame Dorf schreibt sich Courtisols, aber man spricht es Kurtisu, und Boitel beschwört, daß die Leute des Dorfes einen schaurigen Hunnendialekt sprächen, den ein braver Christ und Franzose nicht verstehen könne. M. Guénard, Philologe aus Chouilly, hat das Patois, also den Ortsdialekt von Courtisols, in einer eigenen Studie untersucht und die fremden Wortwurzeln verzeichnet. Auch die Bräuche sind fremdartig, bei der Hochzeit sowohl wie bei der Bestattung, und haben mit den umliegenden Champagnedörfern ebensowenig gemein wie die Bauweise. Denn in den Dörfern der Umgebung drängen sich die Häuser in der großen Ebene ängstlich zusammen wie eine Schafherde. Die Hunnen fürchteten die Ebene nicht, sie bauten ihre ersten Gehöfte unbesorgt ins Land hinaus, denn wer sollte ihnen etwas antun? Die Hunnen? Das waren sie selbst, und die Weite der Ebene, die kannten sie von Vätern und Vorvätern her als ihre Heimat.
Der besondere Dialekt von Courtisols, diese seltsame Sondersprache mit ihren mongolischen und Turk-Worten, war zu Ende des vergangenen Jahrhunderts in dem langgestreckten Ort noch festzustellen. Inzwischen haben hundert Jahre Schulpflicht und die durch den Autoverkehr bewirkte Freizügigkeit der Dorfbewohner sie so gut wie völlig zum Verschwinden gebracht.
Nicht völlig verschwunden ist hingegen ein Hunnen-Überbleibsel an diskreter Stelle: die *tache mongole*, der Mongolenfleck, ein Rätsel für jene Bürger von Courtisols, die sich mit der Vergangenheit und der Entstehungsgeschichte ihres Heimatdorfes nicht hinreichend beschäftigt haben. Wie häufig er heute nach vielen Vermischungen noch vorhanden ist, wissen wir allerdings nicht, denn der Mongolenfleck tritt häufiger bei

Männern auf als bei Frauen oder Mädchen. Vielleicht ist das der Grund dafür, daß sich noch keine wissenschaftliche Kommission entschließen konnte, die Lendenwirbelgegend der Einwohner von Courtisols zu inspizieren.

3.
Tod in der Hochzeitsnacht

Attila ist also das Schicksal Hitlers erspart geblieben, inmitten seiner Feinde zu sterben und verbrannt zu werden. Und es blieb ihm auch erspart, wie Napoleon nach dem Rückzug aus Rußland seinem Volk gestehen zu müssen, daß die große Armee, mit der er ausgezogen war, nicht mehr existiere. Die Truppenmacht, die König Attila dank seiner vorsorglich angelegten guten Stellungen vor der Vernichtung bewahren und zurückführen konnte, war noch so eindrucksvoll, daß es auf dem ganzen langen Weg von Gallien über Germanien nach Pannonien niemand wagte, ihn anzugreifen.
Er mußte nicht wie der große Korse diesen winterlichen Rückzug quer durch Europa im Schlitten vermummt bewältigen, damit ihn nur ja niemand erkenne. Er ritt seinen Truppen voran auf dem kürzesten und für ihn günstigsten Weg über Troyes zur Baseler Pforte und von dort zur Donau, dem großen Strom, den die Hunnen so gut kannten, dem schnellsten Weg zurück in das eigene Machtzentrum.
Dennoch: Viele Tausende blieben auf den Katalaunischen Feldern zurück; sie sahen das weite Land an der Theiß nicht wieder, das den Hunnen seit zwei Generationen zur neuen Heimat geworden war. Und wenn man heute über das flachwellige Land geht, dessen Erde die Gefallenen der großen Schlacht aufgenommen hat, dann fühlt man, daß dieser Boden nie mehr so sein wird wie anderes Ackerland, in das sich die Pflugschar senkt.

Die Nachtschnellzüge, die Châlons-sur-Marne passieren, pfeifen nicht, um die 57000 Einwohner der Departements-Hauptstadt nicht aus dem Schlaf zu reißen. Die sechzig- oder siebzigtausend Hunnen, Goten, Franken und Burgunder, die in der Erde der Champagne ruhen, kann kein noch so lautes Signal erwecken. Sie schlafen seit fünfzehnhundert Jahren. Gerade das aber wollten die Zeitgenossen der großen Schlacht nicht glauben und glauben die Einwohner der Champagne-Dörfer rund um Suippes und La Cheppe noch heute nicht. »Das sonderbarste aber ist folgendes«, schreibt der spätgriechische Philosoph Damaskios (458–533) in seiner Lebensgeschichte des heiligen Isidor: »Nachdem die Streitenden kampfunfähig geworden und gefallen waren, sollen ihre Seelen noch drei Tage und Nächte standhaft weitergekämpft haben und weder mit den Händen noch mit ihrem Mut hinter lebenden Streitern zurückgeblieben sein. Ja man konnte sehen und hören, wie die Bilder der Seelen aufeinander eindrangen und die Waffen lärmend gegeneinanderschlugen. Bis auf den heutigen Tag sollen solche kriegerische Erscheinungen aus alter Zeit sich zeigen, nur daß sie nicht den geringsten Laut von sich geben, obwohl sie es in allem, was sie vollbringen, lebenden Kriegern gleichtun.«
Damaskios hatte nur dies von der Schlacht gehört, und er wußte nicht einmal den Ort des Geschehens zu nennen. Aber er beschrieb genau, was die Bauern der Champagne lange Zeit glaubten und vielleicht noch heute glauben: Daß sich der große Kampf, der nach Jordanes ja nur einen einzigen Tag währte, wie Attila es gewollt hatte – daß sich dieser große Kampf zwischen den Gefallenen von Piémont, zwischen den Toten der beiden Parteien, in den Lüften fortsetzte. Sie rufen und schreien dabei nicht wie lebendige Kämpfer, sondern es herrscht nichts anderes in den Lüften als ein großes Geraune und verwehtes Stöhnen.

Und genau das, ein großes Raunen, kommt uns in den Sinn, wenn wir auf dem Weg zum Kampfplatz, zum Piémont, das Straßenschild Mourmelon-le-Grand erkennen. Der Ort, zweifellos mit einem Wort aus fränkischer Wurzel bezeichnet, heißt in mittelalterlichen Urkunden *Murmereium*, *Murmeronum magnum* und ähnlich, was kein Zufall sein kann, denn der Name hebt sich zu sonderbar von den anderen Ortsnamen der Gegend ab.

Die Wilde Jagd der Toten in den Lüften ist ein germanischer Glaube, und wir befinden uns im fünften Jahrhundert in der Champagne ja noch auf germanischem Boden. Das romanische Element war noch relativ schwach ausgeprägt. Aber der ganzen Antike und auch den späteren romanischen Völkern ist die Überzeugung gemeinsam, daß die Toten ihre letzte Beschäftigung fortsetzen, daß tote Kämpfer über den Schlachtfeldern weiter aufeinander eindringen. Darum besitzen wir zahlreiche Schlachtfeld-Sagen, geboren aus dem Wissen von großen Kämpfen und aus der subjektiven Bereitschaft, an die Besonderheit dieser Orte zu glauben. Aber mit der Schlacht auf den Katalaunischen Feldern und mit dem Glauben an die Geisterkämpfe im Nachthimmel der Champagne steht es doch noch anders, und darum knüpft sich an diesen Sommertag des Jahres 451 eine der eindrucksvollsten germanischen Sagen, eine jener Sagen, die von den Goten zurück nach Norden in die Germanenheimat wanderte und uns in vielen Abwandlungen begegnet:

»Es war eine Völkerschlacht, wie man sie bis in die Neuzeit nicht wieder gesehen hat, und es ist begreiflich, wenn sie noch lange in der Erinnerung weiterlebte und ihre Züge ins Sagenhafte wuchsen. Ausmaß und Bedeutung dieses Kampfes waren kaum zu übertreffen, aber zum Stoff der Heldendichtung konnte er nur dadurch noch nicht werden. Etwas anderes mußte noch hinzukommen, was ihm den menschlichen, tragischen Gehalt gab: Es war nicht bloß eine Völkerschlacht, sondern es war ein Bruderkampf von Goten gegen Goten. Das ist die tragische Bedeutung; ihr Sinnbild aber, durch das sie dem Dichter greifbar wird, und ihren Gipfel fand sie in dem persönlichen Geschick derer, die das Haupt des Volkes bilden: Der Westgotenkönig fällt, getroffen vom ostgotischen Geschoß, und nicht irgendeiner aus der namenlosen Menge ist es, durch den Theoderich den Tod gefunden hat, sondern auch sein Gegner ist fürstlichen Blutes, denn auch Andagis, der Schütze, stammte aus dem gotischen Königsgeschlecht der Amaler« (Wolff).

Attila wie Aetius waren von dieser germanischen Tragik zweifellos nicht sonderlich beeindruckt, und schließlich hätte es ja ebensogut einen von ihnen oder sie beide treffen können. Zumindest von Attila wird berichtet, daß er sich in vorderster Linie der Gefahr aussetzte und einmal auch beinahe in die Hände der Gegner gefallen wäre. In einem Punkt aber hatte zumindest Aetius sich doch verrechnet: Attila war möglicherweise geschlagen, aber sein Mut hatte weder unter der Schlacht noch unter dem Rückzug gelitten. Im Gegenteil: Die Erfahrung, daß er eine große Armee quer durch Europa führen und offenbar noch mit einem Gutteil der Beute hatte heimkehren können, schien ihn zu neuen Taten beflügelt zu haben. Sein Unternehmungsgeist war keineswegs geschwächt. Er kehrte nur heim, um neue Truppen auszuheben (und selbst diese Heimkehr wird bezweifelt: Mindestens einer der antiken Chronisten läßt ihn gleich nach Châlons gegen Italien ziehen!).

Gewiß, auch der geschlagene Napoleon hatte unmittelbar nach der Rückkehr aus Rußland mit den rücksichtslosesten Rekrutierungen begonnen, die Frankreich je erlebte; denn der Korse mußte fürchten, daß Preußen, Österreicher und Russen den Augenblick nützen würden. Attila hingegen wäre – das darf als sicher gelten – weder von den West- noch von den Oströmern angegriffen worden. Selbst Markianos hätte den Kampf gegen die Hunnen gewiß nicht begonnen, und Aetius hatte es schon Mühe genug bereitet, ein paar Legionen auf das Schlachtfeld von Châlons zu führen.

Nein: Attila rüstete, um von neuem anzugreifen. Er war ungebrochen, kampflustig, gierig wie nur je, und sein Ziel war diesmal Italien.

»Damals bewies unser Feldherr Aetius nicht die in dem vorangegangenen Krieg geübte kluge Voraussicht«, schreibt der im Dienst des Papstes stehende und damals schon etwa sechzigjährige Chronist Prosper Tiro: »Ja Aetius nützte nicht einmal die Engpässe der Alpen aus, durch die der Einfall der Hunnen hätte verhindert werden können. Er setzte nur noch in eines seine Hoffnung: nämlich mit dem Kaiser aus Italien zu fliehen . . .«

Liest man das, so glaubt man kaum, daß Aetius der Sieger und Attila der Besiegte von Châlons gewesen sein soll. Und wenn Prosper Tiro annimmt, die niedrigen Julischen Alpen hätten einen Attila aufhalten können, dann irrt auch er; den Alpen-Hauptkamm nämlich mußte eine Armee, die an der mittleren Donau zusammengestellt wurde, ja nicht mehr überschreiten, um nach Norditalien einzufallen.

»Da diese Flucht aber höchst schimpflich gewesen wäre und auch gefährlich schien, bezwang die Scham des Aetius die Furcht; und da die ausgedehnte Zerstörung so vieler herrlicher Provinzen von der Grausamkeit und unersättlichen Gier des Feindes Zeugnis ablegte, glaubten Regierung, Senat und Volk nichts Besseres tun zu können, als durch Gesandte den furchtbaren Attila um Frieden zu bitten. Dieser Aufgabe unterzog sich, zusammen mit dem Konsul Avienus und dem Präfekten Trygetius der hochselige Papst Leo. Er setzte sein Vertrauen auf Gott, der – wie er wußte – die Seinen in der Not nicht im

Stich läßt. Er erreichte auch, was sein Glaube ihm verheißen hatte. Die ganze Gesandtschaft wurde nämlich würdig empfangen, und der König freute sich so über die Anwesenheit des höchsten Kirchenfürsten (!), daß er von der Weiterführung des Krieges absah, Frieden zu halten versprach und sich ins Donauland zurückzog.«

Die hier geschilderten Vorgänge sind bemerkenswert und stimmen mit dem überein, was sich bereits aus den Heiligenlegenden des nördlichen Gallien ergab. Damit erscheint auch diese Überlieferung durch einen päpstlichen Chronisten und Geschichtsschreiber legitimiert. Die Römer waren keine unbedingte Autorität mehr, weil nun die militärische Macht fehlte, auf die sie ihr großes Reich gegründet hatten. Aber inzwischen existierte eine neue Macht, die den aber- und wundergläubigen Attila wesentlich mehr beeindruckte als die Legionen der Römer – nämlich die Kirche.

In den Augen der Hunnen konnten die Männer, die ihnen waffenlos entgegenzogen, Räuchergefäße schwenkten und keine Rüstungen, sondern seltsame Gewänder trugen, nur Magier, Zauberer, Hexenmeister sein. Die Macht dieser Priester hatte Attila kennengelernt. Daß er an ihre besonderen Kräfte glaubte, beweist zumindest der eine gut belegte Umstand, daß Attila den Bischof Lupus (Saint-Loup) aus Troyes auf seinem Rückzug als Geisel mit sich führte, bis der Rhein überschritten war. Ja Lupus mußte so lange in der Gesellschaft des Hunnenkönigs bleiben, daß die Christen von Troyes ihrem Oberhirten gar nicht mehr recht trauen wollten, als er wiederkehrte: Sie dachten wohl, daß es seine besondere Bewandtnis haben mußte, wenn einer den Hunnen lebend entkam, und schickten Saint-Loup erst einmal für zwei Jahre in die Verbannung . . .

Die Szene der Begegnung zwischen Attila und dem Papst ist oft bildlich dargestellt worden, verkörpert sie doch in einem so hohen Maß das Zusammentreffen zweier Welten wie kaum eine andere, ausgenommen vielleicht den Empfang des Cortez durch Montezuma tausend Jahre später. Manche Maler haben in ihrer Begeisterung sogar den Tiber, die Engelsburg (!) oder die wohlvertrauten Umrisse des Campo vaccino als Hintergrund gewählt, aber dem war nicht so. Papst Leo zog Attila bereits entgegen, als dieser noch in Norditalien heerte und plünderte. Attila soll die Gesandtschaft am Flüßchen Mincio empfangen haben, also zwischen Gardasee und Po im Raum von Mantua. Das leicht erreichbare Gelände befand sich damit in der Hand der Hunnen, Mailand war bereits erobert, der Weitermarsch nach Süden hätte notwendigerweise in Gegenden geführt, in denen die Reiterscharen Attilas auf manche Schwierigkeiten gestoßen wären. Obendrein mag Attila zu diesem Zeitpunkt – den wir nicht genau kennen – schon Berichte über den Einfall des Markianos, also der Oströmer, in den Rücken des hunnischen Kerngebietes erhalten haben. Die beschwörenden Bitten des Papstes mögen den Ausschlag für Attilas Sinnesänderung gegeben haben; die Grundlagen für den Entschluß zur Umkehr konnten sie für Attila um so weniger bilden, als in den folgenden Jahrhunderten auch viele christliche Monarchen sich keineswegs an die Bitten und Wünsche der Päpste hielten.

Der norditalienische Feldzug des Hunnenkönigs war also nur kurz und begrenzt, wenn auch erfolgreich, und wir wissen nicht sehr viel von ihm. Zwei Episoden jedoch müssen angeführt werden, die eine, weil sie Attila charakterisiert, die andere, weil sie die Geburt einer einzigartigen Stadt zur Folge hatte – der Lagunenrepublik Venedig.

Die erste Episode, eigentlich eine Anekdote, stammt aus einer kuriosen, aber glaubwürdigen Quelle, dem um das Jahr 1000 in Byzanz entstandenen Lexikon, das seither unter dem Namen *Suidas* ein Begriff geworden ist und eine Fülle verschie-

denartigster Materialien aus der gesamten Antike gesammelt und bewahrt hat:
»Als Attila das reichbevölkerte Mailand aufsuchte, sah er dort ein Gemälde, auf dem die römischen Kaiser auf goldenen Thronsesseln sitzend abgebildet waren, während die Skythen (Hunnen) ihnen zu Füßen kauerten; sogleich gab Attila den Befehl, ihn selbst auf dem Thron sitzend abzubilden. Hingegen sollten die römischen Kaiser auf ihren Schultern Säcke herbeischleppen und Gold vor seinen Füßen ausschütten.«
Das ist so eine Anekdote wie die vom Gordischen Knoten, den Alexander durchhauen hat, oder die Geschichte von der in einen Teppich eingerollten Kleopatra. In den Ländern am Mittelmeer liebt man Geschichten, und da sie sich besser erzählen lassen als komplizierte politische Zusammenhänge, sind sie es, die in den Gedächtnissen haften, während Wichtigeres verlorengeht.
Selbst Altheim übernimmt die oben erzählte Geschichte, und Helene Homeyer sagt ausdrücklich, »es besteht kein Grund, an ihrer Glaubwürdigkeit zu zweifeln«. Mein Grund, daran zu zweifeln, sind die beiden Thronsessel der römischen Kaiser, auf die Attila sich weder de facto noch bildlich setzen konnte, wie die Geschichte ja auch bewiesen hat. Ich glaube, daß er wütend auf das Bild lossprang, es zerhieb und ein neues zu malen befahl, mit *einem* Thron, nun natürlich für den Hunnenkönig, und mit den Kaisern, die das Gold heranschaffen.
»Attila, so wird erzählt, ließ das Bild *um*malen«, lesen wir bei Altheim, womit aber gewiß zuviel Geduld und zuviel Pietät bei einem Krieger vorausgesetzt wird.
Auch sonst stimmt an den Berichten über Attilas Aufenthalt in Mailand so manches nicht, zum Beispiel der behauptete und erstaunliche Umstand, Ticinum (Pavia) und Mediolanum (Mailand) seien zwar den Hunnen in die Hände gefallen, aber weder geplündert noch zerstört worden.

Natürlich konnte es vorkommen, daß selbst die Hunnen die eine oder andere Stadt aus bestimmten Gründen verschonten, bei Châlons scheint dies der Fall gewesen zu sein und bei Troyes vielleicht auch. Bezüglich so großer Städte wie Mailand muß man jedoch skeptisch sein, um so mehr, als auch die antiken Historiker – so oft sie auch sonst voneinander abschreiben – hierüber nicht einer Meinung sind. Paulus Diakonus spricht von der Verschonung der südlich des Po gelegenen Städte, Jordanes hingegen berichtet im Anschluß an die Eroberung Aquilejas:

»Durch diesen Erfolg noch verwegener gemacht und noch mehr nach römischem Blut dürstend, fielen die Hunnen nun wie Rasende über die übrigen Städte Venetiens her. Sie machten auch Mailand, die Hauptstadt Liguriens und frühere kaiserliche Residenzstadt, dem Erdboden gleich (!); dasselbe Schicksal traf Ticinum (Pavia). Die Unbezähmbaren verheerten alle benachbarten Orte . . .«

Nur weil Jordanes den Irrtum begeht, diesen Feldzug gleich an die Rückkehr der Hunnen aus Gallien anzuschließen, braucht er sich doch in den Einzelheiten des Feldzugs selbst nicht zu irren! Und was bedeutet *ein* Irrtum in der Saga dieses Volkes, die wir wohl nie vollständig kennenlernen werden. Angesichts dieser Widersprüche ist es ein glücklicher Fund zu nennen, daß Otto J. Maenchen-Helfen in Mignes berühmtem Sammelwerk *Patrologia Latina* einen anonymen Sermon entdeckte, in dem unter anderem berichtet wird, wie die Einwohner der großen Stadt vor den Hunnen flohen. »Gott dem Allmächtigen hat es gefallen, die Stadt und unsere Wohnstätten in die Hand des Feindes zu geben. Was uns stets als unser Besitz erschien, war nun in den Händen von Räubern oder verging in den Flammen, unter dem Schwert . . . Dabei aber wollen wir nicht vor allem die Häuser beweinen, die zugrunde gingen.« Auch die Sankt-Ambrosius-Basilika wurde bei dieser Gelegenheit in Brand gesteckt, und zahlreiche Priester und Mönche wurden getötet. Der Sermon spricht nur von wenigen Entkommenen unter Geistlichen und Laien. »Wenn sie überlebten, so nicht, weil die Hunnen sie verschonten, sondern weil die Mailänder schneller davonliefen, als die Hunnen sie verfolgen konnten, denn die Hunnen hatten bereits eine Menge Beute zu schleppen« (Maenchen-Helfen).

Dennoch – trotz allen nun bewiesenen Hunnen-Furors gegen die Städte der Po-Ebene – blieb das große Ereignis dieses Feldzuges die Belagerung und schließliche Eroberung von Aquileja. Die große Handelsstadt am Nordrand der Adria erlangte als Sitz eines Patriarchen große Bedeutung für die Christianisierung von Friaul, Kärnten, ja des gesamten Landes bis zur Donau. Aquileja war nicht irgendeine Stadt, sie war, ohne Residenz zu sein, doch eines der Zentren des Abendlandes, und ganz Italien, ja das westliche wie das östliche Römerreich erzitterten, als die Hunnen ihre schweren Maschinen heranführten, um die Mauern der Stadt zu berennen:

»Ursprünglich hatte Attila geplant«, erzählt Jordanes, »nach Rom zu ziehen. Davon brachten ihn aber, wie Priskus berichtet, seine Ratgeber ab, nicht aus Rücksicht auf die Stadt, der sie feindlich gesinnt waren, sondern in Erinnerung an das Schicksal Alarichs, des Königs der Westgoten. Sie fürchteten (abergläubisch wie die Hunnen nun einmal waren) für das Leben ihres Herrschers, da doch auch Alarich die Schleifung Roms nicht überlebt hatte, sondern bald danach verschieden war.«

Man darf sicher sein, daß die alten Historiker simplifizieren, schon um der Pointen willen, und weil sie nun einmal die Anekdote (seit Herodot) mindestens ebenso eifrig suchen wie die Wahrheit. Aber ein Kern Wahrheit steckt doch wohl in diesem, für moderne Kriegführung kaum vorstellbaren Entscheidungs-Modus. Oder sollten wir – nach allem, was wir aus der Geschichte Wallensteins, aus den unkontrollierten Neigungen Karls XII., Napoleons und Hitlers wissen – uns besser nicht auf ein so hohes Roß setzen und Attilas Zaudern nur natürlich finden? Denn der Mann an der Spitze kann doch kaum etwas anderes tun als zaudern und auf den Rat seiner Getreuen hören! Sicher ist jedoch, daß Aetius die Julischen Alpen nicht gesichert hatte, wohl aus Furcht, die dorthin entsandten Truppen zu verlieren und dann weder Ravenna noch Rom schützen zu können. Hindernisse gab es für Attila also nur in der Gestalt von Festungen, und die erste und mächtigste auf seinem Weg war Aquileja:

»Aquileja ist die Hauptstadt Venetiens und liegt auf einer Spitze oder Landzunge am Adriatischen Meerbusen«, schreibt Jordanes. »Attila belagerte die Stadt ungewöhnlich lange, jedoch ohne Erfolg. Die römischen Soldaten innerhalb der Stadt leisteten nämlich tapferen Widerstand, so daß Attilas Heer sogar schon zu murren begann und abzuziehen begehrte. Als nun Attila rund um die Mauern ritt und unschlüssig überlegte, ob er die Belagerung abbrechen oder noch länger ausharren sollte, sah er plötzlich zwei weiße Vögel – zwei Störche, wie sie in Dachgiebeln nisten – ganz gegen ihre sonstige Gewohnheit ihre Jungen aus der Stadt schleppen und aufs Land hinaustragen. Sogleich bemerkte er zu den Seinen, denn er war ein äußerst scharfer Beobachter: ›Seht nur, wie diese Vögel die Zukunft vorausahnen! Sie verlassen Aquileja und geben die befestigten Zinnen der dem Untergang geweihten Stadt preis, sobald Gefahr droht. Das ist kein sinnloser Zufall, sondern kann nur eines bedeuten: die Furcht vor einem unabwendbaren Unglück. Sie kann bekanntlich auch festeingewurzelte Gewohnheiten verändern.‹«

Nach diesem Exkurs in die Verhaltensforschung ging Attila

daran, das Orakel der Störche wahrzumachen, indem er Belagerungsmaschinen bauen ließ – von römischen Überläufern oder Gefangenen, wie manche Forscher annehmen*.

Aber Jordanes fährt fort: »Es gelang Attila, den Willen, Aquileja zu erobern, in den Seinen neu zu entfachen (worin wohl der Hauptwert des Orakels bestand). Sie bauten Maschinen, und nachdem sie alle Arten von Zerstörungswerkzeugen angewendet hatten, drangen sie ohne Aufenthalt in die Stadt ein, plünderten, raubten und verwüsteten sie aufs grausamste, so daß kaum noch eine Spur von ihr blieb«.

Ein wenig blieb wohl noch stehen, denn die Langobarden hatten, als sie Aquileja eroberten, abermals einige Mühe mit der Stadt und betrugen sich um nichts besser als die Hunnen. Da die Hunnen aber keine Seeleute waren – das wenigstens scheint festzustehen –, gelang es einem Großteil der Stadtbewohner, in Booten hinaus auf die Adria zu fliehen, die hier an ihrem Nordrand ein merkwürdiges Zwischenreich geschaffen hat, flache Lagunen, zahlreiche Landbrücken, ausgedehnte Sümpfe und so viel Schilfdickicht, daß sich sogar mehr Menschen verstecken konnten, als Aquileja und die anderen eroberten Städte an Einwohnern gezählt hatten.

Es ist undenkbar, daß diese nahe Zuflucht von den Bewohnern der gefährdeten Städte nicht aufgesucht wurde: Die Hunnen waren inzwischen doch bekannt. Auch boten die Inseln und die Lagunenlandschaft im Vergleich zu Wäldern oder Gebirgen immerhin eine gewisse Sicherheit der Ernährung

* Die Hunnen hatten zweifellos im Iran Städte belagert, sie hatten vor Naissus (Nisch) und Asimus ausgiebig Gelegenheit gehabt, Erfahrungen zu sammeln, und daß sie Orléans mit Spezialmaschinen berannten, haben wir im vorigen Kapitel gelesen. Warum also diese Skepsis gegenüber Soldaten, die jahrzehntelang im Verband mit Römern und Galliern und unter römischen Feldherren kämpften? Eher dürften sie Schwierigkeiten mit der Einschließung der Halbinselstadt gehabt haben, Schwierigkeiten, die ja auch mindestens einmal Konstantinopel aus der Hunnennot gerettet haben.

und die Möglichkeit, notfalls weiterzufliehen. Fest steht auch, daß zahlreiche der Laguneninseln zu jener Zeit bereits dürftig besiedelt waren und Fischern als Wohnstätten dienten. Alles spricht also dafür, daß die Gründungssage der Stadt Venedig – der auf den Inseln von Flüchtlingen aus Aquileja gegründeten neuen Stadt – in der Substanz zutrifft. Nur der Vorgang wird vereinfacht: Eine Stadt wie Venedig entsteht nicht von einem Tag zum anderen, und ein Stadt-Kunstwerk, wie wir es in Venedig zweifellos vor uns haben, kann nicht über Nacht gelingen. Das beweisen schon die vielen anderen Lagunenstädte, die entweder bedeutungslos geblieben sind wie Chioggia trotz der bekannten Tapferkeit seiner Einwohner, oder die der Natur zum Opfer fielen wie jenes Metamauco, das auf einer Insel vor dem Lido lag und von einem Seebeben vor etwa neunhundert Jahren verschlungen wurde.
Die Venezianer selbst haben darum an ihrer Gründungssage stets überzeugt festgehalten und auf die gründlichen Deutschen, die daran mangels historischer Beweise nicht glauben wollten, sehr gekränkt reagiert. Ja der unschätzbare Francesco Sansovino, der 1663 seine gewaltige venezianische Chronik unter dem vielsagenden Titel *Citta nobilissima et singolare* veröffentlichte, zeigt sich nicht nur dadurch als echter Venezianer, daß er *et* statt des italienischen *e* schreibt, er hat auch gleich eine Erklärung für den Namen Venezia zur Hand: Als zu den ersten Fischern immer mehr Menschen kamen, weil eben Attila mit seinem Heer so großen Schrecken verbreitete, da sagten die Fischer *veni etiam*, womit sie wohl ausdrücken wollen: Da kommen ja immer noch welche! Und diese schon nicht mehr erwünschten Zuwanderer, die seien dann die *Veni-etiam-Leute*, die Venezianer, geworden. Entspricht diese Version auch wohl nicht der Wahrheit, weil das Venetervolk doch längst bekannt war, ehe Attila sich in Europas Süden zeigte, so ist sie doch eine gut erfundene Geschichte,

vor allem, weil die Serenissima, die glanzvolle Republik Venedig, ja insbesondere bei den anderen Lagunenbewohnern, den Fischern und Jägern der Schilfzone, äußerst unbeliebt war und ihrer Arroganz wegen heftig bekämpft wurde.

Die beiden skeptischen Deutschen, die in Venedig soviel Unmut erregt haben, sind die angesehenen Professoren August Friedrich Gfrörer aus Kalw (1803–1861) und Heinrich Kretschmayr (1870–1939), den ich selbst in Wien noch hören konnte. Gfrörer, ein Kirchenhistoriker der ultramontanen Richtung, widmete Venedig den ersten Band seiner lesenswerten und gut lesbaren Trilogie *Byzantinische Geschichten*, Kretschmayr legte im Rahmen der großartigen Gemeinschaftsleistung der *Allgemeinen Staatengeschichte* schon 1905, also als Fünfunddreißigjähriger, seine drei Bände zur Geschichte Venedigs vor – ein wichtiger Anteil der deutschen Geschichtsschreibung an der Historiographie der Lagunenstadt.

Beide Gelehrte kommen jedoch aus dem Jahrhundert der gnadenlosen Quellenkritik und der bedingungslosen Absage an die unbelegte Überlieferung, und diese ist nun einmal am ganzen Mittelmeer, an der Küste der erzählfreudigen und traditionsbewußten Völker, ein sehr bemerkenswerter Lieferant zusätzlicher Informationen. Daß sich im Falle Venedigs kein Gründungsdokument erhalten hat, vermag nur den zu irritieren, der von einer Stadt erst spricht, wenn sie ihr Stadtrecht besitzt. Im deutschen Ostseeraum wurden die Städte tatsächlich gegründet wie Firmen; die Geldgeber waren Kaufleute und schlossen Verträge mit dem Landeigner, das heißt dem Grafen oder Fürsten, der zuvor das Land den Ostseeslawen abgenommen hatte. Solche Gründungen lassen sich nachweisen, mitunter sogar Zug um Zug wie im Falle Lübecks. Daß in den Wirren der Völkerwanderung und insbesondere der Hunnenzeit niemand solche Schriftstücke aufsetzte oder im-

stande war, sie über die bewegte Zeit hinwegzuretten, beweist noch nicht, daß man damals noch nicht von einer Stadt Venedig sprechen könne. Das Fehlen eindeutiger Schriftquellen bedeutet nicht, daß zwischen der Entstehung von Venedig und dem Vormarsch der Hunnen kein Zusammenhang bestanden hätte. Kretschmayr selbst räumt ein:
»Schon zur Zeit der Einfälle Alarichs mag nach dem von Kaiser Honorius selbst gegebenen Beispiele vom Lande her ein Zuzug des Landvolks nach den Lagunen stattgefunden haben; um so mehr, als auch die Städte keinen Schutz mehr boten, Attila Aquileja zerstörte und wohl auch Concordia und Altino verheerte.« *
»Damals ist ohne Zweifel Grado zum ersten Male dichter und wahrscheinlicher bereits von Leuten aller Besitzstufen besiedelt worden, auch in den Aquae Caprulae (Caorle), dem Hafen von Concordia und auf den Altino vorgelagerten Inseln mag regeres Leben sich gezeigt haben.«
Gfrörer äußerte sich dreißig Jahre vorher ähnlich:
»Um 450 erging der Würgengel in Gestalt Attilas und seiner Hunnen über Land-Venetien. Die sogenannte Misch-Chronik *(historia miscella)* erzählt, wie Attila bei seinem Einfalle in Italien Aquileja nach langer Belagerung erstürmte und verbrannte, wie er weiter andere Städte Venetiens: Concordia, Altinum, Padua, Vicenza zerstörte und dem Erdboden gleichmachte. Nun behaupten namhafte Schriftsteller vom vierzehnten Jahrhundert an, und zwar meines Wissens als der erste Dandolo, der glorreiche Chronist seiner Vaterstadt, beim Nahen des Hunnensturmes seien viele Einwohner der venetischen Landorte nach den benachbarten Inseln hinübergeflohen, die Attila, weil er keine Schiffe besaß, voraussichtlich

* Also doch Attila! Mehr an Zusammenhang wird niemand behaupten wollen, da Attila nun einmal kein Städtegründer war wie Alexander, sondern ein Städtezerstörer.

nicht einnehmen konnte, und hätten dort den Grund zu dem späteren See-Venetien (d.h. zur Seestadt Venedig) gelegt. Ein altes Zeugnis für diese Behauptung ist mir nicht bekannt. Ich will allerdings gerne glauben, daß viele Bauern aus dem Küstengebiet um jene Zeit ihr Heil auf den Inseln suchten und das dort schon vorhandene Matrosen- und Fischervolk verstärkten; aber ich zweifle sehr, daß die reichen Leute des Festlandes, Adelige, Gutsbesitzer, Handelsherren, solches (d. h. die Flucht auf die Inseln) in irgend größerem Maße übernahmen, denn hiegegen zeugt erstlich das Stillschweigen der älteren Quellen und zweitens, meines Erachtens, der spätere Tatbestand. Denn mit dem Augenblicke, da See-Venetien zum ersten Male auftaucht, kommt dort ein derbes, naturwüchsiges, abgehärtetes Geschlecht von Seeleuten zum Vorschein, und von Überbleibseln einer verrotteten, absterbenden Civilisation zeigt sich keine Spur.«

Über die Gefahr der *ex-silentio*-Schlüsse haben wir schon gesprochen: Es gab – vor allem im frühen Mittelalter – mehr Dinge zwischen Himmel und Erde, als auch die eifrigsten Kleriker auf das Pergament bannen konnten. Und so derb-urwüchsig oder abgehärtet erscheinen uns die Venezianer eigentlich in keinem Augenblick ihrer Geschichte. Schon in dieser Frühzeit, also in der zweiten Hälfte des fünften Jahrhunderts, wird deutlich, daß sich hier auf einer Laguneninsel etwas Besonderes gebildet hat, etwas, das mehr ist als eine Ansammlung abgehärteter Seeleute. Und den Beweis dafür liefert uns Cassiodorus, Sohn des gleichnamigen weströmischen Gesandten am Hunnenhof, Hauptquelle des Jordanes, Geheimschreiber des größten Gotenkönigs, nämlich Theoderichs des Großen. Die unschätzbaren Cassiodor-Briefe sind uns nicht durch Zufall erhalten geblieben, nein: Dieser bedeutende Mann, Kanzler eines großen Monarchen, verbindet höchste Geistigkeit und Bildung mit seiner politischen Begabung – eine echt antike Mischung, die seither mehr als selten geworden ist. Auf seinen eigenen Gütern in Kalabrien gründete er ein großes Kloster und unterwies die Mönche in der Benutzung seiner Schätze. Es gibt von ihm eine eigene Abhandlung »Über das Abschreiben der Bücher«, die beileibe kein Leitfaden für Plagiatoren ist, sondern für Kopisten, und er hat darüber hinaus für die damals oft noch sehr ungebildeten Mönche einen Band über die geistlichen und einen über die weltlichen Autoren seiner Bibliothek verfaßt (was leider wenig half: Nach seinem Tod wurden alle Dichter aus seiner Bibliothek entfernt). Über Bobbio, ein reizendes Landstädtchen nördlich von Genua, kamen die übrigen Werke des Cassiodor dann in die Hände mittelalterlicher Abschreiber, zum Teil aber auch in die Lateran-Bibliothek, und es gibt kein zweites Zeugnis für das italienische Leben an der Wende zum sechsten Jahrhundert, das sich mit Cassiodors Briefen und den von ihm redigierten Erlassen Theoderichs messen könnte.

»Wir haben Befehl gegeben, Wein und Öl aus Istrien, wo beides das letzte Jahr sehr gut geriet, nach Ravenna zu führen. Da ihr Schiffe genug besitzet, so ersuchen wir euch, diese Vorräte mit gewohnter Ergebenheit hierher zu liefern, denn die Anschaffung genügt nicht, sondern schnelle Verschiffung ist nötig. Es wird euch wenig Mühe kosten, solches bei der mäßigen Entfernung zu bewerkstelligen, da ihr oft unermeßliche Räume durchsegelt, denn ihr seid geborne Schiffer, da ihr, um in eurer Heimat von Haus zu Haus zu gehen, den Weg des Wassers wählen müßt. Und wenn euch auch zuweilen die Stürme hindern, euch auf der hohen See aufzuhalten, so öffnet sich euch doch eine andere Bahn, die vollkommen sicher ist: Ich meine die Straßen der Flüsse, auf welchen eure Barken, geschützt gegen Wind und Wetter, das Festland durchschneiden, so daß man, es von ferne sehend, glauben möchte, es sei Wiesengrund, auf dem ihr einherfahret . . . Bei dieser Art der

Fahrt dient euch das Zugseil, welches euer Schiffsvolk handhabt, als Segel, und zu Fuß vorwärtsschreitend bewegt der Matrose die schweren im Boote befindlichen Lasten.«
Das ist für einen obrigkeitlichen Brief reichlich blumig, aber man schrieb eben gerne, man formulierte so schön und kunstvoll wie nur möglich, auch wenn dem Adressaten des Briefes allerlei gesagt wurde, was er längst wußte. Nach einer Beschreibung des Lagunenlandes fährt Cassiodor fort:
»Dort, in diesem Gebiet, um welches Meer und Erde sich streiten, habt ihr euch Häuser aufgerichtet wie die Nester von Wasservögeln; durch Faschinen und künstliche Dämme wußtet ihr eure Wohnungen miteinander zu verbinden; den Meeressand häuft ihr an, um die Wut der Wellen zu brechen, und der scheinbar schwache Wall trotzt der Stärke des Wassers.«
Dieser Brief zeigt doch recht deutlich, daß jenes Früh-Venedig schon Fernhandel trieb, denn zum Vergnügen wurden die »unermeßlichen Räume« gewiß nicht durchsegelt. Fernhandel aber setzt Kaufherren voraus, ein Patriziat, eine städtische Organisation. Die Existenz eines organisierten Fernhandels ergibt sich aber auch aus den tief ins Hinterland reichenden Verbindungen, die Cassiodor erwähnt, und er muß gelegentlich selbst die in Flüssen oder Kanälen getreidelten Lastkähne gesehen haben, sonst könnte er das Frappierende dieses Bildes nicht so schildern.
Die Verbindung der Häuser durch Dämme, die Aufschüttung eines künstlichen Wellenbrechers, die Übernahme von Transportaufträgen über die Adria – das alles sind Gemeinschaftsaufgaben, die Fischer oder Barkenführer von sich aus weder entwerfen noch durchführen können. In Ägypten entstand aus der Notwendigkeit des Damm- und Kanalbaus die Monarchie, in Venedig aus den Besonderheiten des Händlerlebens an der Lagune die Seerepublik, die wir alle kennen. Der Mann aber, der die Händler von Aquileja, die Reichen aus der Terra

firma und die Bauern alle zusammen in jenes Zwischenreich aus Wasser und Land trieb und ihnen die geniale Schöpfung einer Lagunenstadt gleichsam aufzwang, war der Hunnenkönig Attila. Den ersten Spatenstich freilich hat er nicht getan.
Aquilejas Untergang, einer reichen Stadtkultur in Roms Stammland bereitet, wird also zu einem Neubeginn. Die venezianischen Historiker wissen sogar die Geschlechter zu nennen, die bei dieser Gelegenheit auf die Laguneninseln zogen, Geschlechter keineswegs nur aus Aquileja, sondern von überall her, wo die Hunnen sengten und brannten – und manche dieser angeblichen Heimatstädte mit ihren wohlklingenden Namen mag eine späte Erfindung des jeweiligen Familien-Genealogen sein, konnte man doch so mächtige Männer wie die Mocenighi oder die Gransoni nicht schlichtweg aus einem Fischerdorf kommen lassen. Andere wieder müssen – wenn Stefani in seiner *Storia dell'aristocrazia di Venezia* recht hat – ihre ganze Habe, ja sogar ihr Gold und ihr Silber quer durch die hunnischen Linien auf die Inseln der Lagunen gerettet haben, wie die Villiareni oder die Caloprini aus Cremona. Selbst die Bösen entgingen Attila, obwohl niemand begriff, warum, kamen doch auch »die Mastalici aus Reggio, die ihre Torheiten und Vergehen durch Kirchenbauten gutzumachen suchten, und die hochmütigen Magi« (Molmenti).
Die bei dieser Gelegenheit aufgezählten Orte verteilen sich über das ganze nordöstliche Italien. Mit Reggio ist natürlich Reggio Emilia gemeint, die heutige Metropole der norditalienischen Viehwirtschaft, aber wir lesen auch Garda, Bergamo, Parma und Cremona, und nur die Contarini nennen einen plausiblen Herkunftsort mit dem kleinen Concordia, das die Hunnen tatsächlich überrannten, noch ehe Aquileja gefallen war.
Ich spreche davon, weil mir dieser Umstand zu beweisen scheint, daß die Hunnen auch in Norditalien ganz ähnlich wie

in Gallien keine Front aufbauten, sondern punktweise vorgingen nach der Art von Marodeuren oder Requisitionstruppen. Hinter dem Rücken der Hunnen und durch das von ihnen beherrschte Gebiet gab es zwar keinen geregelten Handelsverkehr mehr, aber die findigen Italiener, die ja nicht die erste Invasion erlebten, versuchten, sich und die Ihren vor dem Schlimmsten zu bewahren. Mit auffälliger Sicherheit strebten sie in die Landstriche, wo die Hunnen bereits einmal gewesen waren und wo sie nach menschlichem Ermessen kaum noch einmal zurückkehren würden. Dazu gehörten vor allem die großen Städte im gefährdeten Zentrum um Mailand. Sie lagen verödet da, und die Hunnen hatten bald nichts mehr zu essen und auch keine Nahrung für ihre Pferde. Als das herumstreunende Vieh verzehrt war, stellten sich gefährliche Mangelerscheinungen ein, wie sie in alten Zeiten bei jedem längeren Feldzug festzustellen sind. Die durch Kadaver verunreinigten Brunnen gaben giftiges Wasser, und das Wasser der Flüsse war auch nicht viel besser. Harmlose, aber schwächende Durchfallerkrankungen waren die erste Folge, Seuchen wie die Ruhr die zweite. Die sumpfigen Niederungen des Po waren noch keiner feindlichen Armee günstig, und wenn es auch gegen Ende des Jahres 452 nicht mehr sehr heiß war, so breiteten sich doch bald verschiedene Seuchen unter den Hunnen aus, die auf solche Übel nicht vorbereitet waren.

An eine Eroberung von Rom konnte unter diesen Umständen nicht mehr gedacht werden, selbst dann nicht, wenn Markianos nicht dauernd mit dem Schwert gerasselt hätte. Nach dem Feldzug in Gallien, aus dem man die heile Haut, aber auch nicht mehr zurückgebracht und Tausende von Soldaten verloren hatte, war der Feldzug in Norditalien der zweite Mißerfolg. Denn daß Attila in Italien etwas anderes wollte als nur plündern und brennen, das darf man angesichts seiner hochtrabenden Briefe an die beiden römischen Kaiser und seiner zahlreichen Äußerungen über die römischen Reiche doch mit Sicherheit annehmen.

Dieses andere aber kam nicht mehr. Er blieb ein Räuber, die Geschichte schien ihn zum größten aller Marodeure stempeln zu wollen, und was schlimmer war: Die Römer ahnten dieses Verdikt sowohl in Ravenna als auch in Konstantinopel. Sie sandten keine Tribute mehr, und ihre Gesandten überreichten nicht einmal mehr die Geschenke, sondern begehrten zunächst empfangen und gehört zu werden. Das waren Sitten, angesichts derer das Kriegführen bei weitem nicht mehr soviel Spaß machte und vor allem weit weniger einbrachte als in jenen schönen Zeiten, da in Byzanz ein Theodosius zitterte und Aetius mit den Hunnen noch *frère et cochon* war, ja die Germanenbeute teilte . . .

Die Beute, welche die geschwächten und dezimierten Hunnen aus Italien mit an die Theiß nahmen, mußte zu einem Gutteil selbst laufen: Es waren Gefangene, also Sklaven und Sklavinnen, in großer Zahl.

Daß die Oberhirten der christlichen Gemeinden sich um diese Unglücklichen Gedanken machten, haben wir schon zu Beginn dieses Buches gelesen. Glücklicherweise beschränkten sie sich nicht darauf, für die Weggeführten zu beten oder sich um das Seelenheil der Jungfrauen zu sorgen. Sie versuchten auch allerlei, um einen Rückkauf zu organisieren. Das konnte allerdings nur zum Erfolg führen, wenn die Familien der Betroffenen selbst Geld oder Geldeswert über die Hunnenzeit hinübergerettet hatten. In diesem Fall – sagen uns die diesbezüglichen Briefe der Bischöfe und des Papstes – gelang sogar die Rettung von Juden und Heiden aus den Händen der Hunnen.

Unsäglich freilich muß das Elend der Armen gewesen sein oder jener, die mit Weib und Kind in Gefangenschaft gerieten, so daß einfach niemand mehr da war, sie loszukaufen. Otto

Maenchen-Helfen, der schon zu anderen Fragen mit Glück in alten Briefsammlungen forschte, ist dem Schicksal dieser Hunnenbeute nachgegangen. Er fand den merkwürdigen Sachverhalt, daß nach einiger Zeit – drei oder vier Jahren – Männer und Knaben zurückkehrten, und zwar so viele, daß die Bischöfe beim Papst anfragten, wie diese Heimkehrerprobleme denn zu lösen seien. Da hatten zum Beispiel verschont gebliebene Frauen, Ehefrauen also, die sich verstecken konnten, nach einer Weile abermals geheiratet. Der Gatte war von den Hunnen verschleppt, ein Rotes Kreuz gab es nicht, wie hätte sie erfahren sollen, ob er überhaupt noch lebte?
Papst Leo befahl, daß der glücklich von der Hunnensklaverei heimkehrende Mann sein Weib zurückfordern könne. Ein päpstliches Machtwort stellte diese Ehen also wieder her. Den umgekehrten Fall des inzwischen verheirateten Mannes scheint es nicht gegeben zu haben: Frauen und Mädchen nämlich kehrten aus dem Hunnenland nicht wieder. Die blieben in den Harems, in den Häusern der reicheren oder mächtigeren Hunnen, und angesichts der Vielweiberei war dem Zugang an kostenloser Kriegsbeute ja keine Grenze gesetzt.
Bis zum Abzug der Hunnen scheint es keine nennenswerte Gegenwirkung aus dem Lager des Aetius gegeben zu haben, ein höchst merkwürdiger Umstand, lag doch Ravenna nur wenige Dutzend Kilometer von den betroffenen Plünderungszonen Norditaliens entfernt. Große Helden waren die weströmischen Kaiser der Hunnenzeit ja allesamt nicht. Schon vor Attilas Machtübernahme waren sie aus Rom geflohen, um sich inmitten der ravennatischen Sümpfe zu verschanzen, und nun riskierten sie es nicht einmal, ihre Garde gegen die Hunnen zu senden.
Markianos ist da aus anderem Holz. Obwohl er seine eigene Hunnenfront auf dem Balkan zu halten hat, entsendet er Hilfstruppen an Aetius. Unsere einzige Quelle darüber ist der

spanische Chronist Hydatius, seit dem Jahr 427 Bischof in Aquae Flaviae (beim heutigen Chaves im nördlichsten Portugal). Für die Jahre von 427–468 berichtet der Bischof teilweise Selbsterlebtes, im übrigen aber mit großer Gewissenhaftigkeit. Nur sein Latein scheint Cicero recht zu geben, der sich so oft über die Sprache seiner aus dem römischen Spanien stammenden Zeitgenossen lustig machte: Es ist zumindest mißverständlich.

»Nachdem die Hunnen Italien geplündert hatten und in mehrere Länder eingefallen waren, wurden sie durch göttliche Fügung teils von Hungersnot, teils von der Pest vernichtet; auch hatte der Kaiser Markian unter dem Feldherrn Aetius Hilfstruppen geschickt . . .«

Missis per Marcianum principem Aetio duce caeduntur auxiliis pariterque in sedibus suis et caelestibus plagis et per Marciani subiuguntur exercitum.

Ein vertrackter Satz und so, wie ihn Helene Homeyer übersetzt, auch ein vertrackter Sachverhalt, der zwei Fragen aufwirft:

1. Wenn Kaiser Markianos Truppen ins Feld schickt, sind das doch keine Hilfstruppen; den Hunnen schickt er gewiß keine, die bekämpft er ja.

2. Wenn Kaiser Markianos Truppen unter einem Feldherrn Aetius losschickt, müßte dieser Feldherr doch sein Untergebener, also ein Oströmer sein. Zwei Feldherren gleichen Namens, die beide gegen die Hunnen kämpfen?

Da hilft es nicht, eine kleine Anmerkung zu machen, in der dann zu Aetius steht: »Nicht zu verwechseln mit dem weströmischen Befehlshaber gleichen Namens« (Homeyer), da zweifelt man schon besser am Satz und an der Übersetzung. Das hat Maenchen-Helfen denn auch getan und mit der Rükkendeckung seiner soliden österreichischen Gymnasialbildung vorgeschlagen, die Zäsur zu beachten, die Bischof Hydatius in seinen Rätselsatz eingebaut hat (nämlich das letzte *et*). Dann ergibt sich, daß wir nur einen Aetius brauchen, eben jenen, den wir längst kennen, und daß er oströmische Hilfstruppen erhielt, deren er auch dringend bedurfte. Sie kamen über See, da der Balkan hunnischer Aktionsbereich war, und hatten ihre Fahrt um Griechenland herum und in die Adria hinein so kunstvoll getimet, daß sie die letzten hunnischen Nachhuten gerade noch in Richtung auf die Save verschwinden sahen.

Die »anderen Länder«, die Attila außer Norditalien noch verheert haben soll, sind Tirol und das Alpenvorland. Abziehende Hunnen – wohl kaum die Hauptmacht, aber vielleicht ein Truppenteil mit germanischen Einsprengseln – müssen also den Brenner überschritten und danach die Alpenkette ein zweites Mal überquert haben, denn die Verwüstung der Römerstadt Augsburg ist bezeugt. Daß sie auf diese große Stadt zustießen, legt die Vermutung nahe, daß der Fernpaß die zweite Hunnenpforte war. Man sieht, sie scheuten auch das Hochgebirge nicht, und sie bewegten sich mit einer bemerkenswerten Unverfrorenheit im ganzen Römischen Reich innerhalb des Limes, ganz so, als sei es Niemandsland.

Wieder also suchen die Hunnen auf dem Rückmarsch aus dem eigentlichen Kampf- und Beutegebiet den kürzesten und direktesten Weg zur Donau, zu der großen Wasserstraße ihres Reiches, wenn auch mit verschiedenen Truppenteilen verschiedene Marschrouten gewählt wurden: über Augsburg in Richtung Donauwörth und über Aquileja in Richtung Save. Die Teilung der Armee scheint anzudeuten, daß noch immer kein nennenswerter Feinddruck zu verzeichnen war und auch kleineren Hunnenverbänden keine Gefahr drohte.

Dies alles verdient festgehalten zu werden, denn es zeigt uns, daß Attila kein geschlagener Mann ist, ja nicht einmal eine gefährdete Größe. Nach wie vor bewegt er sich in Mitteleuropa völlig nach eigenem Gutdünken, und seine Gegner beschränken sich in beinahe kläglicher Weise darauf, die Residenzen zu schützen, indem sie ihm das flache Land und die kleineren Städte preisgeben. Ein König, der so agiert, hat die Niederlage von Châlons entweder nicht als solche hingenommen – oder sie war gar keine.

Weder durch die vereinigten Abwehrkräfte des Abendlandes geschlagen noch durch die Seuchen von Norditalien eingeschüchtert, fühlt Attila sich nach wie vor als Herr Europas. Er kehrt heim, weil das Jahr zu Ende geht, und wer ihn kennt und die Hunnen, der muß für das Frühjahr 453 mit dem Fall von Byzanz rechnen.

Es spricht für den Mut des Markianos, der kein junger Mann mehr war, daß er selbst in dieser Situation noch immer keine Tribute schickte und nicht einmal den Versuch machte, Attila goldene Brücken zu bauen. Ja das östliche Römerreich schuf geradezu eine Situation, in der Attila angreifen mußte, wenn er sein Gesicht nicht verlieren wollte:

»Kaum war Attila in sein Land zurückgekehrt«, berichtet Jordanes an einer Stelle, deren Zeitbezug allerdings nicht ganz eindeutig ist, »als ihm Ruhe und Frieden unerträglich zu werden begannen. Er schickte daher an den oströmischen Kaiser Markianos Gesandte mit der Drohung, die Provinzen zu verwüsten, weil die von Kaiser Theodosius II. gemachten Versprechungen (nämlich die Tributzahlungen an die Hunnen) nicht erfüllt worden seien; auch fügte er hinzu, er werde diesmal mit seinen Feinden weitaus grausamer verfahren.«

Um sich für die schweren Tage von Châlons zu rächen und insbesondere den Alanen eine Lektion zu erteilen, entsendet Attila eine schnelle Armee abermals nach Gallien, ein sehr kühner Vorstoß, über den wir nur das Zeugnis des Jordanes besitzen und den darum nicht alle Hunnen-Fachleute für ein tatsächlich durchgeführtes Unternehmen halten. Es ist allerdings denkbar, daß eine kurze Reiterinvasion – wie Jordanes sagt – vor allem gegen die Alanen Attila ein inneres Bedürfnis war. Denn der Alanenfürst Sangibanus war es gewesen, der durch seine Zusage, zu Attila überzugehen und ihm Orléans auszuliefern, die Hunnen erst so tief nach Gallien hineingelockt hatte und dann nicht einmal im Chaos der großen Schlacht Mittel und Wege fand, mit seinen Alanen zu Attila zu stoßen. Ihn, den Sangibanus, mußte Attila als die Ursache des großen Mißgeschicks ansehen, als den Mann, der ihm die Falle stellte und der ihn fünfzehn- oder zwanzigtausend hunnische Reiter kostete. Ob der Denkzettel tatsächlich bei Sangibanus ankam, ob die Hunnen wirklich bis zu den Alanen vordrangen und sie blitzschnell züchtigen konnten, ehe die Westgoten wieder zur Stelle waren, bleibt im Dunkel. Daß Attila selbst diese Strafexpedition kommandierte, darf als ausgeschlossen gelten, denn der nun wohl auf die Sechzig zugehende Monarch wandelte wieder einmal auf Freiersfüßen.

Es sollte sich zeigen, daß derlei für einen alten Reiterführer unter Umständen gefährlicher sein kann als ein kurzer Raid an die Loire . . .

Jordanes prüft die Lage Attilas und seiner Verbündeten in jenem Jahr 453 und die Machtverteilung in Europa nach den großen Feldzügen von 451 und 452.

»Die Ostgoten hatten sich nicht einmal weigern dürfen, den Kampf gegen die ihnen stammverwandten Westgoten aufzunehmen; sie mußten der Gehorsamspflicht gegen ihren obersten Herrn genügen, selbst wenn ihnen dieser damit einen Verwandtenmord befahl. Keiner der skythischen Völkerstämme hätte sich damals von der hunnischen Oberherrschaft loszureißen vermocht, wäre nicht das von allen Völkern, auch von den Römern, herbeigesehnte Ereignis eingetreten: der Tod Attilas. Dieser Tod war in seiner Gewaltsamkeit genauso ungewöhnlich, wie das ganze Leben des Hunnenkönigs ungewöhnlich gewesen war.

Nach dem Bericht des Historikers Priskus hatte Attila kurz vor seinem Tod ein überaus schönes Mädchen namens Ildico zu seiner Frau gemacht. Er besaß bereits – wie es bei den Hunnen Sitte ist – zahlreiche Weiber *(post innumerabiles uxores)*. Nachdem er nun beim Hochzeitsfest in übermäßiger Festesfreude geschwelgt hatte und schließlich, von Wein und Schlaf überwältigt, im Bette lag, bekam er einen Bluterguß. Das Blut, das sonst durch die Nase ausgeflossen wäre, rann, an seinem natürlichen Abfluß gehindert, in den Schlund und erstickte ihn.

So ist ein durch seine Kriegszüge berühmt gewordener König schimpflich an seiner Trunksucht zugrunde gegangen.

Als am nächsten Morgen – es war bereits spät am Tage – die Diener des Königs, Unheil ahnend, großen Lärm an seiner Tür vollführten und diese dann endlich aufsprengten, fanden sie ihren König tot und blutüberströmt daliegen. Neben ihm saß auf dem Bett Ildico, seine junge Frau, barg sich in einen Schleier und weinte.

Da rauften sich die Männer die Haare, wie es bei diesem Volke Sitte ist, und entstellten ihre ohnedies schon häßlichen Gesichter mit tiefen Wunden, damit der herrliche Krieger nicht durch Weiberklagen und -tränen, sondern durch das Vergießen von Männerblut betrauert würde.

Um die Stunde dieses Todes aber ereignete sich etwas sehr Seltsames: Dem oströmischen Kaiser Markianos, der wegen der fürchterlichen hunnischen Feinde in Sorge gewesen war, erschien in derselben Nacht im Traum eine Gottheit und zeigte ihm bedeutungsvoll einen zerbrochenen Bogen – also eben jene Waffe, der das Hunnenvolk im Kriege seine Siege hauptsächlich verdankte. Nach dem Zeugnis des Historikers Priskus soll sich dies alles genauso zugetragen haben. Der

Herr des Schreckens, Attila, war in allen großen Königreichen so gefürchtet, daß selbst die Himmlischen sich herbeiließen, den Machthabern dieser Erde seinen Tod als ein Geschenk anzuzeigen.«

4.
Europa webt die Attila-Legende

Als Attila starb, weilte Priskus Rhetor als byzantinischer Diplomat in Ägypten, wo römische Truppen im Kampf gegen aufrührerische Stämme standen. Der Mann, der uns das höfische Leben und die Person des Hunnenkönigs als Augenzeuge so eindrucksvoll geschildert hatte, kann die Hochzeit, den Tod und die Totenfeier also nicht miterlebt haben. Aber gewiß weilten byzantinische Geschäftsträger im Lager des großen Gegners, so daß Priskus sich nach seiner Heimkehr an den Bosporus über das Geschehen in der Todesnacht und nachher informieren konnte. Diese Informationen gingen ein in sein achtbändiges Geschichtswerk über Byzanz und die Hunnen, das uns in den Auszügen der großen Abschriftensammlung des Kaisers Konstantinos Porphyrogenetos (905–959) leider nur teilweise erhalten ist. Da zahlreiche andere Schriftsteller, so Jordanes und Cassiodor, ebenfalls auf Priskus fußen, muß man sich mit einem leisen Frösteln sagen, daß wir ohne die Neigung zur Geschichte, die dieser Diplomat an den Tag legte, von Attila nicht viel mehr wüßten als etwa von Walamir oder Ardarich ...

Aber Priskus, wiewohl Rhetor genannt, schrieb, und er hielt auch das fest, was man ihm nur erzählt hatte und was er in diplomatischen Berichten fand. Das Todeszeremoniell, das Jordanes schildert, empfangen wir also aus dritter Hand und offensichtlich stark verkürzt:

»Attilas Leichnam wurde mitten im Lager unter einem seidenen Zelt aufgebahrt (dessen Seitengehänge aufgebunden waren, so daß man den Toten liegen sah). Es war ein herrlicher und erhabener Anblick. Die besten Reiter des Hunnenvolkes veranstalteten dort, wo Attila aufgebahrt lag, schnelle und kunstvolle Umritte wie in einem Zirkus. Dabei priesen sie die Taten des toten Königs in einem Gesang, der etwa folgendermaßen lautete:

›Praecipuus Hunnorum rex Attila
patre genitus Mundzuco
fortissimarum gentium dominus,
qui inaudita ante se potentia solus
Scythica et Germanica regna possedit
nec non utraque Romani orbis imperia
captis civitatibus terruit et,
ne praedae reliqua subderentur,
placatus precibus annuum vectigal accepit:
cumque haec omnia proventu felicitatis egerit,
non vulnere hostium, non fraude suorum,
sed gente incolume, inter gaudia laetus
sine sensu doloris occubuit.
Quis ergo exitum putet
quem nullus aestimat vindicandum?‹«

Aus diesem langen Zitat rhythmischer lateinischer Prosa ist nicht etwa zu schließen, daß die Hunnen sich bei so feierlichen Anlässen wie einem Abschied von einem großen König der lateinischen Sprache bedienten, mit der bis heute so viele Tote eingesegnet wurden. Das Latein kommt lediglich daher, daß die Abschreiber des Kaisers Konstantinus VII. das schöne Lied als unwesentlich empfanden, vielleicht auch den großen Feind der Kaiserstadt nicht so ausführlich feiern wollten und es darum kurzerhand wegließen. Wir besitzen also nicht den griechischen Text des bemühten Priskus, sondern die lateini-

sche Übersetzung des Jordanes, dem offenbar ein vollständiger Priskus-Text vorlag.
Einige Gelehrte der Jahrhundertwende, denen hunnische Dichtung ein Dorn im Auge war, haben diesen Mangel, diese Existenz eines hunnischen Liedes nur in einer fremden Sprache, sogleich dazu benützt, die Goten ins Spiel zu bringen. Schon die Lieder, die Priskus an der Hunnentafel mit angehört habe, seien zweifellos gotisch gewesen und dieses Lied auf den toten Attila ebenfalls. Nicht nur ungarische Historiker (die ihre vermeintlichen Vorfahren verteidigen wollten), sondern auch der Brite Thompson haben diese Theorie von Friedrich Kluge u. a. inzwischen überzeugend widerlegt, so daß wir auf diesen Meinungsstreit nicht mehr einzugehen brauchen, so wichtig sein Gegenstand auch ist. Ich führe nur Thompsons schlagendes Argument an, daß – was immer man von den Hunnen halten möge – man sich weder vorstellen kann, daß sie an ihren Trinkabenden gotischen Heldenliedern lauschen, und schon gar nicht, daß sie bei der Feier für ihren größten König Lieder in der Sprache eines fremden, eines von den Hunnen unterworfenen Volkes singen.
Das Lied selbst durch zwei melodische Kultursprachen hindurch zu rekonstruieren, ist aussichtslos. Angelehnt an die Kürze und Härte dessen, was wir von der hunnischen Sprache wissen, könnte es etwa so geklungen haben:

»Du größter Hunne, König Attila,
Sohn des Mundzuch,
stärkster Völker Herr!
Erster warst du, allein
Sarmatenland und Germanenland
und auch die Römerreiche zu beherrschen.
Die eroberten Städte zitterten,
andere schontest du, gnädig annehmend
reiche Tribute,

Als du all das glücklich getan,
endete dein Leben ohne Schmerz,
ohne Wunde und ohne Verrat,
im Königsblut, in Freude unter Freunden.
Wer spricht von Tod dort,
wo keiner aufstehn muß, um zu rächen?«

Es war jener Tod im Weinrausch und in der Liebeserschöpfung, den Jordanes rügen zu müssen glaubte. Priskus hat ihn vermutlich neutral geschildert. Für die Hunnen jedoch war es, wie das wertvolle Lied ausweist, ein echter Hunnentod, ein königlicher Tod, denn wenn sie auch unerschrockene Streiter waren, so besaßen sie Lebensweisheit und Lebenskunst genug, um den glücklich zu schätzen, der aus der Mitte der Freude heraus abberufen wurde. Diese Haltung, für die Priskus schon in seinem Gesandtschaftsbericht Belege gibt, widerspricht diametral dem, was die Germanen von ihren Heerkönigen erwarten, und hätte es sich tatsächlich um ein gotisches Lied gehandelt, so hätte Attila in einem imaginären Kampf fallen und die Liebesnacht statt mit seiner Ildico mit einer von Wotans Schwertmaiden verbringen müssen.
Das Hunnenvolk hatte übrigens nicht zum erstenmal einen König auf diese Weise sterben sehen: Schon Oktar, Vaterbruder Attilas und Herrscher der Hunnen an der Seite Rugilas, war nach einer großen Siegesfeier oder auf ihrem Höhepunkt plötzlich gestorben (vgl. S. 162).
Der Schluß des Liedes macht deutlich, daß die Hunnen der jungen Frau keine Schuld gaben, was man bewundern muß. Es läßt sich kaum eine andere Gesellschaft als eben die der Hunnen denken, in der diese nächstliegende Lösung als die natürliche empfunden und ohne Diskussion akzeptiert wird. Noch tausend Jahre später hätte man Ildico so lange gefoltert, bis sie zugegeben hätte, eine Hexe zu sein, die Attilas Tod mit

einem bösen Liebeszauber herbeigeführt habe. Und was die Ärmste bei heutigen Verhörsmethoden auszustehen hätte, kann man sich unschwer ausmalen.

Völlig ungeschoren blieb sie freilich nicht. Man sitzt nicht ungestraft stundenlang neben einem toten König auf einem blutbesudelten Lager, das nur den kleinen Blutflecken von Ildicos verlorener Jungfernschaft hätte zeigen dürfen. Das Verhör, das die Hunnen mit ihr nicht anstellten, holte die Sage nach und nach der Sage die Wissenschaft ...

Man wußte sehr wenig von ihr: daß Attila sie geheiratet habe, daß sie Ildico oder Hildico hieß und daß sie jenen, die sie gesehen hatten, als sehr schön erschienen war. Darüber, daß Ildico ein germanischer Name ist, herrscht Einmütigkeit. Aber auch bei den Hunnen waren germanische Vornamen im Gebrauch; man lebte schließlich seit Jahrzehnten als Nachbarn, und die gotischen Namen klangen nun einmal schöner als die meisten hunnischen. Aber es bleibt dennoch wahrscheinlicher, daß dieser germanische Name von einem germanischen Mädchen getragen wurde. Und die Schönheit Ildicos fiel den Leuten an Attilas Hof wohl besonders deshalb auf, weil es eine *germanische* Schönheit war; hübsche Hunninnen mögen in beträchtlicher Zahl herumgelaufen sein. Deswegen ist es auch völlig abwegig, wenn bald nach dem Tod Attilas in Byzanz (wo sonst!) das Gerücht aufkam, eine hunnische Dirne habe ihn ermordet. Eine hunnische Dirne war zweifellos das letzte, dessen Attila bedurfte, und sie wäre von den Leibwachen gewiß nicht geschont worden. Die Liebe zwischen Attila und Ildico mußte zumindest einem engen Freundeskreis um den König so bekannt gewesen sein, daß der Mordverdacht gar nicht erst aufkommen konnte.

Aber in der geschichtlichen Überlieferung ist die Mordbehauptung nun einmal da. Sie geistert vom sechsten Jahrhundert an durch die Chroniken der Mönche, durch die Lehrgedichte der Poeten, fließt den Geschichtsschreibern aus der Feder und tritt in der deutschen Heldensage schließlich nordisch-grausig als eine große Rachetat vor uns hin. Wenn je eine Hochzeitsnacht Weltliteratur gemacht hat, dann ist es die der Ildico mit König Attila.

Noch gibt es ja keine Bücher und damit keine Verbreitung gesicherter Texte. Man erzählt mündlich weiter, man exzerpiert und kommentiert; Überlieferung ist alles, und Kritik wird klein geschrieben. Wir befinden uns in der Epoche der Sagenbildung im Lebensraum der germanischen Völker, aber auch im Jahrhundert des großen Zusammenströmens antiker und christlicher Traditionen. Ereignisse wie der Tod eines Großen *müssen* in dieser Atmosphäre Varianten und Ausschmückungen ansetzen wie ein Schiffsrumpf die Muscheln.

Da gibt es beispielsweise mitten im sechsten Jahrhundert einen syrischen Mönch namens Malalas, der mit einer Weltchronik beginnt. Damit kann man in einer Zelle ein Leben zubringen, und Malalas zieht an sich, was er nur erlangen kann, offensichtlich auch Abschriften des Priskus. Die schöne lange Intrige mit dem Attentatsplan – wir haben sie im Gesandtschaftsbericht des Priskus gelesen – verschwimmt dem Malalas mit Attilas Tod. Nach seiner Version hat ein Leibwächter den Hunnenkönig getötet, und das Mädchen an seiner Seite, natürlich eine Hunnin, ist mitschuldig. Man erkennt das Körnchen Wahrheit: Chrysaphios hatte ja den Edekon gefragt, ob er jederzeit Zutritt zu Attila habe, und Edekon hatte erklärt, an bestimmten Tagen halte er Wache. Priskus aber ist ein ehrenwerter Mann, und wenn es Priskus sagt, so muß es richtig sein.

Was einmal auf einem Klosterpergament steht, reizt die Nachwelt zum Grübeln. Das, was Malalas für echten Priskus-Text gehalten und aus zweiter oder dritter Hand übernommen hatte, und die hinzugefügten byzantinischen

Skandalhistörchen treten nun ihren Weg durch die Geistesgeschichte an:
Der bulgarische Zar Symeon läßt die Malalas-Chronik abschreiben; diese Abschrift wird im alten Rußland mehrmals abgeschrieben, und als einer dieser Texte aus dem sechzehnten Jahrhundert – er liegt heute in der Moskauer Synodal-Bibliothek – schließlich auf Attila hin geprüft wird, ergibt sich eine neue Variante, die sich auf diesem langen Weg eingeschlichen haben muß:
»Wie es anderwärtig geschrieben steht, kam aber jener König Attila von nordischen Ländern und nahm mit großer Kriegsmacht römische Städte ein und belagerte Rom. Der Fürst (von Rom) hatte damals eine wunderschöne Tochter, die sich hinausstellte auf die Festung. Sie war dreißig Jahre alt. Als der König hörte, daß das Mädchen sehr schön sei, bat er und sprach: Wenn ihr sie mir nicht gebt, so zerstöre ich eure Stadt Rom. Nun begab sich der ganze Vorstand der Stadt mit den Äbten zu dem Mädchen, und (sie) flehten und sprachen: Begib dich sofort hinaus zum König Attila, damit er unsere Stadt Rom nicht zerstöre und unsere Stadt nicht zugrunde gehe. Als aber das Mädchen zu seinen Füßen saß, begann ihm, der lag, die Nase zu bluten. Und daran starb er. Sie nahm nun seinen Mantel und gab den Bürgern kund, wie der König Attila starb. Seine Mannen aber nahmen und trugen seinen Leichnam durch Italien und Deutschland hindurch und begruben ihn im Ungarlande.«
Gyula Moravcsik, dem wir diese Übersetzung aus dem Kirchenslawischen verdanken, hat die geschichtlichen Motive herausgearbeitet, die in diese Ausgestaltung eingegangen sind (und damit eine neue Sage geschaffen haben). Wir kennen sie alle schon:

1. Attilas Zug nach Italien im Jahr 452 und die Bitte des Papstes, die Stadt zu schonen;

2. Prinzessin Honoria, die Schwester (nicht Tochter) des Kaisers, die Attila zu ehelichen wünscht;
3. das Nasenbluten Attilas während der Liebesnacht, wozu aus dem Alten Testament noch das Motiv der Judith kommt, die sich zu dem feindlichen Feldherrn Holophernes begibt und die Stadt rettet, indem sie ihn mit ihren Reizen betört und dann tötet.

Der Chronist schöpft hier also keineswegs frei aus seiner Phantasie; Er hat sogar errechnet, daß Honoria nicht mehr ganz jung gewesen sein kann, als Attila um sie anhielt oder ihren Antrag empfing. Darum ist sie zwar sehr schön, aber mit dreißig Jahren für eine Sagenprinzessin immerhin ein wenig alt. Und da sie Attila nicht getötet hat, nimmt sie nicht sein Haupt mit sich wie die grausame jüdische Heldin Judith, sondern als abschwächendes Symbol den Mantel des Königs. Daß der Leichnam Attilas schließlich nicht ins Hunnenland gebracht wird, sondern ins Hungarenland, geht darauf zurück, daß inzwischen die Ungarn längst das Erbe der Hunnen angetreten haben: räumlich, indem sie die Donau-Theiß-Niederung in Besitz genommen haben, geschichtlich, indem sie mit ihren großen Raubzügen die Jahrhunderte nach den Hunnen mit Schrecken erfüllten, eine Gleichsetzung zwischen Hunnen und Ungarn, wie wir sie oft in der Sage antreffen.

Dieser germanischen Sagenwelt blieb dennoch ein wichtiges Motiv vorbehalten, das bisher in der Sage um Attila und seinen Tod, in den Erzählungen und Chroniken noch nicht auftritt oder doch höchstens in der Gestalt des Judith-Motivs: die Rache. Die Hunnen hatten gesungen, daß dies kein Tod sei, weil kein Rächer aufstehen müsse (vgl. Seite 300). Wie nun aber, wenn jenes Mädchen eine Rache vollzog? Dann stünde die Burgundin Ildico geschichtlich zwischen Judith und Charlotte Corday!

Das hört sich übertrieben an, aber tatsächlich gibt es kaum eine europäische Nation, die nicht auf irgendeine Weise an dem Attila-Bild in den alten Heldensagen unseres Kontinents mitgewirkt hat. »Sagengeschichtlich lebt der Hunnenkönig weiter in Verbindung mit Walther (Walther und Hildegund), Dietrich von Bern und den Burgundensagen ... Überlieferungsgeschichtlich gesehen greifen die genannten Sagen zum Teil weit über das Germanische hinaus. Ungarische, altfranzösische, altspanische, kymrische und andere Zeugnisse treten zu den germanischen, so daß die stoffliche Genese dieser mit Attila in Beziehung stehenden Sagen ein schwer entwirrbares und die Forschung bis heute beschäftigendes Problem darstellt« (Hans Beck).

Man könnte also, auf diesen Sagen fußend, außer diesem noch ein weiteres Hunnenbuch verfassen, das zumindest, was die menschlichen Schicksale betrifft, zweifellos amüsanter ausfallen würde. Denn die Sage hat ihre eigenen Helden, und diese Helden kämpfen nicht nur, sie lieben auch, sie verteidigen ihre Ehre, ihr Volk, sie fliehen oder kehren nach einer Odyssee zurück. Verglichen mit dem prächtigen Gobelin dieser frühen Geschichten, an der uns unbekannte Dichter verschiedener Völker zusammengewirkt haben, ist das historische Bild der Hunnen von einer geradezu düsteren Monotonie. Und vielleicht war es gerade dieser Widerspruch zwischen Gestalt und Geschichte, der Attila so lange in der Sage weiterleben läßt: Niemand wollte seinen Tod als ein schlicht-natürliches Ereignis hinnehmen, darum mußten ihm Vorbestimmung, Sinn und Nachhall angedichtet werden.

Das Motiv der weinenden Ildico am Bett des toten Attila ist jedenfalls nicht mehr untergegangen. Dergleichen verliert sich nicht aus dem Gedächtnis der Völker. Ildico-Hilde wurde Kriemhild, die Klage um Attila wurde eine Klage um die toten Burgunden, und der Ort des Attila-Todes tief in Ungarn erwies sich stärker als alle geographische Vernunft: Um ihren

Untergang zu erleben, mußten die Burgunden die Donau herab bis ins Hunnenland kommen!

Das vollzog sich natürlich auf verschlungenen Wegen, denn wenn schon die Wege der Geschichte kurvenreich sind, so dürfen wir die der Dichtung als geradezu labyrinthisch ansprechen. Dazu kam, daß den Dichtern auch ein paar Gelehrte ins Handwerk pfuschten, weil sie ein wenig von Jordanes und Priskus gelesen hatten. Das erklärt die zum Teil richtigen Namen und die – nicht immer geschickt – zurechtgerückten äußeren Verhältnisse: In der Geschichte von Walther und Hildegund sind junge Geiseln am Hunnenhof die Helden, Tributzahlungen werden erwähnt, und die Tatsache, daß einzelne Germanen am Hof Attilas hohe Stellungen bekleiden, spielt eine Rolle – das sind durchwegs Fakten, die uns in der wirklichen Geschichte bereits begegnet sind. In der Thidreks-(Dietrich-)Sage nimmt Attila ein Mädchen zum Weibe, das ganz richtig Erka heißt (im Mittelhochdeutschen Helche, in der Edda Herkia). Die würdige Matrone, die uns Priskus im Kreis ihrer strickenden Maiden vorführt, wird also berühmt bis hinauf nach Island.

Attilas Bruder erlebt eine nicht sehr eindrucksvolle Wiedergeburt, indem aus dem Namen Bleda die Sagengestalt Bloedel, ja sogar Bloedelin wird, und die beiden großen Könige, die auf Attila folgten, nämlich der Hunnensproß Odoaker und der Gote Theoderich, treten in der Sage neben Attila als Otacher beziehungsweise als Dietrich von Bern auf. Selbst Söhne Attilas wie Ernak und Ellak kommen bereits in diesen Sagen vor, und weitere Söhne Attilas, die wir aus der Geschichte nicht kennen, erhalten so phantasieanregende Namen wie Eitill, Orte, Ortlieb oder Aldrian.

Der überraschendste Umstand ist aber zweifellos darin zu erblicken, daß Attila in diesen Sagen als ein weiser und gütiger Herrscher auftritt. Er wird hoheitsvoll, ungeheuer mächtig

und geradezu als Inbegriff irdischer Macht und Herrschertugenden dargestellt. Nur gelegentlich dämpfen Altersschwäche und greisenhafte, allzu gütige Toleranz die aus lauter Vorzügen zusammengesetzte Charakterzeichnung. Ja einmal sehen wir sogar König Etzel ins Münster zum Gottesdienst schreiten – ein Bild, das uns in der Erinnerung etwa an das Geschehen auf den Vorplätzen der Kathedralen von Reims und von Metz oder angesichts der Zerstörung der Eucharius-Kirche zu Trier grotesk anmuten muß.
Der Hof Attilas hat die Sagensänger ebenfalls beeindruckt. Ihre letzte Ausformung haben die Sagen in jener Zeit des Minnesangs erhalten, in der die fahrenden Rhapsoden auf die Gunst der Fürsten angewiesen waren und von einem Hof zum anderen zogen, einen wahren Musenhof und Mäzen suchend. In dieser Hoffnung verklärte sich ihnen das Bild der Pußtaresidenz eines Attila zu einer glanzvollen Hofhaltung, und daß es dort hoch herging, hat uns ja Priskus tatsächlich geschildert. Vielleicht wußten die Troubadours sogar, daß sie Vorgänger in Attilas Tafelrunde gehabt hatten. Jedenfalls scheinen sich die entscheidenden Vorformungen der Sagen im Ostgotenbereich gebildet zu haben, wo man trotz der schließlichen Erbschaftskämpfe gegen Attilas Söhne oder vielleicht sogar wegen dieser Kämpfe dem Hunnenkönig selbst ein positives Andenken bewahrt hat.
Während jedoch Attila in der germanischen Heldensage nie wirklich im Mittelpunkt steht und verhältnismäßig wenig Handlung an sich zieht, wurde er für die Ungarn zum nationalen Heros, zum ersten großen Herrscher ihrer Geschichte. Erhaltene oder erschlossene ungarische Überlieferungen, Chroniken und Sagen sehen in Attila den geschichtlichen Ahnherrn des Hauses Arpad, der erst im neunten Jahrhundert begründeten nationalen Dynastie, die dann mit Andreas III. im Jahr 1301 erlosch.

Die im Stadtteil Ofen-Buda der ungarischen Hauptstadt heute noch zu sehenden Ruinen der Römersiedlung Aquincum avancierten im Sinne dieser Bemühungen um die Hungarisierung Attilas zu einer Etzelburg. Eine andere Etzelburg soll dort gelegen haben, wo das Flüßchen Gran in die Donau mündet, also westlich des großen Donauknicks und zweifellos nicht in der Gegend des hunnischen Hoflagers, das Priskus aufsuchte. Die unbekannten Verfasser der ungarischen Attila-Sagen und Hunnenchroniken arbeiten zwischen dem neunten und dreizehnten Jahrhundert verschiedene historische Fakten und Motive aus der germanischen Sage in ihr nationales Gewebe ein, so daß sich wunderliche Verschlingungen ergeben: Bald haben Attila und Kriemhild einen Sohn miteinander, der christlich erzogen wird, bald begehen die deutschen Frauen in der Hunnenhandlung, Kriemhild oder auch Gisela genannt, so furchtbare Grausamkeiten, daß es schließlich zu einem großen Kampf zwischen Deutschen und Ungarn (nicht mehr Germanen und Hunnen!) kommt, in dem natürlich alle Deutschen, ja sogar alle Christen den Tod finden und das alte Heidentum einen blutigen Sieg erringt.
Der Vorgang dieser Mythenbildung ist ungewöhnlich, wenn nicht einzigartig. Er trifft im gleichen Maße für keine andere Gestalt der europäischen Geschichte zu und kann also mit einigem Recht als Aussage zur Persönlichkeit, zur Bedeutung oder zur historischen Rolle Attilas gewertet werden: Weder die Großen vor ihm wie Arminius, Marbod oder Vercingetorix noch die Großen nach ihm wie *le bon roi* Dagobert, wie Karl Martell oder auch Karl der Große haben trotz reicher persönlicher Überlieferungen diese Kraft der gemeingermanischen Mythenbildung bewiesen – der Sagen, die aus dem Herzen Europas, aus Alpengebieten, pannonischem Land und Spanien bis hinauf nach Island tradiert wurden und bald die Bereiche des Menschlichen sprengten, die Götterwelt mit

einbezogen wie einst im griechischen Heldenzeitalter die großen Epen des Homer.

Skeptische Historiker werden auf ein Dutzend asiatischer Eroberer verweisen, von denen wir kaum je etwas gehört haben und die etwa dasselbe leisteten wie Attila, nur in einem anderen geographischen Raum. Sie werden sagen: Attila ist eben zur rechten Zeit gekommen, er war da, als die Germanen zu singen begannen, er prägte sich ihnen ein, als ihr Selbstbewußtsein literarische und künstlerische Gestalt anzunehmen begann. Schon hundert Jahre später, im Jahrhundert der Aufzeichnung der Germanenrechte und der konsolidierten germanischen Staatsgebilde, hätte er sie vielleicht nicht stärker beeindruckt als ein Teja, ein Childerich.

Das klingt überzeugend, aber glauben kann ich es nicht. Die persönlichen Züge, die uns die wenigen Zeugnisse über Attila vermitteln, gleichen zwar eher einem Holzschnitt als einer feinen Federzeichnung. Die Schattierungen fehlen, nur das Schwarz ist da und neben sehr viel Schwarz auch ein wenig Weiß. Daß er ein tüchtiger Heerführer war, ist die augenscheinlichste seiner Eigenschaften. Sie reicht allein nicht aus, ihm historische Größe zu sichern, sie tritt aber als Attribut dieser Größe so häufig auf, daß wir beides beinahe als zusammengehörig empfinden müssen: Das trifft zu für Alexander, Hannibal und später Cäsar, für Heinrich IV. von Frankreich, Gustav Adolf, Cromwell, Friedrich den Großen, Napoleon. Die Souveräne jedoch, die mit dem Schwert rasseln, ohne diese Größe tatsächlich zu besitzen, bilden eine Phalanx grotesker Selbstüberschätzung von Nero bis Hitler.

Attila kann sich in der Reihe weltgeschichtlich bedeutsamer Herrscherpersönlichkeiten sehen lassen; denn ihm kann nichts vorgeworfen werden, was nicht der Zeit im ganzen und den Zeitgenossen im besonderen auch vorgeworfen werden müßte. Die römischen Kaiser lebten wesentlich ausschweifender als er; die Germanenherrscher Geiserich und Eurich waren Regenten von großer Intoleranz, die Andersgläubige mit grausamer Härte verfolgten; Aetius und der Attentatsplaner Theodosius gebärdeten sich an der Spitze römischer Reiche mindestens so verschlagen wie Attila und so wortbrüchig wie dieser.

Die Grausamkeiten der Kriegführung, die Versklavung ganzer Einwohnerschaften und die rücksichtslose Ausplünderung der eroberten Städte, das war vor Attila so bei Alarich und anderen und nach Attila mindestens ebenso schlimm bei den Langobarden, den arabischen Eroberern und den Landsknechtsarmeen. Der kaiserliche Feldherr Tilly ließ zwölfhundert Jahre nach Attila mitten in Deutschland und gegen Deutsche in Magdeburg mindestens so grausam wüten wie Attila in Burgund oder in der Champagne.

Auf der anderen Seite besaß Attila Vorzüge, die uns teils durch Priskus bezeugt sind, teils sich erschließen lassen. Die persönliche Bescheidenheit des Hunnenkönigs inmitten einer reichen und von Tributen immer noch prächtiger werdenden Hofhaltung, im Kreis wohlversorgter und verwöhnter Würdenträger und Berater, werte ich nicht als besondere Charaktereigenschaft, sondern als Zeichen seiner hohen Intelligenz und als Beweis dafür, daß ihm seine beherrschende Position klar war. Welchen Sinn hätte es für einen Attila gehabt, sich in Pannonien mit dem Prunk eines Sardanapal zu umgeben. Er war ohnedies der Herr Europas und brauchte weder goldene Becher noch bestickte Gewänder, um sich das zu bestätigen, im Gegenteil: Er konnte nie mehr werden, als er ohnedies schon war. Daher die Beibehaltung so vieler nomadischer Züge auch im Leben einer pannonischen Residenz, daher die deutliche Abgrenzung seiner Hofhaltung gegen die späte Herrlichkeit des östlichen und westlichen Rom und der den Hunnen schließlich bekannten vorderasiatischen Reiche.

Die berichteten Ausbrüche, die Drohungen, das große Theater gegen Gesandte oder deren Angehörige, das war alles überlegt, das war Inszenierung, wie wir sie noch heute im politischen Alltag erleben. Das Tribunische braucht auch im zwanzigsten Jahrhundert noch seine Attribute, Buch und Gewehr etwa bei einer Rede Mussolinis, ein Schuh, mit dem ein Chruschtschow auf das Pult hämmert. Nur eine wirkliche Persönlichkeit kann sich derlei erlauben, ohne lächerlich zu wirken, darum hat es Hitler auch nie versucht.

Attila zog bei seinen Auftritten alle Register, das waren Mechanismen seiner Überlegenheit. Daß er jahrelang eine bruchlose Bundesgenossenschaft mit verschiedenen Germanenstämmen und ihren sehr verschieden gearteten Führern aufrechterhielt, beweist die starken Konstanten in seiner Natur ebenso wie seine diplomatischen Fähigkeiten. Mit dem Schwert und der bloßen Einschüchterung waren Männer wie Walamir oder Ardarich nicht zu jahrzehntelanger Treue zu bewegen. Wurde er getäuscht oder fühlte er sich getäuscht, dann konnte er – darin ganz ein Kind seines Jahrhunderts – mit tiefer Kränkung reagieren und mit einer folgenreichen Emphase, wie sie einem heutigen Staatsmann nur ein Lächeln abnötigen würde. Darin, in der persönlichen Empfindlichkeit, im Bewußtsein seiner Würde, in der Vorstellung vom Königtum der Hunnen, war Attila ein Barbar, denn für einen Valentinian III., für den zweiten Theodosius, ja selbst für Aetius hatten Politik und Amt schon damals keine nennenswerten ethischen Substanzen mehr.

Diese barbarische Naivität war es letztlich auch, die das Hunnenreich so schnell zu Fall brachte. Eine wahre Überlebenschance hätte es wohl nur gehabt, wenn Attila wie jener ferne Ahn Motun oder mancher andere Hiung-nu-Fürst rechtzeitig vor seinem Tod ein großes Schlachtfest unter der eigenen Nachkommenschaft veranstaltet hätte. Nach den zahllosen

Frauen, von denen Jordanes spricht, mußte folgerichtig ein Volk der Söhne heranwachsen, und man bedauert, nicht mehr von ihnen zu wissen, die Mütter nicht zu kennen, die Bastarde nicht gegen die legitimen abwägen zu können, die Halbgermanen gegen die Dreiviertelskythen oder die Halbrömer. Zweifellos gab es ein wenig von allem in diesem Söhne-Volk, aber das gehörte eben ganz selbstverständlich zu seinem Dasein. Bei den katholischen Stuarts war jeder Fehltritt eine genealogische Sensation, wurde verzeichnet: Wir können die illegitimen Genies Monmouth oder Berwick ganz deutlich von den legitimen Kretins unterscheiden. Wer aber war die Mutter von Attilas Lieblingssohn Ernak, dem ein weiches und verbindliches Gemüt nachgerühmt wird? Mit welcher Frau zeugte Attila die harten Kämpfer, die ihm beide so ähnlich waren, nämlich Ellak und Denghizik? Oder andersherum gefragt: Wie kam es, daß jener Sohn Gheism, den Attila aus seiner Verbindung mit der Schwester des Gepidenkönigs Ardarich hatte, keine größere Rolle spielte? Ardarich war doch der kluge Berater und der tapferste der verbündeten Fürsten, er hätte in diesem Sohn Gheism eigentlich den Attila-Nachfolger aus gemeinsamer hunnisch-gepidischer Wurzel sehen müssen!

Aber Logik und Kausalität, an sich nicht die stärksten Kräfte der Geschichte, scheinen völlig auszusetzen in dem Augenblick, da der volltrunkene Welteroberer neben seiner letzten Liebe verröchelt. Der blinde Zufall, der das hübsche Germanenmädchen hinderte, dem furchtbaren alten Mann ganz ehrfurchtslos den Finger in den Schlund zu stecken und das Blut herauszuholen, dieser blinde Zufall tritt seine Herrschaft zwischen Donau und Bosporus an.

Die entscheidende Schlacht um die Attila-Nachfolge wird an einem Flüßchen geschlagen, von dem bis auf den heutigen Tag niemand zu sagen weiß, wo es entspringt und wo es mündet.

Dunkel also selbst über den Schlachten, ein Umstand, der noch seltsamer ist als die beobachtete Verwirrung innerhalb der Nachkommenschaft.

Beginnen wir mit dem kargen Sermon des Jordanes, der dennoch den Kern aller Folgerungen bilden muß:

»Nach diesen Ereignissen brach, wie es natürlich ist bei Jünglingen, die von Machtgier entbrannt sind, zwischen den Nachfolgern Attilas ein Kampf um die Herrschaft aus. Da sie in ihrer Unvernunft alle nach nichts anderem als nach dieser Herrschaft strebten, richteten sie schließlich das Reich zugrunde. Große Reiche leiden häufig mehr darunter, daß zu viele als daß zu wenige Nachfolger vorhanden sind. Die Söhne Attilas – wegen der zügellosen Sinnlichkeit des Vaters waren es ihrer so viele, daß sie ein Volk für sich bildeten – verlangten, daß die einzelnen Völkerschaften gleichmäßig durch das Los unter sie verteilt und die Heldenkönige mit ihren Völkern wie Familieneigentum ausgehandelt würden.«

Mit den Heldenkönigen meint der Gote Jordanes offensichtlich nicht den Markianos, den man allenfalls als Helden bezeichnen konnte, und ganz gewiß nicht jenen Valentinian, der am Schürzenband seiner Mutter durch die Weltgeschichte zockelt, sondern die Germanenfürsten der Völkerwanderungszeit, die seit Jahren mehr Freunde und Berater Attilas als seine Vasallen waren und nun erst recht nicht Vasallen der Söhne sein wollten, nur weil Attila sie zwanzig Jahre zuvor unterworfen hatte.

Den Exodus begannen die Ostgoten, die ja durch den Bruderkrieg von 451 und durch die hohen Verluste auf den Katalaunischen Feldern besonders hart geprüft worden waren. Als sich dann aber auch Ardarich keine Gefolgschaft unter den Attila-Söhnen bilden konnte und daher ins Lager der Germanen wechselte, wurde er sogleich zum Oberhaupt der Abtrünnigen. Wieder standen wie achtzig Jahre zuvor Hunnen

Die Söhne

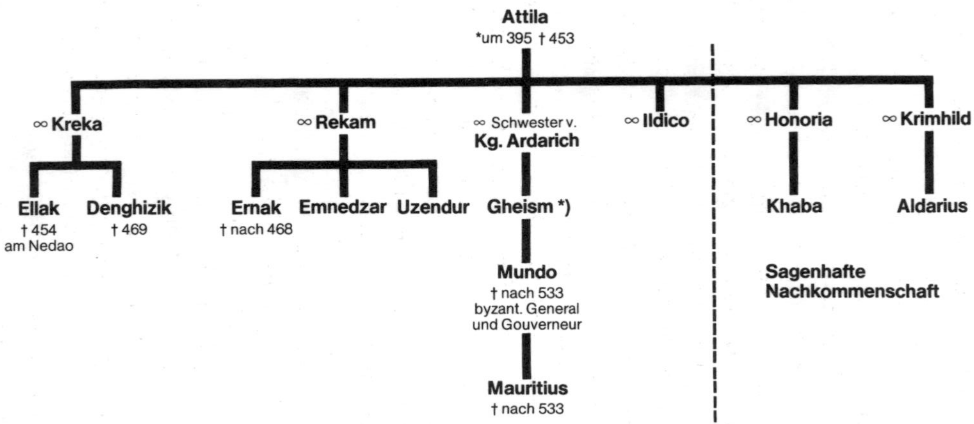

*) Nur für Gheism ist die Mutter sicher bezeugt

gegen Germanen – Ardarich aber, obwohl er nicht mehr jung gewesen sein kann, war kein Ermanrich, er kämpfte und siegte.

Jordanes hat uns auch diesen in Konstantinopel gewiß mit hämischer Befriedigung verfolgten Kampf geschildert: »Man denke sich«, sagt er in seiner lehrhaften Art, »einen Körper, dessen Haupt abgeschnitten ist und dessen Glieder, keiner gemeinsamen Leitung mehr gehorchend, sich gegenseitig einen unsinnigen Krieg liefern: So sieht man tapfere Nationen einander zerfleischen, die niemals ihresgleichen begegnen, es sei denn, die einen wenden sich gegen die anderen.«

Mit anderen Worten: An jenem pannonischen Flüßchen herrschte die Situation von Châlons. Der härteste Kampf tobte zwischen den besten Kriegern des Jahrhunderts, den Germanen und den Hunnen. Die Römer, und was sich sonst wohl so nannte, waren längst von der Bühne abgetreten.

»Wahrlich, es war ein bewunderungswürdiges Schauspiel, den wütenden Goten kämpfen zu sehen, das Schwert in der Faust, den Gepiden, der in seinen Wunden die Pfeile abbricht, die ihn durchdrangen, den zu Fuß streitenden Sueben, den seine Pfeile abschnellenden Hunnen, die Alanen, die ihre schwergerüsteten Massen in Schlachtordnung stellten, und die Heruler, wie sie ihr leichtes Fußvolk ordnen.«

Zunächst sah es so aus, als würde das hunnische Ungestüm den Sieg davontragen, die natürliche Überlegenheit der Bogenschützen vor dem Beginn des Handgemenges. Dann aber setzten sich die größere Ausdauer und die höhere Kampfmoral der Germanen durch, die für ihre gewohnten Führer stritten, und die Gepiden erreichten den ersten Einbruch in die Reihen der Hunnen. Neben angeblich 40000 anderen Hunnen starb auch Attilas ältester Sohn und designierter Nachfolger Ellak, ein Wunsch des großen Toten, um den sich niemand geschert hatte.

»Ellak starb so mannhaft«, schreibt Jordanes, »daß Attila ihn um ein so glorreiches Ende hätte beneiden können« – abermals eine Kritik an dem Sinnenmenschen Attila, der nicht, wie es sich für einen Barbaren gehörte, auf dem Schlachtfeld gefallen war. Die anderen Söhne flohen und wanderten mit dem Hunnenvolk nach Südosten ab, während die großen fruchtbaren Ebenen an Theiß und Donau den Germanen zufielen. Ardarich setzte sich in der Residenz Attilas fest mit einem gewissen Recht, wie man sagen muß, wenn auch zum Schaden der Hunnen.

Wo diese große und zweifellos entscheidende Schlacht stattgefunden hat, vermochte die Historiker nicht in dem Maße zu interessieren wie die Frage nach der Lage der Katalaunischen Felder. Es gibt aber auch Forscher – in der Hunnenforschung ist eben alles möglich –, die jene Schlachtort-Suche in Frankreich als einen Zeitvertreib für pensionierte Colonels bezeichnen, sich selbst aber auf mehreren Seiten mit der Frage beschäftigen, wo denn jener Fluß Nedad oder Nedao tatsächlich geflossen sei.

Beinahe glücklich, diese Inkonsequenz bei dem in seiner überlegenen Intelligenz sonst so ironisch-kühlen Professor Maenchen-Helfen zu entdecken, folge ich seiner Beweisführung. Wie schwer er es hatte, geht schon daraus hervor, daß zunächst festgestellt werden muß, was Jordanes unter Pannonien versteht (denn vom Nedao wissen wir ja nichts anderes, als daß er in Pannonien fließt). Eine Stadt, die vermutlich nach dem Fluß heißt, kann ebenfalls nicht lokalisiert werden, und eine möglicherweise anklingende Stadt mit dem vielsagenden Namen Nato liegt wiederum nicht in Pannonien, sondern in Moesien. Wir werden es, da schließlich auch Flüsse ihre Namen ändern können, nicht ergründen oder das Ergründete nicht beweisen können.

Als pannonischer Fluß käme strenggenommen nur einer der

rechtsufrigen Nebenflüsse der Donau in Frage, und da die Hügel von Fünfkirchen kein geeignetes Terrain für eine große Feldschlacht bilden, bieten sich ihre nördlichen Vorlande als Schlachtgelände an. Wenn der Flußname in der Schreibung Nedao richtig überliefert ist, hat Maenchen-Helfen mit seinem Hinweis auf den vermutlich keltisch-illyrischen Ursprung gewiß recht. Das bedeutet nicht, daß dem Fluß dieser Name auch erhalten bleiben muß. Der Kapos, rechtsufriger Nebenfluß der Donau und das ganze Gelände zwischen Drau und Donau durchziehend, mußte jedenfalls überschritten werden, wenn eine Armee auf das Zentrum der Hunnenmacht zumarschierte und die Hunnen nach Südosten abdrängen wollte. Ohne daß es sich – wie gesagt – beweisen ließe, könnte also der Kapos durchaus dem Nedao entsprechen, wobei wir einen weiteren Punkt für die Wahrscheinlichkeit dieser Lösung in der Nachsilbe *var* bei Kaposvar buchen können; *var* ist nämlich ein hunnisches Wort und bedeutet Festung, Kaposvar ist demnach die heute noch mit einem hunnischen Namen prunkende Festung am Flüßchen Kapos, das die Hunnen selbst vielleicht niemals mit dem für ihre Zungen ungewöhnlichen illyrischen Namen belegt haben.

Neben diesen geographisch-strategischen Überlegungen verdient aber auch die Überlieferung eine gewisse Beachtung. Sie tritt uns hier in Gestalt einer alt-magyarischen Sage entgegen und verquickt nach Art der Sage bekannte historische Persönlichkeiten mit der lokalen Tradition. Die uns bekannte und historisch erfaßbare germanische Föderation steht unter dem Oberkommando des in vielen Sagen auftretenden Dietrich von Bern, und nicht die Attila-Söhne sind seine Gegner, sondern Attila selbst, der für eine Sage natürlich die wirkungsvollere Zentralgestalt abgibt.

In diesem vertrauten Sagen-Rahmen stehen nun aber einige konkrete Einzelheiten, die doch einiges Licht in die geheimnisvolle Schlacht am Nedao bringen können. Während Dietrich von Bern seine Truppen noch unter den Mauern von Potentiana sammelte, hätten die Hunnen auf Fellflößen die Donau übersetzt und blitzschnell die Nachhut der Germanen mit dem Lebensmitteltroß angegriffen. Dadurch beunruhigt, sei Dietrich von Bern in Richtung auf Stuhlweißenburg ausgewichen, habe aber dann bei Tarnok die Schlacht gegen die hinter ihm herziehenden Hunnen angenommen. Die Germanen siegten, wobei 125 000 Hunnen tot auf der Walstatt blieben, aber auch die Germanen hätten blutige Verluste erlitten. In einem weiteren Detail tritt der Hunnenfeldherr Keve auf: Er sei gefallen, die Hunnen seien eigens seinetwegen auf das Schlachtfeld zurückgekehrt und hätten über ihm einen Grabhügel aus Steinen aufgeschichtet, weswegen der Ort den Namen Kevehaza (Haus des Keve) behalten habe.

Die Spezialkarte zeigt uns das Dorf Tarnok etwa fünfundzwanzig Kilometer südwestlich von Budapest an einem Flüßchen, das – wie angeblich der Nedao – ein rechter Nebenfluß der Donau ist.

Wichtiger als der Ort ist natürlich der Ausgang der Schlacht, und dieser war zum Unterschied vom Ringen auf den Katalaunischen Feldern so eindeutig, wie eine Niederlage nur sein kann, denn nicht nur die Hunnen waren geschlagen, auch Attilas Ältester war gefallen.

Auf diesen Niederbruch folgte dann auch die erste Phase der Besinnung: eine große Beratung unter den Söhnen, die sich in dieser Stunde besseres Einvernehmen und mehr Zusammenhalt schworen. Der Vorgang ist einzigartig, ja eine literarische Vorlage von reizvoller Originalität, diese Versammlung der Söhne, die untereinander wieder Gruppen bilden nach den Müttern, deren Einflüsse stärker sind als das allen gemeinsame Erbe des mächtigen Vaters.

Zwei Parteien werden unter ihnen erkennbar. Die eine tritt,

da Ellak am Nedao gefallen ist, nun unter der Führung Denghiziks auf, des Sohnes, der – von Ellak abgesehen – König Attila am ähnlichsten gewesen sein soll. Die andere Gruppe ist vertreten durch Ernak, den Lieblingssohn, auf den Priskus uns aufmerksam gemacht hat. Er hat neben sich die jüngeren Brüder Emnedzar und Uzendur, die von der gleichen Mutter stammen wie er und mit ihm für den Frieden und den Übergang zu einer seßhaften Lebensweise stimmen.
Zwei weitere Söhne, die gewiß eine Rolle bei dieser Versammlung gespielt hätten, kennt nur die Sage; sie hält allerdings an ihrer Existenz hartnäckig fest: Aldarius, der Sohn der Burgundin Kriemhild, und Khaba, Sohn Attilas mit der Kaiserschwester Honoria.
Wie immer die Beratung ausging, man hielt zunächst Frieden, man rüstete gemeinsam, und man brach im Jahr 455 gemeinsam gegen die Ostgoten auf, nicht gegen die Gepiden, was festzuhalten ist. Offenbar empfanden auch die Attila-Söhne, daß Ardarich nicht als Verräter oder Abtrünniger im üblichen Sinn anzusehen war, sondern als legitimer Mitbewerber um die Nachfolge; vielleicht spielte es auch eine Rolle, daß er in seinem Neffen Gheism an einen Attila-Sohn gebunden, ja schließlich der Schwager des toten Königs war. Die wahren Verräter, die davongelaufenen Sklaven, wie die Hunnen es ausdrückten, das waren für sie die Ostgoten, und gegen diese richtete sich der Angriff des Jahres 455.
Die alarmierten römischen Vorposten wurden mit der Versicherung beruhigt, es gehe nur um eine Strafexpedition gegen Überläufer, und da diese ja stets eine besondere Rolle in den Verhandlungen mit den Hunnen gespielt hatten, ließen die Grenzposten die Hunnen über die Donau. Am Südufer des großen Stromes formierten sich die Hunnen neu und stürmten so schnell auf die Ostgotengebiete zwischen Save und Drau zu, daß der zunächst betroffene Walamir keine Zeit mehr

hatte, sie mit einer Front seiner Truppen abzufangen. Er mußte zurückweichen, im Rückmarsch nach und nach seine Krieger an sich ziehen und dabei auch noch ein Gelände aufsuchen, das seinen Fußtruppen Vorteile gegenüber der hunnischen Reiterei brachte. Es war ein Kunststück, das eigentlich nur in den Sumpfwäldern an der Save gelingen konnte. Und als die Hunnen völlig abgekämpft und ratlos in den Auen herumplanschten, gingen die Ostgoten in ihrer ruhigen Disziplin gegen die unbeweglichen Reiter vor und trieben einen Haufen nach dem anderen in die Flucht.

Walamir, der langjährige Führer der Ostgoten und geschätzte Berater Attilas, hatte den Söhnen eine derbe Lektion erteilt, seinen eigenen Brüdern aber bewiesen, daß er noch immer seinen Mann zu stehen vermochte. Als er mit der guten Nachricht des Sieges über die Hunnen an den Pelsodsee kam, den heutigen Neusiedlersee, an dem Theodemir residierte, war dort gerade ein Sohn geboren worden: Erelieva, nicht die Ehefrau, sondern eine Konkubine Theodemirs, hatte den Knaben zur Welt gebracht, der als Theoderich der Große den Hunnensproß Odoaker töten und nach ihm über Rom herrschen würde.

Bei den Hunnen jedoch zerschlug diese zweite Niederlage jede Hoffnung, das Erbe wiederzuerringen. Es ging jetzt nur noch um das Überleben, und die Söhne kamen überein, dieses neue Problem nicht mehr gemeinschaftlich zu lösen. Jeder sollte für sich und seinen Anhang entscheiden und die Verträge eingehen dürfen, die dazu nötig waren.

Den Temperamenten entsprechend, begab sich die Friedenspartei Ernaks und seiner Vollbrüder unter den Schutz des Oströmischen Reiches, während die Kriegspartei seines Halbbruders Denghizik sich für das kriegerische Nomadenleben nördlich der Donau und in der bessarabischen Steppe entschied, mit Weideplätzen, die sich vielleicht bis nahe an die

Krim erstreckten, woher die Hunnen hundert Jahre zuvor aufgebrochen waren.

Ernak wurde von Byzanz mit offenen Armen aufgenommen. Zweifellos sah man dort die Spaltung der Hunnen als den letzten Akt der großen Tragödie an. Aufatmend bewilligte man Ernak das fruchtbare und durch die lange Unsicherheit weitgehend entvölkerte Land der Dobrudscha, also die Ebene zwischen Donau und Schwarzem Meer, im Norden vom Delta des Stromes begrenzt. Die Verpflichtung, die Ernak dafür übernahm, bestand darin, dieses Gebiet nicht nur zu bebauen, sondern auch gegen jeden Angreifer zu verteidigen. Damit hatte er den Status eines »Gastes und Bundesgenossen« erworben wie schon so mancher Barbarenfürst vor ihm und nicht zu seinem Nachteil.

Mit Ernak zogen auch Alanen, nicht alle, aber doch ein großer Stamm unter der Führung eines Fürsten namens Candax, die sich an die Hunnen im Westen anschlossen und damit Ernaks Herrschaft bis in den Raum Silistria an der Donau ausdehnten. Nachzügler, die bei Denghizik doch nicht so ganz glücklich gewesen waren, rundeten das Hunnen-Siedelland schließlich bis in die Gegend von Nikopol ab, einem alten, heute bulgarischen Grenzstädtchen.

Noch einmal setzte eine eifrige Kolonisationsarbeit ein, die das Ziel hatte, den Norden der oströmischen Gebiete gegen die nun freien und dementsprechend unruhigen Gotenstämme zu schützen. Aber eben diese Aufgabe war es, die offensichtlich über die Kräfte hunnischer Bauern ging. Denn als sich nun die Ostgoten für den Überfall vom Jahr 455 revanchierten und im Sommer 462 über das neue Siedelgebiet an der unteren Donau herfielen, konnten die friedliebenden Hunnen unter Ernak und die Alanen unter Candax offensichtlich nicht allein mit ihnen fertig werden. Und es war zwar ein sehr schöner Beweis halbbrüderlicher Treue, daß Denghizik sogleich aus Bessarabien heranstürmte und sich auf die bereits mit der Beute abziehenden Ostgoten warf, aber der Frieden war nun, da die hunnischen Nomaden wieder im Spiel waren, nicht mehr so leicht zurückzugewinnen.

Mit kurzen Pausen folgten die Kriege eines jeden gegen jeden aufeinander und machten den geographischen Raum des heutigen rumänisch-bulgarisch-jugoslawischen Grenzgebietes so unsicher, daß schließlich auch die kaiserlichen Feldherren eingreifen und Byzanz sich an die Fronten wagen mußte. Während Ernak nun völlig ins Dunkel tritt, wird Denghizik zur tragischen Figur, zum letzten, immer noch kämpfenden Attila-Sohn, zu einem jener verzweifelten und unbeugsamen Krieger, die den Betrachter vermuten lassen, daß es tatsächlich Männer geben müsse, die ohne Kampf nicht leben könnten.

Mochte Denghizik, wie die Geschichtsschreiber behaupten, diese Unrast auch zweifellos von seinem Vater haben, die dazugehörigen Feldherrntugenden hatte er leider nicht mitgeerbt. Wie schon gegen Walamir ließ er sich immer wieder den Kampfplatz vom Gegner aufzwingen, statt an das großartige Beispiel des Jahres 451 zu denken, wo Attila seine vor Orléans geschlagene Armee an den feindlichen Heerhaufen vorbei ruhig und seiner Sache sicher genau dorthin führte, wo er seine Hunnen und wo er den Gegner haben wollte.

Niederlagen, die vielleicht einen romantischen Denghizik-Biographen, aber nicht mehr die Geschichte interessieren, trieben die Hunnen aus dem eroberten Serdika (Sofia) wieder hinaus und brachten sie in den engen Balkantälern in eine so aussichtslose Position, daß sie sich vom Gegner verköstigen lassen mußten wie Ägyptens Dritte Armee im Jom-Kippur-Krieg. Dies führte schließlich zu dem wohl kaum vermeidbaren Ende: Dem tüchtigen gotischen Feldherrn des Kaisers, den wir unter seinem römischen Namen Anagastus kennen, fiel es nicht sonderlich schwer, abermals eine Falle für den un-

gestümen Denghizik vorzubereiten, in die der Heerführer, der offenbar von Aufklärung und Flankensicherung gleichermaßen wenig hielt, denn auch blindwütig hineinrannte.
Das *Chronikon Paschale* zum Jahr des Herrn 469 meldet: »Dinzirichus, Attilas Sohn, wurde getötet von Anagastus, dem General des Kaisers in Thrakien. Das Haupt des Hunnen wurde nach Konstantinopel gebracht, in einer Freudenprozession durch die Große Straße getragen und schließlich im Zirkus auf eine Stange gesteckt. Die ganze Stadt war auf den Beinen, um es zu betrachten.«
Um eineinhalb Jahrzehnte hat also das Hunnenreich, wenn auch verkleinert, geteilt und nach Osten abgedrängt, seinen Schöpfer und größten Herrscher Attila überlebt. Die Hunnen selbst aber lebten noch jahrhundertelang weiter, dank des einzigartigen kriegerischen Impetus, der den Kulturvölkern jener Zeit inzwischen längst abhanden gekommen war.

Die Zersprengten des Hunnenreiches hatten inzwischen wieder ihren Dienst als Söldner angetreten. Daß sie zu Bauern nicht taugten, hatten sie dem sanften Ernak beweisen müssen, damit er es glaube. Und daß sie einen eigenen Staat nicht abermals errichten und gegen Goten und Römer halten könnten, das hatte sich in den sinnlosen Kämpfen eines Ellak oder eines Denghizik gezeigt.
Also kehrten sie zu jener Lebensweise zurück, die sie unter Aetius so lange praktiziert hatten. Sie kämpften im Auftrag wie bis heute all jene, die nichts anderes gelernt haben. Sie traten an, wo immer man sie hinschickte, und sie wurden dabei immer weniger, sie versiegten langsam in dem Boden, den sie mit ihrem Blut gedüngt, kaum je aber gepflügt hatten.
Sichtbarer als diese namenlosen Horden, die sich im Süden Europas verstreuten, wirkt die Elite des Hunnenreiches noch eine ganze Weile wie ein Gewürz im schlaffen Soufflé letzter

Römermacht. Sie, die Klügsten der Barbaren, von der Aura der Grausamkeit ebenso umweht wie von jener der Tatkraft und der Härte, werden Würdenträger, Befehlshaber, Gouverneure im Oströmischen Reich. Die *jeunesse dorée* am Bosporus schneidet sich nach hunnischer Sitte die Haare kurz und trägt Tunika und Beinkleider wie die Minister Attilas. Die Frauen von Konstantinopel aber, zwischen Eunuchen und Homosexuellen längst zu einer konfektkauenden und Süßweine schlürfenden Gilde verzweifelter Pseudolesbierinnen geworden, glauben zu träumen, als endlich wieder Männer in den Palästen auftauchen.

Unter diesen von Byzanz verwöhnten Hunnen ist ein Enkel Attilas. Wenn schon die Söhne fast ein Volk bildeten, so mußten die Enkel des Hunnenfürsten folglich einen Kontinent bevölkern. Aber dem war offenbar nicht so, hatten doch die unglückseligen Attila-Söhne mit dem Kampf um das Erbe mehr zu tun als sich mit einer Familiengründung verträgt. Diesen einen Enkel von vielen kennen wir mit Namen, und wir erfahren auch sein Schicksal. Er ist ein Sohn des Gepidensprosses Gheism, hat also königliche Großeltern, Herrscherblut von beiden Seiten und Ardarich als Großoheim. Sein eigener Name Mundo jedoch weist auf Mundzuch, den Vater Attilas.

Mundo also, Nachfahre Attilas und der Schwester Ardarichs, lebt mit seinem Stamm bei den Gepiden, gilt als Prinz, solange Ardarich noch lebt, wird zum Verfemten, als Thraserich die Nachfolge antritt und über die Gepiden herrscht. Mundo flieht, wird Räuber, sammelt viel unruhiges Volk an Deserteuren und Marodeuren um sich und überfällt schließlich viele Orte, ja ganze Landschaften. Der aus Heimatlosen zerschlagener Stämme zusammengewachsene Stamm der Skamaren erwählt darauf den großen Heimatlosen Mundo zum neuen Haupt, und aus den Räubereien werden Kriege, in denen der Attila-Enkel sowohl Gepiden als auch Byzantiner bekämpft.

Eben rechtzeitig aber schlägt er sich auf die Seite des großen Theoderich, der im Begriff ist, Ordnung auch auf dem Balkan zu schaffen. Der Räuber wird zum Condottiere, die Skamaren werden eine Art wilder Pandurentruppe, und als Theoderich stirbt, ist der Attila-Enkel Mundo einer der größten Generale des Römerreichs.

Niemand kann sich vorstellen, daß der Enkel des Hunnenkönigs unter Amalasuntha Dienst tut, der Tochter Theoderichs, die nun den Thron besteigt. Also geht der Mann, dessen Abenteuer sich die Gesellschaft von Ravenna wie von Konstantinopel seit Jahren zuraunt, an den Hof Justinians nach Byzanz. Justinian, ein Kaiser, der dieses Generals würdig ist, zieht Mundo in seine Nähe. Er fühlt die Kraft und die Treue inmitten aller Intrigen, die ihn umgeben, und er ahnt vielleicht, daß dieser Mann ihn retten würde. Im großen Aufstand des Jahres 532, als der neue Kaiser schon ausgerufen ist und Justinian bereits zur Flucht rüstet, führt Belisar die treu gebliebenen Fußtruppen, Mundo aber die Reiterei zum Angriff auf das gärende Konstantinopel und rettet dem Kaiser die Residenz, den Thron und das Leben.

Den Ritt durch den riesigen, von aufrührerischem Volk vollgepfropften Zirkus, diesen Todesritt mit dem blanken Schwert, den konnte wohl nur ein Hunne vollbringen und unter den Hunnen vielleicht nur ein Sproß Attilas. Als Lohn dieser tollkühnen Tat erhält Mundo die Herrschaft über Illyrien. Wohl oder übel muß er sich fortan Mundus nennen, obwohl das im Lateinischen etwas ganz anderes bedeutet als sein angestammter Hunnenname.

Damit haben die Ostgoten, die den Söhnen Attilas soviel Unheil brachten, nun einen Attila-Enkel als Herrn über sich, und darum muß Blut fließen. Mundo, der nicht mehr jung sein kann, gibt sein Äußerstes in diesen Auseinandersetzungen. Ein heißer Kampf entbrennt um Salona, die wichtige Hafenstadt. Mundo befriedet Dalmatien, entreißt den Ostgoten Salona, aber dann greift der Gegner wieder an. Ein Sohn des Mundo, vermutlich Christ und auf den Namen Mauritius getauft – der einzige Sohn vielleicht –, erhält den Auftrag, die herannahenden gotischen Truppen zu beobachten. Beobachten! Als ob ein Urenkel des Attila so an sich halten könnte! Der Jüngling greift an, gerät mitten in die Gotenmacht hinein und wird in Stücke gehauen. Und als Mundo dies erfährt, da will auch er nicht mehr leben, da fällt auch von ihm ab, was er als kaiserlicher General an Hüllen und Panzern angelegt hat, und Großvater Attila ist wieder da. Mundo greift sich an Leuten, was er eben aus seiner Garnison zusammenholen kann, schwingt sich aufs Pferd und reitet gegen die Goten. Dem Ungestüm dieses Hunnen an der Spitze der Römer erliegen die Goten zunächst und wenden sich bereits zur Flucht, als einer von ihnen erkennt, wem sie unterlegen sind: dem Oberkommandierenden selbst, Mundus, dem Herrn von Illyrien. Da zückt der Gote das Schwert und sticht zu, und Mundo hat den Tod, den er suchte, wenige Tage nach dem Sterben des Sohnes.

Damit hat sich das Jahrhundert seit der Thronbesteigung des Attila vollendet – ein hunnisches Jahrhundert, als es begann, ein von den Hunnen noch lange mitgeprägtes Säkulum danach. Daß sie keine Tempel und keine Paläste gebaut, dafür aber deren nicht wenige niedergerissen haben, ist unumstößlich. Daß wir ihnen keine Gesetzbücher verdanken und nur ein einziges Lied von ihnen kennen, das eine Totenklage ist, das stimmt auch. Aber so wie die großen Gewitter zwar viel Schaden stiften, aber doch die Luft reinigen und danach eine frische und erfrischte Welt zurücklassen, so haben auch die Hunnen mit ihrem von Blitz und Donner begleiteten Sturm durch Europa viel Moder und parfümierte Verwesung hinweggeschwemmt.

Nicht die germanischen Völker haben die lange Agonie des Römerreiches abgekürzt: Die Hunnen haben aus dem Todeskampf den Todessturz werden lassen, an ihrem Beispiel erst wird die Ohnmacht der alten Mittelmeervölker vollends deutlich. Zweifellos sind die Hunnen selbst eine destruktive Kraft, die Neues nicht brachte noch bringen konnte. Aber sie liefern ein faszinierendes Beispiel vom Einbruch urkräftiger Energien in einen alten Kulturraum. Es ist seltsam, daß die Germanen in ihrer lang anhaltenden und sich wiederholenden Berührung mit den Römern dieses Beispiel nicht zu geben vermögen, ja ihre bedeutendsten Stämme unterwerfen sich den Hunnen. Das begann unter Ermanarich und endete erst hundert Jahre später am Nedao, und was so lange währt, was hundert Jahre ausfüllt, das kann kein Zufall sein, das ist eine geschichtliche Notwendigkeit.

Dann aber, nach Attilas Tod und dem Untergang seiner Söhne, wird alles anders. Die stets seßhaft gewesenen Germanen finden nach einer Periode der beutegierigen Unrast an der Seite der Hunnen zu der angestammten Lebensweise zurück. Sie bilden jene höheren Organisationsformen aus, die aus Völkern Nationen werden lassen. Die einzigartige Kraft der Hunnen aber, dieses ereignishafte Ungestüm eines ganzen Volkes, sie bleibt chaotisch und mündet nicht in die Staatsbildung. Wenn ein Halbjahrtausend später die Magyaren beginnen, sich auf die Hunnen zu berufen, wenn sie in Sagen und Legenden Attila als den Ahn ihrer harmlosen Könige proklamieren, so ist dies ein entschuldbarer Versuch, dem einsamen ungarischen Einsprengsel in Europas Völkerfamilien ein wenig Gewicht zu geben, mehr nicht. Eher leben Erobererdrang und Herrschaftsträume der Hunnenkönige in ein paar altbulgarischen Fürsten weiter, die immer wieder aus den Grenzen ihrer halbbarbarischen Reiche gegen das übrige Europa vorzubrechen versuchen.

Europa im ganzen aber, Europa im großen, Europa in einer Hand, das wird es nach Attila eineinhalb Jahrtausende lang nicht mehr geben, und jener Korse, der es dann doch wagte mit demselben Beinahe-Gelingen etwa wie der Hunnenkönig, der wäre von dieser Parallele nicht sehr angetan gewesen und maß sich in Gedanken lieber mit Alexander, mit Cäsar und mit Friedrich dem Großen. Über Attilas Leichnam wölbt sich auch kein Mausoleum und erst recht kein Dom. Er ist in Pannoniens Erde eingegangen, spurlos, doch nicht unvergessen wie sein Volk, das in der Champagne und am Po, am Rhein und an der Donau kämpfte und nur in seinen Schwertern und Dolchen wiederauferstand.

NAMEN- UND SACHREGISTER

Abakan 60
Adria 279f., 287, 293
Aelius Gallus (röm. General) 103
Aetius, Flavius (weström. Feldherr u. Staatsmann; geb. um 390, gest. 454 n. Chr.): Herkunft 138f.; als Geisel bei →Alarich 140f.; als Geisel bei den Hunnen 141f.; als Haushofmeister u. Führer d. Leibwache 142f.; wirbt für Gold die Hunnen an 142f.; im Jahre 429 Heermeister Westroms, 432 Konsul, dann entlassen, erzwingt mit hunn. Unterstützung seine Wiedereinsetzung, wird 437 und 446 abermals Konsul 145ff.; und die Burgunder 153–159; befreit Orléans von d. Hunnen 235, 239; Kämpfe gegen die Hunnen zwischen Loire u. Marne 236, 238, 241–244, 247; überschreitet mit seinen Verbündeten die Marne 249; und die Schlacht auf den →Katalaunischen Feldern 249–264; und →Thorismund nach Theoderichs Tod 262f.; und der Hunneneinfall in Norditalien 291; erhält Hilfstruppen von Ostrom 291ff.; –310f., 323
Afghanistan 74
Agamemnon 90f.
Agni (indo-arischer Feuergott) 98
Ägypten 66, 85, 103, 287, 297
Ahura Mazda (altpers. Gottheit) 98
Aix, die Schlacht i.d. Ebene von (102 v. Chr.) 26, 156
Akatziren (von d. Hunnen unterworf. Schwarzmeer-Stamm) 123, 190
Alak-Kul-See 60
Alanen (iran. Reitervolk nördl. d. Kaukasus, von d. Hunnen unterworfen; kämpfen als Verbündete Westroms gegen die Hunnen a.d. Katalaunischen Feldern) 22, 31, 154, 164, 170, 195, 216, 223, 237, 245, 250, 294f., 315, 321
Alarich (König der Westgoten bis 410 n. Chr.; erobert Rom; beigesetzt im Flusse Busento) 93, 132, 134f., 279, 284, 310
Aldarius (Aldrian; sagenhafter Sohn Attilas mit Kriemhild) 306, 319
Alemannen (westgermanischer Stamm) 154, 156
Alexander der Große 19f., 66f., 277, 309, 328
Alexandria 66, 106
Alma Ata 60
Alpen 112, 169, 293, 308; Alpenvorland 293
Alpin, Bischof von Châlons-sur-Marne 232f., 243, 268
Alt (Flüßchen) 15
Altbulgarien 327
Altheim, Franz 52, 54, 107, 118, 245, 247, 251f., 277, 330
Altino (Altinum) 284
Altlußheim/Rhein, das Hunnengrab in 109
Alt-Weimar (jetzt: Staraja Iwantsowka) 100
Amalasuntha (Tochter →Theoderichs d. Großen; wird nach dessen Tod Regentin) 325
Amaler (später Amelungen; gotisches Königsgeschlecht) 32, 37, 41ff., 206, 250, 256
Ambrosius von Mailand, Bischof 25, 171
Ammianus Marcellinus (Grieche aus Antiochia; röm. Geschichtsschreiber): über Aussehen u. Wesenszüge d. Hunnen 16f., 97; über die Religion 101; über →Ermanrich 31f.
Ammius (Bruder der →Sunilda) 36f.

Anagastus (gotischer Feldherr Ostroms) 323
Anatolios (byzant. Gesandter a.d. Hunnenhof) 182, 184
Andagis (Ostgotenfürst) 256, 271
Andernach 223
Andreas III., König von Ungarn 307
Anianus, Bischof von Orléans 234f., 245
Antiochia 16, 19, 22–26
Apulien (histor. Landschaft in SO-Italien) 218
Aquae Flaviae 292
Aquae Sextiae (→Aix) 26, 156
Aquileja 278–282, 284, 287, 293
Aquincum →Ofen-Buda
Aquitanien (histor. Landschaft zwischen Pyrenäen u. Garonne, in d. Römerzeit bis zur Loire) 157
Arabien 76, 102, 239, 310
Aral-See 82
Aravatius, Bischof von Tongern 225f., 228
Arcandianapolis 174
Ardarich (König der →Gepiden; Freund u. Berater Attilas) 205, 222, 242f., 250, 267, 297, 311ff., 315, 319, 324
Argonnerwald 248
Arkadien (griech. Bergland im Peleponnes) 22f.
Arles 158
Ärmelkanal 196
Arminius (Cheruskerfürst) 308
Arneburg a.d. Elbe 31
Arnegisclus (Heerführer Ostroms) 173, 176
Arpad (ungar. Herrscher) 307
Artaxata 170
Artemis (griech. Göttin) 18
Asdinger (Königsgeschlecht der Vandalen) 214
Asimus 231
Aspar (oström. Feldherr) 143
Astrachan 100
Atakam (Hunnenfürst) 130
Athen 22, 106
Äthiopien 176
Attila, König der Hunnen (geb. um 395, gest. 453 n. Chr.; herrscht von 434 bis 445 gemeinsam mit seinem Bruder →Bleda, danach Alleinherrscher): 85ff.; und die Auffindung des Mars-Schwertes 93; und der Adler als Machtsymbol 96–99, 107; und seine Frauen 121–125, 312; und die hunnischen Überläufer 130f., 150, 177, 182, 184f.; seine (fiktive) Jugendzeit 132–138; Kämpfe gegen Ostrom 105, 130, 144, 172f.; als Etzel im Nibelungenlied 162f., 307; und der Donau-Schleichhandel seiner Hunnen 170f.; und der Mordplan Ostroms 186ff.; Tafelrunde am Hunnenhof 199–205; seine Freunde und Berater 205f.; als Ehestifter 207f.; und die Werbung der →Honoria 208; und →Geiserich 217f.; Kriegszug gegen →Gallien 220f.; Zusammensetzung seiner Streitkräfte 222; in Trier, Metz, Reims, Mont Armé 223f.; wird von →Aetius und d. Westgoten von Orléans vertrieben 234f.; und die Orakelerscheinung (451 n. Chr.) an der Loire 240f.; zieht sich in die →Champagne zurück 243f.; und die Schlacht auf den Katalaunischen Feldern 249–262; auf dem Rückzug nach Pannonien 270; fällt in Norditalien ein (452 n. Chr.) 274–293; und Papst Leo I. 275; kehrt nach Pannonien zurück 294; droht Ostrom 294; schickt 453 n. Chr. erneut Truppen nach Gallien, um die Alanen zu bestrafen 294f.; sein Tod 296–300; Versionen über seinen Tod 302ff.; als Etzel/Attila in verschied. german. Sagen und Mythen 305–309; als nationaler Heros für die Ungarn 307; Grundlagen für die Mythenbildung um A. 308ff.; seine diplomatischen Fähigkeiten 311; seine Söhne 312; seine Söhne ziehen nach der Niederlage durch →Ardarich gemeinsam gegen

die Ostgoten (455 n.Chr.) 319; werden von →Walamir besiegt 320. – 26, 68, 81
Aube (Flüßchen) 242
Augsburg (Augusta Vindelicorum) 293
Augustinus, Aurelius (Bischof von Hippo Regius; Kirchenlehrer; 354–430 n.Chr.) 25, 28, 30f., 39, 158, 215, 218
Auschwitz 105
Auvergne (histor. Landschaft in M-Frankreich) 158
Avienus, Rufus Festus (Konsul) 274
Awaren (asiat. Nomadenvolk) 22f., 112, 118
Azteken (Indianerstamm Mexikos) 76

Babenberger (Markgrafen d. Ostmark = Österreich) 168
Bagdad 165
Baikalsee 96, 115
Baktrien (Griechenreich) 74
Balamber (erster bekannt gewordener Hunnenkönig) 42f., 88, 206
Balkan 42, 112, 197, 291, 293, 322, 325
Balkasch-See 59, 82
Balog, Ferenz 265
Baltikum, das 34
Baschkiren(land) (im südl. Uralgebirge) 199
Basel 237, 249; Baseler Pforte 270
Beck, Hans 305
Behn, Friedrich 163
Belgien 237
Belgier (urspr. Volksstamm in NW-Frankreich) 156
Belisar (oström. Feldherr; →Mundo) 325
Belsen 105
Berber, die 215
Bergamo 288
Bericho (ein hunn. Adliger) 201
Berndt, Helmut 163, 332
Bernis, Graf 199
Bernshtam, A.N. 91
Berwick, Herzog von 312
Besançon 223
Bessarabien (Landschaft zwischen Dnjestr, Pruth, Donau u. Schwarzem Meer) 320, 322
Bingen 223
Bleda (Hunnenkönig von 434 bis 445 n.Chr.; älterer Bruder Attilas, mit dem er gemeinsam regierte; wird von A. ermordet) 85–89, 92, 105, 120, 122, 129, 147f., 172, 197, 204
Boedel, Bloedelin (Name Bledas in den Sagen) 306
Bobbio 286
Boitel, Abbé 268
Bonifacius (röm. Afrika-General) 146
Bornholm (Ostseeinsel) 167, 200
Bourbonen (franz. Dynastie) 36
Bourgois-Thierry, die Familie 266
Brandenburg, die Mark 153f.
Brecht, Bert 30
Brenner 293
Breslau 100
Bretagne (nordwestl. Halbinsel Frankreichs) 145
Britannien, Britische Inseln 174, 196, 208, 215
Brouilly 153
Brolium (heute: Saint-Mesmin, Saint-Mémin) 242
Brukterer (führender Stamm d. Rheinfranken) 196
Brunehaut (merowingische Königin) 36
Brunhild (im Nibelungenlied) 167
Buchner, Rudolf 224
Budapest 308, 318
Burebista (Dacierkönig) 197
Burgunder (ostgerman. Volk, ursprüngl. in Skandinavien und auf d. Insel Bornholm, dann a.d. mittl. Weichsel und Oder; ziehen weiter nach Gallien, von dort an den Main; tauchen um 359 n.Chr. am Rhein auf) 147, 153ff.; werden zweimal von den Hunnen besiegt (435/6) 157f.; ziehen zunächst zur Saône und werden 443 n.Chr. von →Aetius in der →Sapaudia angesiedelt 159; nehmen kathol. Glauben an 160, 166; überfallen die

Hunnen nach →Oktars Tod 161; im Nibelungenlied 162–169, 306; burgundische Grabfunde 163ff.; burg. Volksleben i. d. neuen Heimat am Genfer See 166f.; kämpfen a. d. Seite der Westgoten und Westroms gegen Attila 222; unter →Thorismund gegen die Hunnen 244. – 96, 237
Bury, J.B. 54, 247

Callinicus (Chronist) über die Schlacht am Utus 173f.
Callinicum 170
Caloprini (Familie im alten Venedig) 288
Camp d'Attila →Mauriacus
Camp de Mailly 248f.
Candax (Alanenfürst) 321
Candidus (Führer der Thebaischen Legion christl. Soldaten) 254
Caorle (Aquae Caprulae) 284
Capelle, Wilhelm 214, 218
Caracalla (als röm. Kaiser Marcus Aurelius Antonius von 211–217 n. Chr.) 15
Carpilio (Sohn des →Aetius) 143, 185, 221
Cäsar, Gaius Julius (röm. Feldherr u. Staatsmann; 100–44 v. Chr.) 27, 156, 215, 309, 328
Cäsarea 160
Cassiodor (weström. Gesandter a. d. Hunnenhof) 221, 236, 285
Cassiodor, Flavius Magnus Aurelius (Sohn des Gesandten C., wurde Geheimsekretär u. Kanzler Theoderichs d. Gr.; exzerpierte den →Jordanes) 221, 237f., 285ff., 297
Châlons-sur-Marne 203, 219, 232f., 243, 245, 247, 249, 253f., 264, 270, 274, 278, 294f.
Champagne (histor. Landschaft in Frankreich) 242–272, 310, 328; Einteilung in Ch. blanche (Katalaunien) 219, 267; Ch. humide (zwischen Troyes u. Saint-Dizier) 247f.; Ch. Pouilleuse 248
Charaton (Hunnenkönig) 88
Charroux, Robert 110
Chemin-des-Dames 265
Chersonnes (= Halbinsel Gallipoli nördl. d. Dardanellen), die Schlacht am (→Ostrom) 105
China (auch: die Chinesen) und die Hunnen 52–82, 114ff.
Chinesisches Meer 67
Childerich I. (Merowingerkönig) 309
Chioggia 282
Chlogio (König d. Salischen Franken; gest. 448 n. Chr.) 238
Chorassan (Steppenland in NO-Iran) 118
Chosroes I. Anuscharwan (König von Persien) 118
Chouilly 269
Chruschtschow, Nikita 311
Chrysaphios, der Eunuche 175, 177–186, 188, 209, 302
Churchill, Winston 105
Cicero, Marcus Tullius (röm. Staatsmann u. berühmter Redner; 106–43 v. Chr.) 292
Clermont-Ferrand (Bischofsitz i. d. Auvergne) 158, 224
Cobenzl, Baron 199
Concardia 284, 288
Conneau, Dr. 265
Constantius (weström. Feldherr; heiratet 417 n. Chr. →Galla Placidia; wird 421 Mitregent) 208
Contarini (Familie im alten Venedig) 288
Corday, Charlotte 304
Cortez, Hernando 76, 275
Cortisols (Dorf der Hunnenveteranen in Frankreich) 269f.
Côte Champenoise (zwischen Reims u. Sézanne) 247
Creasy, E. 253
Cremona 288
Cromwell, Oliver 309
Cuperley 220
Cyrus II. der Große (pers. Herrscher) 66f.

Dagobert I. (Merowingerkönig) 308
Dakien, Dacien (heutiges Rumänien) 154
Dalmatien (Küstenlandschaft a.d. Adria, in den Dinarischen Alpen) 326
Damaskios (spätgriech. Philosoph) über die Geisterschlacht auf den Katalaunischen Feldern 271
Damiens (franz. Attentäter) 36
Dandolo, Enrico 174, 284
Dankwart (im Nibelungenlied) 168
Darius I. der Große (altpers. Großkönig 66f.
David 228
Denghizik (Sohn Attilas): 312, 319; entscheidet sich mit den ihm folgenden Hunnen für Nomadenleben nördl. d. Donau und i.d. bessarabischen Steppe 320f.; eilt 462 n.Chr. seinem Bruder →Ernak zu Hilfe 321f.; wird 469 nach jahrelangen Kämpfen gegen Ostrom getötet 322f.
Devignes, Geneviève 264, 266f.
Dexippos (griech. Historiker) 52
Dietrich von Bern (= Ostgotenkönig Theoderich d.Gr.): in der german. Heldensage 305f.; in einer alt-magyarischen Sage 317f.
Diokletian, Gaius Aurelius Valerius (röm. Kaiser von 284 bis 305 n.Chr.) 24
Dionysios (ein Hunne im Dienste Ostroms) 149
Dnjepr, der 132
Dnjestr, der 19
Dobrudscha (die Ebene zwischen Donau u. Schwarzem Meer) 130, 321
Donatus (Hunnenkönig) 00
Donau, die 13, 15, 39, 42, 44, 119, 149, 168f., 197, 270, 274, 279, 293, 304, 306, 316f., 319, 321, 328
Donauwörth 293
Donez (Tanais), der 38, 40, 43
Drau, die 317, 319
Drekon, der (Fluß in der ungarischen Tiefebene) 119
Dschingis-Khan (Begründer d. Mongol. Weltreichs; gest. 1227 n.Chr.) 45, 92, 132, 195, 216
Dsungarei (Landschaft in NW-China) 60; die Dsungarische Pforte 96

Ebi-Nor-See 60
Edekon (hunnischer Fürst; geht als Gesandter nach Byzanz; Ratgeber Attilas; Führer der Skiren in den Hunnenkämpfen) 176–189, 205f., 222, 267, 302
Eifel 237
Eitill (sagenhafter Sohn Attilas) 306
Ellak (Sohn Attilas; fällt im Kampf gegen die Germanen; behält seinen Namen in den Sagen) 306, 312, 315f., 319, 323
Emnedzar (Sohn Attilas) 319
Engels, Friedrich 90f.
Epigenes (Grieche; Gesandter Ostroms zu Attila) 150
Epirus (griech. Landschaft) 21
Erelieva (Konkubine →Theodemirs; Mutter →Theoderichs des Großen) 320
Erka (Helche, Herkia; Frau Attilas in den verschied. Sagen) 306
Ermanrich (Ostgotenkönig; 375 n.Chr. von den Hunnen besiegt; in den Heldensagen Gegner →Dietrichs von Bern) 31–37, 43, 206, 327
Ernak (Attilas Lieblingssohn) 204, 312, 319; begibt sich mit einem Teil d. Hunnen unter den Schutz Ostroms, erhält das Land der →Dobrudscha 320f.; wird von den Ostgoten überfallen 322; nach weiteren Kriegen verliert sich seine Spur 322f.
Eskam (hunnischer Priester) 119
Esla (Gesandter →Rugilas zu Verhandlungen m. Ostrom) 44f., 148f., 188f.
Eudokia (Kaiserin; Gemahlin →Theodosius' II.) 45, 85, 147, 207
Eugénie (Gemahlin Napoleons III.) 266

Eugenius (Kämmerer am Hofe zu Ravenna) 209
Euphrat, der 81f.
Eurich (Germanenherrscher) 310
Eusebios, Bischof von Cäsarea 160
Eustochium (Tochter der →Paula) 19
Eutropia (Schwester des Bischofs →Niçaise) 228f.
Ewers, Hanns Heinz 50
Exsuperius (Führer d. Thebaischen Legion christl. Soldaten) 254

Faesulae (Fiesole), die Schlacht von (401 n. Chr.) 139, 156
Fan Kuai (Heerführer unter Kaiserin →Kao-Lü) 70f.
Fastida (Gepidenfürst) 154
Ferdinand II. von Aragonien 105
Ferghana 74
Fernpaß 293
Filimer (Gotenkönig) 49
Filip (Autor) 52
Finnischer Meerbusen, Finnland 34, 38
Fleurie 153
Franken (german. Stamm aus der Gruppe d. Weser-Rhein-Germanen) 36, 205, 213, 264; die Merowingischen 232; die Ripuarischen (die östl.) 222, 238, 242ff.; die Salischen 238, 243f.
Franke/Trauzettel (Autoren) 53
Frankreich 100, 110, 145
Fredegar (burgund. Geistlicher) 252
Friaul (Landschaft in NO-Italien) 279
Friedrich der Große 309, 328
Friedrich der Streitbare von Babenberg 255
Fünfkirchen 317

Galla Placidia (Tochter des röm. Kaisers Theodosius I., Schwester und Geliebte Kaiser →Honorius'; heiratet 414 den Westgotenkönig Athaulf, 417 den Feldherrn und – ab 421 – Mitregenten Honorius', Constantius; führt die Herrschaft für ihren Sohn →Valentinian III.; stirbt 450 n. Chr.) 142–147, 208f., 212, 217, 241
Galliani, Abbé 199
Gallien (etwa das heutige Frankreich, Belgien u. Seealpen) 18, 27, 138, 156, 160, 221, 225, 237f., 249, 270, 289
Ganges, der 73
Garda, Gardasee 276, 288
Gaudentis (Vater des →Aetius) 138
Gaut (gotischer Herrscher aus dem Geschlecht der Amaler) 32
Gautier, E. F. 218
Geer (Flüßchen) 225
Geiserich (Vandalenkönig von 428 bis 478 n. Chr.; Sohn des →Godegisel): 213f., 310; von Spanien nach Nordafrika 215–218; erobert Hippo Regius und Karthago (439 n. Chr.) 217; und Attila 217f.
Genf, Genfer See 159, 166, 224
Genofeva, die heilige (Patronin von Paris) 230f.
Genua 286
Gepiden (ostgerman. Volk; sind lt. Jordanes mit den Goten aus Skandinavien ausgewandert; geraten unter hunn. Herrschaft; befreien sich unter →Ardarich; erliegen 566 n. Chr. den Awaren) 154, 164, 195–198, 205f., 222f., 242ff., 248, 250, 264, 313, 315, 319, 324
Germanen (Völkergruppe) 26, 102, 153, 155, 170, 270
Gfrörer, August Friedrich 283f.
Gheism (Sohn Attilas mit einer Schwester →Ardarichs) 312, 319
Gibbon, Eduard 136f.
Goar (Alanenfürst) 164
Goatsi (Nomadenstamm zur Zeit →Tumuns) 64
Gobi (Halbwüste in Innerasien) 75
Godegisel (Vandalenkönig bis 406 n. Chr.) 129, 214
Gordon, G. D. 53, 251f.
Goten (Hauptvolk der Ostgermanen, bildete sich nach Abwanderung aus

Skandinavien an der unt. Weichsel; um 150 n.Chr. Raubzüge nach Griechenland, Thrakien, Kleinasien; besetzten die röm. Provinz Dacien. Teilung in →Ostgoten und →Westgoten) 22f.
Gotelinde, Frau (im Nibelungenlied) 168
Gracchen (Gracchus; Beiname des plebejischen Adelsgeschlechts der Sempronier im alten Rom) 75
Grado 284
Gran (Nebenfluß d. Donau) 308
Gransoni (Familie im alten Venedig) 288
Gregor (Georgius Florentinus), Bischof von Tours: über den Hunneneinfall in Gallien 224–227; über die Belagerung und Befreiung von Orléans 234f.
Griechenland (auch: die Griechen) 22, 90, 293
Groot, J.J.M. de 54f., 69, 72
Grousset, René 73f., 195
Guénard, M. 269
Gundarich (Vandalenkönig von 406 bis 428 n.Chr.) 214
Gundebaud (Fürst der Ripuarischen Franken) 238, 243ff.
Gundicarius (Gundakar, Guntiarius; Burgunderkönig) 157, 164f.
Gunther (im Nibelungenlied) 162, 167
Gustav Adolf, König von Schweden 309

Hadramaut (Landschaft in Südarabien) 103
Hadrian, Publus Aelius (röm. Kaiser 117–138 n.Chr.) 15
Hagen von Tronje (im Nibelungenlied) 162, 168
Hambis, Louis 222f.
Hannibal (einer d. größten Feldherrn d. Altertums) 309
Han-Kaiser (chines. Dynastie) 53, 69, 81
Heiliges Römisches Reich Deutscher Nation 198
Heinrich IV. von Frankreich 309
Helena (griech. Mythengestalt) 91
Hephtaliten oder Weiße Hunnen (Zweig der Hunnen, der sich in Persien zu einem Herrschervolk entwickelte) 54, 117f., 227
Heraclea 174
Herkules Bassus (Gatte der →Honoria) 220
Herodot (Begründer d. griech. Geschichtsschreibung) 37, 39, 120, 279
Heruler (german. Volk nordeurop. Herkunft) 182, 196, 222, 315
Hethiter (indogerman. Volk im östl. Kleinasien) 130
Hia (chines. Dynastie) 55f.
Hiao Hui (Sohn der Kaiserin →Kao-Lü) 69
Hiao-Wen (Chinesenkaiser) 77
Hieronymus (lat. Kirchenlehrer) 19–23, 158
Hippo Regius 25, 215, 217
Hisarna (got. König oder Herrscher aus d. Geschlecht der Amaler) 32
Hirth, Friedrich 82
Hitler, Adolf 34, 122, 270, 280, 309, 311
Hiung-nu, Hsiung-nu, Hung-no, Hu- oder Hun-Barbaren (asiat. Volk der vorchristlichen Zeit) 53–82, 113ff., 311
Holophernes (alttest. Feldherr) 304
Homer (griech. Dichter) 309
Homeyer, Helene 52, 168, 277, 292
Honoria, Justa Grata (Tochter der →Galla Placidia und des Constantius) 68, 208–213, 217, 220f., 304
Honorius (weström. Kaiser von 395 bis 423 n.Chr.) 133, 135, 141f., 147, 284
Hugo, Victor 219
Hulmul (got. König oder Herrscher aus dem Geschlecht der Amaler) 32
Hunimund (Sohn des →Balamber und der Enkelin →Ermanrichs) 43
Hunnen: erste Einfälle in Europa 13ff.; in Antiochia 19–26; vernichten das Ostgotenreich zwischen

Ostsee und Schwarzem Meer (375 n. Chr.) 31, 38–42; in Syrien und Palästina 43; fallen in Thrakien ein 43; in Pannonien 43f., 143; das Zweikönigsystem der H. 85ff.; die H.gesellschaft zur Zeit Attilas 89ff.; die H. und ihre Dämonen 92; und ihre Priester 94ff.; Symbole und Amulette des hunn. Kriegsvolks 99; Funde aus der H.zeit 100f., 106–112; H. plündern das Röm. Weltreich 102–105; die Waffen der H. 101f., 108f.; und das römische Gold 102–112; und ihre Frauen 112–119; die Weißen Hunnen (→Hephtaliten) 54, 117; die H. in Friedenzeiten 119ff.; als römische Söldner 133, 135, 141; als Söldnertruppen für →Aetius: unter Rugila 142–147, unter Attila 147; die H. am Rhein schlagen für Aetius die →Burgunder (435/6) 157–160; die H. im Nibelungenlied 162, 168f.; die H. und Sklavenhandel 170f.; unter Attila gegen Ostrom (447 n. Chr.) 173f.; Umfang und Ausdehnung des H.reiches zur Zeit Attilas 175, 195ff.; ein Teil der H. gegen Ostrom, wird 451 n. Chr. zurückgeschlagen 221f.; der Hauptteil der H. zieht mit Attila donauaufwärts nach Westen 220, 222; die H. brennen Trier nieder (451 n. Chr.) 223f.; verwüsten Metz 227; die H. in Reims 228ff.; nehmen die Festung Mont Armé 232f.; überschreiten die Marne 234; die H. vor Orléans 234f.; Rückzug über die Seine 236, 239; Kämpfe zwischen Seine und Marne 242ff.; die Schlacht auf den Katalaunischen Feldern 249–264; die H. in Norditalien 274–293; die H. und ihre Gefangenen 290f.; die H. verwüsten bei ihrem Rückzug aus Italien Tirol, Alpenvorland und Augsburg, ziehen zurück nach Pannonien 293f.; die H. bei Attilas Totenfeier 297f., 300; die H. unterliegen im Kampf gegen →Ardarich am pannon. Fluß Nedad 315f.; Versuch einer Lokalisierung dieser Schlacht 317f.; die H. unter Attilas Söhnen ziehen in den Kampf gegen die Ostgoten zwischen Save und Drau (455 n. Chr.) 319; werden von →Walamir besiegt 320; die H. spalten sich in zwei Parteien →Ernak, →Denghizik 320f.; das Ende des H.reiches 323

Hydatius, Bischof von Aquae Flaviae 144, 292f.

Ichise (Hunnenkönig um 127 v. Chr.) 85

Ildico (Hildico; Kriemhild?; letzte Frau Attilas) 296, 300–304

Ile de la Cité (Seine-Insel; alter Kern von Paris) 231

Ili, der 59f.

Illyrien (Gebiet östl. der Adria bis nach Epirus) 138, 177, 182, 205

Indien 82

Indra (ind. Gottheit) 98

Indus, der 74

Iran 196, 227

Irland 120

Irtysch, der Schwarze 60

Isabella I. (die Katholische) von Kastilien 105

Isaurier (Bergvolk in Südanatolien) 176

Isidor von Sevilla, Erzbischof 252, 271

Island 101, 308

Ister (alter Name der Donau) 13, 39f., 44f.

Istrien (zwischen dem Golf von Triest u. der Bucht des Quarnero) 286

Italien 213, 221, 274

Iulia Traducta (heute: Tarifa) 215

Jerusalem 20

Johannes (weström. Kaiser von 423 bis 425 n. Chr.) 142f.

Jordan, der 18

Jordanes (Jordanis, Jornandes; Chronist der Goten): über Aussehen und

Wesen der Hunnen 14f.; über Ermanrich und die Ostgoten 36f., 41; über den Ursprung der Hunnen 49ff.; über Attila und die Auffindung des Mars-Schwertes 93; über →Andagis 206; über die Kämpfe zwischen Loire und Marne (451 n.Chr.) 236–239; über Attilas Gründe für seinen Rückzug an der Loire 240f.; über die Schlacht auf den Katalaunischen Feldern 249ff., 254ff.; über →Theoderichs Tod 255f., 261f.; über Attila und den Camp →Mauriacus 260f.; über den Rückzug der Hunnen aus der Champagne 268; über den Hunneneinfall in Norditalien 278f.; über Attila vor und in Aquileja 280f.; über Attilas Kriegsdrohung an Markianos 294; über Attilas erneute Truppenentsendung nach Gallien (453 n.Chr.) 294f.; über die Machtverteilung in Europa um 453 n.Chr. 295; über Attilas Tod 296f.; über das Zeremoniell bei Attilas Tod 297–300; über den Machtkampf der Attila-Söhne um die Herrschaft 312f.; über die Schlacht der Hunnen gegen die Germanen unter →Ardarich 315f.
Judas Makkabäus (jüd. Heerführer) 75
Judith (alttest. Gestalt) 304
Julische Alpen 21, 274
Jupiter (Herr des römischen Götterhimmels) 18, 98
Justinian I. (oström. Kaiser von 527 bis 565 n.Chr.) 87, 325

Kaiseraugst 223
Kalabrien (histor. Landschaft in Süditalien) 286
Kalgan 61
Kao (chines. Kaiser aus der Han-Dynastie) 69, 71
Kao-Lü (chines. Kaiserin) 69f.
Kapos (Nebenfluß d. Donau) 317; Kaposvar (Festung) 317
Karl der Große 196, 308
Karl Martell (Hausmeier der Franken) 239, 308
Karl V. (röm.-deutscher Kaiser) 137
Karl XII., König von Schweden 280
Kärnten 121, 279
Karpaten 15, 196
Karthago 25, 217
Kasachstan 96, 100f., 116
Kaspischer See 82
Katalaunische Felder (die Ebene um Châlons-sur-Marne in der Champagne), die Schlacht auf den K. 14, 25, 174, 203, 205f., 220, 236, 249–268, 313, 316, 318; in der germanischen Sage 272; die Ausgrabungen im Gebiet der K. 264–267
Kaufmann, Georg 253
Kaukasus 19, 100, 174, 196
Kertsch, die Landbrücke von 40
Keve (Hunnenfeldherr; Gestalt einer alt-magyarischen Sage) 318
Khaba (sagenhafter Sohn Attilas mit →Honoria) 319
Khungfutse (chines. Philosoph u. Religionsstifter) 58
Khyberpaß 74
Kie (chines. Kaiser) 56
Ki Pu (Würdenträger unter Kaiserin →Kao-Lü) 71f.
Kleinasien 19f., 27
Kleopatra (ägypt. Königin, Geliebte Cäsars) 277
Kluge, Friedrich 299
Koblenz 223
Königshunnen, die Herrschersippe der 131
Konstantin I. (röm. Kaiser von 306 bis 337 n.Chr.) 133
Konstantin VII. (Konstantinus Porphyrogenetos; oström. Kaiser von 912 bis 959 n.Chr.) 297f.
Konstantius (Sekretär Attilas) 207f.
Korea 132
Korinth 22
Krakau 100
Kreka (Attilas Frau) 123ff.
Kretschmayer, Heinrich 283f.

Kriemhild (als Hauptgestalt im Nibelungenlied) 167, 305; K. oder auch Gisela (in den ungar. Attilasagen) 308
Krim (Halbinsel a.d. N-Küste d. Schwarzen Meeres) 34, 41f., 100, 321
Kuban, der 41
Kublai-Khan (Mongolenherrscher 1259–94; Enkel Dschingis-Khans) 67, 216
Kysyl 60

La Cheppe →Mauriacus
La Côte-Robert 266
Lakedaimonier (griech. Volksstamm) 22
Lampertheim (am Altrhein), die burgund. Grabfunde bei 164
Langobarden (german. Volk, das nach eigener [unsicherer] Überlieferung aus Skandinavien stammt) 281, 310
Langres 224
Laon 249
Lao-Schang (Kuyuk; Hunnenherrscher; Sohn und Nachfolger →Motuns) 74ff.
Laszlo, Gyula 107
Lech, der 233
Leitha, die 255
Leo I. (der Große; Papst): verhandelt mit Attila über Frieden (452 n. Chr.) 158, 274f.; und die heimkehrenden Gefangenen aus dem Hunnenland 291
L'Epine 268
Letaudin, H. 259
Le Tourneux (Polytechniker) 259
Liegnitz 92
Ligurien (Landschaft in Norditalien) 278
Litorius (Feldherr unter →Aetius; führt die hunn. Reiter) 144
Loire, die 96, 235f., 239, 243, 295
Lübeck 283
Ludwig XV. von Frankreich 36
Lupus (Saint-Loup), Bischof von Troyes 232f., 242, 275
Lyon 158, 224

Maastricht 226
Maenchen-Helfen, Otto J. 197f., 278f., 291ff., 316f.
Magdeburg 310
Magi (Familie im alten Venedig) 288
Magnitogorsk 100
Magyaren (die Ungarn; das Volk im mittl. Donautiefland) 327
Mailand (Mediolanun) 25, 276ff., 289; das Edikt von M. 133
Mainz (Moguntiacum) 109, 165
Makedonien (geschichtl. Landschaft SO-Europas) 21
Malalas (syr. Mönch): über Attilas Tod 302f.
Mama, Hunnenfürst 130
Mannheim 109
Mantua 276
Mäotisches Land (auch: Maiotische Sümpfe; am Asowchen Meer) 19, 40, 50
Marbod (König der Markomannen) 308
Marcellinus Comes (Kanzler Justinians I.; illyrischer Schriftsteller) 87
Marco Polo 67, 120
Margus (Stadt im illyr. Mysien a.d. Donau; heute Pozarevac oder Passarowitz), der Friede von (Vereinbarungen zwischen Ostrom u. den Hunnen 435 n. Chr.) 14, 130, 150f.
Marie Antoinette von Frankreich 266
Marinus von Tyrus 81
Marius, Gajus (röm. Feldherr; 156–86 v. Chr.) 26f., 156
Markianos, Flavius Julius Valerius (oström. General, wird durch Heirat mit →Pulcheria Kaiser von 450 bis 457 n. Chr.) 144, 210ff., 217, 222, 241, 274, 289, 291–294, 313
Markomannen (german., zu den Sueben gehöriges Volk) 22, 196
Marmarameer 174
Marne, die 232f., 248; →Châlons-sur-Marne
Maros (Nebenfluß der Theiß) 106

Mars (Ares), der Kriegsgott 18, 93f.
Marseille 26
Mars-la-Tour 265
Mastalici (Familie im alten Venedig) 288
Marx, Karl 91
Mauren (Berberstämme) 215
Maurer, Chr. F. 253
Mauriacus, der Camp (befestigtes Lager Attilas während der Schlacht auf den Katalaunischen Feldern; bei dem Dorf Mauriac, heute: La Cheppe i. d. Champagne) 220, 232, 243f., 248, 254, 256, 258–261, 264, 266f., 271
Mauritius (Führer der Thebaischen Legion christl. Soldaten) 254
Mauritius (Sohn des →Mundo) 326
Maximinian Herkules (röm. Kaiser) 254
Maximinos (Gesandter aus Byzanz) 179f., 200
Mazzarino, Santo 172
McGovern, William Montgomery 66
Memorius, Diakon 242f., 245
Merowech (Fürst der Salischen Franken) 238, 244
Merowinger (Sippe eines Kleinkönigsgeschlechts) 36, 235, 244
Mesopotamien 73
Metamauco 282
Metz (Divodurum) 224, 227f., 234, 245, 307
Mexiko 76
Michie, Alexander 62
Migne, J. P. 278
Minicio (Flüßchen) 276
Mithras, der Lichtgott 18, 23
Mittelmeer 169, 174, 217
Mocenighi (Familie im alten Venedig) 288
Molmenti (Chronist) 288
Mommsen, Theodor 145–148
Mongolei 59, 62f., 113, 132, 195
Mont Armé (heute: Mont Aimé), die Festung 232.
Mont de Pitié (le Pièmont) 264–267, 271f.
Monmouth, Herzog von 312
Monte Cassino 196
Montezuma II. (Herrscher d. Aztekenreiches) 275
Montmartre, der Berg (Paris) 230
Moravcsik, Gyula 303
Mosel, Moseltal 19, 223
Moskau 149, 303
Motun, der Shan-yu (Bordur, Maodun, Maudun; ältester Sohn des →Tumun; Hunnenherrscher) 64–74, 88, 100, 113, 132, 311, 314
Moulin à Vent 153
Mourmelon-le-Grand 271
Mundo (Mundus; Enkel Attilas, Sohn des →Gheism); wird Haupt der →Skamaren, kämpft gegen Gepiden u. Ostrom 324; schließt sich Theodorich d. Gr. an, wird General, geht nach Byzanz zu Justinian I., rettet 532 n. Chr. mit →Belisar den Kaiserthron, erhält Herrschaft über Illyrien; kämpft gegen die Ostgoten und wird getötet 324ff.
Mundzuch (Hunnenfürst; Bruder →Rugilas, Vater Attilas) 45, 86, 88, 188, 207, 299, 324
Mussolini, Benito 311

Nagyszentmyklos (Ungarn), der Hunnenschatz von 106f., 109
Naissos (Nisch) 177, 182
Nantivet, Redoute (Bastion) de 249, 266
Napoleon I. 270, 280, 309, 328
Napoleon III. 265f.
Narbonne 145
Nato 316
Neapel 199
Nedad, Nedao (nicht zu lokalisierender Fluß, an dem nach Jordanes die Vernichtungsschlacht gegen die Hunnen stattfand) 316–319, 327
Nemours (ad Fratres) 215
Nero (röm. Kaiser 54–68 n. Chr.) 309
Niçaise, Bischof von Reims 228ff., 233
Niederlande 199

Niederösterreich 100
Nikopol 15, 321
Nisibis 170
Noblette (Flüßchen beim Camp →Mauriacus) 255, 259
Nordafrika 25, 27, 215
Normannen (Bewohner Skandinaviens u. Dänemarks) 202, 218, 231
Novae (Sistoro) 177

Oder, die 96
Odoaker (Sohn des Hunnenfürsten →Edekon; Führer german. Söldnertruppen, stürzt 476 n. Chr. den letzten weström. Kaiser, regiert in Italien; wird 493 n. Chr. von Theoderich d. Gr. ermordet) 181, 206, 320
Odysseus 90f.
Oebarsius (Hunnenfürst; Halbbruder →Rugilas und →Oktars) 86, 88, 207
Ofen-Buda (Stadtteil von Budapest, war die Römersiedlung Aquincum) 308
Oktar (Uptaros; Bruder und Mitkönig des →Rugila) 45, 85, 87f., 130, 161f., 207, 300
Olympiodor (griech. Geschichtsschreiber): über die Burgunder 164f.
Onegesius (oberster Berater Attilas) 122ff., 190, 195, 201, 205
Orchon, der 59f., 88
Orenburg 100
Orestes (aus Pannonien, Begleiter des →Edekon) 177f., 180, 199f.
Orléans (Aureliana; an der Loire; nördlichste Stadt d. Westgotenreiches) 231, 234f., 238, 240f., 245f., 258
Orte (sagenhafter Sohn Attilas) 306
Ortlieb (sagenhafter Sohn Attilas) 306
Osma (Nebenfluß der Donau) 231
Osmanen (die Türken im früheren Osmanischen Reich) 85
Österreich 149
Ostgoten (eigentlich Ostrogoten; →Goten) 31f., 222, 295, 319; und der erste Hunnensturm 375 n. Chr. 39f.; unter hunn. Oberhoheit 195–198, 205f.; als Verbündete der Hunnen auf den Katalaunischen Feldern 250; Kampf gegen die Hunnen 313, 315; überfallen 462 n. Chr. die neuen hunn. Siedlergebiete des →Ernak und →Candax 322
Ostrom (Byzantinisches Reich; entstand 395 n. Chr. durch die Teilung des Röm. Reiches; umfaßte die Balkanhalbinsel, die Inseln des östl. Mittelmeeres, die asiatischen Provinzen, Ägypten und Libyen; Hauptstadt Byzanz/Konstantinopel am Bosporus); und der Hunnenkönig Rugila 43f., 45, 85; Tributvertrag mit Rugila 105, 150f.; Verleihung eines röm. Ehrentitels an Attila 93f.; Tributvertrag mit Attila/Bleda 105, 130; O. unterliegt den Hunnen 443 n. Chr. in der Schlacht am Chersonnes 105; und der Friede von Margus 130, 144, 150f.; Verhandlungen mit Rugila 148f.; mit Attila 150f.; der Handel in und mit O. 169f.; Versuch, Attila ermorden zu lassen 172–175, 178–189; Erdbeben vernichtet 447 n. Chr. Verteidigungswall um Konstantinopel 172f.; O. wird 447 n. Chr. von den Hunnen am Fluß Utus geschlagen 173f.; wird 448 n. Chr. Attila tributpflichtig 175; O. und die german. Gefahr 198f.; O. stellt Tributzahlung an Attila ein und rüstet auf 211f.; fällt in den Rücken des hunn. Kerngebietes ein 274ff.; entsendet Hilfstruppen an Aetius 291ff.; nimmt Attila-Sohn →Ernak mit einem Teil der Hunnen unter seinen Schutz 320f.; muß gegen die Hunnen unter →Denghizik jahrelange Kämpfe führen 322f.
Ostsee 96, 169, 174, 196, 213
Otacher (Name →Odoakers in den Sagen) 306

Padua 284
Palästina 43, 75
Pannonien (ehemals das Flachland zwischen Donau und Save; von 9 n. Chr. bis etwa 400 röm. Provinz; wurde Hunnenland) 21 f., 43 f., 149, 157, 177, 198, 202, 214, 245, 270, 308, 310, 316, 328
Paris 199, 230f., 249
Parma 288
Parther (Stamm aus d. Gruppe d. nordiran. Nomadenvölker; besetzen 250 v. Chr. die seleukidische Satrapie Parthia) 74, 176
Paula (eine röm. Witwe) 18 f.
Paulinus (ein geistl. Dichter) 29
Paulus Diakonus (langobard. Geschichtsschreiber): über die Verbündeten d. Hunnen 196; über d. Hunnen in Norditalien 278
Pauly-Wissowa (Autoren) 138, 208
Pavia (Ticinum) 277f.
Pelagia (Frau des →Bonifacius) 146
Pelsodsee (Neusiedlersee) 320
Persien 82, 117, 170
Peter der Große, Zar 149, 201
Petersburg 149
Petra (Stadt) 103
Petrus (Apostel, erster Bischof von Antiochia) 135, 225
Photios, der Patriarch 165
Pingtsing 71
Pitescht 15
Plinthas (Grieche aus Thrakien; Gesandter Ostroms zu Attila) 149f.
Po (auch: Po-Ebene), der 276, 278f., 289, 328
Pöchlarn (a.d. Donau; ist das Bechelaren des Nibelungenliedes) 168
Portner, Rudolf 163
Poitiers, die Schlacht bei (732 n. Chr.) 76, 239
Posen 154
Possidius (Verfasser der Augustinus-Biographie): über den Vandaleneinbruch in Nordafrika 215f.
Potentiana 318
Poulain, H. 259
Probus, Marcus Aurelius (röm. Kaiser 276–282 n. Chr.) 154
Priskus Rhetor (byzant. Gesandter am Hofe Attilas): über die Abstammung der Hunnen 50f.; über Attila u. die Verleihung eines röm. Ehrentitels 93f.; über die Tributzahlungen Ostroms an die Hunnen 105; über Attila und seinen Hof in Friedenszeiten 119–125; über die Verhandlungen Rugilas mit Ostrom 148; über Gesandtschaften Ostroms zu Rugila und Attila 149f.; über den Friedensvertrag von →Margus 150f.; über das geplante Attentat Ostroms auf Attila 175, 176–192, 302; über Attilas Tafelrunde 199–205; über Honoria/Attila 211 f.; über Attila in Norditalien 279; über Attilas Tod 296–300. – 306, 308, 310
Prosper Tiro (päpstl. Chronist): über die hunn. Reiter unter Litorius 144; über den Kampf gegen die Burgunder 157f.; über Aetius nach d. Schlacht a.d. Katalaunischen Feldern 274; über die Friedensverhandlungen Papst Leos I. mit Attila 274f.
Ptolemaeus (Ptolemaus), Claudius (griech. Geograph) 81, 153
Pulcheria (Schwester →Theodosius' II.) 45, 210f.
Pytheas (Geograph, Astronom, Seefahrer) 52

Quaden (westgerman. Stamm) 22, 196, 222

Radagaisus (Führer eines german. Stammes; wird von Stilicho geschlagen) 140
Ramses II., König von Ägypten 130
Raptus (Vandalenkönig um 170 n. Chr.) 214
Raus (Vandalenkönig um 170 n. Chr.) 214
Ravenna (ab 403 n. Chr. Sitz der west-

röm. Könige, ab 476 n. Chr. Odoakers, 493–552 der Ostgotenkönige) durchlaufend
Reggio Emilia 288
Reims 219, 228f., 232, 234, 247, 249, 307
Rhein, der 96, 145, 169, 195f., 233, 238, 267, 328
Rheinfranken 196
Rheinhessen 100
Rhône, die 169
Rif-Gebirge 215
Rom (bis 395 n. Chr. Mittelpunkt des →Röm. Reiches; danach bis 403 n. Chr. Sitz der weström. Kaiser; 410 Einnahme und Plünderung durch die Westgoten unter →Alarich) 17ff., 24, 39, 132–135
Römisches Weltreich (im Zeitraum dieses Buches): um 270 n. Chr. beginnt seine Macht zu verfallen; unter →Diokletian wird es 284 absolute Monarchie, Einteilung in 12 Diöcesen; ab 306 Konstantin I. Regent d. weström. Provinzen, siegt 332 über den Herrscher d. östl. Reichshälfte und wird Alleinherrscher bis 337 n. Chr., verlegt 330 Hauptstadt nach Konstantinopel (Byzanz); nach seinem Tod (340 n. Chr.) Röm. Doppelreich unter Constans im Westen und Constantius im Osten; Theodosius I. vereinigt noch einmal das ganze Röm. Reich; nach seinem Tod 395 n. Chr. erneute Teilung; staatsrechtlich besteht das Gesamtreich weiter, doch die Regierungen gehen politisch eigene Wege. →Westrom und →Ostrom
Romulus Augustulus (Sohn des →Orestes; letzter weström. Kaiser 475/6 n. Chr.; von →Odoaker gestürzt) 181, 200
Rosomonen (von den Ostgoten unterworfenes Volk) 35f.
Rudolf II. (deutscher Kaiser 1576–1612) 50
Rufus (Freund des →Zenon) 207
Rugier (ostgerman. Stamm; kommt unter hunn. Herrschaft) 196, 222
Rugila (Hunnenkönig gemeinsam mit seinem Bruder Oktar; stirbt 434 n. Chr.) 44f., 85–88, 92, 105, 130, 146f., 161, 207, 300

Saint-Julien 268
Sainte-Menehould 256
Salona 326
Sangibanus (Alanenfürst) 236, 238f., 250, 295
Sankrityayana, Rahula 64–67
San Marino 85
Sansovino, Francesco (über Attilas Einfall in Venetien) 282f.
Santonino, Paolo (päpstl. Legat) 121
Saône, die 159
Sapaudia (= Savoyen, südöstl. und südl. des Genfer Sees) 159
Sarazenen (bewohnten d. nordwestl. Arabien u. d. Sinai-Halbinsel) 176
Sardanapal (assyr. König) 310
Sarmaten (iran. Nomadenvolk i. d. südruss. Steppe) 22, 195
Sarus (Bruder der →Sunilda) 36f.
Saturnilos (vornehmer Byzantiner) 207
Save, die 177, 293, 319
Savia (nordöstl. Provinz Westroms; das Land zwischen Save und Donau) 143ff.
Schaffran, Emerich 202f.
Schill, Ferdinand von (preuß. Offizier) 31
Schlesien 154
Schneider, Hermann 37
Schun-ui, Prinz (auch: Schu-nui; Sohn des letzten chines. Hia-Kaisers) 55f.
Schwarzes Meer 15, 19, 34, 38, 43, 51, 169, 321
Schwarzwald 223
Seine, die 231, 243, 248, 255
Seleukiden 75
Seleukos I. Nikator (Gründer der makedon. Dynastie der Seleukiden in Syrien) 23

Semipalatinsk 59f.
Semnonen (westgerman. Stamm) 153
Sens (Agedincum) 234
Serdika (Sofia) 177, 180, 182, 322
Sextus Pompeius 217f.
Sézanne 247
Sibirien 67
Sidonius Apollinaris (eigentl. Sollius Apollinaris Modestus Sidonius; Dichter u. Gelehrter, erst hoher röm. Beamter, dann Bischof von Clermont-Ferrand) 13f.; über Aetius und die Burgunder 144, 158; über die Schlacht auf den Katalaunischen Feldern 253f.
Siebenbürgen (histor. Landschaft in Rumänien) 42, 154, 164, 196
Siebenstromland (Landschaft im sowjet. West-Turkestan) 59, 88
Siegfried (im Nibelungenlied) 99, 162, 167
Silistria 138, 321
Singidunum (Belgrad) 143
Sirmium (Mitrovica) 143
Sizilien 218
Skamaren (ein aus Heimatlosen zusammengewachsener Stamm) 324
Skandinavia, die Insel 49
Skiren (ostgerman. Stamm; kam unter hunn. Herrschaft) 181, 205, 222
Skottas (ein Hunne am Hofe Attilas) 184, 190
Skythenland (Südrußland) 21, 49f.
Skythen (ursprüngl. nur die Bewohner der südruss. Steppe); hier: Alanen 51; Hunnen 45, 93, 119–122, 201, 277; Ostgoten 39f.
Slowakei 197
Soissons 248
Sokrates Scholastikos (Kirchenschriftsteller): über die Burgunder und die Hunnen 160ff., 166
Sorosker (ein von Attila besiegter Volksstamm) 151
Sowjetunion 90f., 99
Spanien (auch: die Spanier) 19, 76, 214, 292, 308
Speyer 109
Stefani (venez. Chronist) 288
Stilicho, Flavius (Sohn eines Vandalen, geb. um 365 n. Chr., ermordet 408 n. Chr. von Kaiser →Honorius; weström. Feldherr; 395 Reichsverweser für den unmünd. Honorius): schlägt 401 n. Chr. die Westgoten unter →Alarich zurück 133f.; schickt im Jahre 407 →Aetius als Geisel zu Alarich 140; seine Ermordung 141f. – 156, 213
Straßburg 254
Stridon 19
Stuart (schott. Königsgeschlecht) 312
Stuhlweißenburg 318
Sueben (Gruppe german. Völker) 315
Suippes 219f., 249, 254, 266f., 271
Sulla, Lucius Cornelius (röm. Feldherr; 138–78 v. Chr.) 27
Sumatra 67
Sunilda (Svanhild, Schwanhild; rosomonische Geliebte des →Ermanrich) 35f.
Sutschau 59
Switoscht 15
Symeon (bulgar. Zar) 303
Syrien 23, 43, 81, 103
Szeged Nagyszedsos (a. d. unteren Theiß), das Hunnengrab bei 108
Szentes-Kistöke 100

Tamerlan (Timur; asiat. Eroberer; 1336–1405 n. Chr.) 195
Tarimbecken, das 74, 81
Tarnok 318
Tatulus (Vater des →Edekon) 200
Taurisches Gebirge 41
Teja (letzter König der Ostgoten; fiel 552 n. Chr. gegen Narses) 309
Terenz (röm. Komödiendichter) 75
Tertullian (ält. latein. Kirchenschriftsteller) 218
Theben 164
Theiß, die 270, 290, 304, 316
Theodemir (Ostgotenfürst; Vater Theoderichs d. Gr.) 250, 320
Theoderich der Große (König der

Ostgoten von 471 bis 526 n. Chr.; Herrscher in Italien seit 493) 32, 221, 236, 285, 320, 325
Theoderich I. (König der Westgoten von 419 bis 451 n. Chr.) 206, 235; mit Aetius im Kampf gegen die Hunnen (451 n. Chr.) 238, 241, 249, 251; sein Tod in der Schlacht auf den Katalaunischen Feldern 255, 261 f., 273
Theodosius I. (röm. Kaiser von 379–395 n. Chr.) 133, 139, 311
Theodosius II. (oström. Kaiser von 408–450 n. Chr.) 45, 177, 179 f., 184, 188, 207 f., 210, 294, 310
Thessalien (nordwestl. Landschaft im alten Griechenland) 21
Thompson, E. A. 53, 197, 245, 247, 251, 299
Thorismund (Westgotenprinz; Sohn Theoderichs I.) 235, 241, 244, 251, 262 f.
Thrakien (Osthälfte der Balkanhalbinsel südl. d. Donau) 21, 42–45, 170, 174, 323
Thraserich (Gepidenkönig; Nachfolger Ardarichs) 324
Thüringer (german. Volksstamm; Nachkommen der Hermunduren) 196, 222, 226 f.
Tiber, der 17, 275
Tigas, der 119
Tilly (Feldherr im Dreißigjähr. Krieg) 310
Tiphisas, der 119
Tirol 293
Tongern 225 f., 228
Toul 249
Toulouse 145
Tours 224, 239
Trier (Augusta Treverorum; von 284–400 n. Chr. Hauptstadt des westl. Teils des Röm. Reiches) 19, 223, 307
Troja 90, 92
Troyes 232, 234, 241 ff., 253, 264, 270, 275, 278
Trygetius, der Präfekt 274
Tsao-Tso (Berater eines Han-Kaisers) 80
Tschang-Kien (chines. Wissenschaftler unter Wu-Ti) 81 f.
Tscherkessen (kaukas. Völkergruppe) 171
Tsen-Ping (Reichsverwalter unter Kaiserin Kao-Lü) 70
Tsin (chines. Dynastie) 80
Tsung-Hang-Jüe, der Eunuch 75 f., 78
Türken 174, 195, 239
Tumun, der Shan-yu (erster bekannt gewordener Hunnenherrscher über das →Hung-no-Reich; geb. um 250 v. Chr.) 64 f.
Tungusen (Völker u. Stämme an Amur, Lena bis zum Jenissei) 195
Tung-hu (Nomadenvolk zur Zeit →Motuns) 114
Tunis 215
Turcilinger 182, 196
Turkestan 116
Turkvölker 97
Tyrus 20

Ügedei, der Großkhan 92
Ulan-Bator 59
Uldin (Hunnenkönig; Vater →Rugilas und →Oktars) 44, 88
Ungarn 99 f., 106 f., 111, 304 f.
Ural 195 f.
Urga 59
Utus (Vit; Nebenfluß d. Donau), die Schlacht am 173 f.
Uzendur (Sohn Attilas) 319

Vadamerca (Gotenprinzessin, wird Frau →Balambers) 206
Valentinian I. (röm. Kaiser 364–375 n. Chr.) 154
Valentinian III. (Placidus Valentinianus; Sohn der →Galla Placidia; weström. Kaiser von 425–455 n. Chr.) 143, 208, 211, 311, 313
Vandalarius (Videricus; Ostgotenfürst) 206
Vandalen (ostgerman. Volk) 22, 154, 164, 176, 213–218

Venedig 276, 282f., 285, 287
Venetien (histor. Landschaft in NO-Italien) 278, 280, 284f.
Venti (Chinesenkaiser) 66
Verdun 256, 265
Vercingetorix (Gallierfürst) 308
Vergil (röm. Dichter) 22
Versailles 266
Vesle, die 268
Vicenza 284
Vigilas (Dolmetscher in Byzanz) 177–189
Villareni (Familie im alten Venedig) 288
Viminacium (heute: Kostolaz) 106
Vinitharius (Vithimiris; Ostgotenkönig, Nachfolger →Ermanrichs) 32, 41f., 206
Vitensis, Victor 216
Vogesen 223, 237
Volker (im Nibelungenlied) 168
Vorderasien 101, 117
Vulkan, der Schmied (Vulcanus; altitalienischer Gott des Feuers) 18

Wachau (Donautalstrecke zwischen Melk und Krems in Österr.) 168
Walamer (Valamir, Walamir; Ostgotenkönig; Freund und Berater Attilas) 205, 222, 250, 267, 297, 311, 319f., 322
Wallenstein (Feldherr im Dreißigjähr. Krieg) 280
Walther und Hildegund (Heldengedicht) 305f.
Wang-Tsao-Kiün (chines. Prinzessin) 116
Waräger (die Normannen in Osteuropa) 68
Weichsel, die 96, 153, 164, 213
Werner, Joachim 108f., 112, 197, 199
Westgoten (Wisigoten; Stamm der →Goten) 32, 42, 132–138, 141, 158, 212f., 221, 235, 238, 241, 249, 295
Westrom (die Westhälfte des Römischen Reiches seit der Teilung nach dem Tod Theodosius' I.; hört auf zu bestehen, als 476 n.Chr. →Odoaker Kaiser Romulus Augustulus absetzt): →Stilicho schlägt 401 n.Chr. die Westgoten in Italien 133; Eroberung und Plünderung Roms (410 n.Chr.) durch →Alarich 134f.; die Hunnen unter Rugila und Attila/Bleda kämpfen für W. 142–148; W. hetzt die Hunnen auf die →Burgunder (435 n.Chr.) 156ff.; der Handel in u. mit W. 169f.; W. und die german. Gefahr 198f.; W. und der Vandaleneinfall in Nordafrika 217f.; Verhandlungen mit Attila 221; Aetius zieht gegen die Hunnen, befreit Orléans 235; Zusammensetzung der Kriegsmacht unter Aetius gegen die Hunnen 238; die Schlacht auf den Katalaunischen Feldern 249–264; Einfall der Hunnen in Norditalien (452 n.Chr.) 274ff.
Widimir (Ostgotenfürst) 250
Wieland der Schmied (Hauptgestalt der mutmaßlich ältesten germ. Heldensage) 166
Wien, Wiener Becken, Wienerwald 96, 100, 239
Wilhelm der Eroberer 215
Wischnu (ind. Gottheit) 98
Wolff, F. 273
Wolfram von Eschenbach 121
Wolga, die 67
Worms 163ff., 168
Wotan (südgerman. Gott der Winde; nordgerm. Odin) 300
Wu-Ti (chines. Kaiser) 81f.

Yüe-tschi (chines. Name für ein Volk, das von →Motun bekämpft und vertrieben wurde) 73f.

Zentralasien 120
Zenon (oström. Feldherr) 207
Zerco (Hofnarr →Bledas) 89
Zerkon, der Maurusier 204
Zeus (der höchste d. griech. Götter) 98
Zosimos (griech. Historiker) 39

Hans Leicht (Hg.)
Dschingis Khan
Eroberer, Stammesfürst, Vordenker
256 Seiten mit zahlreichen historischen Abb. Gebunden mit Schutzumschlag
ISBN 3-491-96050-9

Das historische Dokument blutrünstiger Taten und kultureller Verdienste des vielleicht genialsten und listigsten Feldherrn und Herrschers der Geschichte

Dschingis Khan war einerseits der blutrünstige, Angst und Schrecken verbreitende Eroberer, die Geißel Gottes, wie er von den abendländischen Menschen im Mittelalter genannt wurde. Andererseits war er ein von einem ungeheuren Sendungsbewusstsein geleiteter Stammesfürst, der mit seinen Eroberungen zum Vermittler verschiedener Kulturen wurde. In diesem Band wird sein Leben und Werk anhand von umfangreichen zeitgenössischen Dokumenten dargestellt.

ALBATROS

Ian Grey
Ivan der Schreckliche
Die Biographie
344 Seiten
Gebunden mit
Schutzumschlag
ISBN 3-491-96064-9

Die fesselnde Geschichte des großen tyrannischen Herrschers Russlands

Bewunderung und Abscheu haben Zeitgenossen und die Nachwelt für Ivan empfunden, der als »der Schreckliche« in die Geschichte einging. Ian Grey zeichnet ein faszinierendes Bild des Mannes, der sich als erster der Moskauer Großfürsten zum Zaren von ganz Russland krönen ließ. Im Grunde seines Wesens ein gütiger Mensch, aber maßlos im Zorn, war Ivan eine von Spannungen und Widersprüchen zerrissene Persönlichkeit.

ALBATROS